Otto E. Ehlers

An indischen Fürstenhöfen

Otto E. Ehlers

An indischen Fürstenhöfen

ISBN/EAN: 9783744720434

Hergestellt in Europa, USA, Kanada, Australien, Japan

Cover: Foto ©ninafisch / pixelio.de

Weitere Bücher finden Sie auf **www.hansebooks.com**

An indischen Fürstenhöfen.

Von

Otto E. Ehlers.

Mit Illustrationen.

Zweiter Band.

Vierte Auflage.

Berlin.

Allgemeiner Verein für Deutsche Litteratur.

1895.

Inhalt.

Bewohner der Naga-Berge. Assam.

Elefantenfang in Assam.

Einer warmen Empfehlung des Vizekönigs Lord Lansdowne hatte ich es zu verdanken, daß ich von Mr. Savi, dem Direktor des indischen Kheddah- (d. h. Elefantenfang) Departements, eingeladen wurde, ihn in seinem Lager in den Garo Hills zu besuchen und mich, so lange es mir gefiele, an der von ihm geleiteten Fangexpedition zu beteiligen.

Die Garo Hills, welche als die besten Elefantenjagdgründe Indiens gelten, liegen in der Provinz Assam, westlich vom Brahmaputra. Von Kutsch Behar mit zwei Elefanten

*) Die Vignettenzeichnung zeigt den als Papierkorb benutzten Elefantenfuß und den indischen Diener des Verfassers.

und meinem Schecken-Pony Radja aufbrechend, marschierten wir am ersten Tage ca. 25 englische Meilen bis Aucomani, setzten tags darauf über den Gangardar, einen Nebenfluß des Brahmaputra, und erreichten gegen Nachmittag das am Brahmaputra gelegene freundliche Städtchen Dubri. Hier hatten wir einen stromauf fahrenden Postdampfer zu erwarten, der uns nach Dolgoma Ghat, einer Landestelle am rechtsseitigen Ufer des Flusses, bringen sollte. Elefanten des Kheddah-Departements würden daselbst, so hatte mir Mr. Savi geschrieben, bereit stehen, um mich und meine Lasten in die Berge zu tragen. Wir hatten es uns kaum im Regierungsrasthause bequem gemacht, als auch schon der schrille Pfiff einer Dampfpfeife die Ankunft des Postdampfers verkündete und uns gemeldet wurde, daß die Abfahrt desselben in weniger als einer Stunde erfolgen würde. Ohne Verzug gingen wir mit Sack und Pack an Bord, und bald lag ich behaglich ausgestreckt in einem meiner Lagerstühle, vertieft in die Lektüre von Mr. G. P. Sandersons interessantem Buch: „Thirteen years among the wild beasts of India.“ Nachdem wir als Ladung Baumwollsamen und verschiedene Stückgüter eingenommen hatten, wurde endlich mein Schecke verladen, im letzten Augenblick kamen noch einige Passagiere an Bord, die Taue wurden gelöst, und stampfend, zischend und pustend setzte sich die Maschine in Bewegung.

Es war ein ungewöhnlich warmer Nachmittag, so daß Menschen und Tiere den durch die Fahrt des Schiffes entstehenden Luftzug als eine wahre Wohlthat empfanden. Wir hatten einige Hundert Kulis an Bord, die in einem Winkel des Schiffes gleich einer Herde Hammel zusammengepfercht waren, aber trotzdem vortrefflicher Laune zu sein schienen. Sie stammten sämtlich aus Chota Nagpur, etwa 200 englische

Meilen westlich von Calcutta, und waren von eingeborenen Agenten als Arbeiter für verschiedene Theepflanzungen Assams angeworben worden. Außer mir befanden sich noch vier andere Passagiere in der ersten Klasse, sämtlich Theepflanzer vom oberen Laufe des Flusses, liebenswürdige anspruchslose Menschen, die mich sofort einluden, sie auf ihren Plantagen zu besuchen, und mir viel Interessantes über das Land, in dem sie lebten, mitteilten. Zwischen flachen Ufern dampften wir stromauf, vielfach großen, mit Jute beladenen oder auch Kohlen aus den Minen von Dibrugarh herabbringenden Booten begegnend. Unter fröhlichem Plaudern, bei gutgekühltem deutschen Bier vergingen der Abend und ein Teil der Nacht, so daß ich noch ziemlich verschlafen war, als ich in der Frühe des folgenden Morgens bei Dolgoma Ghat aus dem Bette fuhr, um mich anzukleiden und ans Land zu gehen. Hier stellte sich's heraus, daß wegen zu steil abfallenden Ufers ein Landen des Radja ein Ding der Unmöglichkeit war. Ich sah mich daher genötigt, einen meiner Diener mit dem Schecken nach der ca. zwölf Fahrstunden weiter stromaufwärts gelegenen Stadt Gauhati weiterfahren zu lassen; dort sollten sie bis zu meinem Eintreffen drei bis vier Wochen sich selber überlassen bleiben. So schmerzlich es mir war, mich zum ersten Male während meiner Reise für längere Zeit von meinem braven Pony trennen zu müssen, so wenig beunruhigt war ich über sein Schicksal, denn er war eines jener seltenen Pferde, die, falls sie von ihrem Saïs vernachlässigt werden, schon selber für sich sorgen.

Dolgoma Ghat, welches ich mir zum mindesten als eine kleine Ansiedelung vorgestellt hatte, bestand aus nichts anderem als einer verfallenen, nach der Flußseite zu offenen Grashütte, dem „Wartesaal“ für die Dampferpassagiere.

Diese Wahrnehmung war mir deswegen besonders unerfreulich, weil von den mir versprochenen Elefanten weit und breit nichts zu sehen war, und ich mich daher mit dem Gedanken vertraut machen mußte, hier Quartier zu beziehen; denn mein Zelt hatte ich auf Mr. Savis Anraten direkt nach Gauhati verladen, ebenso mein Kochgeschirr, so daß wir nicht einmal in der Lage waren, uns eine warme Mahlzeit zu bereiten.

Etwa zwei Stunden hatten wir Zeit zu überlegen, was etwa Robinson Crusoe in ähnlicher Lage gethan haben würde, als es plötzlich dicht neben uns trompetete und im nächsten Augenblick eine gewaltige graue Masse sich vor die offene Seite unseres Wartesaales schob. Es war der eine der zu unserer Abholung gesandten Elefanten, ein Prachtkerl von über neun Fuß Schulterhöhe mit sehr schönen, gegen drei Fuß langen Zähnen. Ihm folgte in einiger Entfernung ein ganz junges Tier, welches, seiner Gangart nach zu urteilen, recht lebhaften Temperamentes sein mußte. Von einem der mitgekommenen Mahauts erfuhr ich, daß derselbe nur etwa zwölf Jahre zähle, somit für schwere Lasten noch nicht zu verwenden sei, sich aber als Reitelefant durch angenehme Bewegungen und große Schnelligkeit auszeichne. Er sei auf Mr. Savis Befehl zu meiner persönlichen Benutzung bestimmt, während der große Elefant Gepäck und Diener befördern solle. In weniger als zehn Minuten waren wir „under weigh", wie der Engländer zu sagen pflegt, und zogen nun vorerst über abgesengtes Grasland, dann quer durch Laubwald landeinwärts, bis wir an eine regelrechte Landstraße gelangten. Die Mahauts sind fast ausnahmslos gesprächige Leute, das war auch der meinige, der, wenn er sich nicht gerade mit seinem Elefanten unterhielt, dem er unendlich viel zu erzählen zu haben schien, mir Rede und Antwort stand und mir ein Privatissimum über den Vorzug junger Elefanten gegenüber älteren Tieren las. Hätte er zufällig einen hundertjährigen Bullen zu reiten gehabt, er würde mit der gleichen Begeisterung natürlich dessen Vorzüge gepriesen haben. Durch die Bank erfreuen sich die Mahauts des Rufes, große Hallunken zu sein, hauptsächlich wohl deswegen, weil sie, wo immer sie Gelegenheit finden, im Interesse ihrer Tiere alles stehlen, was denselben gut schmeckt, Früchte und Zuckerrohr, Bananenstauden und Getreidebüschel. Im übrigen sind sie, meiner persönlichen Erfahrung nach, weder größere noch kleinere Spitzbuben als ihre nicht mit Elefanten verkehrenden Landsleute.

Von Assam hatte ich bisher wenig gehört und weniger noch gelesen, es war für mich eine terra incognita, und mit weitgeöffneten Augen hielt ich daher von meinem erhöhten Sitz auf der weichen Matratze, die mein Elefant auf dem Rücken trug, Umschau. Jeder Baum und Strauch, jedes Haus, jeder Mensch hatte für mich ein ganz besonderes Interesse. Vorläufig unterschied sich die Landschaft freilich wenig von derjenigen Bengalens, da die meisten Bewohner der Assamebene aus dieser Provinz eingewandert sind. Überall sahen wir gut bestellte Reis-, Mais-, Tabak- und Zuckerrohrfelder, einzelne von Bananen und Arekapalmen umgebene Bambushäuschen, weidende Zebuherden und von Wasserbüffeln gezogene Pflüge, hinter denen halbnackte schwarze Gestalten bis an die Knie im Schlamm wateten, falls sie nicht, gerade eine Pause machend, irgendwo am Wege saßen und ihre Wasserpfeife, die „hukka“, rauchten. Aus den Wäldern leuchtete vielfach die brandrote Blüte des Baumwollbaumes hervor, und je weiter landeinwärts wir kamen, um so mehr verdrängte der graziöse Bambus das Laubholz, die Ansiedelungen wurden spärlicher und hörten schließlich ganz auf. Durch dichten Wald führte der Weg, bis wir nach etwa drei Stunden in der Nähe der Ortschaft Dumra auf das als Operationsbasis dienende Hauptlager der Kheddah-Expedition stießen. Wir fanden hier nur etwa ein Dutzend Elefanten und einige zwanzig, zur Bewachung des Lagers zurückgebliebene Leute vor. Das Gros der Expedition befand sich mit Mr. Savi gegen 20 englische Meilen weiter in den Bergen, und dorthin sollten wir, wie mir der Lagerkommandant mitteilte, programmmäßig, ohne Verzug mit frischen Elefanten weitermarschieren. Plötzlich eintretender heftiger Regen veranlaßte mich indessen, mich gegen diese Bestimmung aufzulehnen und mich für eine Unterbrechung der Reise zu entscheiden. Das Lager machte mir einen in jeder Hinsicht einladenden Eindruck. Hier ist es gut sein, dachte ich, und da die Hütten bereits gebaut waren, machte ich mir's in einer derselben so bequem wie möglich und befahl meinem Diener, ein Frühstück zu besorgen. Mit dem ihm eigenen Eifer stürzte er fort, um sich mit den Leuten Mr. Savis in Verbindung zu setzen, kam aber nach etlichen Minuten in Begleitung des Lagerkommandanten zurück, der mir, in Ergebenheit fast ersterbend, mit kläglicher Miene meldete: „Kutsch nein khana sahib", d. h. es ist kein Essen für einen Herrn vorhanden. Wein und Bier, Kartoffeln, Reis, Mehl und eingemachte Früchte seien im Proviantschuppen in Hülle und Fülle vorrätig, alle übrigen Konserven befänden sich jedoch bei der Expedition, ebenso alles Tafelgeschirr, so daß man nicht einmal in der Lage sei, mir Löffel, Messer und Gabel vorzulegen. Dagegen würde er es als eine große Gnade meinerseits ansehen, wenn ich geruhen wolle, mir etwas Curry aus seiner Küche vorsetzen zu lassen. Hungrige Menschen pflegen in dergleichen Lebenslagen außerordentlich herablassend zu sein, und ich „geruhte“ denn auch, daß es eine wahre Freude war, nämlich für den Lagerkommandanten, der hochgeehrt und beglückt unter den tiefsten Verbeugungen den Rückzug antrat. In einem Lande, in dem der Bambus wächst, sind Bestecke mit Leichtigkeit geschafft, außerdem waren zum Curry nur Löffel und Gabel erforderlich, denn ein Messer beim Currygericht zu verwenden, gilt, selbst wenn derselbe die zähesten Hühnerbeine enthält, in Indien für ebenso mauvais goût, wie bei uns der Gebrauch eines Stahlmessers beim Fischessen.

Es dauerte nicht lange, so wurde ein vorzüglicher Kartoffelcurry nebst zwei Flaschen Pilsener aufgetragen. Nachdem ich damit tabula rasa gemacht hatte, erschien ein Diener des Kommandanten mit einer großen Platte indischen Gebäckes, einer Art Spritzkuchen. Leider duftete dasselbe dermaßen nach ranzigem Fett, daß ich es am liebsten ohne weiteres wieder zurückgegeben hätte, aber ich durfte den freundlichen Spender nicht verletzen und mußte, wenn auch nur ein winziges Stückchen des Gebäckes honoris causa herunterwürgen. Um mir das zu erleichtern, bat ich den Diener mir von den Vorräten Mr. Savis etwas Jam oder Marmelade zu holen. Mit verständnisvoller Miene eilte er von dannen, kehrte in weniger als einer Minute zurück und im nächsten Augenblick prangte vor mir ein umfangreicher Glasbehälter — nicht etwa mit Orangemarmelade oder Apfelgelee — nein mit — Vaseline, echter unverfälschter Vaseline! Ich schüttelte mich derartig vor Lachen, daß mir die Thränen in die Augen traten, derweil der Diener mit dem dämlichsten Gesicht von der Welt daneben stand und mich für verrückt zu halten schien. Ranzigen Spritzkuchen mit Vaseline, das war selbst für einen ehemaligen Afrikareisenden zu viel, solchen Zumutungen war mein Magen nicht mehr gewachsen, und da mir vor lauter Lachen der letzte Rest meines Appetits vergangen war, bat ich meinen Diener, den Tisch abzuräumen und mir lieber anstatt der Spritzkuchen noch eine Flasche Bier vorzusetzen.

Gegen Abend, als der Regen nachgelassen hatte, besichtigte ich unter Führung des Kommandanten die im Lager anwesenden Elefanten, erholungsbedürftige Tiere, die entweder bei einem der letzten Fangtreiben von ihren wilden Kameraden verwundet worden waren oder sich überanstrengt hatten. Später statteten wir dem von Eingeborenen des Landes, den Garos, bewohnten Dorfe Nyschan einen Besuch ab. Es war das erste Garodorf, welches ich zu Gesicht bekam, und mir als solches begreiflicherweise im höchsten Grade interessant. Ich möchte nicht behaupten, daß ein Garodorf vom sanitären Standpunkte aus eine Musteransiedelung genannt zu werden verdient, aber es ist nicht schmutziger und auch nicht reinlicher als ein Dorf in Hinterpommern, Westpreußen oder sonstwo da oben jenseits der Oder. Um die Häuser herum gruppieren sich in malerischem Durcheinander Düngerhaufen, Wasserpfützen und Viehverschläge, nur daß die Düngerhaufen hier imposanter sind, als in Pommern u. s. w., wo sie immerhin in größeren oder kleineren Zwischenräumen aufs Feld gefahren werden, was bei den Garos nicht geschieht. Überall herumspielende Kinder und schwarze Schweine bilden eine wirkungsvolle Staffage. Vor den pommerschen Büdnerwohnungen haben die Garo-Häuser das voraus, daß sie nicht unmittelbar über dem Erdboden errichtet sind, sondern sich, von freistehenden

Holzpfählen getragen, etwa acht Fuß hoch über den Boden erheben. Sie bestehen größtenteils aus Bambus, haben Wände aus Grasflechtwerk oder auch gespaltenem Bambus, grasgedeckte Giebeldächer und an der einen Schmalseite des Hauses, an der auch der Eingang liegt, eine kleine Veranda. Vor den Häusern stehen häufig Idole aus grobbehauenen, an den Seiten eingekerbten Palmstämmen, die entweder durch ein weiß und rot bemaltes Schild oder einen mit zwei Hörnern versehenen, fratzenhaften Menschenkopf gekrönt sind. Sie sind bestimmt, böse Einflüsse fernzuhalten.

Die Garos glauben an ein höheres Wesen, den Saljang, und sind sehr abergläubisch, sie verbrennen ihre Toten und vergraben die Aschenreste derselben unter Veranstaltung festlicher Gelage, bei denen große Quantitäten eines „szu“ genannten Reisbieres getrunken werden, vor ihren Häusern. Sie sind ein kleiner gedrungener Menschenschlag von hellbrauner Hautfarbe, haselnußbraunen Augen und schwarzem, straffem Haupthaar. Dieses tragen sie teils hinten in einen Knoten geschlungen, teils halblang und nach Art der Burmesen mit einem Tuch umwunden, meist einem schmutzigen Baumwollappen. Am Körper sind sie fast unbehaart, und Bartwuchs gehört zu den größten Seltenheiten, nirgend habe ich Tätowierungen bei ihnen angetroffen. Was ihre Bekleidung anbetrifft, so kann man wohl sagen, sie tragen in der Hauptsache ihre eigene Haut zu Markte; denn abgesehen von dem soeben erwähnten Kopftuch und einem gleich minimalen Lendenschurz, der aber auch keineswegs de rigueur zu sein scheint, gehen sie für gewöhnlich nackt. Besonders züchtige junge Mädchen pflegen außer dem Lendentuch auch noch ein Brusttuch zu tragen, aber diese besonders züchtigen jungen Damen sind die Ausnahmen und nicht die Regel.

Übrigens gehen die Garos nicht etwa in Ermangelung der nötigen Gewänder unbekleidet, sondern weil es ihnen bequemer ist und sie vernünftige Menschen sind. Anläßlich festlicher Gelegenheiten kleiden sie sich in selbstgewebte, blau, weiß und rot gestreifte Baumwolltücher und führen einen roten baumwollenen Sonnenschirm spazieren, genau wie der kohlpechrabenschwarze Mohr im Struwelpeter. Bei kaltem Wetter oder im Regen umhüllen sie den Oberkörper zuweilen mit einem Mantel aus geklopfter faseriger Baumrinde (phakram genannt), aber der Schutz, den derselbe bietet, ist gleich Null.

Den Garos dienen als Waffen ein Speer „chelu" und ein etwa $1^1/_2$ Zoll breites, eisernes, „chepi" genanntes Schwert, über dessen Handgriff eine an den Enden mit Kuhschwänzen geschmückte Querschiene angebracht ist. Bei beiden Geschlechtern findet man als Ohrschmuck oft gleichzeitig 20—30 Messingringe von etwa ein Zoll Durchmesser, sowie Halsbänder aus Glas- und Metallperlen. Mehrfach sah ich auch drei Zoll lange, mit einfachen erhabenen Strichornamenten versehene, bronzene Armbänder, die mir mit dem Namen santok bezeichnet wurden, und von denen es mir mit vieler Mühe gelang, zwei Exemplare zu erstehen. Die Männer heiraten mit sechzehn, die Mädchen mit zwölf Jahren, und zwar zieht der junge Ehegatte in das Haus seiner Schwiegereltern, indem er gleichzeitig jeglichen Verkehr mit seiner eigenen Familie abbricht. Die Hochzeitsceremonien sind bald erledigt. Der Bräutigam wird von seinen Freunden zu dem Hause der Braut getragen, hier werden ein Hahn und eine Henne geschlachtet, ersteren ergreift ein Freund des Bräutigams, die Henne der Bräutigam selber, und beide schlagen mit den getöteten Tieren der Braut den Rücken. Damit ist die Ehe geschlossen, und ein Gelage beginnt.

Als richtiges Bergvolk bauen die Garos ihren Reis, ihre Bananen und ihre Baumwolle größtenteils auf abgeholzten Waldabhängen. Auch die Arekapalme wird von ihnen angepflanzt, denn sie sind gleich den Bengalis und gleich allen übrigen Volksstämmen Assams leidenschaftliche Betelkauer. Nirgendwo ist mir ein Garo begegnet, der nicht vortrefflich genährt gewesen wäre, wo immer ich mich erkundigte, hörte ich, daß das Land außergewöhnlich fruchtbar sei und man Hungersnöte, diese Schreckgespenster der indischen Ebene, überhaupt nicht kenne. Die Garos sind ein liebenswürdiges, harmloses Völkchen. So oft ich sie in ihren Dörfern besuchte, kamen sie mir freundlich entgegen, und mit Hilfe einiger Schachteln „Schwedischer" fand ich schnell den Weg zu ihren Herzen. Ihre Feuererzeugungsmethode ist nämlich eine bei weitem umständlichere als die unsere mit Hilfe von Streichhölzern. Unter einem etwa einen Fuß langen Scheit trockenen Holzes, welches sie mit den Füßen festhalten, führen sie einen dünnen, frisch geschälten Bambusrohrstreifen durch, nehmen in jede Hand ein Ende desselben und ziehen ihn so schnell wie möglich hin und her. Durch Reibung wird bekanntlich Wärme erzeugt, das trockene Holz erhitzt sich, und, je nachdem der Mann seine Sache versteht, sammeln sich nach kürzerer oder längerer Zeit glimmende Holzpartikelchen unter dem geriebenen Holzscheit, mit denen dann unter Zuhilfenahme etwas trockenen Laubes eine Flamme entfacht wird. Die ganze Prozedur nimmt meist zwar weniger Zeit in Anspruch, als die Schilderung derselben, aber sie erfordert immerhin einen so hohen Kraftaufwand, daß selbst der im großen und ganzen körperlichen Anstrengungen nicht abholde Garo dennoch das Streichholz stets mit heller Freude begrüßt. Von Musikinstrumenten habe ich in den Garohäusern nur etwa meterlange, mit behaartem Kuhfell überspannte Holztrommeln und Bambusflöten gesehen.

Schon gegen 4 Uhr am folgenden Morgen saßen wir wieder auf unseren Elefanten und zogen im Dämmerlichte durch den Wald. Dicke, schwere Tautropfen fielen von den Bäumen, und wenn, wie das häufig vorkam, der vor mir sitzende Mahaut einen sich über den Pfad neigenden Bambusbüschel mit seiner Picke in die Höhe hob, um Raum für uns zu schaffen, prasselte von demselben jedesmal ein kleiner Regenschauer auf uns nieder, so daß wir bald bis auf die Haut durchnäßt waren. Wild bekamen wir gar nicht zu Gesicht, dagegen zahlreiche Spuren wilder Elefanten, auch tönte ab und zu das Jauchzen eines Hulockaffen oder der Schrei eines Vogels aus dem Dickicht an unser Ohr. Nur vereinzelt sahen wir bebaute Lichtungen oder solche, die ehemals bebaut gewesen waren, und auf denen jetzt zwölf bis vierzehn Fuß hohes Gras mit zwei bis drei Fuß langen, prächtigen, silbergrauen Blütenbüscheln wucherte. Wo immer wir an eine kleine Ansiedelung kamen, fiel mir auf, daß neben den Häusern Leitern in die Bäume führten und daß sich im Geäste der letzteren Sitze befanden. Auf Befragen erfuhr ich von meinem Mahaut, daß diese maischan genannten Sitze den Garos als Zufluchtsstätten gegen die in großen Herden überall ihr Wesen treibenden Elefanten dienen, und daß letztere nicht selten bis an die Häuser herankämen, das Gras von den Dächern fräßen oder auch die ganzen Häuser demolierten. Auf den Feldern standen vielfach hohe Bambusgerüste mit kleinen Hütten für Wächter, deren Aufgabe es ist, durch Klappern, Schreien und Schießen den etwa zur Äsung kommenden Elefanten den Appetit zu verderben. Aber trotz aller Vorsichtsmaßregeln und allen Aufpassens gelingt es nicht, die ungebetenen Gäste ganz von den Feldern fernzuhalten, und der Schaden, den dieselben weniger mit ihren Freß-, als mit ihren enormen Gehwerkzeugen anrichten, ist ein sehr beträchtlicher.

Bergauf, bergab ging's ohne Ruhepause, bald auf trockenem Pfade, bald durch Morast oder Wasser. Mein kleiner Mahaut schwatzte ohne Unterlaß mit seinem Elefanten, gab ihm, wenn er zu langsam ging, mit der hammerartigen Picke, dem „ankus", einen kräftigen Schlag auf den Schädel und strampelte dabei dem Tiere mit den Füßen ununterbrochen hinter den Ohren herum, als ob er Quecksilber in den Beinen oder sonstwo habe. Aber das ist so die Art mit Elefanten umzugehen; denn sie wollen beständig animiert sein und marschieren, sich selber überlassen, so langsam, daß in der Stunde kaum zwei englische Meilen zurückgelegt werden.

Es mochte gegen 11 Uhr sein, als plötzlich nicht weit von uns gleichzeitig mehrere Elefanten laut trompeteten. Selbstverständlich dachte ich, wir seien in die Nähe einer wilden Herde geraten und hatte mich schon schußbereit gemacht, als mein Mahaut mir lächelnd zu verstehen gab, daß ich die Mordwaffe nur ruhig beiseite legen möge, die trompetenden Tiere befänden sich zwar in unserer nächsten Nachbarschaft, aber sie seien gefesselt und gehörten zu einer erst vor wenigen Tagen gefangenen Herde. So war es auch; denn kaum hatten wir einige hundert Schritte zurückgelegt, als wir an einen von Unterholz befreiten Platz mit uralten Laubbäumen kamen. Nie werde ich den Anblick vergessen, der sich hier meinen Blicken bot, nie das Wutgebrüll der gefesselten Tiere, als wir auf dem Schauplatze erschienen.

Vierzehn mit langen, ca. drei Zoll dicken Jutetauen an Hals und den Hinterbeinen gefesselte und zwischen den Bäumen festgebundene, wie wahnsinnig sich gebärdende Elefanten, die noch vor zwei Tagen die volle Freiheit des Lebens in der Wildnis genossen hatten, versuchten gleichzeitig, mit erhobenem, halbaufgerolltem Rüssel unter fürchterlichem Wutgeheul auf uns loszustürzen. Mit aller Macht zerrten sie an ihren Fesseln, und als sie sahen, daß ihre Anstrengungen vergeblich waren, daß sie keinen Zoll breit weiter gelangten, als die Stricke ihnen gestatteten, fielen sie in die Knie oder stellten sich auf den Kopf und warfen sich schließlich, wie verzweifelnd, laut ächzend zu Boden, aber nur um sich im nächsten Augenblick abermals zu erheben und den aussichtslosen Kampf von neuem zu beginnen. Welch ein Schauspiel! Mich überlief ein Schauer, nicht etwa der Furcht oder des Entsetzens, sondern ein Schauer der Wollust, der Wonne, der Befriedigung. Ich fühlte mich stolz, ein Mensch zu sein, d. h. einer Gattung anzugehören, die trotz relativer physischer Schwäche in der Lage ist, lediglich vermöge ihrer geistigen Überlegenheit diese Tierkolosse, die mit jedem Fußtritt einem Menschen das Lebenslicht ausblasen könnten, zu fangen, zu überwältigen und schließlich in ihren Dienst zu zwingen. Ich teilte meinem Mahaut mit, daß ich abzusteigen wünsche. Er versetzte infolgedessen seinem Dickhäuter einen kräftigen Schlag mit dem Ankus auf den Kopf, rief ihm „beut, beut“ zu, worauf sich derselbe erst auf die Hinterbeine und dann vollends niederließ, so daß ich bequem von seinem Rücken zur Erde gleiten konnte. Sobald ich festen Boden unter den Füßen fühlte, nahm ich meinen photographischen Apparat, den ich, um die Schulter geschlungen, bei mir führte, hervor und begab mich mitten unter die tobende Schar, um einzelne Momentaufnahmen zu machen. Bei dieser Gelegenheit hatte ich mich so dicht an einen riesenhaften Bullen mit kolossalen Stoßzähnen herangewagt, daß ich, der ich die Rechnung ohne seinen Rüssel gemacht hatte, meine Unverfrorenheit fast mit dem Tode gebüßt hätte, wenn mich nicht einer der Aufseher im letzten Augenblick mit einer solchen Vehemenz zur Seite gerissen hätte, daß ich mitsamt meinem Apparat ziemlich unsanft aus dem Bereich des wütenden Tieres flog. Im selben Moment kam auch schon Mr. Savi, dem man Mitteilung von meiner erfolgten Ankunft und scheinbaren Unkenntnis der mich umgebenden Gefahr gemacht hatte, in höchster Erregung einen Waldabhang heruntergestürzt. „Um Himmelswillen Sir, was machen Sie hier? Sie haben keine Ahnung, was für Ungeheuer das sind, und laufen hier herum wie in einem zoologischen Garten. Erst gestern haben die Bestien zwei meiner besten Leute getötet. Na, Sie haben mir einen netten Schrecken eingejagt. Denken Sie nur, was man mir von Calcutta aus für Vorwürfe gemacht haben würde, wenn Ihnen irgend etwas widerfahren wäre. Aber nun wollen wir gehen. Verzeihen Sie, daß ich Sie noch gar nicht einmal begrüßt habe und seien Sie mir von ganzem Herzen willkommen", damit reichte mir Mr. Savi, ein kleiner Herr mit grauem, am Kinn ausrasierten Vollbart und ebenso fröhlich wie unternehmend blitzenden braunen Augen, die Hand und nahm mir gleichzeitig das Versprechen ab, mich nicht wieder ohne ihn unter die Elefanten zu mischen. Ich kam mir vor wie ein gerüffelter Schuljunge und versprach in Zukunft ganz artig sein, sowie mich allen Anordnungen fügen zu wollen, aber es bedurfte doch einer kleinen halben Stunde und mehrerer gemeinsam geleerter Flaschen Bieres, bevor ich zu vergessen vermochte, wie thöricht ich mich benommen hatte, und bis ich die mir sonst eigene harmlos fröhliche Stimmung wiedererlangte.

Das Lager befand sich auf einer kleinen, abgeholzten Bodenerhebung im Walde und bestand lediglich aus Mr. Savis Zelten, sowie den Bambushütten seiner Diener und derjenigen Polizeimannschaften, die den Wachdienst zu verrichten hatten. Die aus etwa 250 gelernten Elefantenfängern (Indern mohamedanischen Glaubens aus der Umgegend Chittagongs, der Hauptstadt des an Ober-Burma grenzenden Arakan-Distrikts), und etwa der gleichen Anzahl Garos zusammengesetzte Expeditionstruppe lagerte einige hundert Meter abseits, so daß wir von allen unangenehmen Gerüchen und Geräuschen, die von jedem Kulilager unzertrennlich sind, verschont blieben.

Sehr bald stellte es sich heraus, daß von den Elefantentreibern, die mich von Dumra geholt hatten, das für mich bestimmte Zelt mitzubringen vergessen worden war. Nachdem Mr. Savi den Leuten gehörig die Köpfe gewaschen hatte, meinte er, zu mir gewandt: „Nun! Schlimm ist die Sache weiter nicht. Ich lasse Ihnen im Zeitraum von einer Stunde ein allerliebstes Häuschen bauen, an dem Sie Ihre Freude haben werden; die Garos sind Baumeister, wie sie besser nicht gedacht werden können." Es dauerte denn auch keine zehn Minuten, so erschienen gegen zwanzig, lediglich mit einer kurzen dha (einer Art Dornhaue) bewaffnete, nahezu nackte braune Gesellen und machten sich an die Arbeit. Unter den Hieben ihrer dhas fielen schnell einige Dutzend der nächststehenden Riesenbambus, von denen vier der stärksten als Eckpfosten in die Erde gesenkt wurden. Andere wurden aufgetrennt, und nachdem sie von innen eingekerbt worden waren durch Auseinanderrollen in mattenähnliche flache Wand- und

Fußbodenbekleidungen verwandelt, andere wieder in dünne, zum Flechtwerk geeignete Streifen geschnitten, Gras und Schilf herbeigetragen, und in weniger als 45 Minuten — ich hatte nach der Uhr gesehen — stand nicht nur ein Häuschen mit getrenntem Wohn- und Schlafraum, sondern auch noch ein zweites mit Baderaum u. s. w. fix und fertig. Die innere Einrichtung, bestehend aus Tisch und Stuhl, sowie einem Ständer für das Waschbecken, war mit Hilfe meines Dieners in kürzester Zeit ebenfalls aus Bambus hergestellt, so daß ich, als es bald nach dem Frühstück zu regnen anfing, bereits Mr. Savi zu einem Einweihungstrunke in mein allerliebstes, prächtig nach frischem Laube duftendes neues Heim einladen konnte.

Gegen Abend gingen wir wieder zu den Elefanten, die einzeln an zwei bis vier ihrer gezähmten Kollegen gefesselt, von diesen zum Flusse geführt und dann nach erfolgter Tränkung wieder angebunden wurden. Mit einem langgestielten Teerquast wurden ihnen später von einem auf zahmem Elefanten sitzenden Mahaut mit roter Farbe große Zahlen auf den von uns zum Sitzen benutzten Körperteil gemalt und dann sämtliche Tiere mit ihrer Nummer und einer Charakteristik in das Fangbuch eingetragen, da sie morgen weiter nach Dumra transportiert werden sollten. Die Herde bestand aus einem mächtigen, alten Bullen mit großen Stoßzähnen, einem sogen. Gunda, einem Bullen ohne Stoßzähne (Mukna), sechs ausgewachsenen weiblichen Elefanten (Kunkis) und sechs jüngeren Tieren beiderlei Geschlechts. Mein liebenswürdiger Führer machte mich auf die Vorzüge und Fehler der einzelnen Gefangenen aufmerksam, erklärte mir, warum dieser oder jener ein besonders gutes Lasttier zu werden verspreche und wie man an dem Blick des Elefanten dessen Charakter erkennen könne.

„Welches der Tiere halten Sie für das wertvollste“, fragte mich Mr. Savi. Ich wies natürlich auf den riesigen Bullen, der mit seinen prächtigen Zähnen gerade dabei war, den Boden aufzuwühlen und das losgelöste Erdreich wütend in die Höhe zu schleudern. „Sie würden recht haben, wenn das Tier einen unversehrten Schwanz aufweisen könnte, aber wie sie sehen, fehlt ihm das untere Ende desselben, welches ihm jedenfalls von einem seiner Kameraden abgebissen worden ist. Ein solcher Elefant ist selbstverständlich als Arbeitstier genau so wertvoll, wie einer mit unbeschädigtem Schwanze, aber er wird von keinem der Radjas als Reit-, Jagd- und Prunktier angekauft. Hätte dieser Riesenkerl seinen kompletten Schwanz, ich könnte ihn morgen für 4000 rup. (ca. 6000 Mark) loswerden, wohingegen ich jetzt kaum die Hälfte für ihn fordern kann. Einen anderen Elefanten sehen Sie dort, er ist einer von den jüngeren, aber ein Tier von idealem Körperbau, gedrungen und massiv, mit kurzen Beinen, flachem, breitem, sanft nach hinten abfallendem Rücken, breiter Stirn, starkentwickeltem Rüssel, vollen Backen und weicher, schön gerunzelter Haut, dazu hat er ein Auge, klar, groß und ruhig blickend, kurz er wäre, wie wir es im Gegensatz zu den „Meerga“, genannten hochbeinigen Tieren nennen, ein echter „Koomeriah“, wenn er nicht einen Fehler besäße, der Ihnen sicher nicht auffallen wird, ihn aber in den Augen der Eingeborenen völlig entwertet. Sie können dieses Tier einem Inder schenken, er würde es nicht annehmen, und zwar lediglich deswegen, weil es, wie sie sehen, an den Vorderfüßen, an denen jeder normal gebaute Elefant 5 Zehen hat, deren nur 4 aufweist.“ Das sah ich nun freilich nicht, da ich mich hütete, allzu dicht an das Tier heranzugehen, aber ich glaubte meinem verehrten Lehrmeister gern und drückte ihm nur mein Befremden darüber aus, daß ein derartiger Fehler einen Elefanten solcherweise entwerten könne.

„Mißverstehen Sie mich nicht, er ist nicht wertlos für uns Europäer, aber er ist es für die Eingeborenen, da diese einen Elefanten mit 4 Zehen an den Vorderfüßen für unheilbringend halten. Wir pflegen daher solche Tiere, die hier und da vorkommen, für das Khebdah-Departement zu behalten und später an die einzelnen Regimenter oder die Stationen abzugeben.“

„Und welche Preise werden ungefähr für gute ausgewachsene Elefanten gezahlt?“

„Es ist schwer, einen bestimmten Durchschnittspreis zu nennen. Die besten Arbeitselefanten für Transportzwecke sind die weiblichen, da sie der Regel nach ruhigeren Temperamentes sind. Für solche werden etwa 2000 rup. pro Stück angelegt. In den Holzschneidemühlen Burmas sind wiederum die Gundas mit großen Stoßzähnen, welche ihnen das Tragen und Kanten der Balken und Baumstämme erleichtern, sehr gesucht und werden oft mit 3—4000 rup. bezahlt, die höchsten Preise aber werden für große Bullen von reichen Eingeborenen oder indischen Fürsten angelegt, von denen immer einer den anderen mit seinen Elefanten übertrumpfen will. Es ist vorgekommen, daß für ausnahmsweise große, schöne Tiere bis zu 40000 Mark und darüber bezahlt wurden. Noch gar nicht lange ist es her, daß von unserm Depot in Dacca für zwei Tiere, die nicht einmal tadellos waren, 30000 Mark erzielt worden sind. Durch die Bank aber verkaufen wir die von uns eingefangenen Elefanten, die wir nicht für die Regierung behalten, untrainiert, etwa 14 Tage bis 3 Wochen nachdem sie gefangen worden sind, mit nicht viel über 1000 rup."

„Und macht sich im allgemeinen das ganze Unternehmen bezahlt?"

„Ja! meistens wird ein ganz leidlicher Überschuß erzielt. So stellten sich beispielsweise im letzten Jahre die Einnahmen auf 163037 rup., denen an Ausgaben 107198 rup. gegenüber standen, so daß wir einen Reingewinn von 55839 rup. aufweisen konnten. Wir fingen in der letztjährigen Kampagne 264 Elefanten, von denen jedoch 37 teils infolge erhaltener Verletzungen, teils aus anderen Gründen eingingen, bevor wir nach Dacca zurückkamen."

„Welche Zeit ist für den Fang die günstigste?"

„Man kann nicht sagen, daß für den Fang als solchen eine Jahreszeit besonders günstig wäre, aber wir können aus Rücksicht auf uns Menschen eben nur die trockene und kalte Jahreszeit dafür verwenden, also etwa die Zeit von Anfang Dezember bis Ende März, denn während der Regenperiode könnte man hier überhaupt nicht vorwärtskommen, abgesehen davon, daß man bald dem Fieber erliegen würde."

Auf dem Rückwege besuchten wir noch die beiden getrennt liegenden Lager der Chittagonier und Garos. In beiden herrschte reges Leben, da die Leute gerade damit beschäftigt waren, ihre Abendmahlzeit zu bereiten. Die Chittagonier schienen sich nichts abgehen zu lassen, denn wie ich sah, hatten die meisten ihr Huhn im Topfe, derweil die Garos in Ermangelung von Töpfen Reis in grünen Bambusrohren kochten. Sie zeigten mir zierlich geflochtene Körbchen aus feinen Bambusstreifen, von denen ich späterhin einige für meine Sammlung erstand. Die Chittagonier erhalten pro Monat 7—8 rup., dazu täglich 2 Pfund Reis und wöchentlich kleine Quantitäten von getrocknetem Fisch, Erbsen, Zwiebeln, rotem Pfeffer, Zucker, Salz und Tabak. Die Garos werden als Eingeborene des Landes weniger gut bezahlt. Eine wesentliche Ersparnis erzielt Mr. Savi seit einigen Jahren dadurch, daß er den Elefanten nicht mehr,

Lager der Elefantenfänger.

wie das früher geschah, täglich neben ihrem Rauhfutter 20—30 Pfund Reis verabfolgen, sondern sie ausschließlich mit Gras und Laub füttern läßt, was etwa pro Elefant eine Minderausgabe von 40 Mark den Monat bedeutet. Kraftfutter, entweder in Gestalt von Reis oder von großen flachen Kuchen aus Weizenmehl erhalten nur diejenigen Tiere, welche einer solchen Beihilfe besonders bedürfen. Die Unterhaltung eines Elefanten kostet somit nicht viel mehr als der

Betrag der Löhne seines Mahauts und seines Grasschneiders sowie deren Verpflegung, nämlich zusammen monatlich gegen 30 Mark.

Nach Sonnenuntergang nahmen wir das Diner vor Mr. Savis Zelt unter einer herrlichen Baumgruppe ein, zündeten uns später unsere Pfeifen an und plauderten über Vergangenes, Gegenwärtiges und Zukünftiges, indes vier nackte junge Garos vor uns ein helles Holzfeuer unterhielten und sich und uns damit vergnügten, grüne Bambusrohre, die infolge der sich in ihnen entwickelnden Dämpfe nach kurzer Zeit mit lautem Knall auseinanderbarsten, in die Flammen zu werfen. Ein solches Feuer mußte auf Mr. Savis Befehl stets die ganze Nacht über im Lager brennen, teils um wilde Elefanten, Tiger und andere Tiere fernzuhalten, teils um durch den entstehenden Rauch etwaige Moskitos zu vertreiben. Ich selber habe dieses Lagerfeuer, so sympathisch es mir vor dem Zubettgehen war, nach demselben mehr als einmal verwünscht, da die es schürenden Garos ununterbrochen schwatzten, Bambusröhre knallen ließen, Tänze aufführten und sonstige mehr oder weniger geräuschvolle Kurzweil trieben.

Es war fast noch finster, als Mr. Savi zwei Tage später in aller Frühe in mein Häuschen trat, in dem ich in meinem auf erhöhtem Bambusunterbau stehenden bequemen Feldbett im schönsten Schlummer lag, und mich mit den Worten weckte: „Sie haben Glück. Ich erhalte von einer meiner vorgestern ausgesandten Patrouillen soeben die Nachricht, daß sich eine zwölf Haupt starke Herde wilder Elefanten etwa zwanzig englische Meilen von hier befindet. Ich habe bereits Befehl erteilt, daß die Treiber zur Einschließung der Herde abmarschieren, und gedenke selber nach dem Frühstück mit Ihnen zu folgen und ca. 15 Meilen von hier zu kampieren, bis die Einschließung bewerkstelligt ist, worauf wir mit unseren Elefanten ein Lager in der nächsten Nähe des Operationsfeldes beziehen werden." Mit einem lauten Hurrah fuhr ich aus dem Bette. Wie hätte ich nach einer so erfreulichen Nachricht auch noch länger der Ruhe pflegen können. Geschwind kleidete ich mich an und begab mich in das Lager der Leute, in dem ein wahres Tohuwabohu herrschte. Da wurde gepackt, gekocht, Schlafdecken wurden aufgerollt, Bündel geschnürt, Waffen geputzt, Seile gedreht, Nahrungsmittel ausgeteilt u. a. m. Es machte den Eindruck, als würden Stunden vergehen, bevor diese einem gestörten Ameisenhaufen gleichenden Menschenmassen marschfertig stünden. Als jedoch nach kurzer Zeit das Signal zum Aufbruch gegeben wurde, dauerte es kaum zehn Minuten und vom Lager war nichts mehr zu sehen, als verlassene Hütten, erlöschende Kochfeuer und allerlei zurückgelassenes Gerümpel.

Kurz nach 8 Uhr folgten wir mit den Elefanten, etwa 40 an der Zahl. Im ganzen waren nahezu hundert Tiere der Expedition zugeteilt, aber sie waren teilweise beschäftigt, Reis und sonstigen Proviant für die Leute herbeizuholen, teils zum Transportieren ihrer neu gefangenen Kameraden abkommandiert, teils endlich standen sie, wie wir gesehen haben, arbeitsunfähig im Hauptlager in Dumra. Welche Gewichtsmengen übrigens von einer Khedbah-Expedition mitgeführt werden, kann man daraus berechnen, daß sich bei der Ausrüstung allein 200 Zentner roher Jute zur Anfertigung von Stricken und Tauen befanden. Hierzu kommen dann alle möglichen Werkzeuge, Ketten, Zelte, Lebensmittel und was sonst noch alles zu einem so großen Unternehmen fern ab von aller Zivilisation gehört. Ich habe gefunden, daß nicht nur in Europa, sondern auch in Indien selbst von

Leuten, die nicht persönlich mit Elefanten viel zu thun gehabt haben, die Trag- und Leistungsfähigkeit derselben weit überschätzt wird. Der Elefant ist, darüber läßt sich nicht streiten, ganz ungewöhnlicher Leistungen fähig, er kann, wenn es sein muß, einmal 40 englische Meilen = 64 Kilometer an einem

Elefant seinen Wärter aufhebend.

Tage zurücklegen, kann 20 Zentner tragen und noch viel größere Gewichte ziehen und befördern, aber solche Kraftleistungen kann er nur ausnahmsweise, keineswegs indessen dauernd verrichten. Zehn Zentner sind in der Ebene für einen Elefanten eine gute Last, mit diesen vermag er bequem bei gutem Futter täglich seine 24 bis 32 Kilometer zu marschieren, wenn er nach etwa 3 Arbeitstagen einen Rasttag erhält. In den Bergen dagegen sind Lasten von 500—600 Pfund bei Tagesmärschen von 16—24 Kilometern das Höchste, was man dem Elefanten auf die Dauer zumuten kann, namentlich wenn er sich seine Nahrung selber im Walde suchen soll. Ein großer Irrtum ist es ferner, zu glauben, der Elefant sei, als dickfelliger Geselle, unempfindlich gegen kleine Verletzungen und hervorragend widerstandsfähig gegen Strapazen. Gerade das Gegenteil ist der Fall, der Elefant erfordert sogar eine sorgsamere Pflege als irgend ein anderes Last- und Reittier, bekommt, wenn er schlecht oder zu schwer beladen ist, leicht Druckstellen, über deren Heilung Monate vergehen können, und erholt sich, wenn einmal überanstrengt, äußerst langsam. Trotz seines dicken Felles ist er außerdem hochgradig empfindlich gegen Sonnenstrahlen, Kälte, Fliegen und Moskitos. Absolut unverständlich ist es, daß die in allen anderen Dingen so praktischen Engländer nicht darauf halten, daß die Offiziere des Transportwesens sich mehr mit dem Studium der Pflege und Behandlung des Elefanten befassen. Ein Fluch dieser Unterlassungssünde ist der, daß bei den kriegerischen Expeditionen die Elefanten vielfach überladen oder sonstwie schlecht behandelt werden, infolgedessen sehr bald niederbrechen und Anlaß zur Unzufriedenheit geben, was bei richtiger Pflege leicht vermieden werden könnte.

Ein Marsch durch gänzlich unberührte Wildnis übt auf mich stets einen ungewöhnlichen Zauber aus, so auch hier in den bisher von keiner Art zivilisierter Menschen entweihten Garo-Bergen. Herrlicher Laubwald mit uralten Baumriesen, umrankt von üppig sich gleich Festguirlanden von Stamm zu Stamm windenden Schlingpflanzen, in allen möglichen matten und leuchtenden Farben schillernde Orchideenblüten, am Boden Farrenkräuter mit lichtgrünen, zartgefiederten Blattwedeln von nahezu Meterbreite und dreifacher Länge, wildwachsender Ricinus, dichtes Gestrüpp, übersäet mit hellroten, löwenmaulähnlichen Blumen, dann wieder dichter, goldgelber Bambus, durch welchen unsere Elefanten sich einen Pfad bahnen mußten, dazu ein beständiges bergauf bergab und hie und da ein Wassertümpel, das war der Charakter der Gegend, welche wir, behaglich auf dem Rückenpolster der Elefanten liegend, durchzogen. Die Leistungen unserer Tiere in diesem schwierigen Gelände waren bewundernswert. Auf Befehl ihrer Mahauts brachen sie zu beiden Seiten und über ihren Köpfen mit dem Rüssel Äste und Zweige ab, überwanden, in Zickzacklinien sich ihren Weg bahnend, die steilsten Anhöhen und rutschten auf der entgegengesetzten Seite, wenn sich sonst kein genügender Halt für sie bot, auf niedergesetztem Hinterteil mit einer Ruhe und Sicherheit hinunter, als seien diese Rutschpartien für sie ein Kinderspiel. Verschiedentlich stießen wir mitten im Walde auf gefällte und von den Garos zu Kanus verarbeitete Baumstämme. Erst wenn die Fahrzeuge vollendet sind, werden sie von Menschen gezogen zu den Wasserläufen befördert.

An einem hübschen, etwa 50 Meter breiten, spiegelklaren, zwischen bewaldeten Ufern dahinrauschenden Flüßchen, dem Chingeram, in der Nähe der Ortschaft Nibari, machten wir Halt und nahmen, während unsere Diener die Zelte — auch für mich war mittlerweile ein solches beschafft worden — aufschlugen, ein erfrischendes Bad, dem ein substantielles Frühstück folgte. Nachmittags wohnte ich dem Baden der Elefanten bei. An einer möglichst tiefen Stelle des Flusses plätscherten sie mit ihren Mahauts um die Wette im Wasser herum, legten sich auf Kommando bald auf diese, bald auf jene Seite, um sich das Fell mit Bimstein und Strohwischen bearbeiten zu lassen, tauchten unter und douchten sich mit Hilfe ihrer Rüssel. Dann wurden sie in den Wald geführt, um das inzwischen von ihrem zweiten Wärter, dem „ghazi", geschnittene Gras und sonstiges Futter sich aufzuladen, dasselbe heimzutragen und später im Lager in aller Ruhe zu verzehren.

Am folgenden Morgen fand in Nibari großer Wochenmarkt statt, dem beizuwohnen ich natürlich nicht versäumen durfte. Schon am Abend zuvor hatte ich an unserem Lager lange Züge meist mit roher Baumwolle aus den Bergen kommender Garos vorüberziehen sehen. Sie tragen ihre Lasten auf dem Rücken vermittelst eines Holzgestelles, welches mit Hilfe eines um die Stirne laufenden gewebten, zollbreiten Bandes, der „chochanmari", festgehalten wird. Auf diese Weise befördern sie Ballen von überraschendem Umfange und einem Gewicht von 1½—2 Zentnern oft viele Tagereisen weit, um ihre Ware in Nibari oder einer der anderen in der Niederung gelegenen Ortschaften an bengalische Händler zu verkaufen. Auch Betelnüsse wurden in großen Mengen zu Markte gebracht, daneben bunte, von den Garos gewebte Baumwolltücher und Stirnbänder, Fischnetze in den verschiedensten Größen, Hühner, Frösche und in kleine Bambuskörbe eingeflochtene junge Hunde, die bei verhältnismäßig hohen Preisen reißenden Absatz fanden. Der Hund ist für den Garo ungefähr dasselbe, was der Truthahn, der „turkey", für den Sohn Albions ist. Ohne ihn ist ein Festmahl nicht zu denken. Der Mensch, einerlei, ob Kannibale, Omnivore, Carnivore oder Vegetarianer, gleichviel in welchem Weltteil, stets und überall ist er ein Feinschmecker, nur ist bekanntlich der Geschmack verschieden. Bei den Manyemas bildet der am Rost gebratene Missionar die pièce de résistance, in den Laosstaaten nascht man Wasserwanzen und abgesponnene Seidenraupenkokons, dem Chinesen niederen Standes läuft bei dem namentlich uns Deutschen so vertrauten und unsympathischen Worte „Kater“ das Wasser im Munde zusammen, und der Garo fühlt sich am glücklichsten, wenn er Gelegenheit hat, auf den Hund zu kommen. Über den Geschmack ist eben nicht zu streiten, und wenn man uns mit einem Hundekotelett Gott weiß wohin jagen kann, so ergreift der Garo wiederum die Flucht vor einer Schüssel mit Schlagsahne oder einer Rahmtorte; denn er, der sonst eigentlich nichts verschmäht, was der Menschenmagen verdauen kann, weder Insekten noch Reptilien, weder Mäuse noch Elefanten, er verabscheut eines — die Milch. Ohne Frau Henriette Davidis, Herrn von Malortie oder anderen Verfassern von Kochbüchern ins Handwerk — pardon in die Kunst — pfuschen zu wollen, gebe ich in Nachstehendem das beliebteste Rezept eines Festhundebratens der Garos.

Der canis finis oder communis wird, sobald er von der Mutterbrust entwöhnt ist, mit gekochtem Reis gemästet, bis er ähnlich den Möpsen alter Jungfern nahezu in seinem Fett erstickt. In Gegenwart der geladenen Gäste wird er, wenn sein letztes Stündlein geschlagen hat, nochmals gefüttert und gleich Gänsen, welche genudelt werden, bis fast zum Platzen mit Reis vollgepfropft, dann der Länge nach an einen Bambuspfahl gebunden und mit Haut und Haaren bei lebendigem Leibe über dem Feuer geröstet, um schließlich zerlegt und mitsamt dem in seinem Magen befindlichen Reis verspeist zu werden. „Schrecklich ist es freilich“, würde Friederike Kempner, die Nachtigall aus dem schlesischen Dichterwalde, sagen, aber es ist eben des Landes Sitte und der Brauch. Auch bei uns giebt es Fischfrauen, welche die Aale lebendig skalpieren, Köche, welche Hummern lebend rösten, und Kinder, welche Maikäfern die Beine ausreißen. Setzen wir uns daher nicht aufs hohe Pferd den Garos gegenüber, sondern gestehen, daß der Mensch eben in allen Weltteilen die gleiche Bestie ist.

Als am folgenden Nachmittag die Botschaft eintraf, daß die Einschließung der Herde geglückt sei, packten wir wieder auf und gelangten nach zweistündiger Kletterei an einen von den Expeditionsleuten bereits für uns abgeholzten und gesäuberten Lagerplatz auf einem freie Ausblicke auf die umliegende Landschaft gestattenden Hügel. In Büchsenschußweite von uns lag eine bewaldete Bodenwelle, auf der, wie mir bedeutet wurde, die Elefantenherde umzingelt gehalten wurde. Sie war in einem Umkreise von etwa vier englischen Meilen umstellt, alle 30—50 Schritt waren kleine Bambus- oder Laubhütten errichtet, in denen je zwei Leute Wache hielten. Rundum war auf 15 Fuß Breite das Unterholz oder Gras niedergelegt, so daß die einzelnen Posten sich gegenseitig Signale machen konnten und etwa durchbrechende Elefanten sofort sehen mußten. Tags über ist die Gefahr des Durchbruchs weit geringer als nachts, da die Tiere während der Tagesstunden zu rasten pflegen und in der Regel erst gegen Abend anfangen mobil zu werden. Übrigens hatten sie bereits einige Male auch während der heutigen Morgenstunden Durchbruchsversuche gemacht, waren aber mit Hilfe von Bambusklappern, mit denen jeder Wächter versehen ist, zurückgetrieben worden. Der Elefant ist scheu und furchtsam, so lange er innerhalb des umstellten Geländes genügend Futter und Wasser hat, erst wenn ihm das eine oder das andere fehlt, namentlich aber, wenn ihn der Durst quält, wird er unternehmend und läßt sich dann durch nichts mehr zurückhalten, er bricht aus und tötet dabei nicht selten die sich ihm mutig in den Weg stellenden Wächter. Über Nacht werden an besonders gefährdeten Stellen die Posten verstärkt und zwischen den einzelnen Hütten große Holzfeuer unterhalten. Sobald die Wächter im Walde das Geräusch brechender Zweige und Äste vernehmen, schlagen sie Lärm und suchen die Tiere wieder nach innen zu treiben. Unser Lager erwies sich als ein herrlicher Beobachtungsposten, von dem wir nicht nur einen Teil der Postenlinie übersehen, sondern sogar hier und da an unbewaldeten Stellen die umzingelte Herde deutlich erkennen konnten.

Wir begaben uns nach Einnahme einer kleinen Erfrischung zu derjenigen Stelle der Einschließung, an der die Khedbah, in welche die Elefanten tags darauf hineingetrieben werden sollten, im Bau begriffen war. Man hatte zu diesem Zwecke eine spärlich bewaldete, aber mit hohem Grase bestandene Stelle am Fuße einer Anhöhe ausgewählt. Etwa hundert Leute waren beschäftigt ca. 5 Zoll starke und 15 Fuß lange Pfähle aus dem Walde zu hauen und in Abständen von etwa 3 Fuß in einem Umkreise von 100 Schritt metertief in den Boden einzulassen und festzustampfen, während andere Arbeiter an der Innenseite der bereits eingegrabenen Pfosten in horizontaler Lage und in Abständen von zwei Fuß mit Hilfe von Jutestricken starke Querhölzer von 10 Fuß Länge befestigten. Nachdem das geschehen war, wurden auch an der Innenseite dieser Querhölzer nochmals starke Pfähle eingegraben und die äußeren Pfosten durch solide Stützbalken gegen jeden von innen gegen sie ausgeübten Druck widerstandsfähiger gemacht.

Alle Arbeiten wurden mit viel Geschick und großer Geschwindigkeit ausgeführt, sodaß die gegen 30 Schritt im Durchmesser haltende Khedbah nach etwa 10 Stunden fertig gestellt war und mit dem Bau einer in dieselbe führenden, trichterförmig sich nach außen erweiternden Pallisade, dem „Mund der Khedbah", welche den Elefanten den Eintritt erleichtern soll, begonnen werden konnte. Als auch diese Sache erledigt war, wurde über dem Khedbaheingang ein mit einem außerhalb an einer versteckten Stelle endenden Tau, welches im gegebenen Moment gekappt wird, in der Schwebe gehaltenes, nach innen fallendes Gatter angebracht. Damit waren die gröbsten Arbeiten beendet, und es wurde nunmehr mit den Dekorationsarbeiten begonnen, d. h. das ganze Bauwerk wurde, um es den Blicken der Elefanten zu entziehen, innen und außen mit Gras, Laubwerk und Bambus verkleidet, das innerhalb der Khedbah und des Mundes niedergetretene Gras und Buschwerk durch frisch eingepflanzten Bambus ersetzt und auf diese Art nach Möglichkeit alle Spuren menschlicher Thätigkeit beseitigt. Für mich und Mr. Savi wurden schließlich in der Nachbarschaft 25—30 Fuß hohe Maischans errichtet, von denen aus man in aller Ruhe und Bequemlichkeit das ganze Treiben beobachten konnte.

Die Nacht verlief unruhig, die Elefanten versuchten bald hier, bald dort durchzubrechen, wie wir an dem wiederholten Schreien, Klappern und Schießen der Wächter erkennen konnten, so daß von Schlaf auch für uns nicht die Rede war. Ich selber würde aber selbst ohne diesen Lärm vor Aufregung, daß die eingeschlossene Herde uns im letzten Augenblicke entwischen könne und aus dem ganzen Fange nichts würde, kein Auge haben schließen können. Endlich wurde es Tag und damit kam die Meldung, daß trotz aller

Wachsamkeit zwei Elefanten ausgebrochen seien. Ein Wächter, der sie hieran hatte verhindern wollen, hatte seinen Schneid mit dem Tode gebüßt, er war von dem Fuße eines der Flüchtlinge in Brei verwandelt worden.

Gegen 7 Uhr nahmen Mr. Savi und ich unsere Sitze in den Maischans ein, und das Treiben begann, d. h. eine Treiberkette avancierte, die Elefanten vor sich her scheuchend, gegen die Keddah, während die Wächter auf ihren Posten blieben, um die eventuell durch die Treiberlinie brechenden Tiere wenigstens in der Einschließung festzuhalten. Viermal wurde getrieben und immer gelang es den Tieren, die Treiberlinie zu sprengen. Sobald sie in die Nähe der Kheddah kamen, machten sie Kehrt und stürmten unter Führung eines starken Bullen davon. Den Treibern fehlte vielleicht auch infolge des über Nacht erfolgten Todes ihres Kameraden der ihnen sonst eigene Mut, kurzum die Sache war nichts weniger als ein Erfolg. Um den Leuten eine Erholung zu gönnen und die gehetzten Tiere sich beruhigen zu lassen, wurde eine zweistündige Pause gemacht, dann begann die Arbeit von neuem. Diesmal kam die Herde bis dicht an den Mund der Kheddah, aber nur ein Tier ging in die Falle und zwar merkwürdigerweise der vorhin erwähnte Bulle. Es war ein aufregender Moment, als dieser Koloß, alles vor sich niedertretend plötzlich in die Umzäumung trat und die Welt mit Brettern vernagelt fand. Jede Sekunde erwarteten wir, vor Erregung zitternd, die Herde würde ihm folgen, aber sie besann sich eines bessern, machte Kehrt, und der Bulle benutzte die günstige Gelegenheit unseres Wartens auf seine Familie, die Kheddah wieder zu verlassen. Als er dabei an Mr. Savis Maischan vorüber kam, erhielt er aus dessen Expreßbüchse zwei Schüsse gegen den Kopf. Einen Augenblick schwankte er wie betrunken und verschwand dann blutüberströmt im Dickicht.

Nach diesem zweiten Mißerfolge wurde für den Tag das Treiben eingestellt. Morgen sollte ein erneuter Versuch gemacht werden, trotzdem, nach Mr. Savis Ansicht, wenig Aussicht vorhanden war, der nunmehr nervös gewordenen und gewarnten Herde habhaft zu werden. Leider sollte sich diese Befürchtung bestätigen; denn gleich bei dem ersten Treiben brach die Herde nicht nur durch die Treiberkette, sondern auch durch die Einschließungslinie durch und ward nicht mehr gesehen, mit Ausnahme des verwundeten Bullen, der gegen Abend plötzlich auf einem unserem Lager gegenüberliegenden Bergabhang auftauchte. Er schien schwerkrank und völlig ermattet zu sein. Ohne Zeitverlust ergriffen wir unsere Büchsen und rannten in verschiedenen Richtungen den Lagerhügel hinab. Ich hatte kaum einen kleinen Thaleinschnitt erreicht, als auch schon aus Mr. Savis Büchse ein Schuß fiel. Der Elefant mußte wiederum in den Kopf getroffen sein, denn ich sah, wie er denselben heftig schüttelte und sich schwerfällig abwandte. In demselben Augenblicke aber schien ihm ein anderer Gedanke zu kommen, er machte Kehrt und raste, einer Lokomotive gleich, alles sich ihm in den Weg Stellende zermalmend, den Abhang hinunter auf die Stelle zu, von der der Schuß gefallen war. Mir versagte einen Augenblick der Atem, denn es stand für mich fest, daß, wenn es Mr. Savi nicht gelang, das wütende Ungetüm jetzt mit einem wohlgezielten Schuß niederzustrecken, er rettungslos verloren war. Ich horchte mit klopfendem Herzen, aber kein Schuß fiel, der Elefant war meinen Blicken entschwunden, und alles war still. Vergebens versuchte ich in der Richtung, wo ich Mr. Savi tot oder lebend vermutete vorzudringen. Das Dickicht war dergestalt mit Schlinggewächsen überwuchert, daß ich gezwungen war, zum Lager zurückzukehren und von dort den Versuch zu machen, meinem Ziele zuzustreben. Vor unsern Zelten fand ich die Diener in großer Aufregung, denn sie hatten ebenfalls den ganzen Vorgang verfolgt, den Elefanten bergab rennen sehen und befürchteten das Schlimmste. Auch hier hatte man weder von Mr. Savi noch dem wütenden Tiere etwas gehört oder gesehen. Gefolgt von einigen der Leute, eilte ich nunmehr in der Richtung, in der ich Mr. Savi hatte fortgehen sehen, weiter, als ich plötzlich durch ein nicht weit von mir aus dem Dickicht tönendes „Halloh" zurückgehalten wurde; in der nächsten Minute hielt ich die Hand Mr. Savis in der meinen und beglückwünschte ihn, daß er noch unter den Lebenden weilte. „It was a narrow escape, indeed", meinte lächelnd der alte Elefantenfänger und erzählte dann, wie er, sobald er die Bestie hatte auf sich loskommen sehen, neben seinem Standorte einen hohlen Baum entdeckt und in demselben Schutz gesucht habe, da der Junge, der ihm seine Patronen habe nachtragen sollen, nirgend zu sehen gewesen wäre. Der Elefant sei in furchtbarer Wut auf die Stelle, von der der Schuß gefallen war, losgerannt, dann um den Baum, in dem er, Mr. Savi, gestanden, herumgegangen und habe sich darauf von dannen getrollt. Meinen Vorschlag, das schwer verwundete Tier noch weiter zu verfolgen, lehnte Mr. Savi ab, da es bereits zu dunkel sei. Wir ließen daher den Elefanten Elefanten sein und stärkten uns nach der Aufregung der letzten Viertelstunde mit einem Glase Sekt.

Am nächsten Morgen kamen die sonst äußerst pünktlich anlangenden Boten, welche die Post von Dumra zu bringen hatten, nicht zur gewohnten Stunde ins Lager, sondern erschienen erst gegen Mittag. Sie berichteten, sie seien einem Elefanten mit blutüberströmtem Rüssel begegnet, der sie, sobald er ihrer ansichtig geworden sei, angenommen habe, sodaß sie ihre Posttasche fortgeworfen hätten und auf den ersten besten Baum geklettert sein, bis das verwundete Tier das Feld geräumt habe. Mr. Savi war schlechter Laune wegen unseres gestrigen Mißerfolges. Die Zeit der Khebdahoperation war vorüber, die Leute drängten zur Rückkehr in ihre Heimat, und das ganze Treiben war einzig und allein nur meinetwegen arrangiert worden. „Noch nie," meinte Mr. Savi, „habe ich, solange ich die Khebdahoperation leite, ein ähnliches Pech gehabt wie gestern, und das gerade da, wo ich Ihnen zeigen wollte, wie die Sache gemacht wird. Aber wir wollen sehen, ob sich die Leute nicht gegen eine besondere Zulage dazu verstehen werden, es mit einer neuen Herde zu versuchen." Die headmen wurden nun zusammengerufen und um ihre Meinung befragt. Zum Glück waren auch sie der Ansicht, daß ihre Ehre auf dem Spiel stände, wenn die Operationen mit einem Fiasko geschlossen würden, und befürworteten einstimmig sofortige Entsendung von Kundschaftern, um den Stand einer anderen Herde festzustellen. Das geschah, und schon nach einigen Tagen kamen Meldungen aus verschiedenen Richtungen, durch welche eine Herde von 18 und eine zweite von ca. 30 Haupt bestätigt wurden. Die letztere sollte sich nur etwa drei englische Meilen von unserm Lager aufhalten. Ohne Zeitverlust wurden nun die Mannschaften ausgeschickt, um die Herde zu umstellen, und fünf Stunden später erhielten wir die Botschaft, daß die Einschließung gelungen sei und man mit dem Aufbau der Khebdah begonnen habe.

„Dieses Mal werden Sie aber etwas erleben," meinte

Mr. Savi, der seinen alten Humor wiedergefunden hatte, „ein zweites Mal soll uns die Herde nicht wieder durch die Lappen gehen, oder der Teufel müßte in die Elefanten gefahren sein."

Als wir am frühen Morgen auf unserem neuen Lagerplatz ankamen, fanden wir die Khedbah schon nahezu vollendet. Gegen Mittag war „everything all right", um 12 Uhr nahmen wir unsere Proszeniumslogensitze in den Maischans ein, und eine halbe Stunde später begann das Treiben. Da das Gelände durchweg dichter bewaldet war, als dasjenige der letzten Einschließung, so konnte ich von den Elefanten und Treibern wenig sehen, bis es — inzwischen mochte eine Stunde vergangen sein — plötzlich unweit des Khedbahmundes krachte und 12 mächtige Tiere aus dem Dickicht traten. Sie stutzten einige Sekunden und sahen sich stumm ringsum, als überlegten sie, welchen Weg sie einschlagen sollten. Ich konnte vor Aufregung kaum mein Fernglas vor den Augen halten, so gespannt war ich auf den Entschluß der Tiere. Machten sie Kehrt, so wurde zum mindesten ein neues Treiben notwendig, verfolgten sie dagegen die eingeschlagene Richtung, so waren sie sicher gefangen. Als ich gewahrte, daß sie sich zum letzteren entschlossen, hätte ich laut aufjubeln mögen, aber ich hütete mich und jubelte still in mich hinein. Bedächtigen Schrittes gingen sie ins Verderben, den zwölf folgten weitere fünfzehn, und als der letzte Trupp die Öffnung des Khedbahmundes passiert hatte, loderte sofort hinter ihnen eine mächtige Lohe auf. Feuerwerkskörper explodierten, Schüsse knallten und aus Hunderten von Menschenkehlen ertönte ein infernalisches Geschrei, so daß die zu Tode erschreckten Tiere mit aller Macht vorwärts drängten und im nächsten Augenblicke in der

Khebdah saßen. Das Tau wurde mit einem Dhahiebe gekappt, das Gatter fiel krachend nieder, und der laute Schall eines Gongs zeigte den auf ihren Posten verbliebenen Wächtern an, daß die Herde gefangen war. Sehr belustigend war der Umstand, daß ein Nachzügler, der sich noch außerhalb der Khebdah befand, als das Gatter geschlossen wurde, letzteres eigenmächtig bei Seite schob und auf diese Weise zu seinen gefangenen Kameraden gelangte. Erst zu spät sah er ein, daß er besser daran gethan hätte, draußen zu bleiben, und daß das Gatter sich zwar nach innen, keineswegs aber nach außen öffnete.

Von allen Seiten stürzten nun jubelnd in hellen Haufen die Treiber und Wächter herbei, die Menschen schienen geradezu aus dem Boden zu wachsen, und nach wenigen Minuten drängten sich gegen tausend Leute, denn auch aus den entferntesten Dörfern waren Garos herbeigeströmt, um dem Fange beizuwohnen, schwatzend, lachend und diskutierend um die Khebdah, in der unter den Füßen der gefangenen, wie wahnsinnig herumtosenden und nach einem Ausweg suchenden Elefanten die künstlich eingepflanzten Bambus bereits zu Atomen zermalmt waren. Siebenundzwanzig Dickhäuter waren erbeutet, Tiere in allen Größen, von einem Baby im jugendlichsten Alter bis zu dem stärksten Bullen, der je in Assam gesehen worden war. Er maß, wie sich später herausstellte, 9 Fuß 8 Zoll Schulterhöhe und war ein Tier von ganz vortrefflichem Körperbau. Aber auch ihm fehlte nicht nur ein Teil des Schwanzes, sondern obendrein noch einer der Stoßzähne; der vorhandene Zahn war außerdem zur Hälfte und zwar so scharf abgebrochen, daß Mr. Savi befürchtete, der Riese könnte sowohl die später zur Fesselung der Gefangenen in die Khebdah hineingehenden zahmen

Elefanten, als auch seine eigenen Mitgefangenen schwer verletzen und allerlei Unheil anrichten. Er wurde daher zum Tode durch Pulver und Blei verurteilt und die Vollstreckung des Urteils vertrauensvoll in meine Hände gelegt. Die Elefanten tobten in ihrem engen Gefängnis umher, daß man glauben konnte, sie würden sich gegenseitig zerdrücken oder die ganze Khedbah auseinander sprengen. Mehrfach versuchten sie die Wände einzurennen, sobald sie aber mit ihren Köpfen gegen die Pallisaden prallten, erhielten sie von außenstehenden Wächtern Speerstiche in den Rüssel oder blinde Schüsse ins Gesicht, worauf sie sich brüllend, pustend und fauchend zurückzogen. Besonders hatten sie es auf den schwächsten Teil der Khedbah, die Fallthür abgesehen. Sie schienen wie Mephistopheles zu denken, „wo sie hineingeschlüpft, da müssen sie hinaus“, aber sie hatten ihre Rechnung ohne Mr. Savi gemacht, der jeden Rammversuch mit einer Gewehrsalve wirksam abschlug. Ich holte meine Expreßbüchse, Kaliber 577, hervor, kletterte auf einen in der Nähe der Khedbah stehenden Baum und streckte mit einem wohlgezielten Schuß in die Schläfe den Koloß zu Boden. Er war tödlich getroffen, ohne noch einen Schritt weiter zu machen, brach er zusammen und fiel, eine leblose Masse, schwerfällig auf die Seite, um in nächster Sekunde durch seine sich über ihn stürzenden und auf ihm herumtrampelnden Kameraden unsern Blicken entzogen zu werden. Die Gefangenen blieben nun vorläufig, wohlbewacht, sich selber überlassen und thaten durch planloses Umherrennen, gegenseitiges Drängen, und indem sie aneinander ihre Wut ausließen, ihr Möglichstes, sich zu schwächen. Stundenlang konnte ich dem Treiben der ihrer Freiheit beraubten Könige der Wälder zuschauen, es war ein Stück Dantescher Hölle, welches sich da unter mir in dem engbegrenzten Raume abspielte, ein Bild von schauerlicher Großartigkeit. Abends herrschte im Lager lauter Festesjubel, die Garos hatten sich Bambusflöten geschnitzt und bildeten ein 200 Mann starkes Orchester, Raketen und Leuchtkugeln erhoben sich zischend und puffend über die sonst so stillen Wälder der Wildnis, und von der Khebdah herauf tönte das furchtbare Gebrüll der mit ihrem Schicksal hadernden Gefangenen.

Es war eine Nacht, so eigenartig, so wunderbar, wie ich sie nie zuvor erlebt habe. Von Schlaf war unter diesen Umständen natürlich nicht die Rede, aber da die Nerven in beständiger Spannung und Erregung gehalten wurden, fühlte ich mich trotzdem am folgenden Morgen vollkommen frisch, und schon vor 6 Uhr ging ich mit Mr. Savi wieder zur Khebdah hinunter. Zwanzig der stärksten unserer zahmen Elefanten, jeder seinen Mahaut und einen mit langer Lanze bewaffneten Chittagonier auf dem Rücken tragend, wurden in den Mund der Khebdah hineingetrieben und dieser durch eine schnell errichtete Pallisade geschlossen, dann wurde das Fallgatter geöffnet und gleich den Gladiatoren in die Arena traten die trainierten Elefanten zu ihren gefangenen Kameraden. Wütend fuhren einige der letzteren auf die Eintretenden los, zogen sich indes, sobald sie einen Lanzenstich in den Kopf oder Rüssel erhielten, heulend vor Wut und Schmerz zurück. Merkwürdigerweise schienen sie die auf den Elefanten sitzenden Menschen garnicht zu bemerken, denn kein einziger machte den Versuch, einen der Leute mit seinem Rüssel zu ergreifen und herunterzuziehen, was ihnen jedenfalls, wenn sie gewollt hätten, ein Leichtes gewesen wäre.

Es waren jetzt gleichzeitig 46 lebende und ein toter Elefant in dem nur 30 Schritt im Durchmesser haltenden Kreise beisammen, sodaß die Tiere sich kaum zu rühren vermochten und wie die Sardinen in der Büchse zusammengepreßt wurden. In der Hauptsache kam es vorerst darauf an, die stärksten Bullen abzusondern und zwischen zahme Elefanten einzukeilen. War das geschehen, so ließen sich zwei Mahauts zur Erde gleiten, und während die zahmen Elefanten ihren neugefangenen Kameraden mit dem Rüssel liebkosten oder ihn in anderer Weise zu beschäftigen suchten, wurden letzerem dicke Jutetaue um die Hinterbeine geschlungen und die Enden derselben, durch die Pallisade durchgezogen, an starken, außerhalb dieser stehenden Bäumen befestigt. Gleichzeitig wurden, um Luft für weitere Arbeiten zu schaffen, eine Anzahl der schwächeren Tiere in den Khedbahmund gelassen und dort in ebensolcher Weise gefesselt und angebunden. Nach etwa drei Stunden heißen Bemühens war dieser Teil der Fesselung erledigt, und die schwierigere Arbeit, den Tieren Schlingen über den Kopf zu werfen, nahm ihren Anfang. Auch dieses geschah, während der Gefangene von zwei zahmen Elefanten in die Mitte genommen wurde, von einem auf dem Rücken eines der letzteren sitzenden Mahaut, aber es verging bei einigen Tieren nahezu eine Stunde, bis es gelang, die Schlinge, welche sie stets versuchten mit dem Rüssel von sich abzustreifen, ihnen um den Hals zu befestigen. Endlich war auch das geglückt und mit dem gefährlichsten Teil des Programms, dem Abführen der gefesselten Tiere, konnte nunmehr begonnen werden. An einer Stelle wurde die Pallisade niedergelegt und ein Tier nach dem andern herausgeführt, zu welchem Zwecke die Enden zweier von der Halsschlinge auslaufender Taue, sowie diejenigen der Hinterfesseln an den Leibgurten von drei bis vier zahmen Elefanten befestigt wurden. Die Taue waren lang genug, daß zwischen dem Gefangenen und seinen Transporteuren etwa 20 Fuß Abstand gehalten werden konnten. Beim Verlassen der Kheddah schienen sie sich wieder in Freiheit zu fühlen und versuchten meist sofort das Weite zu suchen, wobei sie nicht selten den einen oder anderen ihrer Begleiter mit sich fortrissen. Sehr bald aber gelang es, ihnen ihren Standpunkt klar zu machen, und trotz allen Widerstrebens wurden sie halb geschoben, halb gezogen auf den zu ihrer vorläufigen Unterkunft bestimmten Platz geführt und dort zwischen Bäumen angebunden. Im höchsten Grade interessant war es, hier die zahmen Elefanten zu beobachten, wie sie die Stricke ins Maul nahmen, mit denselben mehrfach um die ihnen bezeichneten Bäume herumliefen, sie straffer und straffer ziehend, bis ihr gefangener Kamerad sich kaum noch zu rühren vermochte. Der Mahaut schlug dann die Knoten in die Taue, und die Arbeit begann mit einem anderen Elefanten. Am meisten Mühe verursachte der Transport der Elefantenmutter und ihres Babys, die sich unter keinen Umständen von einander trennen lassen wollten, sodaß Mr. Savi sich entschließen mußte, den kleinen Kobold frei neben der besorgten Mutter herlaufen zu lassen, wobei dieser den größten Unfug anrichtete und mehrere Leute, darunter auch mich, über den Haufen rannte. Es war eines der possierlichsten Tiere, die ich gesehen habe, und wurde bald so zutraulich, daß man es streicheln und mit seinem Rüssel spielen konnte.

Nachdem sämtliche Elefanten angebunden waren, wurde ihnen von ihren zahmen Kameraden Futter gebracht, Gras, Laub oder wilde Bananenstauden, aber nur die wenigsten zeigten Neigung zum Fressen, die meisten schleuderten die ihnen gebrachten Gaben mit dem Rüssel hoch in die Luft oder weit von sich, brüllten, wälzten sich auf der Erde, stampften mit den Füßen und schlugen, laute Trompetentöne von sich gebend, mit dem Rüssel auf den Boden. Kam ein Mensch in ihre Nähe, so rollten sie den Rüssel auf und versuchten mit hoch erhobenem Kopfe auf ihn loszustürzen. Wehe den Umstehenden, wenn es einem der gereizten Ungeheuer gelänge, seine Fesseln zu sprengen, es würde ihnen ergehen, wie den bösen Buben von Korinth am Schlusse ihres thatenreichen Lebens.

Glücklicherweise war das ganze Unternehmen dieses Mal ohne jeglichen Unfall zu Ende geführt worden und Mr. Savi glücklich darüber, doch noch Gelegenheit gehabt zu haben, mir zu zeigen, „how to do it“. Während wir die einzelnen Tiere nun einer genauen Besichtigung unterzogen, kam einer der Mahauts zu uns und erklärte, einen der Gefangenen schon vor zehn Jahren gekannt zu haben. Derselbe sei später entlaufen und in der Wildnis verschwunden, er kenne das Tier ganz genau, es habe z. B. diesem oder jenem Zemindar (größerem Landpächter) gehört. Als Mr. Savi die Behauptungen des Mannes in Zweifel zog, ging derselbe auf den Elefanten zu, redete mit ihm und suchte ihn durch Wiederholung des Wortes „beut, beut, beut, beut“ zum Niederlegen zu bewegen. Der Elefant schlug ebenso wild wie seine Leidensgefährten mit dem Rüssel auf den Boden und kümmerte sich um das „beut“ keinen Deut. Unser Mahaut ließ indessen nicht locker, und nachdem er dem Dickhäuter etwa eine Viertelstunde lang zugeredet hatte, schien diesem plötzlich eine Erinnerung zu dämmern, er legte sich vorschriftsmäßig nieder, streckte sich auf das Kommando yuke, yuke vollends aus und auf terry, terry legte er sich auf die Seite. Jetzt setzte sich der Mahaut auf seinen Nacken, hieß ihn sich erheben, die Fesseln wurden teilweise gelöst und das seit 8—9 Jahren wieder vollkommen in der

Wildnis gewesene Tier that alles, was es früher in der Gefangenschaft gelernt hatte.

Als wir ins Lager zurückkehrend an der Khedbah vorbeikamen, herrschte dort immer noch das lebhafteste Treiben, denn zur Rückerlangung der beim Bau verwendeten Stricke wurden die Pallisaden wieder auseinander genommen. Um den von mir getöteten Riesenelefanten, der jetzt infolge sich in ihm entwickelnder Gase einem zum Platzen gefüllten Ballon glich, waren, während sich auf den Bäumen ringsum die Geier sammelten, etwa ein Dutzend Garos bemüht, den abgebrochenen Stoßzahn loszulösen und auf meinen Wunsch die beiden Vorderfüße abzuschneiden, eine überaus schwierige Arbeit, die mehrere Stunden in Anspruch nahm und für Leute mit gut entwickelten Riechorganen wegen des haut goût des gefallenen Dickhäuters alles andere eher als ein Vergnügen sein mußte. Jedenfalls hatten Mr. Savi und ich nach einigen Minuten Zuschauens vollauf genug und ließen uns im Lager schleunigst ein Glas Whisky als Nervenstärkung reichen. Wer aber beschreibt mein Entsetzen, als ich abends nach dem Essen in mein Zelt trete und die Entdeckung mache, daß man mir die abgeschnittenen Riesenfüße, die ich allerdings als Jagdtrophäen außerordentlich schätzte, neben das Bett gestellt hatte. Die gewiß volles Anrecht auf eine fürstliche Belohnung besitzenden Garos hockten draußen um das Wachtfeuer und schienen durchaus nicht begreifen zu können, daß ich mich an jenem Abende nicht nur nicht erkenntlich für die ihrerseits erwiesene Aufmerksamkeit zeigte, sondern ihnen sogar befahl, die einen überwältigenden Geruch verbreitenden, mindestens je einen Zentner wiegenden Fleischklumpen aus dem Bereich meiner Geruchsnerven zu tragen.

Tags darauf wurden einige Chittagonier mit der Auslösung der Knochen und des Fleisches betraut. Die somit nur aus Haut und Zehen bestehenden Füße wurden darauf mit Sublimat getränkt, mit Sand gefüllt und in der Sonne getrocknet, so daß sie ihre natürliche Form behielten. Wochenlang bin ich mit den von Tag zu Tag übleren Geruch verbreitenden Riesenfüßen umhergezogen, und mehr als einmal war ich drauf und dran, sie fortzuwerfen, bis es mir endlich glücklicherweise gelang, sie einem liebenswürdigen Engländer aufzuhängen, der sie nach Calcutta beförderte, von wo aus sie dann die weite Reise nach Europa antreten konnten. Ich habe es nicht bereut, ihretwegen allerhand Ungemach ertragen zu haben; denn heute bildet der eine als Papierkorb in meinem Schreibzimmer eine meiner interessantesten Reisetrophäen, während der andere, den Se. Majestät der Kaiser allergnädigst von mir als Geschenk entgegen genommen hat, heute im Fahnenzimmer des Königlichen Schlosses in Berlin prangt. Auch Elefantenfüße haben, wie man sieht, ihre Schicksale.

Übrigens messen die Fußhüllen noch heute in eingetrocknetem Zustande 4 Fuß 7 Zoll im Umfang. Rechnet man nur eine Umfangverminderung von 3 Zoll, so ergiebt das für den Fuß im frischen Zustande 4 Fuß 10 Zoll, und da die Schulterhöhe eines Elefanten genau dem doppelten Umfange seiner Fußsohle gleich ist, eine solche von 9 Fuß 8 Zoll, d. h. eine der größten Höhen, die je bei einem indischen Elefanten gemessen worden sind.

Die Leser dieser Zeilen werden wahrscheinlich denken, man habe, nachdem die Elefanten gefangen und gefesselt sind, nur nötig dieselben nach Hause zu führen und zu zähmen. Das ist allerdings richtig, aber das Nachhauseführen ist nichts weniger als eine einfache Sache. Man darf nicht vergessen, daß wir uns mitten in einer Wildnis ohne Weg und Steg befinden, durch die zwar einzelne Lastelefanten sich ohne große Schwierigkeit einen Pfad bahnen können, nicht aber vier, einen Gefangenen mit sich führende Tiere. Um diesen Gefangenentransport zu ermöglichen, muß daher viele Meilen weit eine Straße durch den Wald gehauen werden, bis man an einen größeren Verkehrsweg gelangt, und daß das keine leichte Arbeit ist, selbst wenn der Wald zum größten Teil aus Bambus besteht und man über einige hundert Arbeiter verfügt, wird mir jedermann glauben. Ebenso wie der Transportpfad müssen auch die Lagerplätze für die Gefangenen von Unterholz befreit und Wege zu dem nächsten Wasser gebahnt werden, um die Tiere zur Tränke führen zu können, kurzum, so eine Reise mit gefesselten Elefanten durch den Wald ist weder eine Kleinigkeit noch ein Vergnügen, und verlangt viel Zeit, viel Arbeit und Geduld.

Zum Glück konnte Mr. Savi diesen Teil der Operation einigen zuverlässigen eingeborenen Unterbeamten überlassen, so daß wir unbekümmert um die nachfolgende Karawane nach Nibari vorausreiten und dieselbe dort erwarten konnten. Die Gefangenen trafen erst nach mehreren Tagen ein und benahmen sich bereits ganz manierlich. Einige hatten sogar anstatt drei oder vier zahmer Begleiter deren nur noch einen einzigen, wenn sie zur Tränke geführt wurden, und einer der jüngeren gestattete sogar einem Mahaut, sich auf seinen Hals zu setzen.

Leider pflegen die Wärter nicht selten den frischgefangenen Tieren gegenüber bald allzu vertrauensselig zu werden und büßen diesen Leichtsinn dann zuweilen mit ihrem Leben. Die eigentliche Dressur der Tiere beginnt erst, wenn sie nach dem Hauptdepot in Dacca transportiert worden sind, und nimmt 6—8 Monate in Anspruch. Nach Ablauf dieser Zeit aber steht der Elefant als Last-, Reit- und Arbeitstier unübertroffen da und ist im stande dem Menschen Dienste zu leisten wie kein anderer Vierfüßler. Man muß ihn in den Wäldern Ober-Burmas und der Laosstaaten beim Herausschleifen gefällter Bäume, in den Holzschneidemühlen Ranguns

und Moulmeins, in denen er die aufgeflößten Hölzer vom Flusse zum Sägetisch und später die geschnittenen Bretter von letzterem wieder zum Stapelplatz bringt, muß ihn als Lasttier auf kriegerischen und friedlichen Expeditionen im schwierigsten Gelände, auf Reisen und Tigerjagden kennen gelernt haben, um ermessen zu können, welchen enormen Wert der gezähmte Elefant für die Menschen besitzt.

Nur wer den Elefanten in Indien, Siam oder auf Ceylon kennen gelernt hat, weiß zu beurteilen, welche kolossale

Arbeitskraft in Afrika durch das Hinmorden von jährlich 50 bis 70000 Elefanten vernichtet wird. Was könnten jene Tiere, die im dunklen Weltteil ausschließlich ihrer Zähne wegen getötet werden, in denen Jahr für Jahr die Kraft von nahezu einer Million Menschenkräfte vernichtet wird, zur Zivilisierung seiner Bewohner beitragen, wenn sie in gleicher Weise in den Dienst der Menschheit gestellt würden, wie ihre asiatischen Vettern!

Daß der afrikanische Elefant zu zähmen und Außerordentliches zu leisten im stande ist, das haben uns die alten Karthager schon vor mehr denn 2000 Jahren bewiesen. An uns ist es jetzt, den Beweis zu liefern, daß der afrikanische Elefant auch heute noch gezähmt werden kann, und daß der Mensch des neunzehnten Jahrhunderts n. Chr. Geb. dem Elefanten gegenüber dasselbe vermag wie die Völker des Altertums. Für den dunklen Kontinent aber wird mit dem Heranziehen des jetzt lediglich als Elfenbeinträger geschätzten Elefanten eine neue Ära anbrechen, neue Verkehrswege werden mit seiner Hilfe geschaffen werden, man wird auf dem Rücken des Elefanten mit Leichtigkeit in bisher unerschlossene Gebiete vordringen, schwere Lasten, deren Transport jetzt zum Teil unmöglich ist, an die Küste oder zu den Bahnstationen des Innern schaffen, und den Sklavenjagden, die zum großen Teile heute veranstaltet werden, um Träger zum Transport der Zähne getöteter Elefanten zu erlangen, wird wenn auch nicht ein Ende bereitet, so doch eines ihrer Hauptmotive entzogen werden.

Ungezählte Millionen sind mehr oder weniger nutzlos auf die Unterdrückung des Menschenhandels verwendet worden. Anstatt zu versuchen, das Übel an der Wurzel zu packen, hat man sich meist darauf beschränkt, die geraubten

Sklaven an der Küste abzufangen und in Missionsanstalten unterzubringen. Zwei der Hauptbeweggründe der Sklavenjagden sind unstreitig der Mangel an Arbeitskräften an der Küste und der Überfluß von Elfenbein im Innern. Man mache daher der Elefantenjagd ein Ende, führe dafür den Elefantenfang ein und übertrage den gefangenen Tieren einen Teil der Arbeit, die heute der Neger verrichtet. Jedenfalls wird diejenige Nation, der es gelingen wird, den seit nahezu zwanzig Jahrhunderten nicht mehr trainierten afrikanischen Elefanten der Menschheit wieder dienstbar zu machen, sich um die weitere Erschließung des dunklen Kontinents und um die Entwicklung aller dortigen Kolonien ein Verdienst erwerben, wie es schöner nicht gedacht werden kann. Hoffen wir, daß diese Nation die deutsche sein wird.

Nach einem ermüdenden Marsche von 24 englischen Meilen zogen wir wieder in das Hauptlager in Dumra ein und warteten dort drei Tage auf die Ankunft der Karawane. Die Garos wurden sofort abgelohnt und hatten nichts Eiligeres zu thun, als sich als erstes von einem anwesenden bengalischen Händler jeder einen rotbaumwollenen Sonnenschirm zu kaufen und sich einen gehörigen Rausch anzutrinken. Da Mr. Savi noch mehrere Tage in Dumra beschäftigt war, unsere Wege sich außerdem am Brahmaputra, dessen Laufe ich nach Norden folgen wollte, während Mr. Savi südwärts zog, trennten, nahm ich nach fast einmonatlichem Aufenthalt bei der Expedition Abschied von ihrem liebenswürdigen Leiter und brach kurz nach Mitternacht mit zwei Elefanten auf, um den früh morgens in Dolgoma Ghat anlangenden Postdampfer zu erreichen. Es war eine wunderbar linde Tropennacht. Millionen leuchtender Insekten durchschwirrten die Luft, im Grase zirpten die Grillen, und von den Wasserlöchern herauf tönte das Gequak liebewerbender Frösche an mein Ohr. Behaglich hingestreckt, halb wachend, halb träumend, lag ich auf meinem Elefanten, dessen vor mir sitzender Mahaut ein melancholisches Lied mit hoher Fistelstimme sang und dazu den Takt mit dem Ankus auf dem Schädel seines Dickhäuters schlug.

Als wir, den Wald verlassend, auf die Brahmaputra-ebene hinaustraten, leuchteten die ersten Strahlen der aufgehenden Sonne über den Bergen, weiße durchsichtige Nebel entstiegen den Wassern des mächtigen Stromes, und der dunkle Rauch eines von Süden kommenden Dampfers zeigte uns, daß wir zur guten Stunde gekommen waren. Wir wären auch gleichzeitig mit dem Dampfer in Dolgoma Ghat eingetroffen, hätte derselbe nicht plötzlich seine Dampfpfeife ertönen lassen und damit unseren, an ähnliche Geräusche nicht gewöhnten Elefanten einen solchen Schrecken eingejagt, daß sie kurz Kehrt machten und sich erst nach längerem Zureden beruhigen ließen. Der Dampfer legte an, und als der Kapitän desselben uns in einiger Entfernung vom Ufer gewahrte, glaubte er sich verpflichtet, uns durch erneutes Pfeifen zur Eile mahnen zu müssen, so daß die Elefanten wiederum Kehrt machten und wir wahrscheinlich nie zur Landestelle gelangt wären, hätte ich nicht meinen Diener abgeschickt und dem Kapitän sagen lassen, er möge das Pfeifen einstellen. Erst als diesem Wunsche entsprochen worden war, setzten sich unsere Elefanten wieder in Bewegung und ließen sich dann auch bis in unmittelbare Nähe des Dampfers bringen. In wenigen Minuten war unser Gepäck verladen, die mit Trinkgeld reich beschenkten Mahauts murmelten, sich tief verneigend, ihr unterwürfiges „Salam Sahib“, die Elefanten salutierten auf Kommando mit hoch gehobenen Rüsseln, dann setzte sich die Maschine in Bewegung — und vorwärts ging es stromauf nach Ganhati, von wo ich über Shillong auf wenig begangenen Pfaden durch die Khassia- und Naga-Berge nach Manipur marschieren wollte.

Nach Manipur.

Es war meine Absicht gewesen, mich dem Chief Commissioner Assams, Mr. Quinton, der in politischer Mission vom Vizekönig nach Manipur beordert war, auf dem Marsche dorthin anzuschließen. Dem Umstande, daß ich durch den Elefantenfang länger in Anspruch genommen wurde, als sich von vornherein vermuten ließ, verdanke ich vielleicht mein Leben, denn Mr. Quinton nebst seinen Begleitern, dem britischen Residenten Mr. Grimwood, Mr. Cossins, Kolonel Skene und einigen anderen Offizieren, wurden später von dem Maharadja von Manipur und dessen Brüdern, nachdem sie in verräterischer Weise gefangen genommen waren, getötet.

Manipur ist ein kleiner unabhängiger Radjastaat, zwischen dem 24. und 26. Gr. nördl. Br. und 93.—95. Gr. östl. L. gelegen; derselbe wird im Norden und Westen von Assam, im Süden und Osten von Ober-Burma begrenzt und zählt gegen 250 000 Einwohner. Seit dem Jahre 1833 besteht zwischen Manipur und der britischen Regierung ein Abkommen, demzufolge die Manipuris der britischen Regierung

4*

auf Verlangen Heeresfolge zu leisten haben. Sowohl in der Meuterei 1857 als auch im Kriege gegen Burma 1886 hatte England die Hilfe der Truppen des Maharadja in Anspruch genommen, und das Verhältnis der beiderseitigen Regierungen war bis in die jüngste Zeit zweifellos freundschaftlicher Natur gewesen. Das „Government of India“ machte dem Maharadja mehrfach Geschenke in Gestalt leichter Feldgeschütze und großer Mengen Gewehrmunition, ahnungslos, daß eines Tages diese Waffen gegen den Spender derselben selbst gerichtet werden sollten. Im vergangenen Jahre war eine von den Brüdern des Landesherrn angezettelte Revolution in Manipur ausgebrochen. Der Maharadja hatte sein Land verlassen müssen und sein ältester Bruder den Thron bestiegen. Die britische Regierung würde sich höchst wahrscheinlich um diese innere Angelegenheit des Duodezstaates wenig gekümmert haben, hätte nicht ein zweiter Bruder des Maharadja, der sogenannte Jubraj, d. h. Thronfolger, ihr durch Anzettelung von allerlei Ränken verschiedentlich Anlaß zur Unzufriedenheit gegeben. Die Anerkennung des Thronusurpators als Maharadja wurde daher abhängig gemacht von der Entfernung des Jubraj, und da diese Bedingung nicht erfüllt wurde, war der höchste Beamte Assams, der Chief Kommissioner Mr. Quinton, mit einer Eskorte von 500 Gurkasoldaten des 42. Regiments unter Führung des Kolonel Skene nach Manipur entsandt worden, um dem Verlangen der britischen Regierung den nötigen Nachdruck zu verleihen. Die Expedition erreichte Manipur am 22. März, an der Landesgrenze empfangen von dem Jubraj und zwei Regimentern des etwa 7000 Mann starken Heeres des Maharadja. Man begab sich in das vor den Thoren dicht unter den Wällen der befestigten Hauptstadt gelegene Haus des britischen Residenten. Der Fürst sandte gegen Abend seine Musikkapelle, alles schien eitel Friede und Freude, und ohne Ahnung, was der kommende Tag bringen sollte, wurde in fröhlichster Stimmung das Essen eingenommen. Für den folgenden Morgen war großer Empfang in der britischen Residenz angesagt, zu dem der Maharadja nebst seinen Brüdern zu erscheinen versprochen hatte. Bei dieser Gelegenheit sollte der Sündenbock und Landesstörenfried, der Jubraj, von Mr. Quinton festgenommen und kalt gestellt werden. So der Plan. Aber es kam anders, als man erwartet, denn der Jubraj war von der Falle, die ihm gestellt werden sollte, unterrichtet worden, und der Maharadja erschien ohne seinen Bruder. Mr. Quinton weigerte sich, ihn allein zu empfangen, und als auch bei einem für später anberaumten Empfange der Jubraj nicht erschien, wurde eine Abteilung Gurkas ausgesandt, denselben in seinem Palaste gefangen zu nehmen. Letzterer wurde umzingelt, unter Verlust eines britischen Lieutenants nach heftigem Kampfe erstürmt und besetzt, freilich ohne den gewünschten Erfolg, denn der Jubraj hatte Gelegenheit gefunden zu entwischen und sich in den gutbefestigten Palast des Maharadja zurückzuziehen. Nunmehr ergriffen die Manipuri ihrerseits die Offensive, fuhren die ihnen von den Engländern geschenkten Geschütze auf der kaum 150 Schritte von der britischen Residenz gelegenen Stadtumwallung auf und eröffneten ein lebhaftes Kreuzfeuer mit Granaten auf das Residenzgebäude. Den Engländern standen gleiche Waffen nicht zur Verfügung, und nach mehrstündiger erfolgreicher Beschießung sahen die Manipuris einen der Offiziere mit einer weißen Parlamentärflagge vor dem Thore der Residentur erscheinen. Das Feuer wurde eingestellt und ein Schreiben von Mr. Quinton an den Maharadja gesandt. Die Antwort des letzteren lautete auf bedingungslose Übergabe, und als diese Zumutung abgelehnt wurde, begann die Beschießung von neuem. Wiederum erschien darauf die Parlamentärflagge vor der Residenz, und unter dem Schutze derselben machte sich Mr. Quinton, mit dem der Maharadja persönlich zu verhandeln verlangt hatte, begleitet von dem britischen Residenten Mr. Grimwood, dem Kommandeur der Gurkaabteilung, Kolonel Skene, Mr. Cossins und Lieutenant Simpson auf den Weg zum Palaste. Am Stadtthore wurden ihnen die Waffen abgenommen, und nachdem man sie hatte eintreten lassen, das Thor wieder verschlossen. Als nach kurzer Zeit das Feuer auf die Residenz trotzdem wieder eröffnet wurde, erkannten die in derselben verbliebenen Truppen, daß Mr. Quintons Mission zu keinem Friedensschlusse geführt hatte. Später riefen feindliche Soldaten den in der Residenz verbliebenen Europäern von den Wällen zu, daß die Eingelassenen nicht zurückkehren würden, und als endlich die Lage der Beschossenen wegen Munitionsmangels gänzlich hoffnungslos geworden war, wurde gegen Abend die Residenz geräumt. Unter dem Schutze der Nacht gelang es der Gattin des Residenten, Mrs. Grimwood, zwei Offizieren und den noch marschfähigen Gurkas auf dem Wege nach Cachar zu entkommen und nach mehrtägigen Gewaltmärschen unter unsäglichen Entbehrungen das Städtchen Lakipur zu erreichen. Von hier aus brachte der Telegraph am 27. März der britischen Regierung die erste Kunde von dem Vorgefallenen. Man glaubte begreiflicherweise nicht anders, als daß die unter weißer Flagge in die Stadt gelassenen Europäer gefangen gehalten und daß die Manipuris versuchen würden, mit diesen fünf Trümpfen in ihrer Hand möglichst viel Kapital aus dem gewagten

Spiel herauszuschlagen. Der Vizekönig von Indien ordnete nun unverzüglich die Entsendung dreier Kolonnen von je gegen 1200 Mann Infanterie und einer Maultierbatterie an. Eine Kolonne sollte von Norden über Kohimma, eine zweite von Westen über Silchar, eine dritte von Burma über Tammu auf Manipur marschieren.

Alles dies erfuhr ich auf meinem Marsche nach Shillong am Nachmittage des 30. März, als ich schreibend im Dak Bungalow des zwischen Bergen gelegenen Dorfes Umsping saß, aus dem Munde eines plötzlich bei mir eintretenden Offiziers der 44. Gurkas, der als Quartiermacher seinem schleunigst mobil gemachten Regiment vorauseilte. Kurz darauf kam das Regiment mit einer muntere Weisen spielenden Dudelsackpfeiferbande an der Spitze den Bergabhang herunter marschiert, und nach wenigen Minuten befand ich mich mitten in einem malerischen Kriegslager und in der Gesellschaft von fünf frohgelaunten englischen Offizieren. Das Regiment setzte in der Nacht seinen Marsch nach Gauhati fort, während ich in der Frühe des Morgens auf entzückenden Waldwegen gen Shillong weiterzog.

Ein Frühling in den Bergen Assams hat seine ganz hervorragenden Reize, denn er vereint mit der zarten Frische des tropischen Lenzes die Farbenglut des heimatlichen Herbstes. Zwischen dem gesättigten Blaugrün der Kiefer lugt verstohlen die milchweiße Blüte der dunkelblättrigen Kastanie hervor, neben dem Gelbgrün des Bambus leuchten gold-purpurn die jungen Triebe der mesua ferrea, unzählige Abstufungen von Grün und Gelb wechseln in bunter Regelmäßigkeit mit einander, hier und da belebt von den grellen Farben blühender Schlingpflanzen und herrlicher Orchideen. Alles dies zusammen liefert ein Bild von solcher Lieblichkeit und Farbenpracht, daß selbst der Pinsel eines Achenbach kaum im stande sein würde, dasselbe auf die Leinewand zu zaubern.

Mein Marsch war unter solchen Umständen ungewöhnlich genußreich, und in bester Laune und Gesundheit traf ich nachmittags in Shillong, der Hauptstadt Assams ein. Hier angekommen machte ich sofort dem mit dem Oberkommando über sämtliche Truppen betrauten General Collet meinen Besuch und erhielt später nach telegraphischer Anfrage beim Vizekönig die Erlaubnis, die Expedition im Stabe des Generals mitmachen zu dürfen. Niemand war glücklicher als ich, niemand dagegen unglücklicher als meine ganz und gar nicht kriegerisch aufgelegten Diener. Diese verließen mich, sobald ich ihnen eröffnete, wohin die Reise gehen sollte, und ich war daher wieder einmal — ich glaube zum siebenten Male, seitdem ich in Indien reiste — in der unangenehmen Lage, mich nach anderen Begleitern umsehen zu müssen. Dank der Hilfe einer liebenswürdigen Landsmännin, Frau Gramatzky, deren Gatte, ebenfalls geborner Deutscher, einen höheren Posten in der Regierung Assams bekleidet, gelang es mir, zwei Leute aus den Khassiabergen aufzutreiben, die sich, der eine als Koch, der andere als Diener bereit erklärten, mit mir in den Krieg zu ziehen. Da die Operationen wegen Mangels an erforderlichen Transportmitteln, zumal ein Teil der Truppen aus den Nordwestprovinzen etwa 4000 Kilometer weit herbeigeschafft werden mußte, von Kohimma aus frühestens am 17. April beginnen konnten, hatte ich Zeit, in Shillong die notwendigen Vorbereitungen für meine Feldausrüstung zu treffen und mich gleichzeitig in der herrlichen Umgebung des über 4000 Fuß hochgelegenen Ortes umzusehen. Auch der wegen ihres enormen Regenfalls berühmten Stadt Chirra Punji versäumte ich nicht meinen Besuch abzustatten. Die 60 Kilometer vorzüglichen Weges, welche Chirra Punji mit Shillong verbinden, legte ich zur Hälfte auf dem Rücken meines Ponys, zur Hälfte zu Fuß zurück. Anfangs durch hübschen Nadelwald von pinus khassiana, führt die breite, gutgehaltene Straße später an kahlen, hier und da mit Oleander, Azaleen und niederem Buschwerk bestandenen Kalksteinbergen entlang. Nur vereinzelt erblicken wir kleine, auf Anhöhen gelegene, armselige Dörfer der Khassias mit steinernen oder auch aus Lehm geformten, grasbedeckten Giebelhäuschen. Abschreckend häßliche, Betel kauende Weiber hocken vor den Thüren, und der rote Saft der Betelnuß träuft ihnen, geronnenem Blute gleich, an den von beständigem Kauen widerlich entstellten Mundwinkeln herunter. Ich habe weder in Shillong noch sonst wo in den Khassiabergen auch nur ein einziges hübsches, mir begehrenswert erscheinendes Mädchen angetroffen, doch scheint der Geschmack der Khassiamänner in Bezug auf das, was schön und liebenswert, von dem meinen gründlich abzuweichen; denn sie tragen nicht nur, wie wir zuweilen, das Bild ihrer Auserwählten im Herzen, sondern letztere selbst in stuhlförmigen Körben, „tapa" genannt, als eine ihnen scheinbar süße Last auf dem Rücken. Ob die Khassias auch der Kunst des Küssens kundig, scheint mir zweifelhaft, denn ich glaube:

„Wer das Küssen erfunden,
Hat den Betel nicht gekannt."

Die Khassias sind Heiden und glauben, wie die meisten wilden Völkerschaften, lediglich an böse Geister, deren Wohlwollen sie sich durch allerhand Opfergaben zu erwerben und zu erhalten suchen. Ihre Toten verbrennen sie und errichten dem Andenken derselben unbehauene, aufrechtstehende Kalksteine von oft gegen 15 Fuß Höhe und 1 bis 2 Fuß Dicke. Die Aschenüberreste werden unter wagerecht liegenden an beiden Enden von kleineren Blöcken frei unterstützten Steintafeln geborgen. Die Männer sind kräftig gebaut, untersetzt, und haben offene, freundliche, nicht unschöne Gesichtszüge von mongolischem Typus. Ihre Kleidung besteht aus selbstgewebten, sackartigen, rot, weiß und blau gestreiften, braun befranzten, kurzen Baumwollkitteln mit Kopf und Ärmellöchern, das Haar tragen sie meist kurz geschoren und unbedeckt; nur die bessere Klasse bedient sich weißer Turbane.

Die Berge von Chirra Punji steigen, schroffen Klippen gleich, mehrere 1000 Fuß hoch unmittelbar aus der Ebene Bengalens auf, die feuchtigkeitgeschwängerten Winde des Südwestmonsums, brechen sich, nachdem sie die sonnendurchglühte Ebene passiert, an den über Nacht erkalteten Felswänden, die Wasserdämpfe verdichten sich, und wolkenbruchartige Regen sind das Ende vom Liede. Kein Ort in der Welt hat auch nur annähernd so bedeutende Niederschläge aufzuweisen wie Chirra Punji. 500 Zoll ist der jährliche Durchschnitt, doch erreichte der Regenfall im Jahre 1861 über 800 Zoll, von denen allein 336 Zoll (also etwa 1 Fuß täglich) auf den Monat Juli entfielen. Bis vor 17 Jahren war Chirra Punji Sitz des Assam governments, Garnison eines Gurka-Regiments und Bergsanatorium, doch entschloß man sich schließlich wegen der fabelhaften Regenfälle nach Shillong überzusiedeln, und heute leben nur noch zwei langweilige englische Missionare als einzige Europäer in diesem nassen Paradiese. Durch Sturmwinde und den Zahn der Zeit seit langem ihrer schützenden Dächer beraubt, gehen die verlassenen Häuser, Bungalows und Kasernen schnell ihrem gänzlichen Verfall entgegen, und die mit Schlinggewächsen bedeckten Mauerreste drücken dem heutigen Chirra Punji völlig den Charakter einer Totenstadt auf.

Ich verließ dieses moderne Pompeji tags darauf, nicht, wie ich gekommen, zu Fuß, sondern in der Tapa sitzend auf dem Rücken eines Khassias, denn ich hatte mir — dank indischer Schusterei — die Füße derartig wund gelaufen, daß ich beinahe unfähig war, mich fortzubewegen. Vier deutsche Meilen wurde ich auf diese Weise getragen, und meine 140 Pfund schienen den beiden, sich in Zwischenräumen von etwa einer halben Stunde abwechselnden Trägern nichts weniger als schwer zu fallen. Sie legten u. a. eine Steigung von über 900 Fuß in 50 Minuten zurück und lieferten mich nach im ganzen 5½ Stunden in dem Gebirgsdörfchen Mussilon ab, wo mein Pony meiner harrte, um mich in flottem Trabe nach Shillong zurückzubringen.

Am nächsten Morgen ging es — diesesmal nicht in fünf Tagemärschen, sondern mit einem zweirädrigen Karren (einer sogenannten Tonga, für den Preis von 40 M.) mit achtmaligem Pferdewechsel im Galopp nach Gauhati zurück, da ich, der Marschroute der Truppen folgend, von hier auf dem schnellsten Wege nach Kohimma gelangen wollte. Gauhati ist unstreitig der hübscheste Ort am Brahmaputra, und mit Freuden gedenke ich der Stunden, die ich in dem zum Dak Bungalow gehörenden, etwa 40 Fuß über den Fluten des Riesenstromes gelegenen Pavillon bei untergehender Sonne, angesichts der schneebedeckten Gipfel des Himalaya und der sich am Fuße der Berge ausbreitenden Bhotanebene verbrachte.

Spät abends langte der von Golando stromauf kommende Dampfer an, und unter heillosem Trubel — es ging mit mir zugleich eine Abteilung Gurkas mit zwei kleinen, tragbaren Feldgeschützen an Bord, — verlud ich Diener, Pferd und Lasten, um mich dann zu einem Essen zu begeben, zu dem mich der Kommissär des Bezirks, Mr. Gordon eingeladen hatte. Mitternacht war längst vorüber, als ich in meine luftige, geräumige, auf Deck gelegene Kabine zurückkehrte. Die Mondsichel kam langsam — d. h. mit der gewöhnlichen Geschwindigkeit — am sternbedeckten, wolkenlosen Himmel heraufgezogen, eine erfrischende Brise wehte aus Westen, und von der Melodie leise gegen die Wanten des Schiffes plätschernder Wellen eingelullt, ließ ich mich willig von den Armen Morpheus umfangen und tauchte bald in das Meer der Vergessenheit, um erst wieder zu erwachen, als mein Diener mit einer Tasse dampfenden Assamthees an meinem Lager erschien. Mit seltenem Wohlbehagen schlürfte ich den aromatischen Trank, denn ich hatte, entgegen meiner Gewohnheit, trotz echt germanischen Pokulierens am vorhergehenden Abend nicht den leisesten Anflug eines Katzenjammers. Als ich mich dann, wie das auf indischen Dampfern Sitte ist, in meinem Nachtkostüm auf einem der auf Deck aufgestellten Liegestühle niederließ und meine nackten Füße dem Morgenwinde entgegenstreckte, befand ich mich bald in der nur wenigen Menschen bekannten Stimmung, in der man nichts an der Welt, dem Leben und sich selbst auszusetzen findet. Dichte weiße Nebelmassen wogten über den Wassern, Schattenbildern gleich glitten große, eigenartig gebaute Segelfahrzeuge, stromabwärts treibend, an uns vorüber, hinter uns verschwand die vor Gauhati gelegene, von einem Tempel gekrönte Pfaueninsel, dann wurden die Ufer an beiden Seiten flacher und flacher, die Nebel wurden von der Sonne allmählich in die Flucht gejagt, und die fern gelegenen Berge Bothans traten von einem entzückenden Violett übergossen, in die Erscheinung, doch nur, um nach kurzer Zeit durch einen Wolkenvorhang sich unseren Blicken für den Rest des Tages wieder zu entziehen.

Von nun an bot die Fahrt wenig des Interessanten, bis wir gegen Abend vor dem hübsch auf einem Hügel unter schattigen Bäumen gelegenen Städtchen Tezpur Anker warfen, denn die Brahmaputradampfer fahren wegen des überaus gefährlichen Fahrwassers nur bei Tage. Während die Gurkas und mehrere hundert als Träger gedungene Kulis — die Satzungen des Brahminismus verbieten ihnen, an Bord eines Schiffes zu kochen — ans Land gingen, um ihre Abendmahlzeit zu bereiten, schloß ich mich dem mir befreundeten Führer der Abteilung, Kapitän Priestley, zu einem Ausfluge in die Stadt an. In Tezpur selbst leben nur wenige Europäer, doch befinden sich in der Umgegend zahlreiche Theepflanzungen, deren Besitzer und Angestellte abends in einem von ihnen gegründeten Klub Erholung von des Tages Last und Mühen suchen. Wir hatten uns hier gerade bei einem Glase Pilsener Bier niedergelassen, als ein Bote eintrat und berichtete, das große Zentralgefängnis Tezpurs stände in Flammen. Sofort eilten wir auf den Brandplatz. Haushoch schlug die Lohe empor, und in kürzester Zeit waren der umfangreiche Arbeiterschuppen und mehrere Häuser, die zur Unterbringung von Sträflingen dienten, in Aschenhaufen verwandelt. Der Inder ist wie alle Orientalen, Fatalist, und thut herzlich wenig, wenn es gilt, eine Gefahr zu beseitigen. Langsamen Schrittes zogen die Gefangenen und sonstigen Löschmannschaften mit irdenen Töpfen zu einem naheliegenden Wasserloch, um sie gefüllt ebenso langsam zur Brandstätte zu tragen und ihren Inhalt in die Flammen zu schütten. Es geschah so gut wie nichts, die noch unversehrten Gebäude zu schützen, und wenn schließlich trotzdem einige derselben erhalten blieben, so war das lediglich einer Gunst des Schicksals zuzuschreiben, dem man eben gewohnt ist, seinen Lauf zu lassen. Als ich die Gefangenen ohne jede Bedeckung aus- und eingehen sah, fragte ich einen die Aufsicht führenden Beamten, ob er nicht zu befürchten habe, daß einige seiner Schutzbefohlenen die günstige Gelegenheit benutzen würden, zu entwischen. Er bedeutete mir jedoch, Fluchtversuche gehörten in den indischen Gefängnissen zu den größten Seltenheiten, da die Gefangenen in denselben — wovon ich mich allerdings oft genug überzeugt hatte — sehr viel besser lebten als in ihren eigenen Haushaltungen, so daß das Streben nach Freiheit bei ihnen eine durchaus ungewöhnliche Erscheinung sei.

Gegen acht Uhr am Morgen des dritten Tages hatten wir das Ziel unserer Flußfahrt, Shikarighat, erreicht. An diesem, in Friedenszeiten an Ödigkeit seinesgleichen suchenden Orte herrschte jetzt lebhaftes Treiben. Über 600 bespannte Ochsenkarren standen bereit, die in Dampfern und Leichtern ununterbrochen anlangenden Proviantmassen sowie das Gepäck der eintreffenden Truppen in Empfang zu nehmen und bis an den fünf Tagemärsche entfernten Fuß der Nagaberge zu transportieren. Große Trupps von aus Bengalen herbeigebrachten Kulis lagerten in malerischem Durcheinander, und zahlreiche Horden von Packmaultieren weideten in dem mannshohen Riedgrase ringsum. Wir wurden von General Collet empfangen und an Bord der geschmackvoll eingerichteten Yacht des Chief Commissioners, die hier vergeblich die Rückkehr ihres Herrn erwarten sollte und zur Zeit dem General als Quartier diente, zum Frühstück geladen. Ein

Telegramm jagte das andere, gute und schlechte Nachrichten trafen in buntester Reihenfolge ein, die unerwartetste von allen aber war die Schreckensbotschaft, daß sämtliche von den Manipuris gefangen genommene Europäer, sowie einige im Lande zufällig auf Dienstreisen begriffene britische Telegraphenbeamte, nachdem man sie zuvor den entsetzlichsten Torturen unterworfen hatte, hingerichtet beziehungsweise ermordet worden seien.

Mein Gepäck war auf einem mir freundlichst zur Verfügung gestellten Ochsenkarren vorausgesandt worden, und gegen Mittag brach ich nach Aufhebung der Tafel in Begleitung Kapitän Priestleys zu Pferde nach dem 30 Kilometer weit entfernten Golaghat auf, wo wir kurz nach 4 Uhr anlangten und vom Bezirkskommissar in reichlichster Weise bewirtet wurden. Mein Gefährte marschierte, seine Gurkaabteilung führend, noch in der Nacht nach dem nächsten, 37 Kilometer von Golaghat gelegenen Lagerplatze weiter, während ich den Anbruch des Tages abwartete und, vom Wege abweichend, nach der mir als sehenswert empfohlenen Theefaktorei Dhunsiri ritt, in der Absicht, mich gegen Abend wieder mit der Truppe zu vereinigen. Kaum hatte ich Golaghat verlassen, als ein Regen losbrach, wie man ihn nur in den Tropen erleben kann. Völlig durchnäßt langte ich in der Theefaktorei an, deren freundlicher Besitzer mich zuerst mit trockenen Kleidern versah und dann in ausgiebigster Weise mit Wein und Bier für die willkommene Anfeuchtung meines inneren Menschen sorgte. Den ganzen Tag und die darauf folgende Nacht regnete es in Strömen, so daß ich meinen Plan änderte, mich entschloß, die Nacht über in Dhunsiri zu bleiben, und erst mit Tagesanbruch weiterzog. Mein Gepäck glaubte ich nicht anders als unter Obhut

Kapitän Priestleys und war überzeugt, dasselbe bei seiner Truppe vorzufinden; man kann sich daher meine Überraschung vorstellen, als ich wenige Kilometer von Dhunsiri entfernt den Gepäckkarren ohne Ochsen mitten auf der Landstraße stehen und unter demselben meine gänzlich verregneten, von Kälte und Fieber geschüttelten Khassiadiener hocken sah. Die armen kleinen Kerle waren in bejammernswerter Verfassung. Dem Ochsentreiber war die Sache zu feucht geworden, er hatte mit seinen Zugtieren das Weite gesucht und meine Leute in gänzlich hilfloser Lage sich selbst überlassen. Ich fluchte und wetterte nach der Schwerlichkeit, denn ein Tag Verzug konnte mich für alle Zeit ins Hintertreffen bringen. Guter Rat war somit teuer, aber ich zögerte nicht lange, ihn mir trotzdem zu erteilen. Andere Ochsen mußten ohne Verzug angetrieben werden; mit der Rücksichtslosigkeit eines Stanley sprengte ich daher in die nächste Dorfschaft und zwang die ersten mir in den Wurf kommenden Ochsen mit samt ihren Treibern in meinen schnöde verlassenen Karren. General Collet, der mit seinem Adjutanten gerade darüber zukam, war höchlichst ergötzt über das energische Vorgehen des deutschen Reisenden und im Vorbeireiten bemerkte er: „Ich kümmere mich nicht weiter um Sie, denn ich bin sicher, daß niemand Ihnen besser helfen kann als Sie sich selbst.

General Collet.

Übrigens werde ich in Garmpani, eine Meile von hier, mit dem Frühstück auf Sie warten!" Mit vieler Mühe wurde der Karren aus dem Morast gezogen und flott gemacht. Darauf sprengte ich weiter, frühstückte mit dem charmanten General, sah mir die bei Garmpani (auf deutsch „Warmwasser") gelegenen heißen Schwefelquellen an und erreichte nachmittags die kleine Ortschaft Bholpetar, wo der Stab bereits Quartier bezogen hatte und der Feldtelegraph in voller Thätigkeit war. Um meinen Gefährten, Kapt. Priestley, rechtzeitig einzuholen, zog ich mit Anbruch der Dunkelheit, nachdem es mir geglückt war, zwei frische Ochsen aufzutreiben, weiter. Mein Weg führte in stockfinsterer Nacht auf einsamem Pfade durch die Wildnis, tiefe, mit Wasser vom gestrigen Regen angefüllte Löcher im Wege erschwerten ein schnelles Vorwärtskommen in fatalster Weise, und eine plötzlich unter lautem Krachen von Büschen und Astwerk aus dem Walde über den Weg brechende Herde wilder Elefanten erschreckte meinen kleinen, sonst mit vorzüglichen Nerven ausgestatteten Schecken dermaßen, daß es fast einer halben Stunde beruhigenden Zuspruchs meinerseits bedurfte, ihn über die Stelle zu bringen, an der die Dickhäuter gewechselt hatten.

Gegen 1 Uhr in der Frühe gelangte ich endlich glücklich an den Lagerplatz der Truppe, und die Freude Kapt. Priestleys, mich wiederzusehen, war eine überaus herzliche, wenn auch nicht ganz unegoistische, da ich nicht nur sein Gepäck, sondern auch unseren in Golaghat eingekauften gemeinschaftlichen Proviant mit mir führte. Von nun an ging alles in bester Ordnung, denn mein Karren erhielt eine militärische Bedeckung, die dem Treiber ein Entwischen unmöglich machte. Am 14. April kamen wir nach Dimapur, nachdem unser Weg vier Stunden lang durch unbewohnte Wildnis geführt hatte, deren Stille nur hie und da unterbrochen wurde von dem Schrei eines Hirsches oder dem Gejuchze des kleinen, schwanzlosen, schwarzen, unglaublich langarmigen Hulluckaffen. Dimapur, heute eine unbedeutende Ortschaft mit kleinen, unsauberen, grasbedeckten Hütten, war einst der Sitz des Radjas von Assam und ist überreich an interessanten Ruinen.

Am Abend desselben Tages trafen wir in Nichugard ein, wo am linken Ufer des Diphupani das uns voranmarschierte aus Sikhs und Punjabis zusammengesetzte 13. Bengal-Infanterie-Regiment Zeltlager bezogen hatte. Am rechten Ufer des Flusses waren gegen 1500 Männer und Weiber aus den Nagabergen in kleinen Grashütten untergebracht. Sie waren zusammengetrieben, um Gepäck und Lebensmittel der Truppen nach dem zwei Tagemärsche entfernten Kohimma zu schaffen; denn mit Nichugard endete die Fahrstraße, und schmale Saumpfade führten von nun an weiter durch die Berge. Unter dem Namen Nagas sind eine Anzahl verschiedener Stämme, die das sich von Nord Cachar bis an die östliche Grenze Assams erstreckende Gebirge bewohnen, zusammengefaßt, die Angamis, Rengmas, Kachas, Kukis, Lotas und Mikirs. Mit fast allen diesen Stämmen hat die britische Regierung harte Sträuße auszufechten gehabt, und Ströme Blutes haben vergossen werden müssen, bevor die Verwaltung dieses Teiles Assams, dessen kriegerische Bewohner noch bis vor kurzem durch beständige Raubzüge in die Ebene einen Schrecken der friedlichen Ackerbauer bildeten, von den Engländern in die Hand genommen werden konnte. Die letzte Expedition gegen die Angamis wurde erst im Jahre 1887 beendet, und zahlreiche englische Offiziere sowie Hunderte von eingeborenen Soldaten haben während derselben ihr Leben gelassen.

Eine eigentümliche Sitte der Nagas besteht darin, die Häupter erschlagener Feinde als Trophäen aufzubewahren, das Ansehen eines Mannes steigt mit der Anzahl der von ihm heimgebrachten Menschenköpfe. Ich hatte später die Ehre, einen in Diensten des Kommissars von Kohimma stehenden ergrauten Dolmetscher kennen zu lernen, der bereits 82 Köpfe sein eigen nannte und unsere Expedition gegen die Manipuris begleitete, in der ausgesprochenen Hoffnung, Gelegenheit zu finden, endlich das Hundert voll zu machen. Auch die Blutrache ist eine uralte und trotz aller Anstrengungen der Engländer heute noch nicht ausgerottete Institution dieser wilden Bergvölker.

Das Verteilen der Lasten an die Träger erfolgte am folgenden Morgen in großer Ordnung und ohne den dem Aufbruch jeder afrikanischen Expedition vorangehenden wüsten Lärm. Jeder Kuli nahm seine etwa 60 Pfund wiegende Last auf den Rücken, und eine Stunde, nachdem Reveille geblasen war, setzte sich die Kolonne in Bewegung. Nach je $1^1/_2$ Stunden flotten Marsches wurde kurze Rast gehalten, Truppen und Kulis marschierten gut trotz drückender Hitze und unausstehlicher Fliegenplage. Der Weg führte bei schwacher Steigung anfangs durch eine etwa 15 Kilometer lange, enge, mit üppigster tropischer Vegetation bestandene Thalschlucht. Man hätte glauben können, in einem riesigen Orchideenhause zu wandeln; denn da war kaum ein Baumstamm, an dem nicht eine oder mehrere dieser in Europa mit Gold aufgewogenen Schmarotzerpflanzen in Blüte standen. Berauschender Duft erfüllte die Luft, anmutige Schlingpflanzen wanden sich festonartig von einem Riesenstamm zum andern, während der humusreiche Waldboden überwuchert war von lichtgrünen verschiedenartigen Farnkräutern. Leise murmelnd flossen die kristallklaren Wasser des Diphupani zwischen Geröll und Felsblöcken der Ebene zu, Hunderte kleiner, goldgrün schillernder Eidechsen und eine mir bisher nicht vorgekommene Chamäleonart sonnten sich auf den glühendheißen am Wege liegenden Steinen, seltene Schmetterlinge flatterten Honig naschend von Blume zu Blume, und ich bedauerte nichts aufrichtiger, als daß ich gerade heute mein Fangnetz im Koffer gelassen hatte. Ein steiniges, ausgetrocknetes Flußbett diente als Lagerplatz für die Nacht, die wir, da der Raum für 2000 Menschen mehr als beschränkt war, ohne Zelte aufzuschlagen, unter freiem Himmel zubrachten, fast erstickend in dem Rauch der zahllosen Lagerfeuer und dem Gestanke widerwärtigen, ranzigen Fettes, mit dem Soldaten und Kulis ihre Mahlzeit bereiteten.

Um 3 Uhr in der Frühe wurde weitergezogen, und der Karawane voraneilend, langte ich nach mühevollem, sechsstündigem Marsche auf gutem, aber steilem, sich meist an unbewaldeten Bergabhängen entlang ziehendem Pfade in dem gegen 5000 Fuß hoch gelegenen Kohimma, dem Sammelpunkte unserer Kolonne, an. In der Offiziersmesse des 43. Gurka-Regiments, dessen unvergleichlich gastfreier Kommandeur, Kolonel Evans, mir auch später während der ganzen Dauer der Expedition unzählige Freundlichkeiten erwies, fand ich herzlichste Aufnahme, und die Stunden, die ich hier, wie auf dem Marsche nach Manipur im Kreise der Offiziere dieses schneidigen Regiments zubrachte, werde ich ebensowenig vergessen, wie die mir von Seiten des Bezirkskommissars Mr. Davis zu teil gewordenen Aufmerksamkeiten. Das letzte Lebenszeichen, welches man von dem in so entsetzlicher Weise ermordeten Chief Commissioner aus Manipur erhalten hatte, war zufällig ein Telegramm gewesen, in dem die Beamten der Provinz angewiesen wurden, meine Reise mit allen ihnen zu Gebote stehenden Mitteln zu fördern. Diesem letztgeäußerten Wunsche seines verehrten Vorgesetzten ist Mr. Davis in einer Weise nachgekommen, die über alles Lob erhaben ist. Da General Collett Nachricht erhalten hatte, daß der Vormarsch der Burma- und Cachar-Kolonnen sich wegen Mangels an Transportmitteln verzögert habe, wurde der ursprüngliche Plan, in Eilmärschen auf Manipur vorzurücken, geändert und den Truppen in Kohimma eine dreitägige Rast gegönnt. Ich benutzte diese Zeit zu verschiedenen interessanten Ausflügen in die umliegenden Dörfer der Angamis, die durchweg auf hohen, die nächste Umgebung beherrschenden Bergkuppen gelegen und mit Steinwällen, sowie Holzpallisaden vorzüglich befestigt sind. Enge Felspfade führen zu den aus etwa vier Fuß breiten und acht Fuß hohen Holzplanken bestehenden Eingangspforten. Rohe Schnitzereien an der Außenseite derselben stellen Menschen- und Tierköpfe oder auch Krieger in voller Rüstung dar. Die hinter der Umwallung liegenden Häuser haben das Aussehen umgestülpter, in der Mitte quer durchsägter Schiffsrümpfe. Das Dach fällt von vorn nach hinten stark ab und ist mit Gras eingedeckt, die Wände bestehen aus rohgezimmerten, lose aneinander gefügten Planken. Nachdem man einen offenen, von weitvorspringendem Dach überschatteten verandaartigen Raum, dessen Rückwand mit bunten Malereien versehen ist, durchschritten hat, gelangt man in das in zwei Hälften geteilte dunkle, rauchgefüllte Innere der Angamibehausung, die einen nichts weniger als einladenden Eindruck macht. Schmutzige auf der Erde hockende Weiber, nackte Kinder, Schweine und

Hühner in buntem Durcheinander mit allerlei Gerümpel, Hausgeräten, Knochen, Fleischstücken und Getreidebehältern, Schilden, Speeren und sonstigen Dingen füllen die beiden Räume. Von der Decke herab hängen geräucherte Speckseiten und Schweinsköpfe, während die Wände mit Tierschädeln aller Art und den Brustknochen ungezählter Hühner garniert sind; denn der Angami hat nicht nur die Gewohnheit, Schädel erschlagener Feinde, sondern auch die vorerwähnten Überreste aller von seiner Familie verspeisten Tiere als Trophäen aufzubewahren. Länger als einige Minuten konnte ich es im Innern nicht aushalten, meine Geruchsnerven waren den an sie gestellten Zumutungen nicht gewachsen, und obendrein trieb der Rauch eines am Boden schwälenden Holzfeuers mir bald die Thränen in die Augen und mich selbst ins Freie, wo ich tief aufatmend die Vorsehung pries, die mich als Hamburger und nicht als Naga auf die Welt hat kommen lassen. Angenehmere Seiten des Daseins der Angamis lernte ich später auf einem Rundgange durchs Dorf kennen. Auf einer aus Felsblöcken hergestellten Bastei, von der man einen wunderbaren Rundblick auf die umliegende Berglandschaft genießt, saßen im Kreise vereint ergraute Krieger, Männer, Jünglinge und kaum dem Säuglingsalter entwachsene Knaben, sämtlich bewaffnet mit großen, bierseidelähnlichen Holzkrügen, gefüllt mit einem aus eleusine caracana, einer Art Hirse, bereiteten, von den Nagas „szu“ genannten Gebräu. Man mußte in mir wohl sofort den alten Heidelberger Korpsstudenten erkannt haben; denn kaum war ich in den Kreis der fröhlichen Zecher getreten, als man von allen Seiten mit Bechern auf mich zukam, mich durch freundliche Gebärden zum Trinken auffordernd. Ohne Zaudern nahm ich den größten der mir dargereichten Humpen, und da der nur etwa zum vierten

Angami Nagas. Assam.

Teil gefüllt war, trank ich mühelos auf das vivat, crescat, floreat der Angamia meinen Rest. Stürmischer Beifall belohnte mich für diese Heldenthat, und nachdem man gesehen hatte, weß Geistes Kind ich war, wurde schleunigst ein funkelnagelneuer Holzkrug herbeigeschafft, bis zum Rande mit szu gefüllt und mir feierlich übergeben. Da der Stoff keineswegs übel war — er erinnerte mich lebhaft an die pombe Mandaras am Kilimandscharo — that ich meinen Wirten tüchtig Bescheid und bin überzeugt, ich wäre bei längerem Verweilen in den Nagabergen bald ein landesbekannter, populärer szu-Philister geworden. Ich schied nach etwa einer Stunde wackeren Zechens aus dem Kreise meiner schnell gewonnenen Freunde, nicht ohne die günstige Gelegenheit benutzt zu haben, meine ethnographische Sammlung um einige interessante Stücke zu bereichern. Wo und wann immer ich später einem Nagadorfe meinen Besuch abstattete, überall und jederzeit fand ich den größeren Teil der männlichen Bevölkerung pokulierend im Kreise sitzen, indes alle Arbeit in und außer dem Hause von den Weibern verrichtet wurde. Nur in der Saat- und Erntezeit des Reis und der Hirse läßt sich der Naga herbei, Hand mitanzulegen; in der übrigen Zeit des Jahres stellt er im Walde den Tigern, Bären, Hirschen und Schweinen nach oder zieht aus auf Raub in die Nachbarschaft. Meist aber pflegt er der Ruhe, und gleich den alten Germanen zu beiden Ufern des Rheins liegt er auf Bärenhäuten und trinket immer noch eins.

Der 20. April war für den Abmarsch der Kolonne endgiltig festgesetzt worden, doch schien es mir mehr als zweifelhaft, daß diese Frist innegehalten werden könnte, denn am Vorabend des Marschtages waren kaum 100 der 1800 Kulis, welche notwendig waren, das Gepäck der Truppen, sowie deren Proviant für 10 Tage fortzuschaffen, zur Stelle. Die größte Schwierigkeit der ganzen Expedition lag unstreitig in der Transportfrage, denn man war, bevor Maultiere und Lastochsen von Madras und Bombay herbeigeschafft werden konnten, einzig und allein auf die jeder Arbeit im allgemeinen und dem Lasttragen im besonderen hochgradig abgeneigten Nagas angewiesen. Unter normalen Verhältnissen würde man für einen Träger von Kohimma nach Manipur — acht Tagemärsche — etwa 6 Mark zu zahlen haben, die Regierung bot nun den Nagas, um sie möglichst tragelustig zu machen, sofort das Doppelte, also 12 Mark, worauf die Nagas erklärten, für jeden Mann lieber 24 Mark an die Regierung zahlen, als Trägerdienste leisten zu wollen. Erst als der Regierungs-Kommissar den Dorfältesten eröffnet hatte, daß man nötigenfalls vor Zwangsmaßregeln nicht zurückschrecken würde, hatten sich die trägen Leutchen gefügiger gezeigt und jedes Dorf hatte sich verpflichtet, in der Frühe des 20. April die verlangte Anzahl Kulis zu Platze zu bringen. Nun ist schon bei zivilisierten Menschen Versprechen und Halten zweierlei, um wieviel mehr nicht bei unzivilisierten. Jedenfalls ließen meine afrikanischen Erfahrungen mich mit Sicherheit ein Fiasko für den kommenden Morgen erwarten. Aber es geschehen auch heute noch Wunder unter der Sonne, und als letztere am 20. April über den Nagabergen emporstieg, zogen von Nord und Süd, von Ost und West Scharen von Kulis gen Kohimma, und wenige Stunden später sandte sie ihre Strahlen hernieder auf eine über dreitausend Mann starke, langsam auf gewundenen Bergpfaden sich fortbewegende Kolonne gen Manipur ziehender Truppen. Über 2000 Kulis waren erschienen, so daß gegen 200 als überflüssig wieder hatten entlassen werden können: gewiß ein großer Erfolg des

Regierungskommissars und ein Beweis seines weitreichenden Einflusses bei der Bevölkerung der Nagaberge.

Es wurde in folgender Ordnung marschiert:

Avantgarde, aus einer Kompagnie Gurkas bestehend.

General Collet nebst Stab.

Eine halbe Maultier-Batterie mit drei zerlegbaren Geschützen.

Kulis mit Munition und tragbaren kleinen Feldgeschützen, Siebenpfünder.

Gros und Truppe, bestehend aus Gurkas, Military Police und Bengal-Infanterie.

Gros der Kulis.

Arrieregarde. Alles in allem 3200 Mann.

Sämtliche Truppen sind in graugelbe, aus Jute hergestellte, sogenannte Kaki-Anzüge gekleidet. Die Gurkas tragen dazu gleichfarbige, cerevisartige Mützen und schwarzes Lederzeug, die Maultier-Batterie-Mannschaften sowie die Bengal-Infanterie gleiche Anzüge, Kaki-Turbane und braunes Lederzeug. Alle Gurkas führen außer Seitengewehr oder Bajonett noch ihre heimatliche Waffe, den „Kukri", ohne den sie überhaupt nicht existieren können. Mit diesem bahnen sie sich ihren Weg durch die verworrenste Wildnis, schlagen sich ihr Feuerholz, benutzen ihn als Spaten zur Aufwerfung von Verschanzungen, als Messer bei ihren Mahlzeiten und beim Rasieren, zum Enthaupten der ihren Göttern geweihten Büffel und zum Aufschlitzen der Bäuche ihrer Feinde. Kurzum, ohne Kukri ist der Gurka nur ein halber Mensch, aber mit demselben ist er ein ganzer, und dazu ein vorzüglicher Soldat, der nie ermüdet, stets zufrieden ist und sich in allen Lagen zu helfen weiß. Er ist der beste Soldat Indiens und hier zu Lande, meiner Ansicht nach, in vielen Fällen sogar den brittischen Soldaten vorzuziehen. Europäische Truppen betrachte ich in Indien überhaupt nur als ein notwendiges Übel, sie sind nötig des moralischen Eindrucks wegen, den ihr Erscheinen bei der eingeborenen Bevölkerung macht. Man sagt, sie seien die einzige Truppe, auf die man unter allen Umständen bauen könne. Du lieber Himmel! Was nützt es mir, daß ich mich auf den Schneid der Leute verlassen kann, wenn sie den Strapazen im tropischen Klima nicht zugleich und jederzeit gewachsen sind, und daß sie dieses nicht sind, darüber giebt es keine Meinungsverschiedenheiten. Sie mögen vorzüglich sein in der Hitze des Gefechtes, in der Hitze der Tropensonne sind mir die Eingeborenen lieber.

Außerordentlich gut gefällt mir in der indischen Armee die Art des Verkehrs zwischen Vorgesetzten und Untergebenen und vor allem der Ton, den die Offiziere ihren Mannschaften gegenüber anschlagen. Die Generale benehmen sich nicht gleich höheren Wesen, sondern als die besten Kameraden ihrer Offiziere, und nichts, was menschlich ist, ist ihnen fremd. Ist der Dienst vorüber, so verkehren sie mit dem jüngsten Lieutenant lediglich als Gentlemen und sind auf jedes Mannes Komfort bedacht. Dieser von oben angeschlagene Ton gilt naturgemäß als Kammerton für die ganze Truppe. Die Offiziere lieben ihre Leute und sind stolz auf dieselben, sie werden von diesen wieder geliebt gleich Kindern oder Pflegebefohlenen. Auf dem Marsche giebt es keine kleinlichen Nörgeleien, und fröhliche Gesichter werden im allgemeinen höher geschätzt, als blankgeputzte Knöpfe, womit aber keineswegs gesagt sein soll, daß auf die äußere Erscheinung der Leute zu wenig Wert gelegt wird. Die eingeborenen Truppen sind durchweg von einer Sauberkeit, die über allen Tadel erhaben ist, und wie die Leute es möglich machen, selbst nach tagelangen regnerischen Biwaks stets wie aus der Schale gepellt zu erscheinen, ist mir rätselhaft. Die Punjabis und Sikhs sahen am Ende der Expedition aus, als seien sie tags zuvor von oben bis unten neu ausgerüstet worden. Der eingeborene Infanterist kleidet und verpflegt sich bei einem Lohn von 10—12 Mark monatlich auf eigene Kosten. Für die Dauer der Expedition erhält er dagegen freie Rationen und zwar täglich:

2 Pfd. Reis oder Weizenmehl,
4 Unzen enthülste Erbsen
2 " Fett
1 Unze Salz
} 1 Pfd. = 60 Unzen.

Die europäischen Truppen täglich:

1 Pfd. Fleisch (in Büchsen oder frisch),
1 " Brot oder Zwieback,
1 " Gemüse,
dazu gedörrtes Obst, Chokolade, Thee, Salz und Zucker.

Der eingeborene Soldat hat ein Anrecht auf Beförderung von 20 Pfd. Gepäck,
der europäische auf 30 " "
der eingeborene Offizier auf 40 " "
der europäische auf 60 " "

Die Truppen trugen auf dem Marsche nach Manipur außer ihren Waffen bestehend in Henry Martini-Gewehr nebst Bajonett je 120 Patronen, entweder in Taschen oder in Patronengürteln, die Gurkas außerdem eine Gummidecke aufgerollt auf dem Rücken und ihren Kukri im Gürtel. Diese dient ihnen auf dem Marsche als Regenmantel und im Lager als Dach der sofort von ihnen erbauten Hütten; auch benutzen sie dieselbe, beide Enden an einer Stange befestigend, zum Herbeischleppen ihres Wasserbedarfs. Für die

Offiziere richten sie in jedem Lager Baderäume her, in denen ausgeworfene Erdlöcher, ausgelegt mit Gummidecken, als Wanne dienen. Hilfsbereitere und dienstwilligere Menschen als diese kleinen, wie mit Keulen zusammengeschlagenen, gnomenähnlichen Söhne der Berge Nepals sind mir bisher nicht vorgekommen. Unaufgefordert halfen sie überall meinen Dienern beim Aufschlagen des Zeltes und Aufstellen des Gepäcks, sie schleppten Holz und Wasser herbei und wurden in kürzester Zeit meine besten Freunde, die sich bemühten, mir jeden Wunsch an den Augen abzusehen. Ob sie der scharfen Kritik des preußischen Lieutenants in jeder Weise stand gehalten haben würden, wage ich nicht zu entscheiden; ich habe sie nie die kleinen Schlitzaugen mit dem bekannten hörbaren Ruck von rechts nach links werfen sehen, und die kurzen, muskulösen Beinchen flogen selbst beim Parademarsch nicht wie aus der Pistole geschossen nach vorn; aber „famose Kerle“ sind sie trotzdem, und wir könnten uns beglückwünschen zu solchen Truppen in unseren Kolonien. Auf dem ganzen Marsche von Brahmaputra nach Manipur und von dort später nach Burma habe ich weder von den Offizieren noch Unteroffizieren auch nur ein einziges Scheltwort vernommen, auch ist mir nicht zu Ohren gekommen, daß irgend eine Strafe verhängt worden wäre. Es wurde im allgemeinen zwar langsam aber gut geschlossen marschiert, und selbst die keineswegs für ihr Geschäft begeisterten Kulis folgten vorzüglich, so daß der letzte Mann selten später als $1^1/_2$ Stunden nach der Spitze der Avantgarde im Lager anlangte.

Die Kulis mit ihrem wilden Kriegsschmuck und ihren originellen, in der Sonne glänzenden, mit rotgefärbten Ziegenhaaren bürstenartig besetzten Speeren bildeten entschieden das dekorative Element der Karawane, die sich einer riesigen Schlange gleich in endlosen Windungen und Krümmungen an den vielfach hübsch bewaldeten oder mit terassenförmig über einander sich erhebenden Reiskulturen bedeckten, hier und da aber auch aus völlig kahlen Felsen bestehenden malerischen Bergen entlang bewegte.

Kaum hatten wir gegen Abend Kiguema, den ersten Lagerplatz, erreicht, als ein heftiges Gewitter losbrach und uns alle bis auf die Haut durchnäßte. Die Truppen ließen sich indessen dadurch nicht im mindesten in ihrer guten Laune stören, und wie sie es ermöglichten trotz strömenden Regens die Kochfeuer zu entflammen und zu erhalten, scheint mir heute noch ein wahres Wunder. Am dritten Morgen überschritten wir bei Mao Thana die Manipur-Grenze, und die verkohlten Überreste der bei Ausbruch der Feindseligkeiten von den Kohimmatruppen niedergebrannten Ortschaft legten Zeugnis davon ab, daß die Engländer, wo es ihnen angebracht erscheint, ebenso germanisch rücksichtslos auftreten können, wie wir es in Ostafrika trotz aller Schreie der Entrüstung in englischen Zeitungen zu thun für gut erachteten. Diese energische Maßregel hatte den Nagas (denn die eigentlichen Manipuris bewohnen nur das große zwischen den Bergen gelegene, von hier noch fünf Tagemärsche weit entfernte Manipurthal, wohingegen die Berge selbst von Nagas, Kukis u. s. w. bevölkert sind) alle Lust benommen, sich an dem von ihrem Landesherrn, dem Maharadja von Manipur, geführten Kriege zu beteiligen. In hellen Haufen standen sie am Eingange ihrer eingeäscherten Dorfschaft und begrüßten nun die Soldaten, deren nach Ausbruch des Aufstandes von Manipur auf Kohimma flüchtenden Kameraden sie vor wenigen Wochen kaltlächelnd die Köpfe abgeschnitten hatten, gleich willkommenen Gästen. Die blutdürstigen Gurkas freilich machten böse Miene zum guten Spiel, und wer ihre nicht mißzuverstehenden Geberden sah, dem wurde es klar, daß sie hier weit lieber die Kukris an den Kehlen der sie Begrüßenden versucht und ihre heimtückisch ermordeten Brüder gerächt hätten, anstatt in gleichem Schritt und Tritt weiterzuziehen.

Kurz hinter Mao Thana fanden wir die ersten zerstörten Telegraphenstangen. Diese bestehen, wie allerorten in Indien, wo die weiße Ameise das Holz in kürzester Zeit vernichtet, aus eisernen Röhren, und es war uns allen ein Rätsel, wie die Manipuris es fertig gebracht hatten, dieselben fast sämtlich in der Mitte durchzubrechen, bis wir erfuhren, daß an den Draht gespannte Elefanten zu diesem gründlichen Zerstörungswerk verwendet worden waren. In der Nähe unseres Frühstücks-Rendezvous wurden später in einem Bache, an dessen krystallklarem Wasser wir uns mit Wonne gelabt, die Köpfe und Leichname zweier massakrierter Gurkas aufgefunden, und weitere kopflose Körper fanden sich auch späterhin mehrfach am Wege.

Am 24. April wurde Lager in Mayankong bezogen, und da hier zwei englische Telegraphenbeamte überfallen und getötet worden waren, ließ General Collett gegen Abend eine auf hohem Bergesgipfel gelegene Ortschaft niederbrennen. Bisher waren nur von der Avantgarde einige Schüsse mit fliehenden Feinden gewechselt worden, doch erwartete man mit Sicherheit ein ernstes Gefecht für den kommenden Tag vor der Ortschaft Kaitimabi, die nach übereinstimmenden Berichten ausgesandter Spione stark befestigt und mit 300 Manipuris besetzt sein sollte. Als wir endlich in kampflustiger Stimmung Kaitimabi erreichten, fanden wir zu unserem lebhaften Bedauern, daß der Feind seine vorzügliche Stellung aufgegeben und den thatsächlich gut mit Pallisaden und Erdwällen verschanzten Ort wenige Stunden zuvor verlassen hatte. Die steilen Anhöhen rings um die Befestigung waren mit scharfen, in den Boden gesteckten und mit Laub bedeckten Bambusspitzen, sogenannten „panjis“, gespickt, deren Schärfe selbst den besten Stiefelsohlen gefährlich hätte werden können und ein Erstürmen Kaitimabis sicherlich bei einigem Widerstande unserer Feinde wesentlich erschwert haben würde. Mein Zelt wurde hier an einer etwa 200 Fuß hohen, steil sich am rechten Ufer des Tikiflusses erhebenden Anhöhe aufgeschlagen. Reis und Mehl, sowie unenthülster Reis — das Futter für Pferde und Maultiere — waren von den Flüchtlingen in großen Mengen zurückgelassen, und Mannschaften wie Tiere hatten infolgedessen einen guten Tag. Wie schon bemerkt, war den Offizieren nur 60 Pfund Gepäck mitzunehmen gestattet. Zelte waren außer dem meinen — ich hatte von General Collett neun Kulis erhalten — nicht mitgeführt worden, so daß bei Regenwetter häufig meine leinene Behausung die einzige trockene im ganzen Lager war. Wir pflegten daher zu Sechsen unsere Mahlzeiten bei mir einzunehmen, und manche fröhliche Stunde verdanke ich der Gesellschaft meiner Gäste.

Hatte unser Weg bisher stets zwischen den Bergen meist in Höhe von 4—5000 Fuß auf Pfaden, die jedem englischen Park zur Ehre gereicht haben würden, entlang geführt, so ging es nunmehr bergab in die Manipurebene, die wir nach ungewöhnlich reizvollem Marsche mit der Ortschaft Sengmai gegen Mittag betraten. Unterwegs waren uns bereits die ersten Manipuris, Bewohner der Dorfschaft Sengmai, begegnet, zwischen gespaltenen Bambusstäben Unterwerfungsbriefe von den Dorfältesten an General Collett, sowie allerliebst in Bambusrinde geflochtene Eier und Hühner emporhaltend. Die Leute machten in ihren schneeweißen Gewändern und Turbanen einen recht einnehmenden Eindruck und begrüßten jeden vorüberreitenden Europäer, indem sie den Boden mit der Stirne berührten. Die Dorfschaft Sengmai besteht aus etwa 40 Häusern, teils aus Holz, teils aus Bambus, mit Wänden aus lehmbestrichenem Schilf und Grasdächern. Sämtliche Häuser im Manipurthal sind mit einer nach Osten gelegenen Veranda, dem Hauptaufenthaltsort der Familie, versehen. An der Südseite derselben ist der mit einer Grasmatte oder einem Teppich belegte Ehrensitz für das Haupt der Familie und dessen Gäste. Das Innere des Hauses ist ungeteilt, doch befinden sich an beiden Längsseiten abgegrenzte Schlafstellen für die einzelnen Familienmitglieder, und zwar ist die Nordseite stets für die Damen der Familie reserviert.

Die Manipuris sind im höchsten Grade abergläubisch und konsultieren wegen jeder Kleinigkeit ihre Astrologen. Diese bestimmen beispielsweise den Tag für den Beginn eines Hausbaues und, einerlei ob das übrige Baumaterial beschafft ist oder nicht, an dem von ihnen festgesetzten Tage wird mit der Errichtung des ersten Pfeilers begonnen. Gold- und Silbermünzen werden unter den letzteren gelegt, dieser selbst wird mit Blumen bedeckt, und mit Milch, Butter, Zuckerrohrsaft und sonstigen schönen Flüssigkeiten begossen. Unter keinen Umständen darf die Zahl der Dachsparren an beiden Giebelseiten die gleiche sein, da sonst großes Unglück über die Bewohner des Hauses hereinbrechen würde. Ich benutzte den Nachmittag zu einer Wanderung durch die Dorfschaft, zu photographischen Aufnahmen und zum Kosten des mir von den Bewohnern kredenzten, aus Reis hergestellten und im Geschmack verdünntem Arrak ähnlichen Manipurbranntweins. Ohne Scham bekenne ich, daß ich im Laufe des Tages — aus Interesse zur Sache — über eine halbe Flasche dieses nicht unschmackhaften Getränkes zu mir genommen habe und trotz aller gegenteiligen Prophezeiungen am nächsten Morgen ohne den geringsten Anflug eines Katers erwacht bin. Aber ich spreche bereits vom nächsten Morgen, ohne des ereignisreichen Abends in Sengmai gedacht zu haben, denn die friedliche Ortschaft liegt nicht mehr als 20 Kilometer von der Hauptstadt entfernt, und dort hatte, wenn man den eingegangenen Meldungen trauen durfte, der Maharadja seine sämtlichen Truppen, etwa 6000 Mann, zusammengezogen, um zu siegen oder zu sterben. Sein Bruder, der Jubraj, der eigentliche Urheber des ganzen Aufstandes, hatte den Engländern die Botschaft gesandt: „Ihr werdet vielleicht meine Leiche finden, denn nur über diese führt Euer Weg in den Palast.“ Später hatte sich, wie man sehen wird, dieser schneidige Herr augenscheinlich eines Besseren besonnen und es vorgezogen, sich in graue Berge zurückzuziehen. Soweit sind wir indessen noch nicht, sondern wir sitzen am Abend „vor der Schlacht“ fröhlich vereint beim Essen in einem Zelte und witzeln über die uns beim Nachtisch von einem Lazarettgehilfen soeben überreichte Wundverbandtasche mit der Aufschrift: „first field dressing“.

Maharadja von Manipur.

Ich schickte mich gerade an, auf eine fidele Schlacht zu trinken, da — welch tiefer Ton zieht mit Gewalt das Glas von meinem Munde? — wir spitzten die Ohren, alles wird mäuschenstill im Lager, wiederum zittert die Erde und Donner erfüllt die Luft; kein Zweifel, man bombardiert Manipur, eine der anderen Kolonnen von Burma oder Cachar, die, der Verabredung gemäß, erst morgen gleichzeitig mit uns auf Manipur vorrücken und die Stadt beschießen sollten, muß zu vorzeitigem Eingreifen veranlaßt worden sein. Über eine halbe Stunde erfüllte Kanonendonner die Luft, wir — verzeihen sie das harte Wort — fluchten, daß eine andere Kolonne uns die Sahne von der Milch schöpfe — und suchten endlich, tief verstimmt, aber in der Hoffnung, daß auch morgen noch ein Tag sein möge, das Bett auf.

Der Morgen kam und mit ihm langweiliger, dünner, echt europäischer Regen sowie neue Enttäuschung, denn Boten brachten die Meldung, daß der Maharadja nebst Heer und Volk die Hauptstadt verlassen habe, nachdem er am Abend zuvor den Palast und das Arsenal in die Luft gesprengt hatte. Man war allseitig „disgusted and disappointed“, und unser nunmehr beginnender letzter Marsch nach Manipur und der Einzug in die verödete Stadt glich, namentlich bei dem widerwärtigen Wetter, allem anderen eher, als einem Triumphzuge. Es war 11 Uhr, als ich mit der Vorhut als einer der ersten durch das Thor der äußersten Umwallung ritt. Feuchter Lehm war das Leitmotiv des Tages. Der Boden unter den Hufen unserer Pferde, neben uns die von den Manipuris noch vor kurzem für uneinnehmbar gehaltenen Wälle, die Wände der verlassenen Häuser und die jedes der letzteren umgebenden Einfriedigungen, alles war Lehm, feuchter Lehm, und der Gesamteindruck nichts weniger als erfreulich. Wir passierten ein zweites Thor, eine zweite Lehmumwallung und standen an dem von zwei riesigen, aus Ziegelsteinen und Kalk aufgemauerten, buntbemalten Ungetümen flankierten Eingang zum Palaste. Diese Untiere werden von den Engländern ausnahmslos „dragons" d. h. Drachen genannt, warum? ist mir unklar, denn nach meinen naturgeschichtlichen Erfahrungen gehören sie in die Klasse der gehörnten Flußpferde mit Löwenhinterteil. Durch ein drittes Thor gelangten wir zu den rauchenden Ruinen des Palastes und Arsenals, die einen gar wehmütigen Anblick boten. Das einzige nicht völlig zerstörte Gebäude im Innern des Palasthofes war der mit vergoldetem Dach versehene Tempel, in dem der Maharadja und seine Familie dem Brahmakultus obzuliegen pflegten. Fast sämtliche Manipuris gehören der Brahmakriegerkaste an, wenn auch erst seit 150 Jahren, als ein des Weges ziehender Fakir auf den Gedanken kam, daß die seit Menschengedenken gleich den umwohnenden Nagas und Kukis heidnischen Gebräuchen huldigenden Manipuris ursprünglich Brahminen gewesen seien. Nach tagelangen religiösen Waschungen wurden Fürst und Volk wieder in den Schoß der brahminischen Kirche zurückgeführt, und heutzutage fühlen sie sich gleichwertig mit den ältesten Brahminen Indiens und bilden sich ein, daß ihre Speisen durch den Schatten eines vorüberwandelnden Europäers für sie ungenießbar werden. Sie sind aufgeblasene Burschen und verlangten selbst von den einziehenden Truppen Respektierung ihrer religiösen Gefühle. Als ich am folgenden Tage einen Ausflug in die umliegenden Dörfer machte, fand ich an den Eingängen der meisten Gehöfte an Bambusstangen befestigte Zettel mit der Aufschrift „no admittance", doch da man ihnen nie Erlaubnis gegeben hatte, Europäern und Gurkas die Köpfe abzuschneiden, bezweifle ich, daß irgend jemand sich um dieses Eintrittsverbot sonderlich gekümmert haben wird.

Kurz vor uns war die Cacharkolonne in Manipur eingerückt, einige Stunden nach uns langte die aus Burma kommende an, so daß, die Träger eingerechnet, wohl über 8000 Mann an diesem Tage in Manipur zusammenströmten. Die beiden letzten Kolonnen hatten auf dem Marsche Gefechte gehabt und die Burmakolonne tags zuvor 152 Manipuris den Garaus gemacht, wobei u. a. vier britische Offiziere Verletzungen davontrugen. Leider hatte die Cacharkolonne die Cholera mitgebracht und verseuchte damit binnen kurzem die ganze Stadt und Umgegend. Namentlich hatten die von Burma herangezogenen europäischen Truppen auf dem Rückmarsche schwer von dieser entsetzlichen Krankheit zu leiden, wohingegen die eingeborenen Truppen gänzlich verschont blieben. Trotzdem die Nagakulis unverzüglich heimgesandt wurden, waren die Schwierigkeiten, leidliche Quartiere für die Truppen aufzutreiben, groß. Ich selbst fand mit dem Offizierkorps der 43er Gurkas Unterkunft in einem bis dahin als Kuhstall benutzten Gebäude, in dem Millionen von Fliegen sich jedenfalls heimischer fühlten als wir. Mais c'est la guerre! und wir suchten uns mit gutem Humor über das Unerfreuliche unserer Lage hinwegzusetzen.

Nachmittags besichtigte ich mit einigen Offizieren die außerhalb der dritten Umwallung gelegenen Trümmer des englischen Residenzgebäudes und war in den dasselbe umgebenden reizenden Anlagen am folgenden Morgen Zeuge der Ausgrabung der hier nach erfolgter Hinrichtung von den Manipuris verscharrten Leichen. Ich sah neun nahezu verweste Körper, acht von diesen waren Hände, Füße und Köpfe abgehackt, und von dem neunten war der Kopf halb-

vom Rumpfe getrennt. Die Ausgrabung wurde von europäischen Soldaten des 60. Rifle-Regiments vorgenommen, und dieselben unterzogen sich dieser, an die Geruchsnerven ganz unglaubliche Anforderung stellenden traurigen Aufgabe mit einer geradezu bewundernswerten Selbstverleugnung. Daß die braven Leute später ein ihnen vom General Collett angebotenes Geldgeschenk von 600 Mark einstimmig ausschlugen, verdient besonders lobend hervorgehoben zu werden. Nachdem auch die Köpfe der Enthaupteten in nächster Nähe der vorhin erwähnten Drachen vor dem Palaste aufgefunden waren, fand am Morgen des 30. April die feierliche Beisetzung der Überreste der beklagenswerten Opfer statt. General Collett hielt an dem allen Enthaupteten als gemeinschaftliche Ruhestätte dienenden, zwischen blühenden Rosenbüschen im Garten der ehemaligen britischen Residenz aufgeworfenen Grabe eine kurze ergreifende Rede; die Geschütze einer Maultierbatterie donnerten den Salut für den verewigten Chief Commissioner Mr. Quinton, dann drei Gewehrsalven, ein kurzes Gebet, und alles war vorüber. Militärischer Sitte gemäß zogen die Truppen mit klingendem Spiel in die Quartiere zurück. Kurz darauf wurden die von den Manipuris besonders in Ehren gehaltenen Drachen mit Dynamit in die Luft gesprengt, denn zu den Füßen derselben hatte der Maharadja die als Parlamentäre zu ihm gekommenen Europäer, nachdem ihnen zuvor Hände wie Füße abgehackt und die Kniescheiben losgelöst worden waren, enthaupten lassen und endlich das aufgefangene Blut der Opfer in die Rachenhöhlen der steinernen Ungetüme gegossen.

Wie schon bemerkt, waren der Maharadja und mit ihm seine Brüder sowie alle anderen Großen des Landes in die Berge geflohen, und ohne Verzug wurden daher kleine Trupps nach allen Richtungen zur Verfolgung derselben ausgesandt. Erhebliche Summen waren auf die Köpfe der Flüchtigen gesetzt, und man erwartete stündlich ihre Einlieferung; doch sollten vierzehn Tage vergehen, bis man der Übelthäter habhaft wurde. Der Maharadja wurde seines Thrones enthoben, nach der Verbrecherkolonie auf den Andamanen verbannt, der Jubraj mit dem Strange vom Leben zum Tode befördert und der unmündige Sohn des Maharadja unter englischer Vormundschaft zum Landesherrn ernannt.

Manipur und seine Bewohner.

Ich schicke voraus, daß ich mir meine Kenntnisse über Manipur und die Manipuris nicht lediglich durch eigene Anschauung habe erwerben können. Sitten und Gebräuche eines Volkes lassen sich nicht studieren, wo die Kriegsfurie die Bewohner entweder aus ihrem Heim vertrieben, oder ihnen anstatt der Pflugschar das Schwert in die Hand gedrückt hat, wo Handel und Industrie stocken und niemand weiß, wo er am kommenden Morgen eine Stätte finden und sein Haupt, falls ihm letzteres nicht überhaupt abhanden gekommen, niederlegen soll. Manipur ist außerdem ein von Europäern bis dahin so selten besuchtes Land, daß, soviel mir bekannt, Beschreibungen desselben in keinem einzigen Reisewerke existieren, so daß ich für meine Information ausschließlich auf, mit Hilfe eines Dolmetschers, von wenigen in die Hauptstadt zurückgekehrten Landesbewohnern eingezogene Erkundigungen und auf die im englischen Blaubuch über Manipur enthaltenen Angaben angewiesen war. Das gegen 17 000 □Kilometer große

Fürstentum besteht, wie man sich auf jeder besseren Karte leicht überzeugen kann, größtenteils aus Gebirgsland. Nur um die nahezu im Mittelpunkte des Landes gelegene Hauptstadt dehnt sich eine ca. 1700 □Kilometer umfassende Ebene von ungewöhnlicher Fruchtbarkeit aus. Diese allein ist bewohnt von den eigentlichen Manipuris, den Abkömmlingen von vier heutzutage nicht mehr existierenden Bergstämmen, den Luangs, Moirangs, Kamals und Maithais. Letzterer Stamm scheint im Laufe der Jahrhunderte die drei andern gänzlich absorbiert zu haben, denn während die Namen dieser jetzt vollkommen in Vergessenheit geraten sind, nennen sich die Manipuris von heute noch mit Vorliebe nach letzteren „Maithais“. Die Berge sind im Westen von Cacharis und verschiedenen Nagastämmen, im Norden meist von Angami-Nagas und im Osten und Süden von Kukis, Chins und Lushais bevölkert.

Manipur ist gut bewässert, doch ist kein einziger seiner, fast alle im Nord-Osten des Landes entspringenden Flüsse schiffbar, es sei denn für kleine Kanus, und auch für diese erst, nachdem die Wasser die Ebene erreicht haben. Einer der anziehendsten Punkte des Landes ist der gegen 40 Kilometer südlich von der Hauptstadt gelegene, 15 Kilometer lange und 10 Kilometer breite, von Lotusblumen und anderen Wasserpflanzen überwucherte Logtak-See. Die Berge sind, soweit ich Gelegenheit hatte, zu beobachten, durchweg gut bewaldet; im Norden sind Eichen, Bambus und Akazien vorherrschend, doch sollen auch gute Koniferenbestände vorkommen. Zwischen Manipur und Burma führte unser Marsch tagelang durch wunderbaren Teak-Wald, in dem Stämme von 10 und 12 Fuß Umfang keine Seltenheiten waren. Koniferen waren wenig vertreten, doch fanden sie sich vereinzelt ebenso wie wilder Thee, Eichen und Bambus. An dem Ostabhange der Junadoungkette, nahe bei Tammu, trafen wir Fächerpalmen von imposanter Höhe, und in verschiedenen Thaleinschnitten wächst die Platane in großer Üppigkeit.

Im Manipurthal gedeihen Banane, Ananas, Mango, wilde Aprikosen, Birnen, Äpfel, Pfirsiche und eine kleine saure Pflaumenart. Als Getreide wird in erster Linie Reis gebaut, denn der schwere, blaue Thonboden der in der Regenzeit überschwemmten Thalebene außerordentlich zusagt. Der Manipurreis gilt als der beste Indiens, und ich gebe zu, nirgend wohlschmeckenderen und großkörnigeren Reis gegessen zu haben als hier. Am Fuße der Berge, wo der Boden leichter und keiner Überschwemmung ausgesetzt ist, dürften Weizen, Gerste, Hafer und Hülsenfrüchte mit Erfolg angebaut werden können. In den Bergen werden Eisen, Kupfer, Salz und Kalk in geringen Mengen gewonnen, auch salzhaltige Quellen finden sich im Nordwesten des Manipurthales.

Während im Gebirge in jeder Höhe über 3000 Fuß das Klima das ganze Jahr hindurch selbst Europäern zuträglich sein soll, wird dasjenige der Ebene als äußerst ungesund bezeichnet, und namentlich vom April bis Ende Dezember sind hier Fieber, Blattern und Choleraepidemien an der Tagesordnung. Als besonders fieberreich gilt die Hauptstadt Manipur, auch Imphal genannt, und deren nächste, stark bevölkerte Umgebung, doch glaube ich, daß hieran die bei keinem Hause fehlenden mit stagnierendem, übelriechendem Wasser angefüllten künstlichen Teiche hauptsächlich die Schuld tragen. Sie sind wahre Brutstätten aller möglichen Bazillen, und durch Zuschüttung derselben, sowie des die äußere Stadtmauer umgebenden Grabens würde in sanitärer Beziehung unendlich viel gewonnen werden. Die Wälder Manipurs sind wildreich: Elefanten, Rhinocerosse kommen ebenso zahlreich vor wie Tiger, Leoparden, Bären, Büffel und Wildschweine. Hirsche, Wildziegen und Affen finden sich namentlich in den niederen Bergen, während in der Ebene Ottern, Füchse, Stachelschweine und Schlangen, u. a. auch die boa constrictor häufig sind.

Merkwürdig ist, daß der über fast ganz Indien verbreitete Schakal hier eine ebenso unbekannte Erscheinung sein soll wie die Krähe. Von dem Vorhandensein des Raben hatte ich Gelegenheit, mich persönlich zu überzeugen, als wir eine, kurz zuvor von den Gurkas der Burmakolonne erstürmte, ca. 40 Kilometer südlich von der Hauptstadt gelegene Verschanzung passierten. Gegen 160 Manipuris waren hier im Handgemenge niedergemacht worden, und Hunderte von Raben delektierten sich an den schon stark in Verwesung übergegangenen Leichen der Erschlagenen.

Doch wenden wir uns nunmehr den Bewohnern des Landes, dessen Bevölkerungsziffer sich im Jahre 1881 auf 221070 Seelen belief, zu. Ein näheres Eingehen auf die verschiedenen vorhin erwähnten Bergstämme, die zusammen 85228 Seelen repräsentieren, würde mich zu weit führen, und ich werde mich daher auf eine Schilderung der eigentlichen Manipuris beschränken. Sie sind ein hübscher, auffallend hellfarbiger Menschenschlag, wohlgebaut, kräftig, mittelgroß. Alle mir vor Augen gekommenen Manipuris wiesen unverkennbar mongolische Gesichtszüge auf, doch sollen sich auch einige wenige mit arischem Typus vorfinden. Sie haben etwas durchaus Charakteristisches im Gesichtsausdruck, etwas Apartes, was genau zu definieren mir nicht möglich ist, aber ich bin überzeugt, ich würde einen Manipuri sofort unter anderen mongolischen Stämmen herausfinden können. Daß sie seit ca. 150 Jahren ihrem Glauben nach Hindus sind und meist zur brahminischen Kaste der kshatriya gehören, habe ich bereits erwähnt. Die Manipuris sind sauber in ihrer Kleidung und in Bezug auf ihren Körper, auch sind die Häuser durchweg reinlich und gut gehalten, wohingegen deren allernächste Umgebung nur von der Feder eines Emile Zola gebührend geschildert werden könnte; die meinige sträubt sich, in eine Kloake, anstatt in ein Dintenfaß getaucht zu werden. Die gewöhnliche Kleidung der Männer besteht aus weißem, baumwollenem Lendentuch, „dhati“ genannt, ebensolcher Jacke und Turban; sie rasieren Kinn und Backen, wenn nötig, und lassen sich, wo der erforderliche Bartwuchs vorhanden ist, ausnahmslos ein kurzes, zahnbürstenähnliches Schnurrbärtchen stehen. Im Winter sollen sie sich mit Vorliebe in abgelegte europäische Jacken und Röcke kleiden, und der Import solcher alten Kleidungsstücke wurde mir als sehr bedeutend angegeben. Das schöne Geschlecht verbirgt seine Reize unter einem bis unter die Schultern reichenden, an den Seiten zugenähten, langen, sackartigen Gewande von selbstgewebten, buntgemusterten Baumwollen- oder Seidenstoffen. Letztere sind von vorzüglicher Qualität und oft hervorragend hübsch in der Farbe, so daß die Seidenindustrie im Lande unstreitig eine große Zukunft hätte, wenn das Gewerbe der Raupenzucht nicht thörichterweise als unsauber angesehen würde. Nur eine der niedersten Kasten, „Loi“ genannt, beschäftigt sich mit derselben, und jeder das gleiche Geschäft Betreibende wird ohne Gnade zum Loi degradiert. Jetzt befassen sich nur etwa 300 Manipuris am Fuße der nördlichen und westlichen Berge mit der Zucht der Seidenraupe, der wie in vielen anderen Ländern auch hier das Blatt des Maulbeerbaums als Futter dient.

Während die Männer sämtlich das Haar in gleicher Weise, d. h. zurückgekämmt und hinten in einen Knoten geschlagen, tragen — nur bei Knaben findet man glattrasierte Köpfe mit kleinem Haarbüschel am Wirbel —, treffen wir bei den Weibern drei verschiedene Haartrachten an. Den Mädchen bis zu zehn Jahren wird die vordere Hälfte des Schädels rasiert, das Haar des Hinterhauptes dagegen wächst lose; bei unverheirateten Mädchen finden wir die gleiche Haartracht, verbunden mit sogenannter Ponyfrisur und einer 3 Zoll langen Ohrlocke. Verheiratete Frauen befestigen das Haar gleich den Männern hinten in einem Knoten, in den oft große Mengen falschen Haares eingeflochten werden. Sowohl Männer wie Weiber tragen Ohrringe, Halsbänder aus großen roten, korallenartigen und goldenen Perlen, sowie Blumen in den Ohrlöchern oder im Haar. Bei den Weibern

Frau und Mädchen in Manipur.

Polo-Spieler in Manipur.

finden wir außerdem oft Ringe in jedem Nasenflügel und Armspangen, doch werden die in Indien so beliebten Fußgelenkringe durchweg verschmäht. Hervorgehoben zu werden verdient, daß zur Anlegung von Goldschmuck oder golddurchwirkten Stoffen die Erlaubnis des Maharadjas erforderlich ist.

Das Leben der Manipur-Dame ist ein beneidenswertes im Vergleich zu dem der Frauen anderer hochkastiger Hindus in Indien. Zwar wird sie von ihrem Gatten nicht viel besser als eine Sklavin behandelt und hat sämtliche Arbeiten in Haus und Garten zu verrichten, während der Mann ihr nur die allerschwerste Arbeit auf dem Felde abnimmt, aber dafür ist sie nicht, wie ihre indische Schwester, abgeschlossen von der übrigen Welt, in die zenana gebannt, sondern genießt ihre volle Freiheit und kann ungestraft jedem ihr dessen wert erscheinenden Manne ins Auge blicken. Sie ist sparsam und fleißig, und die Sorge für Haus und Hof ruht ebenso auf ihren Schultern, wie alle Handelsgeschäfte von ihr erledigt werden. Ihr Gatte faulenzt, spielt sich in den Tempeln als frommen Brahminen auf, vergnügt sich mit Karten und Schachbrett oder dem Nationalspiel der Manipuris, dem Polo, wobei er seinen kleinen aber kräftig gebauten Pony mit großer Gewandtheit zu tummeln versteht. Mehrfach im Jahre finden Wettrennen, Bootregattas und Ringkämpfe statt. Die in Manipur gezogenen Ponys zählen zu den besten und ausdauerndsten Indiens, doch haben verheerende Seuchen in den letzten Jahren die einst hochbedeutende Pferdezucht des Landes sehr zurückgebracht, und heutzutage ist der Export von Pferden kaum erwähnenswert. Es ist daher zu hoffen, daß die britische Regierung sich jetzt bemühen wird, die Zucht wieder auf die frühere Höhe zu bringen, sowohl durch Import von Zuchtmaterial aus Burma, als auch durch Anlegung regelrechter Gestüte.

Wenn im allgemeinen die männlichen Manipuris die Arbeit nicht gerade erfunden zu haben scheinen, so giebt es auch hier, wie überall in der Welt, Ausnahmen. Einige Manipuris sollen z. B. äußerst fleißige, geschickte Handwerker sein und namentlich als Tischler und Drechsler Vortreffliches leisten. In dem benachbarten Cachar, wo sich gegen 7000 Manipuris niedergelassen haben, erfreuen sich dieselben des Rufes ausgezeichneter Ackerbauer und Viehzüchter.

Die Eheschließung ist, wie bei den meisten Völkern des Orients, auch bei den Manipuris nicht vielmehr als ein Kaufgeschäft und oft kein wichtigeres Ereignis, als etwa der Ankauf eines Pferdes oder Rindes. Offiziell Hochzeit zu machen ist keineswegs erforderlich. Die wohlhabendere Klasse läßt sich freilich die günstige Gelegenheit zur Veranstaltung eines Festes nur in den seltensten Fällen entgehen. Ein Mann in höherer Stellung kann ohne Umstände die Ehe lösen, doch gilt es als Regel, daß, falls die Gattin ihm keine Veranlassung hierzu gegeben hat, sie alles Eigentum des Mannes erhält, der lediglich mit seinem Lendentuch bekleidet, den Trinkbecher in der Hand, von dannen zu ziehen hat. Polygamie ist bei gutsituierten Manipuris nicht ungewöhnlich, doch wird eheliche Untreue mit Geldstrafen in Höhe von ca. 75 Mark für jeden einzelnen Fall geahndet. Kann der Schuldige diese Summe nicht aufbringen, so kommt sein Eigentum und, falls der Erlös aus diesem nicht hinreicht, seine Familie unter den Hammer, um in die Sklaverei zu wandern. Kinderehen, wie solche in Indien an der Tagesordnung sind, finden wir in Manipur nicht; die Mädchen heiraten selten unter 14, die Jünglinge meist mit 18 Jahren.

Eigentümlich ist — durchaus im Gegensatze zu den Regeln des orthodoxen Hindutums — daß, wenn ein Mann von niederer Kaste ein Mädchen aus einer höheren ehelicht, diese nicht ihrer Kaste verlustig geht, sondern umgekehrt der Mann in die Kaste seiner Erkorenen aufgenommen wird. Die aus einer solchen Ehe entsprossenen Kinder werden später als vollblütige Mitglieder der mütterlichen Kaste angesehen.

Der Manipuri ist in seinen Bedürfnissen außerordentlich anspruchslos, und der Lebensunterhalt eines Mannes kostet per Monat nicht mehr als 6—8 Mark. Sein Nationalgericht ist eine Art Salat „ginchu" genannt, der aus frischen Bananenblättern, rotem Pfeffer, getrocknetem Fisch, Öl und sonstigen Ingredienzen bereitet wird. Die Hauptnahrungsmittel sind Reis und eine „dhan" genannte Hülsenfrucht. Beide Geschlechter huldigen der Unsitte des Betelkauens, selbstgebauter Tabak wird von Mann und Weib, vom Kinde wie vom Greise geraucht, wohingegen der Genuß von Opium und Hanf unbekannt ist. Alkoholische Getränke werden trotz strengen Verbotes namentlich in höheren Kreisen in zuweilen recht bedenklichen Quantitäten konsumiert. Nur etwa 5000 Manipuris bekennen sich zur mohamedanischen Religion, wohingegen der Buddhismus gar keine Anhänger im Lande zählt. Ob erstere eingewandert oder an Ort und Stelle bekehrt sind, habe ich nicht ermitteln können, doch scheint mir letzteres der Fall zu sein, da sie sich äußerlich wenig von ihren brahminischen Landsleuten unterscheiden.

Vor der 1886 erfolgten Annektierung Ober-Burmas war es für die britische Regierung von Vorteil, die Unabhängigkeit Manipurs, welches gewissermaßen als Prellstein gegen die Einfälle der Burmesen diente, zu erhalten. Nachdem jedoch Ober-Burma britisch geworden war, hatte England begreiflicherweise den Wunsch, das zwischen Burma und Assam gelegene Manipur aus einem Zufluchtsort für die von ihm bekriegten Bandenführer in den Chin- und Lushai-Bergen in ein Land mit geordneten Verhältnissen umzuwandeln. Manipur ist ein selten fruchtbares, entwicklungsfähiges Land, jetzt zwar entvölkert durch endlose Kriege mit den Burmesen und verschiedenen umwohnenden Bergstämmen, wohl aber geeignet, eine zehnmal so dichte Bevölkerung, als es heute aufweist, zu ernähren. Unter den Segnungen des Friedens, unter den Segnungen britischer Verwaltung werden, dessen bin ich sicher, Handel und Ackerbau einen ungeahnten Aufschwung nehmen, und das bisher von seinen Fürsten ausgesogene Land darf einer vielversprechenden Zukunft entgegensehen. —

Um dem Weiterumsichgreifen der Choleraepidemie nach Möglichkeit vorzubeugen, wurden, sobald es angängig erschien, die Truppen, mit Ausnahme von 1800 Gurkas und etwa 50 europäischen Offizieren, die als Besatzung in Manipur zurückbleiben sollten, vom Kriegsschauplatz entlassen. Ich selber verließ Manipur, in dessen Mauern die flüchtigen Bewohner bereits haufenweise zurückzukehren anfingen und in denen Handel und Wandel sich langsam wieder belebten, mit der nach Burma heimziehenden Kolonne, deren vortrefflicher Kommandeur General Graham mir nicht nur vier Maultiere für mein Gepäck zur Verfügung stellte, sondern mich während der ganzen Dauer des achttägigen Marsches als seinen Gast behandelte.

Gleich am ersten Marschtage wurde durch Zufall ein durch drei Schüsse in die Brust schwerverwundeter Manipurflüchtling von unserem Dolmetscher ergriffen. Da er von mehreren seiner Landsleute als derjenige bezeichnet wurde, der Mr. Quinton enthauptet hatte, wurde er tags darauf in einer Tragbahre unter Eskorte nach Manipur gesandt, um von General Collett abgeurteilt zu werden. Ich hatte beim Abschiede von Manipur von den Offizieren des 43. Gurkaregiments ein von einem Eingeborenen auffallend gut gemaltes Bild als Andenken erhalten. Dasselbe stellt den Maharadja unter einem gleichzeitig von zwei nebeneinander schreitenden Elefanten getragenen goldenen Baldachin sitzend dar. Auf einem dieser Elefanten sitzt der Jubraj, auf dem andern der zweite Bruder des Maharadja, der Senapati, d. h. Heerführer, während mehrere durch den Aufstand bekannt gewordene Generale und Minister auf anderen Elefanten folgen. Um die Namen aller dieser Personen festzustellen, entrollte ich das Bild vor unserem Gefangenen, der, als

General Graham.

er das Portrait seines Landesherrn erkannte, mit zusammengelegten Händen sich bis tief auf die Erde verneigte und mir dann Namen und Rang jeder einzelnen Persönlichkeit bereitwilligst angab. Später erhielt ich von General Graham die Erlaubnis, den Mann photographieren zu dürfen und ließ ihn daher von einigen Soldaten in die Sonne bringen. Der arme Sünder glaubte nicht anders, als daß sein letztes Stündlein geschlagen habe, und als ich mich mit meinem Apparat ihm gegenüber aufstellte, um ihm das bekannte:

„Bitte einen Moment recht freundlich, mein Herr!“ zuzurufen, fühlte er sich bereits mit einem Fuße im Grabe stehend, denn er schloß die Augen, öffnete den Mund und erwartete anscheinend seinen letzten Augenblick. Da Zureden nichts fruchtete, mußte ich sein Bild in dieser Verfassung auf die Platte bringen. Einen Menschen, und sei er selbst der brutalste Mörder, unnötigerweise zu ängstigen, ist weiß Gott nicht nach meinem Geschmack, und hätte ich den Eindruck meiner Manipulation voraussehen können, ich würde dem Manne die Sache erspart haben.

Kurz vor Tammu, am fünften Marschtage, verließen wir Manipurgebiet, auf unserm letzten Lagerplatze zehn dem Tode verfallene Cholerakranke des 60. Rifle-Regiments zurücklassend, und erreichten mit Tammu die erste burmesische Dorfschaft. Zwei weitere Märsche durch herrlichen Teak-Wald brachten uns nach Sattaing, wo auf den Fluten des Chindwins der Dampfer des Generals unserer harrte. Die Truppen wurden teils in Dampfschaluppen, teils in kleinen Booten stromab nach Kendat befördert, von wo sie, da auf der Fahrt wiederum Cholerafälle vorgekommen waren, nach verschiedenen Richtungen auseinander gezogen wurden, um erst nach gänzlichem Erlöschen der Epidemie in ihre Garnisonen zurückzukehren. Erwähnt sei noch, daß die Burmakolonne so gut wie gar keine Kulis mit sich führte. Gepäck und Munition wurden auf Ponies, Maultieren und Elefanten befördert. Die Maultiertreiber waren größtenteils aus der chinesischen Provinz Yunnan stammende, in blaue Baumwollstoffe gekleidete, kräftige Leute mohamedanischen Glaubens, die täglich für jedes Maultier 2,40 Mk. bezogen. Fast alle Rassen und Stämme Indiens waren in unserer bunten Karawane vertreten, vom Afghanen und Punjabi bis zum Bengalen,

Madrassi, Nepalesen, Khassia, Chinesen und Burmesen, sodaß im Lager stets ein Gewirr von Sprachen herrschte, wie es beim Turmbau zu Babel nicht ärger gewesen sein dürfte. Außer einer Maultierbatterie war unserer Kolonne auch eine Abteilung von 60 Mann berittener Infanterie beigegeben. Die Leute, zur Hälfte britische, zur Hälfte eingeborene Soldaten, leisteten auf ihren winzigen, aber unermüdlichen und anspruchslosen Burmaponies vortreffliche Dienste, namentlich bei Verfolgung fliehender Feinde, sowie als Patrouillen und Ordonnanzen.

Die eintägige Dampferfahrt auf dem zwischen reizenden Ufern dem Irawadi zuströmenden Chindwin zählt zu meinen angenehmsten Erinnerungen. Nach wochenlangen strapaziösen Märschen, nach wochenlangem Kriegsgetümmel schätzt man die köstliche Ruhe einer Flußfahrt doppelt, zumal wenn man das Glück hat, diesen Genuß mit so liebenswürdigen Menschen, wie dem General Graham und seinen Stabsoffizieren teilen zu dürfen. In Mingyan trennte ich mich von meinen mir lieb und wert gewordenen Begleitern, um allein die Reise nach Mandalay, der Stadt der goldenen Pagoden, der Hauptstadt Ober-Burmas, fortzusetzen.

Burma.

Ich wußte, daß ich bei den Behörden Mandalays, denen ich vom Government of India bestens empfohlen worden war, auf ein freundliches Entgegenkommen rechnen konnte, daß man mich aber infolge dieser Empfehlung gewissermaßen als Gast der Regierung behandeln würde, hatte ich mir denn doch nicht träumen lassen. Im Palaste wurden mir die Gemächer des 1886 von den Engländern seiner Regierungspflichten enthobenen Königs Thibaw als Wohnung angewiesen, und in diesen mit echt orientalischer Pracht ausgestatteten, mehr originellen als wohnlichen Räumen machte ich es mir so bequem wie möglich. Ich bin dem Schicksal zu ganz besonderem Danke verpflichtet, daß es mir für die kurze Dauer meines Aufenthaltes in Mandalay einen Katzenjammer erspart hat, denn mit einem solchen in einem Raume, dessen Wände und Pfeiler von oben bis unten mit Gold- und Spiegelscherbenmosaik bedeckt sind, zu erwachen, muß entsetzlich sein.

Bis zum Jahre 1858 hielten die letzten Könige von

Burma Hof in Amarapura und in Ava, beide etliche Meilen südlich von Mandalay gleich diesem am linken Ufer des Irawadi gelegen. König Mindunmin, dem die unmittelbar an seiner Residenz vorüberfahrenden englischen Dampfboote ein Dorn im Auge waren, verließ Amarapura und erbaute sich einen neuen Palast in Mandalay, 4 Kilometer entfernt vom Flußufer. Ihrem König folgten natürlich alle Großen des Landes und diesen wiederum die Händler und Handwerker. Die Stadt blühte schnell empor und zählte nach wenigen Jahren schon über 100000 Seelen. Zum Schutze gegen Überschwemmungen wurden rings um Mandalay hohe Deiche aufgeworfen, die gleichzeitig als Befestigungen dienten. Im Zentrum dieser Umwallung liegen die Palastbauten, die mit ihren Gärten und sonstigen Anlagen einen Flächenraum von mehreren Quadrat-Kilometern bedecken und von hohen Ziegelsteinmauern, sowie breitem Wassergraben umgeben sind. Steinhäuser sind in Ober-Burma selten, und auch fast sämtliche königlichen Gebäude, alle Klöster, die sogen. pungi kyaungs, in denen die buddhistischen Mönche hausen, sowie ein großer Teil der Pagoden sind Holzbauten, meist auf freistehenden Pfählen, vereinzelt auch auf Untermauerungen ruhend. Mit dem Wort „Pagoden" werden Bauwerke bezeichnet, die entweder als Erinnerungszeichen an denkwürdige Ereignisse oder an Verstorbene, meist aber dem Andenken Gautamas, des letzten der vier seit Erschaffung dieser Welt auf Erden erschienenen Buddhas (d. h. Erleuchteten), errichtet sind, und in letzterem Falle vielfach irgend eine Reliquie desselben enthalten. Sie sind in der Regel auf quadratischer Basis sich erhebende kegelförmige, nicht selten über und über vergoldete Mauerwerke, gekrönt von einem aus vergoldetem Drahtwerk gebildeten Schirm, dem sogen. „hti“. Die von Europäern nicht selten ebenfalls Pagoden genannten, aus Holz erbauten Klöster und Tempel mit ihren drei, fünf oder sieben sich über einander türmenden und nach oben verjüngenden Dächern, ihren umlaufenden, von durchbrochenen Balustraden umgebenen Veranden würden selbst ohne jedes weitere schmückende Beiwerk das Auge des Beschauers entzücken, mit ihrem jeden Quadratzoll des ganzen Gebäudes bedeckenden wunderbaren Schnitzwerk, ihren phantastischen Holzbildhauerarbeiten, ihren an den Eingängen Wache haltenden gemauerten Drachen, Greifen und sonstigen Ungeheuern, sind sie von einer geradezu unbeschreiblichen Wirkung, und Bilder ohne Worte würden weit eher im stande sein, dem Leser einen Begriff von ihrer Schönheit beizubringen, als Worte ohne Bilder es vermögen. Einige dieser kyaungs sind innen und außen bis in die kleinsten Einzelheiten vergoldet, versilbert oder mit Spiegelmosaik überzogen, und Millionen über Millionen werden jährlich für ihre Erhaltung, mehr noch für den Bau neuer kyaungs und Pagoden von wohlhabenden Burmesen verausgabt, denen die Errichtung einer solchen, die Erbauung eines Klosters, eines Rasthauses für Reisende oder auch einer Brücke als besonders verdienstliche Werke gelten.

Das Wort „Pagoda“, den Burmesen selbst unbekannt, wird als Korruption des Sanskritwortes „dhatugarbha“ oder „dhagoba“, d. h. Reliquienbehälter, woraus schließlich „Pagoda“ wurde, bezeichnet. In Mandalay allein befinden sich mehrere Tausend dieser Bauwerke, unter denen die Arekan-Pagoda, die eine kolossale Bronzestatue Gautamas enthält, sich besonderen Ansehens erfreut. Unausgesetzt strömen Scharen von Pilgern aus allen Teilen des Landes herbei, um hier Gebete zu verrichten und kleine Goldschaumblättchen

Burmesisches Kloster. Pungi kyaung.

auf das Bild des „Erleuchteten“ zu kleben. Das imposante Gebäude ist etwa 6 Kilometer vom Palaste entfernt und umgeben von prächtigen Klosterbauten sowie Hunderten kleinerer Pagoden. Weite Arkaden, an deren Wänden die Schrecknisse der Hölle in den grellsten Farben geschildert sind, führen zu dem goldbedeckten Buddhabilde. Ringsum halten Händler wie auf einem Jahrmarkt ihre Waren feil, herrliche Seidenstoffe aus Amarapura, Haarkämme, Schminken, Goldschaum, Seifen und Parfums, Kinderspielzeug, darunter urkomische Hampelmänner, natürliche und künstliche Blumen, sowie hunderterlei europäischen billigen Krimskrams. Bethätigung der Nächstenliebe an Menschen und Tieren ist eine der Grundregeln buddhistischer Religion, und um den Pilgern zu solcher Bethätigung Gelegenheit zu geben, finden sich nicht nur Lahme und Blinde zur Empfangnahme von Almosen ein, sondern auch Finkler und Vogelsteller mit ihrer Jagdbeute. Der nach verdienstlichen Thaten durstige Pilger kauft einen oder mehrere Vögel, giebt ihnen die Freiheit und zieht selbstzufrieden und mit dem Bewußtsein, ein gutes Werk gethan zu haben, seines Weges. Auch gemauerte Teiche sind vorhanden, in denen Fische, Schildkröten und Frösche bereit sind, milde Gaben in Gestalt von Brot und gekochtem Reis in Empfang zu nehmen.

Was dem aus Indien kommenden Reisenden besonders auffällt und überaus angenehm berührt, das ist die unbegrenzte Toleranz der Buddhisten. Man dringt ohne den geringsten Widerspruch bis zum Allerheiligsten vor, spaziert zwischen den Betenden umher, kann ungestraft alles nicht nur ansehen, sondern auch anfassen, während im Lande der Brahminen der Hauch des Europäers oft allein hinreicht, einen Tempel zu entweihen. Der Buddhist ist kein Fanatiker, jeder Mensch ist sein Freund, gleichviel ob Christ oder Jude, Hindu, Feueranbeter oder Heide. Er glaubt an Wiedergeburten, und da niemand im Kreislauf der Existenzen wählen kann, was er werden möchte, so kann er nach seinem Tode ebensowohl z. B. als Europäer oder Neger wiedergeboren werden, wie als Ochse, Hirsch oder jedes andere lebende Wesen. Er hat keinen Gott, sein Buddha ist nichts anderes als ein hervorragender Mensch, der nach tadellosem Lebenswandel und nach Myriaden von Existenzen die Vollkommenheit erreicht hat, die zur Auflösung führt. Ihm nachzueifern, seinem Beispiele zu folgen, nach den von ihm aufgestellten Gesetzen zu handeln, das ist seine Religion. Es giebt für ihn keine Vorsehung, keine Ewigkeit, und der höchsten Vollkommenheit, die er nur erreichen kann, nachdem er in seiner letzten Existenz als Buddha wiedergeboren ist, folgt das — Nichts.

Die fünf Hauptgebote Buddhas lauten:

§ 1. Du sollst nicht töten,

§ 2. Du sollst nicht stehlen,

§ 3. Du sollst nicht ehebrechen,

§ 4. Du sollst nicht lügen,

§ 5. Du sollst keine berauschenden Getränke genießen.

Während in anderen Religionen jedermann, ohne sich von der Allgemeinheit abzusondern, durch gottesfürchtigen Lebenswandel zur Erlösung gelangen kann, ist für den Buddhisten dieses Ziel nur erreichbar, wenn er der Welt vollkommen entsagt und sich in ein Kloster zurückzieht. Glücklicherweise haben die meisten Buddhisten Burmas es nicht allzu eilig mit der Erlösung; denn wenn sie sämtlich allen Ernstes ins Kloster wanderten, so gäbe es, da sie als Mönche u. a. Keuschheit geloben müssen, in kürzester Zeit überhaupt keine Burmesen mehr, und nebenbei wäre, so lange es nur Mönche gäbe, niemand vorhanden, ihnen Almosen zu reichen, und von solchen allein haben sie den Klosterregeln nach zu leben. Immerhin ist die Zahl der Pungis in Burma Legion, und Klöster zu Tausenden finden sich von einem Ende des Landes bis zum andern, in den größten Städten sowohl wie in den entlegensten Dörfern. Auf Schritt und Tritt begegnet man in den frühen Morgenstunden den in gelbe, nach Art der römischen Toga getragene Gewänder gehüllten Pungis. Unbedeckten Hauptes, den kahlrasierten Schädel den sengenden Strahlen der Sonne aussetzend, unter dem Arme einen großen messingenen Kübel, ziehen sie Gaben sammelnd von Haus zu Haus. Sie danken nicht für das Empfangene, denn sie verpflichten im Gegenteil den Spender zu Dank, indem sie ihm Gelegenheit geben, Gutes zu thun. Zu der vorschriftsmäßigen Ausrüstung eines Pungi gehört bei seinen Ausgängen auch noch ein großer Palmenfächer, den er vor das Antlitz zu halten hat, sobald ein weibliches Wesen in seinen Gesichtskreis tritt. Ich habe zwar oft genug den Fächer in seiner Hand, selten aber die Anwendung desselben in obigem Sinne beobachtet, und mehr als einmal, selbst in den Pagoden, bin ich jungen, ungeniert mit lustigen Dämchen schäkernden Pungis begegnet. Der Pungi darf nach der Klosterregel nichts besitzen, nichts genießen, was er nicht der Mildthätigkeit seiner Mitmenschen verdankt, und sein Gewand soll außerdem aus gelben Zeugfetzen, die er mühsam am Wege aufgelesen hat, zusammengesetzt sein. Er befolgt die erste Regel thatsächlich, geniert sich aber keineswegs, seinen Unterstützern und Freunden von etwaigen Bedürfnissen Mitteilung zu machen, und wir finden in den Klöstern daher Lampen, Stühle, Betten mit Moskitonetzen, Teppiche,

Zigarren, europäische Konserven, kurz alles, was das Herz des Pungi sich gewünscht hat. Mit der Beschaffung seiner Kleidung nimmt er es noch weniger genau und verschmäht ein funkelnagelneues Gewand aus gelbem Tuch oder auch aus Seide durchaus nicht. Ein kleines Stückchen wird dann von einer Ecke abgerissen und wieder angenäht, womit nach Ansicht des Pungis das Gesetz wenigstens in Bezug auf das Flickwerk befolgt ist.

Das Leben im Kloster ist unterhaltend, nicht nur für den Besucher, sondern für den Pungi selbst. Er hat zwar einige mehr oder minder lästige Vorschriften zu befolgen, u. a. seine sämtlichen Mahlzeiten vor der Mittagsstunde einzunehmen und in bestimmten Zwischenräumen Gebete herzusagen, im übrigen aber kann er thun, was ihm beliebt. Ein großer Teil der Pungis befaßt sich mit der Erteilung von Unterricht an die männliche Jugend seines Bezirks, und einzig und allein diesen Klosterschulen ist es zu verdanken, daß fast jeder Burmese des Lesens und Schreibens kundig ist. Das schöne Geschlecht freilich wächst heran, ohne je mit den Brüsten der Wissenschaft in Berührung zu kommen. Wie die Pungis durchweg auf milde Gaben angewiesen sind, so sind sie auch verpflichtet, jedermann Gastfreundschaft zu gewähren, und somit werden die Klöster von fast allen Reisenden ohne weiteres als Absteigequartier benutzt, nicht nur von den Bewohnern des Landes, sondern auch von Europäern. Ja sogar die britischen Truppen werden hier zu Lande auf ihren Märschen meist in den Klöstern einquartiert und führen daher nur in den seltensten Fällen Zelte mit sich. Wo nicht genug Raum für alle Truppen in den Häusern der Pungis vorhanden ist, werden auch die Räume der Pagoden nicht verschont, und ich habe auf dem

Marsche von Manipur nach Burma verschiedentlich rauhe Krieger mitten zwischen goldenen Buddhabildnissen sich's bequem machen sehen. Die Bevölkerung schien das weiter nicht übel zu nehmen und verrichtete unbekümmert um die bewaffneten Eindringlinge und deren geräuschvolles Treiben ihre Gebete. Durch täglich eintreffende Reisende, sowie andere lediglich pour passer le temps erscheinende Besucher ist für Abwechselung und Unterhaltung der Mönche zur Genüge gesorgt. Seelenvergnügt sitzen sie zwischen ihren Gästen, lachend, scherzend, rauchend und Betel kauend. Wäre auch Damen der Zutritt in die Klosterräume gestattet und den Pungis das Biertrinken erlaubt, fürwahr, das Mönchsleben in Burma ließe nichts zu wünschen übrig und könnte mir wohl gefallen. Bemerkt sei noch, daß es jedem Mönch freisteht, sobald ihm das „Vergnügen ohne Damen" nicht mehr zusagt, sein gelbes Kleid abzulegen, das Kloster zu verlassen und wieder ins öffentliche Leben zurückzukehren. Es gehört für den Burmesen zum guten Ton, wenigstens einmal im Leben, und sei es auch nur für 24 Stunden, Pungi gewesen zu sein, und Eltern senden daher in der Regel ihre Söhne, nachdem sie das zwölfte oder vierzehnte Lebensjahr erreicht haben, auf kurze Zeit ins Kloster. Bevor er das gelbe Gewand anlegt, wird der junge Mönchsaspirant, in Gold- und Silberbrokat gekleidet, behangen mit dem Familienschmuck oder zusammengeborgten Juwelen, in festlicher Prozession von Haus zu Haus geleitet, um Geschenke in Empfang zu nehmen. Im Kloster angekommen, wird ihm das Haupthaar abrasiert, die Mönchskleidung angelegt, und am folgenden Morgen zieht er, Gaben sammelnd, gleich den anderen Pungis durchs Dorf, um vielleicht tags darauf schon wieder, nachdem er 24 Stunden Weltentsagung und Selbstverleugnung geübt hat, in den Schoß seiner Familie zurückzukehren. Je nach Alter, Weisheit und Tugend erhält der Pungi, dem es wirklich Ernst ist mit dem Leben der Entsagung, verschiedene Grade, und der älteste Mönch eines Klosters, der Prior, wird von der gesamten Bevölkerung in höchsten Ehren gehalten. Die nach seinem Tode veranstaltete Leichenfeierlichkeit, bei der stets ein unglaublicher Pomp entfaltet wird, kostet zuweilen Tausende von Rupien. Bis die zu einer solchen Festlichkeit erforderliche Summe zusammengebracht ist, wird die Leiche des Pungi in Honig aufbewahrt und auf einem katafalkartigen Unterbau in der Nähe des Klosters vorläufig beigesetzt. Ist das nötige Geld herbeigeschafft, was oft erst nach Monaten und selbst Jahren der Fall ist, so wird ein prächtiges, reich vergoldetes pyramidenförmiges, zuweilen auf einem aus Bambus und Papier hergestellten weißen Elefanten in zehnfacher Lebensgröße ruhendes Bauwerk aus Holz errichtet, der Sarg im obersten Stockwerk aufgebahrt und dann die ganze Herrlichkeit mit Raketen in Brand geschossen.

Neben den Mönchsklöstern giebt es auch solche für Nonnen, doch scheint sich das Klosterleben bei der burmesischen Damenwelt keiner allzu großen Beliebtheit zu erfreuen. Mir sind hier bisher nur sehr vereinzelt Weltentsager weiblichen Geschlechts begegnet, und die wenigen, die mir in den Weg gekommen, waren ausnahmslos so alt und häßlich, daß ihnen die Ablegung des Keuschheitsgelübdes unmöglich irgend welche Überwindung gekostet haben kann. Ihre Kleidung ist die gleiche wie die der Pungis, aber von weißer Farbe; gleich ersteren leben sie von Almosen in verschiedenster Gestalt. Die Empfangnahme von Geld, Gold, Silber und Edelsteinen ist ihnen ebenso wie den Pungis nach Klosterregeln verboten.

Riesenelefant aus Bambus und Papier, zur Verbrennung der Leiche eines Pungi errichtet.

Während die Bewohner Indiens so gut wie gar keinen Sinn für die Schönheiten der sie umgebenden Natur besitzen, bekunden die Burmesen oft großes Verständnis für landschaftliche Reize und wählen für ihre Wohnsitze, Pagoden und Klöster meist hochgelegene Punkte, von denen sie eine hübsche Aussicht genießen.

Die schönsten Pagoden und pungi kyaungs habe ich bisher in Mandalay angetroffen. Von dem 2 Kilometer nördlich vom Palaste und 550 Fuß über der Stadt gelegenen Mandalay-Hill genießt man einen prächtigen Blick auf die Stadt und die sie umgebenden Berge mit ihren ungezählten Pagoden und sonstigen, vielfach goldüberladenen, herrlichen Bauten. Im Nordosten schimmert die spiegelglatte Fläche des Nandasees; im Westen strömen die Wasser des Irawadi in gefälligen Windungen dem Meere zu, grüne Baumgruppen heben sich wirkungsvoll ab von der jetzt nach langer Dürre mit versengtem Grase bedeckten Ebene, während in bläulichen Dunst gehüllte Berge den Rahmen des Ganzen bilden.

Bei einer Temperatur von 40° Celsius hatte ich eines Abends nach heißem Bemühen den Gipfel des Berges erklommen, aber ich ward belohnt genug und bezeichne die mir von diesem Punkt gebotene Aussicht als eine der wunderbarsten, die ich überhaupt genossen, nachdem ich den Himalayabergen Lebewohl gesagt habe. Über eine Stunde saß ich hier zu den Füßen einer 18 Fuß hohen vergoldeten Holzstatue, Gautama darstellend, wie er segnend seine Rechte über die Stadt ausstreckt, bis die Sonne hinter den Bergen verschwunden war und die schnell hereinbrechende Dunkelheit mich zur Rückkehr mahnte. Als ich später beim Essen im Klub, der in den ehemaligen goldenen Audienzhallen des Königs untergebracht ist, erzählte, wo ich gewesen, lächelten die meisten Anwesenden über ein so thörichtes Unternehmen, während ich von anderen angestaunt wurde, als hätte ich zum mindesten den Mount Everest bestiegen, denn keiner meiner Tischgenossen, sämtliche Beamte und Offiziere, hatte sich je die Mühe genommen, „in the dreadful heat of Mandalay“ die 550 Fuß des Hügels zu erklimmen. Der hier stationierte Engländer sitzt schwitzend, stöhnend und Burma verfluchend, einen geeisten „peg“ (Whisky und Sodawasser) nach dem andern herunterspülend, unter der Punka, den Tag seiner Versetzung herbeisehnend und dann Mandalay verlassend, ohne die Reize der Umgebung dieser eigenartigen Stadt kennen gelernt zu haben.

In Begleitung eines mir vom General Wolseley zur Verfügung gestellten Dolmetschers besuchte ich jeden Morgen die verschiedenen Bazare, bewunderte die farbenprächtigen, im Lande gewebten Seidenstoffe, die kunstvoll getriebenen Silberarbeiten, sowie die Erzeugnisse burmesischer Stroh-flecht- und Lackwarenindustrie, und hätte ich nicht auf die Größe oder vielmehr Kleinheit meines Geldbeutels Rücksicht nehmen müssen, ich wäre täglich mit einer ganzen Wagenladung kostbarer Schätze von dannen gezogen. Besondere Abteilungen waren für den Obstbazar, andere für den Fleisch- und Fischmarkt vorbehalten. Burma scheint ein Land zu sein, in dem jede Frucht gedeiht; denn ich fand neben Bananen, Kokosnüssen, Jackfrüchten, Papajas, Ananas und Dutzenden verschiedener Sorten Mangos auch Melonen, Orangen, Trauben, Birnen und Feigen. Alle Gemüsearten waren in seltener Fülle vertreten, und auf den Tischen des Fischbazars schillerten die Fische des Irawadi in sämtlichen Farben des Regenbogens. Am besten aber gefiel mir das heitere, lachend sich in den schmalen

Gängen drängende, harmlos scherzende Volk, und von diesem am meisten die durchweg in seidene, buntfarbige Gewänder gehüllte weibliche Jugend mit ihren glückselig dreinschauenden hübschen Schlitzäuglein, sammetartigen, rosig angehauchten Wangen und ihrem rabenschwarzen, sauber in einen Knoten geschlungenen, fast stets mit frischen Blumen geschmückten oder mit einem seidenen Tuche bedeckten Haar. Nirgend hört man Gezänke und Gekeife, wie in manchen Bazaren Indiens; gesittet und ruhig bewegt sich alt und jung durcheinander. Die Obstverkäuferinnen laden den ihre Ware bewundernden Europäer ein, diese oder jene Frucht zu kosten, ohne nachher, wie es sonst im Orient der Fall ist, ein „Backschisch“ zu verlangen, kurz, es ist eine wahre Wonne, unter diesen sorglosen glücklichen Menschen zu weilen, und ich zögere keinen Augenblick, die Burmesen neben den Japanern für das liebenswürdigste Volk zu erklären, mit dem ich je in Berührung gekommen bin. Die Burmesin ist gleich ihrer japanischen Schwester nur selten eine Schönheit, aber sie ist eine äußerst anmutige Erscheinung von kleinem, ebenmäßigem Körperbau. Alles, was sie thut, ist gefällig, und in jeder ihrer Bewegungen, ja selbst beim Rauchen der großen grünen, burri genannten Zigarre, ohne die kein Burmese, einerlei, ob Mann oder Weib, Säugling

Junge Burmesin.

oder Greis, leben zu können scheint, entwickelt sie eine Grazie, die jeden Fremdling sofort gefangen nehmen muß. Was ich hier von der burmesischen Weiblichkeit gesagt, findet auch auf die männliche Jugend seine Anwendung. Es wäre schier unmöglich, falls beide Geschlechter die gleiche Kleidung trügen, einen Knaben vom Mädchen, den Jüngling von der Jungfrau zu unterscheiden. Dieser Umstand und die Absicht, nach Möglichkeit Verwechselungen der Geschlechter vorzubeugen, hat einen der früheren Könige Burmas veranlaßt, unterschiedliche Trachten vorzuschreiben und außerdem ein Gesetz zu erlassen, demzufolge jeder Knabe vor dem vierzehnten Jahre vom Knie bis zu den Hüften mit einer blauschwarzen Tätowierung versehen werden muß. Diese Tätowierung, ohne die auch heutzutage in Ober-Burma nur selten ein Mann angetroffen wird und die von professionellen Tätowierern mit einer aus Rindergalle und Ruß hergestellten Tusche, neuerdings zuweilen auch mit Dinte, für den Preis von 3 Mark pro Bein ausgeführt wird, weist je nach der Begabung des Künstlers mehr oder minder gefällige Muster auf. Am häufigsten findet man phantastische Tierfiguren, Drachen, Greifen und andere Ungetüme, oft mehrere Dutzend auf jedem Schenkel, vereinzelt begegnet man aber auch Personen, die ganze Märchenillustrationen oder Darstellungen aus der Geschichte ihres Vaterlandes in saubersier Ausführung auf der Haut herumtragen. Ein zwischen den Schenkeln durchgezogenes und um die Hüften geschlungenes Tuch aus buntem Baumwollen- oder Seidenstoff verbirgt bei den niederen Klassen nur einen sehr minimalen Teil dieses originellen Beinschmuckes unter seinen Falten. Von einem anscheinend in der Geschichte Burmas gut bewanderten Pungi, dessen Bekanntschaft ich später in den Rubinminen machte, wurde mir ein anderer Grund für die Tätowierung angegeben. Danach sollen die Knaben dadurch, daß sie die als äußerst schmerzhaft bezeichnete Operation über sich ergehen lassen, den Beweis liefern, daß sie im stande sind, mehr Schmerzen zu ertragen als das schwächere Geschlecht. Thatsache ist, daß in Ober-Burma ein Mann, der nicht tätowiert ist, von seinen Kameraden verspottet und ihm beim Baden bedeutet wird, die Gesellschaft der Weiber aufzusuchen. Allzu spartanisch aber benehmen sich die jungen Burmesen von heute keineswegs; denn durch reichlichen Opiumgenuß vor der Operation machen sie ihre Nerven möglichst unempfindlich gegen jeden Schmerz.

Nach einer anderen Deutung soll ein König einstmals seine Soldaten mit von Paris bezogenen, enganliegenden, dunkelblauen Kniehosen aus gepreßtem Sammet bekleidet haben. Nachdem er jedoch gefunden, daß dieselben sich in kurzer Zeit abnutzten und schäbig wurden, erschien ihm die Sache zu kostspielig und er ordnete daher an, sämtlichen Leuten die Hosen zu entziehen und statt dessen ihre Beine mit einer, dem Sammetmuster ähnlichen blauschwarzen Tätowierung zu versehen. Dieser praktische Monarch hat entschieden dem Grundsatze „billig und dauerhaft" gehuldigt, denn die Abnutzung einer solchen — nebenbei bemerkt nichts weniger als unkleidsamen Tracht — ist gleich Null. Noch eine vierte Erklärung ist mir mehrfach zu Ohren gekommen, doch verbietet mir, zu meinem lebhaften Bedauern, mein Schicklichkeitsgefühl, dem Leser dieselbe zu verraten.

Die Tracht des wohlhabenden Mannes besteht heute aus dem sogenannten „putsoe", einem gegen 18 Ellen langen und 3/4 Ellen breiten, seidenen Shawl. Dieser wird in der Mitte quer durchschnitten, die beiden 9 Ellen langen

Streifen längsseitig an einander genäht und das somit $1\frac{1}{2}$ Ellen breite Gewand ohne Gürtel einfach um die Hüften geschlungen. Hierzu genügen etwa 3 Ellen und der verbleibende Rest wird in graziösen Falten über die Schulter geworfen. Ein buntes, seidenes, um die Schläfen gewundenes Tuch dient als Kopfbedeckung. Man findet „putsoes" in allen möglichen Farben und Mustern, die kostbarsten nicht selten bis zum Preise von 300 Mark. Das „tamein", mit dem die Burmesin ihre Lenden gürtet, genau zu beschreiben, ist, wenn einem nicht die Feder des Berliner Toilettenrezensenten Ludwig Pietsch zur Verfügung steht, eine weniger leichte Aufgabe. Es besteht aus drei aneinander genähten Stücken verschiedenen Seidenstoffes und ist im ganzen etwa 2 Ellen lang und $1\frac{1}{2}$ Ellen breit. Um die Hüften geschlungen, wird es an der linken Seite derartig geschürzt, daß bei jedem Schritt das rechte Bein bis weit über das Knie sichtbar wird. An dem sich in Frauenkleidung zu einer Freundin schleichenden Manne würden daher seine tätowierten Lenden sofort zum Verräter werden. Mit europäischen Begriffen von Sitte und Anstand ist diese mehr ent- als verhüllende Gewandung zwar nicht in Einklang zu bringen, doch habe ich vom künstlerischen Standpunkte nichts gegen dieselbe einzuwenden. Über dem tamein wird eine bis an die Hüften reichende Jacke von weichem Sammet oder gemustertem, feinem Musselin getragen und um den Hals ein lose geknüpftes seidenes Tüchlein, an dessen auf den Rücken fallendem Zipfel meist ein Schlüsselbund befestigt ist. Geschmackvolle und kostbare Schmuckgegenstände, in Gestalt von Ohr-, Hals- und Armringen, werden von den meisten Burmesinnen getragen.

Wie den Bazaren, so stattete ich auch dem populärsten

Manne der europäischen Kolonie Mandalays, dem vielgereisten, Gott und alle Welt kennenden Photographen Beato, einem liebenswürdigen Italiener, fast täglich meinen Besuch ab. „Vergessen sie nicht, Beato aufzusuchen, er ist der hilfsbereiteste, Land und Leute am besten kennende Mann Ober-Burmas. Sie werden es nicht bereuen, seine Bekanntschaft gemacht zu haben.“ Mit diesen Worten hatten sich General Graham und seine Offiziere von mir in Myngyan verabschiedet, und ich wiederhole sie hier für jedermann, den das Schicksal einmal nach Mandalay führen sollte, denn Signor Beato ist nicht nur ein vortrefflicher Künstler, dessen wunderbaren Photographien niemand zu widerstehen vermag, sondern ein noch vortrefflicherer Mensch, von dem niemand ohne Bedauern scheiden wird. Wer nebenbei beabsichtigt, eine Sammlung burmesischer Kunst- und Industrieerzeugnisse anzulegen, thut wohl daran, keinen Kauf abzuschließen, ohne zuvor Signor Beato zu Rate gezogen zu haben.

Schon bei meiner Ankunft in Mandalay hatte ich den Wunsch geäußert, den Irawadi soweit als möglich hinauffahren und vor allem die bereits in den Schanstaaten gelegenen Rubinminen in Augenschein nehmen zu dürfen. Da Dampfer der Irawadiflotilla-Compagnie nur bis Bhamoo stromauf gehen, so war ich von dort an auf die Beförderung mit einem kleinen Regierungsdampfer angewiesen. Ein Besuch der Rubinminen bietet insofern Schwierigkeiten, als wegen Unsicherheit der Straßen Reisende eines militärischen Geleits bedürfen und Kulis wie andere Transportmittel sehr schwer erhältlich sind. General Wolseley beseitigte indessen alle meine Zweifel und Bedenken mit den Worten: „Kümmern Sie sich um nichts, ich mache mir ein Vergnügen daraus, Ihnen sämtliche Sorgen abzunehmen", und früher als ich erwartet, d. h. am vierten Tage meines Aufenthalts in Mandalay, erhielt ich von meinem hilfsbereiten Gönner die Nachricht, daß der Regierungsdampfer „Sladen" bereit liege, mich am folgenden Morgen nach Thebetyan, dem Ausgangspunkte der zu den Rubinminen führenden Straßen, zu befördern, und daß das Militärtransportdepartement angewiesen worden sei, drei Maultiere zur Weiterbeförderung an Bord zu schaffen.

In aller Frühe verließ ich am festgesetzten Tage meinen goldenen Käfig im Palaste und begab mich in Begleitung meines unermüdlichen Scheckenponys an Bord des „Sladen", um hier auf luftigem, geräumigem Deck mit dem unterhaltenden Kapitän ein substanzielles Frühstück einzunehmen und nach Beendigung desselben zu erfahren, daß infolge einer an der Maschine vorzunehmenden Reparatur die Abfahrt um 24 Stunden verschoben werden müsse. Im Orient bilden ähnliche kleine Störungen nicht die Ausnahme, sondern die Regel, und man gewöhnt sich merkwürdig schnell daran, sich in die jedesmaligen Verhältnisse zu schicken. Ich hatte außerdem bisher so wenig von Mandalay und namentlich seiner Umgebung gesehen, daß ich keineswegs verdrießlich über den kurzen Aufschub war. Eine leichte Brise machte den Aufenthalt auf Deck äußerst angenehm, namentlich nach den heißen Tagen, die mir in Mandalay beschieden waren, so verbrachte ich denn die Mittagsstunden im süßesten far niente und unternahm später zu Pferde einen Ausflug nach dem zehn Kilometer stromabwärts gelegenen Amarapura. Anfangs auf hohem Uferdamm entlang, führte mein Weg durch verschiedene saubere Dörfer mit freundlichen, nach Landessitte auf hohen Pfählen erbauten Bambus- oder Holzhäuschen. Um die Strohvorräte während der bevorstehenden Regenzeit vor Überschwemmungen zu schützen, waren auch sie auf hohen Holzgerüsten aufgespeichert, meist unmittelbar am Hause, um während der trockenen Zeit zugleich als Dach einer Veranda zu dienen. Alles Vieh, namentlich Rinder und Zugochsen waren wohlgenährt, und eine wahre Freude war es für mich, zu beobachten, mit welcher Liebe diese Tiere von ihren Besitzern behandelt wurden. Die buddhistische Religion gebietet ihren Angehörigen nicht nur, kein lebendes Wesen zu töten, sondern allem Getier, so da fleucht und kreucht, Liebes zu erweisen. Der Burmese befolgt dieses Gesetz, soweit ich gesehen, im vollsten Umfange, er unterhält Futterplätze für Vögel, und alle seine Haustiere werden vortrefflich gehalten. Aber auch hier ist er kein Fanatiker und nimmt es Anhängern anderer Religionen weiter nicht übel, wenn sie schlachten, was ihnen gefällt, ja er ißt sogar das Fleisch aller möglichen Tiere, falls nur ein anderer sie getötet hat, wohingegen der Hindu, dem das Rind als geheiligt gelten soll, und der eher sterben würde, als einen Ochsen töten, denselben oft in ganz bestialischer Weise mißhandelt.

Sämtliche von mir passierten Dörfer machten den Eindruck soliden Wohlstandes, nirgends begegneten mir Bettler, überall herrschte Frohsinn, überall sah man heitere Gesichter und hörte das Lachen vergnügter Menschen. Der Burmese ist ein Freund der verschiedensten Spiele und Vergnügungen, als da sind Karten und Schachspiele, Wetten, Wettrennen, Bootregattas, Fußballspiel und theatralische Vorstellungen. Namentlich bei letzteren bekunden sowohl Schauspieler als auch Zuschauer eine Ausdauer und Zähigkeit, die ans Fabelhafte grenzen. In Amarapura hatte ich zum ersten Male Gelegenheit, einem burmesischen Fußballspiel beizuwohnen und mich an der von allen Beteiligten während desselben entwickelten ungewöhnlichen Körpergewandtheit zu erfreuen. Der Ball, aus leichtem Rohrgeflecht hergestellt, hohl und von etwa drei Zoll Durchmesser, darf von den Spielenden nur mit dem Fuß, Knie, Ellbogen oder Rücken aufgefangen und weitergeworfen werden, wohingegen Hände und Unterarme nicht in Anwendung gebracht werden dürfen. Ich habe einzelne Ballspieler gesehen, die als Jongleure jedem Zirkus zur Zierde gereicht haben würden, die nie einen ihnen zugeschleuderten Ball verfehlten, denselben bald zwischen Kopf und Schulter, bald zwischen den Knieen auffangend, um ihn dann mit dem Ellbogen oder Fuß weiterzuschleudern und wieder aufzufangen, ohne daß er je den Boden berührte.

Die noch im Jahre 1858 über 90000 Einwohner zählende ehemalige Königsstadt birgt heute deren kaum 20000 in ihren Mauern. Doch da die Häuser derselben sich zum größten Teile um einen großen Bazar gruppieren und nahe bei einander liegen, so empfängt man hier trotzdem nicht den Eindruck des Verfalles, sondern den einer kleinen Stadt mit kräftig pulsierendem Leben. Die Bewohner sind für hiesige Verhältnisse auffallend fleißig, und namentlich sieht man Frauen in fast jedem Hause, oder auch vor demselben im Freien, mit dem Weben der prächtigen burmesischen Seidenstoffe beschäftigt. Neben letzteren erfreuen sich die Gongs (Tamtams) von Amarapura und andere Erzeugnisse der Bronzegießerei eines bedeutenden Rufes über ganz Burma. Zahlreiche Familien leben vom Fischfang; da ihr Gewerbe aber nicht gut betrieben werden kann, ohne das Gebot: „Du sollst nicht töten“ zu übertreten, so genießen sie, selbst wenn sie ihre Ersparnisse auf Errichtung von Pagoden und Klöstern verwenden, nur geringes Ansehen.

Rings um das heutige lebende Amarapura bedecken die Ruinen der Paläste, Pagoden, Klöster und sonstiger Bauwerke mehrere Quadratkilometer, die Pflugschar des Landmanns zieht ihre Furchen, wo ehemals in Gärten, Höfen und Bazaren fröhliche Menschen sich tummelten, und nach wenigen Jahrzehnten wird kaum hier und da ein elender Trümmerhaufen Zeugnis ablegen von der einstigen Pracht und Größe dieser erst vor 33 Jahren verlassenen Residenz eines mächtigen orientalischen Herrschers.

Die Schatten fingen schon an, bedenklich lang zu werden, als ich auf der alten, ausgefahrenen, nach Mandalay führenden Landstraße den Rückmarsch antrat. In endlosen Reihen zogen die prächtig bespannten, einzig und allein aus Holz, ohne Anwendung des geringsten Eisenteils, erbauten zweirädrigen Ochsenkarren, quietschend und unglaubliche Staubwolken aufwirbelnd, des Weges. Diese merkwürdigen Vehikel machen mit ihren großen, nicht selten massiven, meist aber aus drei Teilen zusammengefügten Scheibenrädern einen geradezu vorsintflutlichen Eindruck, und es ist zu verwundern, daß eiserne Achsen und Speichenräder nach europäischem Muster in Ober-Burma so gut wie gar keine Verbreitung finden, umsomehr, als die größeren aus einem einzigen Stück bestehenden Holzräder das Paar zuweilen bis gegen 400 Mark kosten sollen. Eigentümlich ist, daß das unseren Ohren peinliche Kreischen und Quietschen der Räder den Burmesen als liebliche Musik erscheint und daher eine Karre um so höher geschätzt wird, je mehr Lärm sie vollführt.

War der Staub an dieser, an Unebenheit ihresgleichen suchenden Landstraße schon vollauf genügend, mich um jeden Genuß des Heimrittes zu bringen, so spotteten die in den

Straßen Mandalays von Menschen, Vieh und Wagen aufgewirbelten Staubmassen überhaupt jeder Beschreibung. Es war in der That unmöglich, auch nur auf 10 Schritte irgend einen Gegenstand zu erkennen. Die bereits angezündeten Laternen erschienen wie kleine, rotglühende in der Luft schwebende Feuerkügelchen, unfähig, auch nur auf einige Fuß Umkreis irgend welches Licht zu verbreiten, und ich war daher froh, einen dienstbaren Mann zu finden, der sich meiner und meines Ponys annahm und uns glücklich durch die sich drängenden Wagen- und Menschenmassen zum Ankerplatz meines Dampfers geleitete. Welche Mengen heimatlichen Gerstensaftes erforderlich waren, meine ausgetrocknete und infolge eingeatmeten Staubes fast zu einer Thonröhre erstarrte Kehle wieder in einen normalen Zustand zu versetzen, das zu ermessen überlasse ich den sachverständigen Lesern dieser Zeilen.

Um 6 Uhr am folgenden Morgen setzte sich der „Sladen", nebenbei bemerkt, ein äußerst sauber gehaltener, mit zwei broncenen 7-Pfündern, einem Gardener- und zwei Nordenfelt-Geschützen bewaffneter Dampfer in Bewegung. Da die Regen noch nicht voll eingesetzt hatten, wies der Irawadi keine allzu starke Strömung auf, und wir kamen verhältnismäßig schnell vorwärts. Nach kaum zweistündiger Fahrt passierten wir Mengun, eine am linken Ufer des Stromes reizend unter schattigen Mangobäumen gelegene und wegen der Ruinen einer gegen Ende des vorigen Jahrhunderts vom König Meng-tara-gyee begonnenen, aber nie vollendeten kolossalen Pagode berühmte Ortschaft. Ein Erdbeben im Jahre 1839 hat diesen Riesenbau bis auf die noch heute für eine der größten Ziegelsteinmassen der Welt geltenden Fundamente zerstört. Die Grundfläche der letzteren mißt 230 Quadratfuß und das sich schwach nach oben verjüngende Bauwerk jetzt etwa 169 Fuß Höhe. Es soll gegen 7 Millionen Kubikfuß Ziegelsteine enthalten, und obgleich die vom König beschäftigten Arbeiter keinen Lohn erhielten, werden die Kosten des Baus auf gegen vier Millionen Mark angegeben. Da große Schätze unter der Pagode vermutet wurden, ließ einer der späteren Könige Nachgrabungen anstellen, doch anstatt der erwarteten Gold- und Silbermassen fand man lediglich wertlose marmorne Buddha-Bildnisse, alte Geschütze, Sonnenschirme — und eine zerbrochene Sodawassermaschine. Ich bin in der Geschichte des Sodawassers gänzlich unbewandert, da es mir aber unwahrscheinlich klingt, daß Maschinen zur Erzeugung dieses Getränkes bereits zu Zeiten des Herrn Meng-taragyee erfunden waren, so muß ich die Verantwortung für die Wahrheit obiger Angaben dem Verfasser des 1883 erschienenen offiziellen „Gazetteer of Burma" überlassen.

In nächster Nähe der Pagodentrümmer befindet sich eine an drei übereinander gelegten mächtigen Bäumen zwischen 2 gemauerten Pfeilern hängende bronzene Glocke von 12 Fuß Höhe und 16 Fuß 3 Zoll äußerem Durchmesser. Sie wird — ausgenommen die seinerzeit von der Kaiserin Anna der Kathedrale von Moskau geschenkte Glocke — als das größte Erzeugnis der Glockengießerei bezeichnet.

Zwischen bald hart an den Fluß heranreichenden, steil abfallenden, bald weiter zurücktretenden, bewaldeten Hügeln, hier und da vorüber an kleinen Ortschaften mit sauberen Häusern und malerischen Klosterbauten wälzt in oft überraschend scharfen Kurven der Irawadi seine Fluten dahin, beständig wechselnde Bilder lassen bei dem Reisenden keine Müdigkeit aufkommen und ihn zuweilen selbst die drückende

Hitze vergessen. Am Abend des zweiten Tages erreichten wir mit Thebetyan, einer kleinen, unbedeutenden, am rechten Flußufer gelegenen Ortschaft, das Ziel unserer Fahrt, und am folgenden Morgen marschierte ich in der Gesellschaft dreier auf einer Inspektionsreise nach der nicht weit von den Rubinminen gelegenen Militärstation Bernardmyu begriffener englischer Offiziere, gefolgt von meinen Dienern und Maultieren, wohlgemut landeinwärts.

Erst im Jahre 1887 haben die Engländer von diesem früher unter burmesischer Oberhoheit stehenden Teile der Schanstaaten Besitz ergriffen, aber auch hier hat die Regierung nicht gezögert, das erforderliche Geld ins Geschäft zu stecken, und so finden wir schon heute vorzügliche Fahrstraßen, Telegraphen und Postämter, sowie alle 3—4 Meilen kleine, mit etwa 50 Mann military police besetzte befestigte Stationen, und unter dem Schutze derselben hübsche, geräumige, einfach möblierte, mit Kochgeschirr und Tischgeräten ausgestattete Rasthäuser für Reisende, so daß man der Mitführung eines Zeltes rc. überhoben ist. Die zu räuberischen Überfällen neigenden Bewohner des Landes haben den Engländern bis in die jüngste Zeit viel zu schaffen gemacht, und noch vor einigen Monaten wurde ein eingeborener Reisender um seine ganze Habe im Werte von 15000 Mark erleichtert, doch gehören dergleichen Vorkommnisse immerhin zu den Ausnahmen, da Patrouillen Tag und Nacht die Gegend durchstreifen und außerdem der täglich an Lebhaftigkeit zunehmende Verkehr den Räubern ihr Handwerk wesentlich erschwert.

Die Bewohner des Landes sind dem Gesichte nach von den Burmesen kaum zu unterscheiden, aber man erkennt sie auf den ersten Blick an ihrer Kleidung, und falls sie diese abgelegt haben sollten, an der von der Brust bis zu den Fußgelenken reichenden Tätowierung. Sie tragen ungewöhnlich weite Hosen aus Baumwollstoff oder dunkelfarbigem Sammet, kurze Jacken und ein buntes beziehungsweise weißes Seidentuch um das seitlich in einen Knoten geschlagene Haar. Zum Schutz gegen Sonne und Regen dient ein großer, runder, aus Stroh geflochtener Hut mit schlaff niederhängendem Rande und bunter Quaste. Selten sieht man die Schans ohne ein aus feinen Bambusstreifen hergestelltes, kleines, viereckiges, mit einer Schnur über dem Gesäß befestigtes Körbchen, in dem sie ihre großen grünen Zigarren aufbewahren, oder ohne eine hübsch gemusterte baumwollene, seltener seidene Umhängetasche. Messer mit Elfenbein- oder Holzgriff in silbergezierter Holzscheide sowie an einer Schnur befestigte, über die Schulter gehängte, in Bambusscheide steckende Schwerter von oft vorzüglicher Arbeit bilden ihre Bewaffnung. Die Tracht der Weiber gleicht derjenigen ihrer Schwestern in Burma. Die Schans sind anstrengender Arbeit noch weit abgeneigter als die Burmesen, und da ihre Felder ebenso fruchtbar, wie ihre Bedürfnisse gering sind, so ist es schwer, sie selbst mit vielem Geld und guten Worten zu bewegen, irgend welche Dienste für Europäer zu verrichten. Die Preise, die hier für Kulis gezahlt werden, sind geradezu ausschweifend; beispielsweise kostet die Beförderung eines Zentners von Thebetyan nach dem etwa 100 Kilometer entfernten Mogok, dem Hauptquartier der Verwaltung der Rubinminen, falls man sich Kulis bedient, 22 Mark, während man für die gleiche Arbeitsleistung in Indien etwa 3 Mark zu entrichten haben würde. Fuhrleute aus Burma, sowie chinesische Maultiertreiber (dem mohamedanischen Glauben anhängende, aus ihrem Vaterlande vertriebene Hos oder

Pantheys) haben sich jedoch nach Eröffnung der Fahrstraße eingefunden und befördern Lasten zu erheblich billigeren Preisen. In den Händen der letzteren ruht heute ein nicht unbedeutender Teil des Handels in den nördlichen Schanstaaten und man begegnet ihnen mit ihren glockenbehangenen, wohlgepflegten Maultieren auf der Landstraße zwischen dem Irawadi und den Rubinminen auf Schritt und Tritt.

In den Rubinminen Ober-Burmas.

Drei Tage anstrengenden, aber reizvollen und nach der Hitze der Ebene wunderbar erfrischenden, meist durch Wald bergan führenden Marsches brachten uns nach Mogok. Von Thebetyan hatten wir eine Steigung von 4500 Fuß zurückgelegt und befanden uns jetzt 5400 Fuß hoch über dem Meeresspiegel im Mittelpunkte der berühmten, aber bis heute nur von wenigen Europäern besuchten Rubinminen. Der von meiner Ankunft unterrichtete Direktor derselben, Major Kunhardt, Sprosse einer alten Hamburger Patrizierfamilie, hatte mich eingeladen, in seinem Hause abzusteigen, und hieß mich nun in herzlichster Weise willkommen. Major Kunhardt und seiner liebenswürdigen Gattin bin ich für ihre unbegrenzte Gastfreundschaft und alle mir während meines Aufenthaltes in Mogok erwiesenen Freundlichkeiten aufs tiefste verpflichtet, ich verdanke ihnen 14 der schönsten Tage meines Lebens und entsinne mich nicht, in irgend einem Orte der Welt mich so wohl, so glücklich gefühlt zu haben, wie hier. Derweil ich diese Zeilen niederschreibe, sitze ich auf der Veranda des reizenden, hoch über der Ortschaft gelegenen Holzhäuschens meiner Wirte. Unter mir liegt die kleine, etwa 6000 Einwohner zählende Stadt mit ihren strohgedeckten, zwischen Bäumen gelegenen Häusern, ihren Hunderten von vergoldeten oder von Schlingpflanzen überwucherten Pagoden und reichgeschnitzten pungi kyaungs. Die infolge der letzten Regen unter Wasser stehenden Reisfelder bilden einen großen, das tiefe Blau des wolkenlosen Himmels und die das ganze Thal einschließenden, bewaldeten Berge widerspiegelnden See, aus dem hie und da kleine smaragdgrüne Inselchen oder niedliche Holzhäuschen hervorragen. Auf allen Hügeln ringsum Gruppen von in der Sonne glitzernden Pagoden oder aus dem Grün hervorlugende Klosterbauten, in deren offenen Hallen gelbgekleidete Mönche am Boden hocken oder mit hölzernen Hämmern den großen, bronzenen Gongs in Form eines Triangels melodische Töne zu Ehren Buddhas entlocken. Langsam geleitet ein langer Zug festlich in bunte, seidene Gewänder gehüllter Menschen einen auf prunkvoll gezäumten Pferdchen sitzenden, in Silberbrokat gekleideten Knaben, der für einige Zeit als Pungi Weltentsagung üben soll, zum Kloster. Es ist Sonntag, und daher ruhen heute die Minen, aber auch an Wochentagen ist es hier wunderbar still und friedlich, und obgleich dann überall emsig gearbeitet wird und in den Bazaren die Bewohner der umliegenden Ortschaften zusammenströmen, hat man hier oben dennoch den Eindruck, weitab vom Getriebe der Welt, weitab vom Schauplatz des Kampfes ums Dasein zu weilen, denn jeder Tag hier scheint ein Festtag zu sein. Ich habe auf meinen jahrelangen Wanderungen keinen Ort gefunden, der mit Mogok in Bezug auf Lieblichkeit der Umgebung wetteifern könnte, keinen Ort, in dem alle Menschen mir so glücklich und zufrieden erschienen wären, keinen Ort, der so meinen Vorstellungen von einem Paradiese entsprochen hätte, und keinen Ort, in dem ich lieber meine Tage beenden möchte.

Die das Thal von Mogok einschließenden Berge bestehen fast durchweg aus Gneis mit eingebetteten Massen körnigen Kalksteins und Kalkspats. In letzteren, namentlich im blauen Kalkspat, finden sich neben Rubinen und Spinels auch vereinzelt Amethyste, blaue, weiße, gelbe und grüne Saphire, Korund, Lapis lazuli, Bergkrystall, Mondsteine u. s. w. Im Laufe der Zeiten verwitterte Felsmassen wurden durch Regengüsse zu Thale gewaschen, und die so entstandenen Ablagerungen bilden heute in erster Linie die Fundstätten der verschiedenen Edelsteine. Durch eine Schicht von Lehm und Thon von wechselnder Stärke werden die Schachte senkrecht bis auf die edelsteinhaltige Masse körnigen Grandes geführt, diese wird zu Tage gefördert, gewaschen, gesiebt, und schließlich das, was sich an wertvollen Steinen findet, ausgelesen, eine mühsame, eintönige Arbeit, die in Mogok ausschließlich von Europäern, welche früher in gleicher Weise in den Diamantfeldern Kimberleys in Südwestafrika thätig waren, besorgt wird. Die Weite der Schachte wechselt zwischen 3 und 10 Fuß im Quadrat; sie werden, um das Nachfallen der Erde zu verhüten, an den Seiten mit Bambus oder sonstigem Holzmaterial ausgesetzt. Der rubinhaltige Kies, der sich in verschiedener Tiefe von 12—30 Fuß unter der Oberfläche findet, wird genau wie das Wasser aus unseren Hebebrunnen mittelst Balancierbäumen in eimerförmigen Körben gehoben. Das Waschen wird entweder als Handarbeit in flachen Körben, oder neuerdings in den von der Ruby mines Co. ausgebeuteten Minen von großen

Maschinen mit Dampfbetrieb verrichtet. Genannte Gesellschaft übergiebt die Senkung der Schachte meist in Akkord und zahlt dann für jeden Schacht, 10 Fuß im Quadrat messend und so tief gesenkt, bis der rubinhaltige Kies, von den Burmesen „byon“ genannt, erschöpft ist, 150 Mark. Die Arbeiter haben sich durch Bohrungen mit Bambusstangen, bevor sie den Schacht senken, zu vergewissern, ob sie auf „byon“ stoßen werden, da sie nur für diejenigen Schachte Bezahlung erhalten, aus denen letzterer gefördert wird. Senkschachtminen, wie die soeben beschriebenen, nennen die Burmesen „twinlon“. Eine zweite Art der Gewinnung des „byon“ findet in den sogenannten „medwin“ statt, nämlich in zu Tage liegenden Minen an Bergabhängen, die unregelmäßige oder später verschüttete Ablagerungen des rubinhaltigen Kieses enthalten. Derselbe wird durch offenen Abbau (Tagebau) gefördert und meist in den Gruben direkt von in Rinnen herbeigeleitetem Wasser gewaschen. Der Lohn für die Arbeiter in den „medwin“ beträgt 1,30 bis 1,60 Mark für den Tag.

Als eine neuerdings mehr und mehr vernachlässigte Methode der Byon-Gewinnung ist noch die Förderung desselben aus Felsspalten, Rissen und Höhlen, in welche der verwitterte Kalkspat hineingewaschen wurde, aufzuführen. Die in mehr oder minder horizontaler Richtung in das Innere des Berges führenden Schachte folgen dem Laufe der angefüllten Spalten und Risse, der Byon wird mit Hacke und Spaten gelöst und in Körben herausgetragen, um gewaschen zu werden. Neben den horizontalen Schachten finden sich ab und zu auch solche in vertikaler Richtung. Mit Recht wird man die Frage aufwerfen, wie es kommt, daß, obwohl man weiß, von wo die Rubinen stammen, man es in unserem

Raum und Zeit zu Sklaven machenden Zeitalter dem langsam nagenden Zahn der Zeit überläßt, die Edelsteine aus dem sie umschließenden Kalkspat loszulösen, anstatt der Natur mit Dynamit, Brechmaschinen und Feuer zu Hilfe zu kommen. Der umsichtige Direktor der Ruby mines Co. hat denn auch diesem Punkte seine volle Aufmerksamkeit zugewendet, aber alle Versuche, die Rubinen unverletzt aus dem sie umschließenden Gestein loszulösen, sind bisher gescheitert. Die Edelsteine sind infolge der Dynamitexplosionen oder später beim Zerkleinern der Kalkspatmassen regelmäßig beschädigt worden.

Während meines Aufenthaltes in Mogok wurde daselbst der Versuch angestellt, den Kalkspat zu brennen und nach Löschung des gebrannten Kalkes die Rubinen auszuwaschen. Die großen Hoffnungen, die man in diese Methode gesetzt, erwiesen sich leider als trügerisch, da es erstens nur sehr unvollkommen gelang, den Kalk zu brennen, und zweitens die in demselben enthaltenen Rubinen ihre Farbe verloren. Trotz alledem bin ich überzeugt, daß man mit der Zeit, z. B. durch Ausscheiden der Rubinen mittelst Salzsäure, ein Mittel finden wird, die Steine aus dem Kalkspat herauszulösen, ohne sie in irgend einer Weise zu beschädigen. Die Minen, vor Annektierung des Landes durch die Engländer Eigentum der Könige von Burma, werden nachweisbar seit 260 Jahren, wahrscheinlich aber seit sehr viel längerer Zeit ausgebeutet und brachten ihren Besitzern durchschnittlich eine jährliche Einnahme von gegen 300000 Mark. Nach Besetzung des Landes im Jahre 1887 verpachtete die britische Regierung die Minen an die in London mit einem Kapital von 6 Millionen Mark gegründete Ruby mines Company für die jedenfalls viel zu hohe Summe von 600000 Mark für das Jahr. Die Gesellschaft erwarb damit das Recht der alleinigen Ausbeutung der Minen, wobei ihr jedoch überlassen blieb, nach Belieben einzelne Parzellen an Private weiter zu verpachten. Die aus solchen Afterverpachtungen erzielte Einnahme beträgt heute an 300000 Mark, eine Summe, die gerade hinreicht, die Unkosten der Gesellschaft für Löhne und Gehälter der Beamten in Mogok und dem 16 Kilometer von dort entfernten Kyatpyen zu bestreiten. Die Verpachtung erfolgt in der Weise, daß der Pächter an die Gesellschaft für jeden in der von ihm erworbenen Mine beschäftigten Arbeiter 30 Mark für den Monat entrichtet.

Von der Gesellschaft selbst wurden in den letzten Monaten durchschnittlich für 7500 Mark Rubinen gefunden und nach London geschickt. Das würde für das Jahr eine Einnahme von 90000 Mark ergeben, der eine bare Ausgabe von 600000 Mark als an die Regierung zu entrichtende Pachtsumme gegenübersteht. Wenn ich nun in sehr optimistischer Weise annehme, daß unter der jetzigen vorzüglichen Verwaltung und nach Inbetriebsetzung zweier zur Zeit im Bau begriffener größerer Waschapparate die Einnahme sich verfünffachen wird, so würden immer noch 150000 Mark von der Pacht aus der Tasche der Gesellschaft zu zahlen sein. Hat demnach nicht Gott oder die Regierung ein Einsehen, so dürfte die Ruby mines Co. über kurz oder lang, wahrscheinlich aber über kurz, auf das Vergnügen, zu existieren, Verzicht leisten müssen. Immerhin! Jedes Minenunternehmen ist mehr oder minder ein Glücksspiel, und da Gott unter vielen schlechten auch manche gute Minen zu diesem bösen Spiel gemacht hat — siehe neuerdings Kimberley — so dürfen die Aktionäre nicht alle Hoffnungen aufgeben. Der größte, zu König Thibaws Zeiten in den Minen gefundene

Rubin hatte einen Wert von 400000 Mark. Drei solcher Funde jährlich würden also genügen zur Deckung der Pacht und einer Verteilung von 10 v. H. unter die Aktionäre, aber leider liegen die wertvollen Steine hier nicht umher, wie die Kirschkerne im Juni auf den Perrons sächsischer Eisenbahnstationen.

Unbekannt dürfte den meisten der Leser sein, daß der Rubin einen weit höheren Wert hat, als der Diamant; so erfahre ich von Professor Church, einer Autorität in Edelsteinen, daß, wenn ein Diamant von 5 Karat 7000 Mark kostet, ein Rubin von gleichem Gewicht 60000 Mark erzielen würde. Ich habe keinen Tag vergehen lassen, ohne mehrere Stunden in den Minen zuzubringen, mich an der Arbeit des Auslesens der Rubinen für kurze Zeit zu beteiligen oder im Bureau der Gesellschaft mit einer gewissen Wollust in allen möglichen Edelsteinen zu wühlen. Fast täglich fand ich innerhalb einer halben Stunde in dem gewaschenen Byon mehr als ein Dutzend Steinchen, aber meist nur solche, die als Lagersteine für das Räderwerk in unseren Taschenuhren Verwendung finden konnten. Während der Dauer meines Aufenthalts in Mogok wurde kein einziger Stein im Werte von über 300 Mark gefunden.

Die in den verschiedenen Minen beschäftigten Arbeiter sind zum größten Teile Mainthas, die, soviel ich erfahren konnte, eine Kreuzung zwischen Schans und Chinesen bilden und ihre Heimat zwischen dem 24. und 26. Grad nördl. Breite und 98. bis 100. Grad östl. Länge, also zwischen dem Irawadi und Salwin haben. Sie sind wunderbar muskulös gebaute, überaus sympathische, fleißige, zuverlässige und ruhige Leute. Ihre Kleidung besteht aus dunkelblauen, weiten, baumwollenen, bis zum Knie reichenden Hosen, gleichfarbiger, an der rechten Seite der Brust mit silbernen Knöpfen geschlossener kurzer Jacke und Turban von ebenfalls dunkelblauer Farbe. Das Haar tragen sie bald kurz geschoren, bald gleich den Chinesen in einen Zopf geflochten und sind ihrer Religion nach Buddhisten. In Mogok hatten die meisten Quartier in den Klöstern bezogen, und stundenlang verweilte ich hier oft in ihrer Gesellschaft. Trotzdem wir keine Worte zu finden vermochten, uns gegenseitig unsere Hochachtung auszudrücken, da die Mainthas selbst des Burmesischen unkundig waren, verständigten wir uns dennoch vorzüglich und schlossen vertraute Freundschaft.

Der Maintha verhält sich zum Cantonchinesen etwa wie der pommersche Grenadier zum Wiener Kaffeekellner, er ist ein Hüne von Gestalt, gutmütig und harmlos, rotbackig, wohlgenährt und ein Mann, auf den man sich verlassen kann. Ich habe an ihm nur einen Fehler entdeckt, den er mit den Chinesen gemein hat — er ist ein passionierter Opiumraucher; aber auch dieser Fehler wird scheinbar bei ihm zur Tugend; denn wenn er trotzdem im stande ist, solche Arbeiten zu leisten, wie er es thut, und sich eine so vorzügliche Gesundheit zu bewahren, wie er sie aufweist, kann ihm der Genuß des Opiums nicht mehr schaden, als dem pommerschen Grenadier sein Kartoffelschnäpschen.

Die Reize Mogoks und seiner herrlichen Umgebung habe ich bereits vorher zu schildern gesucht. Alle Welt lebt hier von den Minen und wälzt sich gewissermaßen im Wohlstande, jedermann hat mehr, als er zum Leben bedarf, und dieses Mehr verwendet er als richtiger Buddhist, in der Erwartung einer Wiedergeburt in besserer Gestalt, auf die Errichtung von Pagoden, sowie auf die Beglückung seiner Nebenmenschen und allen möglichen Getiers. Erstere beglückt er durch Veranstaltung von Festlichkeiten, Erbauung von Klöstern, Rasthäusern und Brücken, letztere durch Unterhaltung von Futterplätzen. Ich hatte Gelegenheit, mehreren von reichen eingeborenen Minenpächtern veranstalteten Festen beizuwohnen, die stets ihren Höhepunkt in theatralischen Vorstellungen, poyees genannt, erreichten. Für letztere werden große, gegen Sonne und Regen geschützte, im Innern mit bunten Stoffen, Spiegeln, Lampen, goldenen Buddhabildnissen und Laubwerk geschmückte Schuppen errichtet. Die Bühne befindet sich wie in einem Zirkus im Zentrum des Gebäudes, und um dieselbe sitzen im Kreise die in ihre besten Gewänder gekleideten Zuschauer auf ausgebreiteten Strohmatten. Sämtliche Theaterstücke, die ich gesehen — zur Darstellung derselben war meist eine Truppe aus Mandalay verschrieben — gehörten in die Kategorie der „Lustspiele mit Gesang und Tanz". Irgend ein Prinz liebt eine Prinzessin und hat alle möglichen und unmöglichen Hindernisse zu überwinden, um in den Besitz der Angebeteten zu gelangen. Die Dekoration ist auf ein Minimum beschränkt und besteht lediglich aus einem in der Mitte der Bühne aufgepflanzten Baum, um den sich alles dreht, sowie aus einer an irgend einem Pfeiler angebrachten Lampe, an der die Schauspieler, männlichen wie weiblichen Geschlechts, sich nach Bedarf ihre Zigarre anzünden, die einem Burmesen selbst auf der Bühne nicht fehlen darf. Das Spaßigste aber ist, daß die Schauspieler auch coram publico Toilette machen, sich frisieren, schminken, waschen und umkleiden. Da die Vorstellungen oft mehrere Tage und Nächte ohne Unterbrechung dauern, sind sämtliche Rollen doppelt besetzt, so daß keine Pausen eintreten. Die eine Hälfte der Truppe ißt, trinkt und schläft ungeniert zwischen den Zuschauern, derweil die andere schauspielert. Alle zwei bis drei Stunden heißt es: „Ablösung vor", und das Techtelmechtel zwischen Prinz und Prinzessin wird mit frischen Kräften fortgesetzt.

Die Klowns finden, wie bei uns, so auch hier stets das dankbarste Publikum, und ihre improvisierten Witze, Gesten und Sprünge werden meist mit schallendem Gelächter begrüßt. Sämtliche Gäste, gebetene und ungebetene, pflegen von dem Veranstalter der „poyee" mit Thee, Backwerk, Theesalat — ein fürchterliches Gericht —, Betel und Zigarren bewirtet zu werden. Eine poyee ohne Musik wäre für den Burmesen ebenso undenkbar, wie ein Messer ohne Klinge, an welchem der Griff fehlt, oder wie uns eine Wagnersche Oper ohne Pauken, und die aus Trommel-, Gong- und Beckenschlägern, Flötisten und Holzharmonikaspielern zusammengesetzte Kapelle vollführt einen Lärm, gegen den die Musik der „Walküre" zu einem Pizzikato zusammenschrumpft.

Den Pungis ist nach Klosterregeln der Theaterbesuch untersagt, aber sie gehen bei einer poyee niemals leer aus und erhalten reichliche Geschenke von dem Veranstalter derselben. In einem von mir in Mogok besuchten Theater waren an den Wänden 15 christbaumähnliche, 12 Fuß hohe Gerüste aufgestellt, die von oben bis unten mit allen möglichen Dingen, die das Herz eines Pungi nur erfreuen konnten, behangen waren. Neben vergoldeten Sonnenschirmen, Fächern, Kopfkissen, Besen, Schüsseln hingen zusammengerollte bunte Plüschteppiche deutschen Fabrikats, neben getrockneten Fischen aus Calcutta Büchsen mit kondensierter Milch der Anglo Swiß Co., Flaschen kalifornischen Honigs, Packete mit Stearinkerzen, Griffel, Messer, Scheren und

Gott weiß was sonst noch. Jeder der fünfzehn Bäume, je einer war für eines der fünfzehn größten um Mogok gelegenen Klöster bestimmt, enthielt bis in die kleinsten Einzelheiten genau die gleichen Gegenstände und hatte, wie mir gesagt wurde, einen Wert von etwa 500 Mark. Die Gesamtkosten dieser einen, nur zwei Tage dauernden poyes beliefen sich auf etwa 15000 Mark. Der Veranstalter derselben, ein reicher Minenpächter und Rubinhändler, namens Moung Hmat gab dieselbe zur Feier der Eröffnung einer Brücke, die er im Interesse des Verkehrs hatte erbauen lassen. Ich besuchte diesen freigebigen Herrn später in seinem kleinen, einfachen Holzhäuschen und fand ihn auf einem Teppich hockend vor einer Schüssel mit Reis, gedörrtem Fisch und Theesalat. Ein Burmese lebt fast genau wie der andere, einerlei, ob reich oder arm, Herr oder Knecht, seine Bedürfnisse sind dieselben und erstaunlich gering, er ist zufrieden, wenn er nur seinen Reis, seine Zigarre und seinen Betel hat. Manche Burmesen sind große Freunde von Süßigkeiten, eingemachten Früchten, Honig und namentlich kondensierter Milch. Die Ausfuhr dieses letzteren Artikels von Europa nach Burma muß sehr bedeutend sein, denn man findet die bekannten runden Blechbüchsen der Anglo Swiß Co. selbst in den Bazaren der entlegensten Dörfer. Ich sah eines Tages einen Kuli, der 1 Mark 50 Pf. Tagelohn erhielt, zum Frühstück eine Büchse kondensierter Milch zum Preise von 80 Pf. aus seiner Umhängetasche nehmen, mit seinem Schwerte öffnen und mit Hilfe eines Bambuslöffelchens ausschleckern.

Geiz und Habsucht sind dem Burmesen völlig fremd. „Was nützt mir mein Geld, wenn ich es nicht ausgebe“, waren Moungs Hmats Worte, als ich ihm ein Kompliment wegen seiner Freigebigkeit machte. „Wenn ich heute einen Rubin finde, der mir einen Sack voll Geld einbringt, so baue ich morgen eine Pagode, ein Kloster oder eine Brücke und gebe ein poyee" — und gleich diesem Manne denkt und handelt das ganze Volk. Mancher freilich giebt Feste, bevor er die Mittel hierzu besitzt, und um das zu ermöglichen, borgt er bei seinen Freunden nicht selten zu dem enormen Zinsfuß von 10 v. H. für den Monat.

Ich muß hier noch eines Besuches erwähnen, den ich einem Rubinschleifer abstattete, um mich von ihm in die Geheimnisse der Steinschleiferei einweihen zu lassen. Der Mann empfing mich mit großer Artigkeit, bot mir sein bestes Kissen an und bewirtete mich, während seine Söhne um uns herum um die Wette schliffen, mit Thee und Zigarren, die, trotzdem sie aus großen grünen Blättern, ohne die geringste Beimischung von Tabak gedreht und mit kleingehackten Holzstückchen gefüllt waren, nicht übel schmeckten, und benahm sich überhaupt als der geschliffenste Schleifer, der mir vorgekommen ist. Was ihm aber meine ganz besondere Freundschaft eintrug und mich gleichzeitig an diesen Besuch als an ein Ereignis ersten Ranges zurückdenken lassen wird, erfährt man in Nachstehendem.

Der Prozeß des Schleifens und meine Riesenzigarre aus Baumblättern hatten mein Interesse derartig in Anspruch genommen, daß ich erst, als ich mich verabschiedete, dem Raume, in dem ich mich befand, meine Aufmerksamkeit zuwendete. Es war ein kleines, sauberes, viereckiges Holzstübchen mit mattenbelegtem Flur, in dessen Mitte, wie in allen burmesischen Häusern, der aus einem mit Lehm gefüllten, vier Zoll hohen und drei Fuß im Quadrat messenden Kasten bestehende, transportable Feuerherd stand. An den

Wänden hingen mehrere Schwarzwälder Uhren, und auf schmalen Holzgesimsen prangten zwischen lacküberzogenen Bambusschachteln allerhand billige, europäische, bunte Glas- und Porzellanvasen, gefüllt mit künstlichen, möglichst unnatürlichen Blumen. Als einziges Bild hing über diesem scheinbar der Göttin der Geschmacklosigkeit errichteten Altar eine stark verräucherte, kaum noch erkennbare Zeichnung aus der Leipziger „Illustrierten Zeitung“. Setzte mich schon der Umstand, hier ein Blatt aus unserer hochgeschätzten heimatlichen Wochenschrift vorzufinden, in Erstaunen, so erreichte meine Überraschung ihren Höhepunkt, als ich bei näherer Betrachtung sah, wen und was das betreffende Bild darstellte — nämlich Herrn Otto E. Ehlers, die Gesandtschaft Mandaras Seiner Majestät dem Kaiser vorführend. Wäre ich eines Morgens mit der Kette des Schwarzen Adler-Ordens um den Hals aufgewacht, ich hätte kein verblüffteres Gesicht machen können, als hier, wo ich mich plötzlich in der Wohnung eines Edelsteinschleifers in den Rubinminen Ober-Burmas meinem eigenen Bilde gegenüber befand. Der mich begleitende und als Dolmetsch fungierende Beamte der Ruby mines Co. hatte kaum unserem Wirte den Grund meiner Überraschung mitgeteilt, als dieser seine gesamte Familie — es befanden sich auch einige reizende junge Damen darunter — zusammenrief, um mich anzustaunen, als sei ich der leibhaftige Gautama. Wäre Wagner zur Stelle gewesen — ich meine nicht Richard, sondern seinen Namensvetter aus dem „Faust“ — er hätte sich sicherlich die Gelegenheit nicht entgehen lassen, die ihm von Goethe vorgeschriebenen Worte:

„Welch' ein Gefühl mußt du, o großer Mann,
Bei der Verehrung dieser Menge haben,
Der Vater zeigt dich seinem Knaben“ rc.

zu wiederholen. Um mich weiteren Huldigungen zu entziehen, verabschiedete ich mich von meinen Bewunderern, nachdem ich mit Erlaubnis des Besitzers das Bild von der Wand gelöst hatte, um es mit mir zu nehmen als ein wertvolles Andenken an die Stunde des Sich-Selbsterkennens.

An jedem fünften Tage findet in Mogok ein Markt statt, zu dem alles, was Beine hat, aus einem Umkreise von mehr als 20 Kilometern zusammenströmt, Powlangs, Mainthas, Pantheys, Kachins und Schans. Welch ein Gemisch verschiedener Stämme, welch ein Durcheinander von Sprachen und Dialekten, welch eine Fülle kostbaren Materials für den Ethnologen! „Ist kein Bastian da?“ Leider — vielleicht aber auch zu seinem Glück — nein; denn die Wonne des Sammelns würde ihn überwältigen, und er würde außerdem mit mindestens einem Dutzend Paragraphen des Strafgesetzbuches in Konflikt geraten. Ich kenne meinen alten Freund und weiß, daß er von hier nichts ungesammelt lassen könnte, am liebsten aber von jedem Stamme ein Exemplar mit allem was drum und dran hängt, ausgestopft nach Berlin schicken möchte. Dem Ausgestopftwerden aber ist man hier dem Anschein nach völlig abgeneigt.

Mogok ist unstreitig ein Paradies, und wenn ich an demselben irgend etwas auszusetzen habe, so sind es die geradezu unglaublichen Preise, die man daselbst für jede Arbeitsleistung und alle Lebensmittel zu zahlen hat. Indien ist das Land der Kontraste, man erhält in Kaschmir 12 Eier für 10 Pf. und ein Huhn oder eine Ente für 16—20 Pfennig; in Mogok erinnern die Preise an diejenigen der Belagerung von Paris im letzten deutsch-französischen Kriege, denn ein Ei kostet bis zu 40 Pf., ein Huhn 4—6 Mk. und eine Kartoffel 10 Pf. Diener, die in Indien 6—15 Mk.

erhalten, fordern hier 40—60 Mk. Es ist demnach gerechtfertigt, daß die Ruby mines Co. ihren Beamten Gehälter zahlt, wie solche in Deutschland nur von Generalen und Ministern bezogen werden. Der Direktor, Major Kunhardt, erhält neben freier Wohnung und zwei Reitpferden 70000 Mk. jährlich, mit welcher Summe man schließlich selbst in Mogok anständig leben kann.

Außer verschiedenen Ritten nach dem zweiten Hauptorte der Minen, Kyatpyen, wo ich u. a. unter einem Baldachin aufgebahrt die in einem Sarg eingeschlossene, in Honig gelegte Leiche eines Pungis fand, die, nach Aufbringung genügender Geldmittel, mit großem Pomp verbrannt werden sollte, unternahm ich einen auf drei Tage bemessenen Ausflug nach dem gegen 40 Kilometer in südöstlicher Richtung von Mogok gelegenen, dem Tsabwa von Thibao tributpflichtigen kleinen Schanstaate Mainlon. Nach sechsstündigem Klettern durch dicht bewaldete und dünn bevölkerte, liebliche Gebirgslandschaft erreichte ich, begleitet von einem Beamten der Ruby mines Co., Mr. Bacon, und einem mir gestellten militärischen Geleite, Mainlon, von dem stellvertretenden Tsabwa — der eigentliche Landesherr ist ein Kretin — am Eingange seiner Residenz herzlich bewillkommnet. Er war umgeben von seinem mit vergoldeten Revolvern bewaffneten Gefolge und hatte seine besten Gewänder angelegt, kornblumenblaue, bis nahezu an die Enkel reichende Beinkleider aus gepreßtem Sammet und von einer derartigen Weite, daß eine ganze Familie sich bequem darin hätte einnisten können, weißseidene kurze Jacke und buntseidenes Kopftuch. An einer rotseidenen, mit Quasten gezierten Schnur hing von der rechten Schulter ein in kostbarer goldener Scheide steckendes Schwert mit Elfenbeingriff — eine Dha — herab, und von der linken Hüfte ein allerliebst gearbeitetes Dolchmesser in ebenfalls goldener Scheide. Leider erhielt ich als Gastgeschenk keine dieser mir als sehr besitzenswert erschienenen Waffen, sondern zwei große Wassermelonen. Bei einem mir von Mogok bekannten Chinesen, der in Mainlon ein Haus besitzt, labte ich mich nach beendetem Austausch der üblichen Höflichkeitsformeln mit dem Regenten an Früchten, Zigaretten und einigen Tassen an Ort und Stelle gebauten Thees. Eine Einladung des Regenten, in seinem soi disant Palaste Wohnung zu nehmen, lehnte ich dankend ab, da es mir reizvoller erschien, ins Kloster zu gehen. Daß mir in diesem gerade ein besonders warmer Empfang zu teil geworden wäre, möchte ich nicht behaupten; Europäer sind in diesem entlegenen Erdenwinkel so seltene Erscheinungen, daß die Pungis, sobald ich den Klosterhof betreten hatte, sämtlich Reißaus nahmen und erst zurückkehrten, nachdem ihnen vom Tsabwa-Stellvertreter bedeutet war, daß ich nicht gekommen sei, ihnen ein Leids zuzufügen. Ich aber hatte die Abwesenheit meiner Freunde benutzt, meine Sammlung um eine der zu Hunderten umherliegenden Schanbibeln — ich erwischte, wie mir später der zurückgekehrte Prior versicherte, ein mehrere hundert Jahre altes Exemplar — zu bereichern. Der Text ist in 2¼ Zoll breite und 2 Fuß lange übereinander geschichtete, aus den Blättern der Taliputpalme geschnittene Streifen mit metallenen Griffeln eingeritzt. Das Buch selbst befindet sich in einem Umschlage aus Bambusflechtwerk. Eine andere, weniger alte, aber sehr kostbare Bibel erhielt ich später in einem burmesischen Kloster als Gegengeschenk für einen Topf voll Honig. Dieselbe besteht aus zwölf, 3 Zoll breiten und 2 Fuß langen vergoldeten Blättern, auf die der Text mit braunschwarzem Lack in großen Buchstaben gemalt ist. Rotlackierte, mit goldenen Ornamenten versehene Holztafeln bilden die Deckel des Buches, dessen Blätter aus einer starken Papiermasse bestehen, die — wie der Geber derselben versicherte — aus abgelegten Kleidern eines der früheren Könige von Burma bereitet ist. Die Bibel ist eingeschlagen in ein geblümtes, buntes Baumwollgewebe, um welches ein zollbreites, 10 Fuß langes, dunkelblaues Band aus Nesselfaser mit in weißen Buchstaben eingewebten Sprüchen geschlungen ist.

Auf einer als Tempel benutzten und mit gegen hundert großen und kleinen bronzenen, hölzernen, versilberten oder vergoldeten Bildnissen Gautamas angefüllten Veranda des Klosters ließ ich mich häuslich nieder. Bett, Tisch und Stuhl wurden aufgestellt, mein Koch begann seine Thätigkeit mit Pfannen und Kasserollen und sorgte, während ich umlagert von einer Menge neugieriger, aber keineswegs aufdringlicher Schans beiderlei Geschlechts meine Kleider wechselte und zugleich um Speere, Schwerter und seidene Stoffe feilschte, für ein gutes Mahl. Es dunkelte bereits, als ich mich zu Tische setzte, und da ich mich, dank der eigenartigen Umgebung, in der ich mich befand, in gehobener Stimmung befand, beorderte ich meinen Diener, sämtliche Kerzen, deren er habhaft werden konnte, herbeizuschaffen. Diese wurden dann zu Füßen und auf den Köpfen der Buddhabilder aufgestellt und so der ganze Raum auf das glänzendste illuminiert. Das war ein Strahlen und Glitzern, ein Funkeln und Leuchten wie daheim etwa an einem Weihnachtsabend, und meine stummen, vergoldeten, edelsteingeschmückten Tischgäste machten ganz erstaunte Gesichter und schienen fragen zu wollen: „Wie kommt uns solcher Glanz in unsere Hütte?“ Als eine Kerze nach der andern schließlich verloschen war, legte ich mich in mein mit einem Moskitovorhang versehenes Reisebettchen und schlief nach wenigen Minuten, trotz des Höllenspektakels der mir zu Ehren angetretenen Musikbande des Tsabwas, wie ein Murmeltier, um erst wieder aufzuwachen, als die ersten Andächtigen erschienen, um rechts und links von meinem Lager, gänzlich unbeirrt durch den sich behaglich im Bette dehnenden weißen Mann, ihre Gebete zu verrichten und Gaben in Gestalt von gekochtem Reis, Zucker, frischen Blumen u. s. w. zu Füßen Gautamas niederzulegen. Es war dies jedenfalls mein merkwürdigstes „Lever", und wenn ich mich anfangs genierte, in Gegenwart der vielen um mich herum knieenden jungen Damen Toilette zu machen, so wird das gewiß niemand wunder nehmen. Schließlich aber, da mir die Sache zu lange dauerte, überwand ich meine angeborene Schamhaftigkeit und huschte so dezent wie möglich in die Kleider.

Da Markttag war, begab ich mich in den Bazar, der sich aber von demjenigen in Mogok nur insofern unterschied, als weniger Burmesen und umsomehr Schans und Powlangs zugegen waren. Während in den unter britischer Verwaltung stehenden Gebieten das Tragen von Feuerwaffen strengstens untersagt ist, existiert in den sogenannten unabhängigen Schanstaaten ein ähnliches Verbot nicht, und fast jedermann ist hier mit einem alten verrosteten Gewehr oder einem Revolver bewaffnet. Das Ländchen scheint häufig von Blatternepidemien heimgesucht zu werden, denn jeder dritte Bewohner trägt die Spuren dieser Krankheit auf dem Gesicht.

Gegen Mittag traf in Mainlon der bisherige, erst vor wenigen Wochen mit einer jährlichen Pension in Höhe von 18000 Mark von den Engländern in gütlicher Weise seines

Thrones entsetzte Tsabwa von Momeit, einem bis dahin den Engländern nur tributpflichtigen, sonst aber selbständigen, zwei Tagemärsche nordöstlich von Mogok gelegenen Staate, ein, um vor seiner Abreise nach Rangun, wo er seine Pension in aller Ruhe zu verzehren gedenkt, Abschied von dem ihm befreundeten Regenten von Mainlon zu nehmen.

Seine gegen 100 Mann zählende Begleitmannschaft machte in ihren halbeuropäischen, defekten Uniformen, in der einen Hand das Gewehr, in der andern den aufgespannten Sonnenschirm, einen nichts weniger als martialischen Eindruck. Hosenzwang scheint im Heere Momeits nicht zu herrschen; denn nur ein minimaler Teil des Gefolges hatte solche angelegt, während den meisten ihre bis zu den Schenkeln reichende Tätowierung als Beinbekleidung vollkommen genügte. Die Hälfte dieser gleich einer Herde Hammel durcheinander rennenden Truppe ritt auf kleinen, aber kräftigen Ponys, die Damen der Krieger folgten mit dem Reste zu Fuß. Der Tsabwa, der gleich mir mit all seinen Leuten im Kloster Quartier bezog, machte mir sofort nach erfolgter Ankunft seinen Besuch und benahm sich in jeder Weise wie ein Gentleman. Aus seinen mir von einem Dolmetscher ohrgerecht gemachten Worten hörte ich, daß er von hochgradiger Regierungsmüdigkeit befallen und daher mit den letzthin zwischen ihm und der britischen Regierung getroffenen Vereinbarungen in jeder Hinsicht zufrieden war.

Nachmittags verließ ich Mainlon, um die nächste Nacht wiederum zwischen Buddhabildern in dem Rasthaus des auf halbem Wege nach Mogok gelegenen Ortes Legwy zuzubringen, und zwar in Gesellschaft mehrerer Schans und Mainthas, die mir alle möglichen kleinen Aufmerksamkeiten erwiesen und mir dafür behilflich sein durften, meine Vorräte an Tabak und Cognac zu erleichtern. Ein kurzer Marsch brachte mich tags darauf zurück nach dem reizenden Mogok, von wo ich, nach im ganzen siebentägigem Aufenthalt, nicht eben leichten Herzens Abschied nahm, um auf gleichem Wege, wie ich gekommen, nach Thebetyan zurückzumarschieren, dort die Ankunft eines Regierungsdampfers zu erwarten und mit demselben den Irawadi soweit wie möglich hinaufzufahren.

Burmesische Pfauenrupie.

Auf dem Irawadi.

Am Abend des 23. Juni langte „Her Majestys Indian Marine Ship „Sladen" in Thebetyan an. Ich brachte die Nacht an Bord zu, und am folgenden Morgen ging es mit „voll Dampf" stromauf gen Bhamoo. Der Irawadi ist ohne Frage der imposanteste und gleichzeitig reizvollste der verschiedenen Riesenströme des großen indischen Reiches. Er fließt nicht gleich dem Ganges und Brahmaputra fast ausschließlich zwischen flachen Ufern, sondern abwechselnd zwischen solchen und herrlich bewaldeten Bergen dahin, hie und da sich seinen Weg durch schroffe Felsschluchten bahnend und nicht selten derartig scharfe Kurven beschreibend, daß man die Empfindung hat, sich auf einer ringsum eingeschlossenen Wasserfläche zu befinden. Vergebens späht das Auge nach einem Auswege zwischen den kulissenartig hintereinander sich auftürmenden Felsmassen, plötzlich erfolgt eine Schwenkung des Schiffes von oft über 90 Grad und nach wenigen Minuten glauben wir wiederum auf einem Gebirgssee dahinzufahren.

Große in der Regel mit reichem Schnitzwerk versehene

und am Bug und Steuer mit Laubwerk oder auch auf Stöcken befestigten leeren Sodawasserflaschen dekorierte Lastschiffe, sowie kleine kanuartige Fahrzeuge mit zwischen senkrecht stehenden, sich nach oben spreizenden Stangen fledermausartig aufgespannten Segeln gleiten in bunter Reihenfolge an uns vorüber. Verhältnismäßig selten begegnen wir größeren, Teakholz und Bambus stromab führenden Flößen, da die Strömung für dieselben um diese Jahreszeit, in der schmelzender Schnee- und gleichzeitig von dem Südwestmonsum herbeigeführte Regenmassen den Irawadi um oft gegen sechzig Fuß anschwellen machen, häufig zu stark ist, um das für die Nacht notwendige Anlegen am Ufer zu ermöglichen. Übrigens werden auf dem Irawadi neben den Erzeugnissen des Waldes auch diejenigen der Töpferei von Bhamoo und anderen Plätzen, zu Flößen vereinigt, nach Unter-Burma transportiert. Die etwa drei Fuß hohen und zwei Fuß im Durchmesser aufweisenden, urnenartig sich nach oben und unten verjüngenden Töpfe mit Wandungen von etwa dreiviertel Zoll Stärke werden, die Öffnung nach oben gerichtet, mit Rohr oder Bambusstreifen aneinander gebunden. Über das so gebildete Floß werden Bambusmatten gebreitet, auf diesen saubere Hütten errichtet, und sicher, wie in Abrahams Schoß, gleitet die gesamte Töpferfamilie auf ihrer Ware zu Thale. Werden in einer der passierten Ortschaften Erzeugnisse ihrer Industrie verlangt, so wird die gewünschte Anzahl vom Flosse abgeschnitten und mit dem Rest die Fahrt fortgesetzt.

Nach etwa 12stündigem ununterbrochenen Stromaufdampfen warfen wir gegen Abend mitten im Fluß Anker, da ein ungewöhnlich heftiger Gewittersturm unserem Kapitän ein Weiterfahren als zu gefährlich erscheinen ließ. Ich bereute diese Maßregel keineswegs, denn infolge derselben verbrachte ich, zum ersten Male seit langer Zeit, eine Nacht ohne Moskitos. Der Sonnenuntergang, den ich hier auf den Fluten des Irawadi, umgeben von rauschend hin- und herwogenden Schilfmassen und einem vom Horizont sich abhebenden Kranze malerischer Berge erlebte, während die Gewitterwolken sich langsam verzogen und in der Ferne die letzten Donner rollend verhallten, zählt zu den wunderbarsten Naturschauspielen, denen beizuwohnen ich das Glück gehabt habe. In erfrischender Abendkühle nahm ich im Kreise der mich mit Aufmerksamkeiten überhäufenden Offiziere des „Sladen" später beim Lichte des Vollmondes das Essen ein, um nach Beendigung desselben mein Lager auf Deck aufzuschlagen und einen langen Schlaf zu thun.

Wir hatten bereits Tigain, eine kleine, allerliebst zwischen Hügeln gelegene Ortschaft, am rechten Ufer des Flusses erreicht, als ich gegen sechs Uhr durch das Rasseln der herabgleitenden Ankerkette geweckt wurde. Nach eingenommenem Frühstück ging ich an Land, stieg, zwischen Pagoden wandelnd, den nächstgelegenen etwa 400 Fuß hohen Hügel empor und erfreute mich an der sich meinen Blicken darbietenden Landschaft.

Nachmittags landeten wir in Katha, der ehemaligen Residenz eines der Könige von Burma, heute ein kleines, freundlich gelegenes Städtchen von gegen 2000 Einwohnern, Sitz eines deputy commissioner und Garnison von 700 Mann military police. Ich ließ meinen an Bord mitgeführten Pony satteln und unternahm einen längeren Streifritt in die Umgegend, in der zahlreiche Pagoden und pungi kyaungs an die frühere Bedeutsamkeit des Ortes erinnern. Durch die sauber gehaltenen, luftigen Bazare kehrte ich zum

Landeplatze zurück, allerorten heiter und sorglos dreinschauenden, in bunte seidene Gewänder gekleideten Bewohnern des Landes begegnend.

Die verschiedenen Ortschaften am Irawadi gleichen einander wie die Dörfer Hinterpommerns. Die Vegetation ist fast durchweg die gleiche, nur mit dem Unterschiede, daß bald Mangos, bald Palmen die Mehrheit bilden und hier mehr, dort weniger Schatten vorhanden ist. In den bedeutenderen Plätzen befinden sich größere oder kleinere Abteilungen military police, die eifrigst Patrouillendienst verrichten und für Aufrechthaltung der Ordnung sorgen. An einzelnen Orten sind kleine Befestigungen errichtet, um eine etwaige Überrumpelung der Truppen zu erschweren, doch sind derartige Angriffe neuerdings kaum mehr zu erwarten. Der Burmese ist mit der heutigen Regierung in jeder Hinsicht zufrieden, erkennt die Gerechtigkeitsliebe der Engländer und die gute Behandlung, die diese ihm zu teil werden lassen, dankbar an und hat gegen die Neugestaltung der Dinge nichts einzuwenden. Die im Innern des Landes immer noch ihr Wesen treibenden Räuberbanden sind die einzigen Störenfriede, doch wird ihnen in so gründlicher Weise zu Leibe gegangen, und das Geschäft des Hängens wird von den britischen Behörden an ihnen mit so anerkennenswerter Promptheit besorgt, daß ich überzeugt bin, der Beruf des Raubens und Wegelagerns wird sich bei den Bewohnern Ober-Burmas und der Schan-Staaten von Tag zu Tag geringerer Beliebtheit erfreuen. Die Herstellung der Ordnung hat während der 5 Jahre, die verflossen sind, seit die Engländer Ober-Burma ihren Besitzungen einverleibt haben, zahlreiche, aber im Verhältnis zur Größe des Landes dennoch überraschend wenig Opfer an Menschenleben gefordert. Was hier in einer so kurzen Spanne Zeit mit Schwert und Galgen, Genie, Geld und Geduld geleistet worden ist, was die Engländer gethan haben, um ihre neuen Unterthanen vor räuberischen Überfällen wie auch vor Übergriffen der eingeborenen Beamten zu schützen, dem Verkehr neue Wege zu bahnen und Handel, Ackerbau und Industrie zu heben, ist geradezu bewundernswert.

Ober-Burma ist nach allem, was ich jetzt gesehen, sowie darüber gelesen und erkundet habe, kein reiches Land, und noch auf Jahre hinaus wird es einen guten Teil der in dem gesegneten Unter-Burma erzielten Einnahmen verschlingen. Aber mit der Zeit pflückt man Rosen und diese Zeit des Rosenpflückens wird auch hier herankommen zum Segen des Landes selbst; denn die Engländer pflegen die in ihren Kolonien gepflückten Blumen nicht in ihre meerumschlungene Heimat zu schicken, sondern zu Sträußen zu winden und sie dem Lande, in dem sie sie gesammelt, zurückzugeben. Sollte ich mich zu poetisch ausgedrückt haben, so gestatte man mir, mich deutlicher zu erklären. Es ist eine nicht nur auf dem Kontinent, sondern auch unter den Eingeborenen Indiens vielfach verbreitete irrige Ansicht, daß England die in seinen Kolonien gesammelten Schätze zu eigenem Nutzen verwertet, während dieselben thatsächlich lediglich im Interesse Indiens und seiner Bewohner Verwendung finden. Die nicht zu unterschätzenden Vorteile, die England aus seinen Kolonien erwachsen, liegen erstens in der Erschließung neuer Absatzgebiete für seine eigenen Industrien, die zuweilen freilich in nicht ganz lobenswerter Weise gegen diejenigen der Kolonien bevorzugt werden, und in der Versorgung einer großen Zahl seiner Unterthanen als Beamte und Offiziere, für die es im Mutterlande keine

Verwendung haben würde. Da diese Herren größtenteils ihre von dem Lande, in dem sie gewirkt, gezahlten, nach europäischen Begriffen sehr hohen Pensionen in ihrer alten Heimat zu verzehren pflegen, so kommen die auf solche Weise jährlich von den Kolonien nach England fließenden Summen selbstverständlich ebenfalls letzterem zu gute.

Der vierte Tag unserer Fahrt war ohne Zweifel der interessanteste. Je weiter wir stromauf fuhren, um so dichter traten die mit üppigster tropischer Vegetation bedeckten, 4—500 Fuß hohen Ufer zusammen, bis wir gegen 8 Uhr, eine nur 300 Fuß breite, von nahezu senkrecht abfallenden, 600 Fuß hohen Felsmassen gebildete Stromenge erreichten. Erwägt man, daß hier die gleichen Wassermassen sich durchzuzwängen haben, die bei Bhamoo ein Flußbett von etwa 5 Kilometer Breite ausfüllen, so wird man sich einen Begriff machen können von dem unglaublichen Getöse, mit dem der Irawadi seine Fluten durch diesen Engpaß zu Thale wälzt. Hoch auf spritzt der Gischt der unter Donnergepolter an die Felsen brandenden Wogen, unser Fahrzeug wird von einem Wirbel in den anderen gezogen, man glaubt jeden Augenblick, es müsse als ein von den Wellen zur Seite geschleudertes Spielzeug an dem nächsten Felsen zerschellen. Mit voller Macht arbeitet unsere Maschine gegen die Wucht der Wassermassen, um jeden Fuß breit Vorwärtskommens haben wir zu ringen, aber das Gebild von Menschenhand siegt in diesem Falle über das erregte Element und nach etwa einer Stunde aufregenden Kampfes haben wir die gefürchtete Stromenge hinter uns. Wäre die Flußfahrt von Mandalay bis Bhamoo nicht ohnehin lohnend genug, die Aufregung einer Fahrt durch dieses sogenannte erste Defilee (ein zweites befindet sich oberhalb

Bhamoos) allein würde genügen, selbst sechs Tage gähnendster Langeweile wett zu machen. Erwähnt sei noch, daß der Fluß hier zur Zeit der Schneeschmelze eine Tiefe von gegen 1200 Fuß aufweist. Sobald wir in ruhigeres Wasser angelangt sind, setzen wir uns zum Frühstück nieder, und ich entwickele einen so erstaunlichen Appetit, daß meine Tischgenossen alles Recht haben, anzunehmen, ich sei ein enthusiastischer Verehrer der anglo-indischen Schiffsküche. Du lieber Himmel! Ich finde eine Schüssel entsetzlicher als die andere. Ich hasse sämtliche englischen Köche, vor allem aber indische Schiffsköche, die nach englischem Muster arbeiten, mit der ganzen Kraft meiner Seele. Aber ich habe Hunger, und dieser beste Kochkünstler besitzt bekanntlich die wunderbare Fähigkeit, Sägespähne mit Worcestersauce in ein genießbares Gericht zu verwandeln. Ich bewundere oft die Tapferkeit, mit der ich den fürchterlichsten Schüsseln den Garaus mache, allerdings büße ich einen großen Teil dieser Tapferkeit ein, wenn meine Gedanken zufällig hinüberschweifen zu den besten Freunden meines Gaumens in der Heimat. Wenn dann die Gestalten des kleinen Hamburger Franz Pfordte oder des stets verbindlichen Herrn Uhl in Berlin plötzlich über meinem anglo-indischen Sohlleder-Beefsteak auftauchen, dann lasse ich tief beschämt Messer und Gabel sinken, der Bissen bleibt mir in der Kehle stecken, ich fühle einen Rest vom höheren Kulturmenschen in mir,

„Und mich ergreift ein längst entwöhntes Sehnen"

nach einem Hammelkotelette mit Sauce à la Soubise.

Zum Glück hatte ich an diesem Morgen keine ähnlich störenden Halluzinationen, und während zu beiden Seiten die Berge mehr und mehr zurücktraten und das Bett des Irawadi breiter und breiter wurde, während wir vorüberglitten an kleinen, bewohnten und unbewohnten Inseln und uns langsam, aber sicher dem Ziele unserer Fahrt näherten, aß ich meinen Büchsensalm mit Anchovis-Sauce, meinen salzigen „ham“ mit „eggs“, meinen seifigen „curry“ mit „rice“ und meine Orangenmarmelade mit derselben Andacht, mit der das Lama im Zoologischen Garten Zeitungspapier und Zigarrenstummel verzehrt.

Bald nach Beendigung des Mahles ankerten wir vor Bhamoo, einer am linken Ufer des Flusses gelegenen Stadt von etwa 4000 Einwohnern. Auch Bhamoo ist gleich den meisten andern größeren Orten am Irawadi ein ehemaliger Königssitz. Jeder König von Burma pflegte sich nach seinem Regierungsantritt seine eigene Residenz zu erbauen, da einer alten Prophezeiung zufolge derjenige Monarch des Landes, der es unterlassen würde, eine neue Hauptstadt zu gründen, Krone und Land verlieren würde. Der neu auf den Thron kommende Herrscher gründete demnach eine neue Königsstadt, und der erste König, der von dieser seit Jahrhunderten befolgten Sitte abgewichen ist, war Thibaw. Er verblieb in dem von seinem Vater erbauten Mandalay, wo ihn denn auch richtig im Jahre 1886 sein Schicksal ereilt hat. Von den Engländern seiner Krone und seines Landes beraubt, wurde er in die Verbannung geschickt — er war der letzte König von Burma. Trotzdem Bhamoo Garnison eines Eingeborenen-Infanterie-Regiments, einer Maultier-Batterie, einer 200 Mann starken Abteilung eines britischen Infanterie-Regiments und 1000 Mann military police ist und demgemäß eine nicht unbedeutende europäische Kolonie aufweist, giebt es keine Mietswagen oder irgend welche anderen Verkehrsmittel. Ich hatte daher, zumal infolge mehrtägigen Regens die Straßen am Fluß entlang und in den

Bazaren fast bis zur Grundlosigkeit aufgeweicht waren, alle Ursache, mich glücklich zu schätzen, durch die Anwesenheit meines Ponys unabhängig zu sein.

Mein erster Besuch galt dem höchsten hiesigen Regierungsbeamten, deputy commissioner Mr. George, der trotz seiner 23 Jahre (Alters, nicht Dienstzeit) ein Gehalt von etwa 30 000 Mark bezieht. Dieser Herr, den ich in seinem Bureau, unter der punka sitzend, im Handumdrehen hunderterlei Angelegenheiten erledigen sah, hat einen ungewöhnlich verantwortlichen Posten, da die Bewohner der umliegenden Berge, die Kachins, von denen ich später eine hübsche Auswahl im Gefängnisse zu bewundern Gelegenheit hatte, ein überaus schwierig zu behandelndes Völkchen sind. Faul, schmutzig, dem Trunke ergeben, sind sie ebenso streit- und rachsüchtig, wie raub- und rauflustig, geld- und mordgierig. Dazu kommt die unmittelbare Nachbarschaft des Reiches der Mitte, mit dem die britische Regierung seit geraumer Zeit wegen Festsetzung der Grenzen verhandelt, so daß der Posten des Mr. George jedenfalls viel Takt erfordert und nichts weniger als eine Sinecure ist.

Ich hatte die Absicht gehegt, von Bhamoo in einem kleinen Boote weiter den Irawadi hinauf und von dort auf dem Mogaung-Fluß zu den etwa 250 Kilometer in nordwestlicher Richtung von Bhamoo gelegenen Nephrit-Minen vorzudringen, doch verzichtete ich auf die Ausführung dieses Planes, nachdem ich von Mr. George erfahren hatte, daß die Bootfahrt allein etwa drei Wochen in Anspruch nehmen würde, die Minenarbeit für die Dauer der Regenzeit gänzlich ruhe und außerdem weder Land noch Leute sonderliche Reize böten. Ich zügelte somit meinen Forschertrieb und gab mich damit zufrieden, soviel wie möglich von Bhamoo und Umgegend kennen zu lernen. Die Nähe der chinesischen Grenze macht sich hier auf Schritt und Tritt bemerkbar, mehr als die Hälfte der Bewohner Bhamoos sind Chinesen und in den Bazaren spielen sie die erste Violine. Mr. George war mir freundlicher Weise behilflich, in kürzester Zeit eine Sammlung von Kachingegenständen anzulegen, unter denen ein sehr sinnreicher Apparat zur Feuererzeugung, ein Pulverhorn aus dem Schnabel des Hornvogels, sowie der Sonntagsnachmittagsausgeheanzug einer Kachin Lady ganz besonderes Interesse beanspruchen dürften.

Ohne die geringste Wehmut im Herzen habe ich Bhamoo verlassen und beneide die dort stationierten Europäer nicht um ihren Aufenthalt. Es regnete in Strömen, als ich mich auf dem „Sladen" einschiffte. Der Himmel machte ein Gesicht, als habe er sich das Lachen über Bhamoo für alle Zeiten abgewöhnt, die Luft war schwül und dumpfig, kurz, es war „zum Abschiednehmen just das rechte Wetter". Sobald wir Anker gelichtet hatten oder vielmehr nachdem wir vom Ufer losgelöst waren, ging es jetzt mit dem Strome zurück, von wo wir gekommen, wir sausten durch die Flußenge mit einer geradezu besinnungsraubenden Geschwindigkeit, flogen vorüber an Dörfern, Klöstern, vergoldeten und nichtvergoldeten Pagoden, und erreichten nach etwa fünfstündiger Fahrt mit der Ortschaft Schwegugoy unser Nachtquartier. Abends kam ein sehr humorvoller und selten fingergewandter burmesischer Gaukler an Bord, der, nachdem sich auf seinen Ruf „tipe! tipe! tipe! tipe!" alle Geister der Luft, des Wassers, des Feuers und der Erde um ihn versammelt hatten, den erstaunlichsten Hokuspokus vollführte. Ich glaube, der selige Bellachini hat sich aus Ärger über den Erfolg dieses seines burmesischen Kollegen im Grabe umgedreht.

Wo immer wir anlegten, stattete ich meinen Freunden, den pungis, in ihren meist mit herrlichsten — hier und da freilich nichts weniger als dezenten — Holzschnitzereien bedeckten Klöstern meinen Besuch ab, um gegen Büchsen kondensierter Milch, Packeten mit Stearinkerzen, sowie gegen Brillen und Operngucker mit Fensterglaseinsätzen, denen gegenüber die sonst so schlauen Herren vollkommen mit Blindheit geschlagen zu sein schienen, alte Schriften und andere buddhistische Reliquien einzutauschen. Nach viertägiger Fahrt stieg ich wieder in Mandalay ans Ufer, wo ich, nachdem ich in dem mir im Palaste angewiesenen Quartier vor Hitze beinahe umgekommen war, der Einladung eines Offiziers der indischen Marine, Kapitän Lye, folgend, in dessen dicht am Flusse gelegenen luftigen Bungalow Wohnung nahm, bis der Regierungsdampfer „Pagan“ bereit war, mich aufzunehmen und nach Rangun zu befördern.

Der „Pagan“, 1887 in Schottland gebaut, ist ein sogenannter „Sternwheeler“, d. h. ein mit einem oberhalb des Steuers angebrachten Rade versehener, flachbodiger Dampfer, der vermöge seines geringen Tiefgangs (leer $1^1/_2$ Fuß, voll belastet $2^1/_2$ Fuß) vorzüglich für Fahrten auf den in der trockenen Jahreszeit wasserarmen Nebenflüssen und Creeks des Irawadi geeignet ist. Seine 34 wasserdichten Schotten gestatten ihm den Luxus, ohne zu sinken, gelegentlich auf Felsblöcke aufzurennen und seinem aus nur $^1/_{11}$ Zoll starken Stahlplatten gebildeten Boden ungestraft Verwundungen aller Art zuzuziehen. Seine Maschine hat 500 indizierte Pferdekräfte, die ihn befähigen, 10 Knoten die Stunde zu laufen, und seine Tragfähigkeit beträgt 100 Tons. Da seine zwei Decks Raum für 500 Eingeborene bezw. 350 Mann europäische Truppen bieten, so entspricht er allen

Anforderungen, die man hier an einen Transportdampfer stellt. Die indische Marine verfügt über vier solcher Fahrzeuge, die bei dem unausgesetzten Wechseln der Truppen der verschiedenen Garnisonen treffliche Dienste leisten und sich namentlich auch neuerdings während des Feldzuges gegen Manipur in jeder Weise bewährt haben. Der „Pagan“ hat nicht mehr als 135000 Mark gekostet, und seine Zusammensetzung (er wurde in Stücken nach Rangun gesandt) konnte in 18 Tagen bewerkstelligt werden. Zwei Nordenfeldt-Geschütze bilden die Bewaffnung des Dampfers.

Ich fürchte zu ermüden, wenn ich alle während unserer achttägigen Fahrt angelaufenen Ortschaften beschreiben würde, zumal die meisten derselben nur geringes Interesse bieten. Wir sehen, so lange wir uns in Ober-Burma befinden, Tag für Tag die gleichen Pagoden und pungi-kyaungs, die gleichen, wie nach der Schablone gebauten Beamten-Wohnungen aus Teakholz, das gleiche Treiben in den Bazaren und überall gleich frohgelaunte, liebenswürdige Bewohner des Landes. Sobald wir die Grenze zwischen Ober- und Unter-Burma hinter uns haben, wird die Sache allerdings bei weitem zivilisierter, an Stelle der Holzhäuser finden wir massive Steingebäude für die weißen Beamten, Straßen mit englischen Namen, Kais, Beleuchtung, Wasserwerke, öffentliche Parkanlagen, Markthallen, sowie selbstverständlich auch Kirchen. Das trockenheiße Klima Ober-Burmas macht einem feuchtwarmen Platz, und üppiger Graswuchs erfreut nicht nur das Auge des Menschen, sondern auch allabendlich den Gaumen meines ans Land gelassenen Ponys.

In Mingyan verbrachte ich einen genußreichen Abend in der Familie des mir von Manipur befreundeten Generals Graham und in dem reizenden Thayetmyn einen solchen mit dem Offizierkorps des mir ebenfalls von Manipur bekannten 60. Rifleregiments, welches hier nicht nur über ein fast luxuriös ausgestattetes Kasino verfügt, sondern sogar eine Eisfabrik besitzt, die es uns ermöglichte, unsere längst erschöpften Eisvorräte an Bord des „Pagan“ zu erneuern.

Die Scenerie zu beiden Seiten des Flusses bietet auch auf dem unteren Laufe des Irawadi genug der Abwechselung und Augenweide. Bei Maugin, welches wir am siebenten Tage der Stromabfahrt anliefen, teilt sich der Irawadi in verschiedene Arme und Creeks, und auf einem der letzteren gelangten wir zwischen Mangroven, Areka und Kokospalmen, Rohrwedeln und riesigen Bambuswäldern, die uns ab und zu Durchblicke auf unermeßliche Reisfelder gestatteten, in den Rangun-Fluß.

Auf der ganzen Fahrt sind uns täglich die prächtigen Dampfer der Irawadi-Flottilla-Kompagnie begegnet, die neben der via Taungoo laufenden Eisenbahn den Personen- und Frachtverkehr zwischen Mandalay und Rangun vermitteln, und unmöglich kann ich meinen Bericht über meine Flußfahrt schließen, ohne der sogenannten Bazarboote dieser Kompagnie zu gedenken. Es sind dies Raddampfer, die an jeder Seite Leichter von gewaltigen Dimensionen mit zwei übereinander liegenden Decks mit sich führen. Die oberen Decks sind vollkommen als Bazare eingerichtet, in denen Händler ihre Waren feilhalten, genau wie in einer Markthalle. Was das Herz des Burmesen sich nur wünschen kann, ist hier zu haben. Seidenzeuge und Baumwollzeuge, Schuhwerk, getrocknete Fische, Reis, Seifen, Parfums, Sonnenschirme und Kinderspielzeug. Die Boote legen selbst an den kleinsten Uferstationen an und bieten so auch den Bewohnern derjenigen Ortschaften, die sich keines eigenen Bazars erfreuen, Gelegenheit, in bequemster Weise ihre Einkäufe zu besorgen. Endlich haben wir den Hafen von Rangun erreicht, und zwischen großen Seedampfern und Segelschiffen der verschiedensten Nationen bahnt sich unser kleiner „Pagan“ seinen Weg zu der ihm angewiesenen Landungsbrücke.

Rangun.

Der erste Eindruck, den Rangun auf den ankommenden Fremdling macht, nämlich der von der Wasserseite, ist kein allzu günstiger, geschweige denn großartiger. Hinter der Stadt, zwischen dunklem Grün hervor, leuchtet zwar die weltberühmte goldene Riesenpagode, aber man hat soviel von derselben gehört, daß man enttäuscht ist, bis man ihr seinen Besuch abgestattet und sich überzeugt hat, daß sie denn doch alles bisher in dieser Art Gesehene in den Schatten stellt. In einer jener entsetzlich engen, unbequemen, geschlossenen, gharris genannten indischen Holzdroschken, machte ich mich auf die Suche nach einem menschenwürdigen Gasthofe. Vorüber an riesigen, die ganze Hafenbucht mit ihren Gerüchen erfüllenden Haufen getrockneter und halbverfaulter Fische, gelangte ich in die eigentliche Stadt, in der sich sämtliche Regierungsgebäude, sowie die Geschäftshäuser der Europäer und natives befinden. Wenn ich sage natives, so meine ich damit nicht ausschließlich Burmesen; denn diese verschwinden hier beinahe unter den eingewanderten Madrassis, Chittagoniern, Bengalis, Chinesen und Vertretern zahlreicher anderer Stämme. Fast sämtliche Kulis sind Madrassis, ebenso die Diener in den Häusern, und über kurz oder lang dürften die in kolossalen Massen jährlich nach Burma auswandernden Bewohner der Madrasküste die Ureinwohner des Landes, die zu träge und indolent sind, für ihre eigene Existenz zu kämpfen, vollständig verdrängt haben. Im vergangenen Jahre allein sind 33048 Leute von Madras nach Burma ausgewandert, wo sie mehr als doppelt so hohe Löhne erhalten wie in ihrer Heimat.

Nach etwa viertelstündiger Fahrt hielt mein Wagen vor einem mir als leidlich bezeichneten Gasthause, doch genügte ein Schritt über die Schwelle, ein Blick ins Innere, um mich mit einem wahren Ekel zu erfüllen. Nicht besser erging es mir mit einem zweiten und dritten, und wenn ich mich schließlich für das eine — ich glaube, es nannte sich „British Burma Hotel" — entschied, so geschah das keineswegs, weil es irgend welche Vorzüge gegen die anderen in Augenschein genommenen Jammerhöhlen aufwies, sondern lediglich, weil ich mich der Hitze wegen außer stande fühlte, die Besichtigung fortzusetzen. Nachdem ich mit einer gewissen Todesverachtung das Frühstück hatte über mich ergehen lassen, fuhr ich zum deutschen Konsulat, um daselbst meine Briefe in Empfang zu nehmen. In unserm Konsul, Herrn Vetter, fand ich nicht nur einen reizend liebenswürdigen Landsmann, sondern einen Retter in der Not.

„Ich nehme als selbstverständlich an, daß Sie bei mir wohnen werden, denn die Hotels hier sind durchaus nicht zu empfehlen, ich hoffe daher, Sie werden Ihr Gepäck direkt hierher schaffen lassen und mein Gast sein."

O, wie diese Einladung wohlthat! Ich machte denn

auch nicht Gebrauch von den tausend verschiedenen, unter meinen Landsleuten so beliebten Ausflüchten, sondern sagte einfach: „Gott segne Sie für Ihre Gastfreundschaft, in einer halben Stunde bin ich wieder bei Ihnen, mit Sack und Pack, Diener, Saïs und Pony.“

Wie ich gesagt, geschah es, und wenn irgend etwas überhaupt geeignet ist, mich mit angenehmen Empfindungen an meinen zehntägigen Aufenthalt in Rangun zurückdenken zu lassen, so sind es die vielen mir von unserem Konsul und den Herren der Firma Krüger & Co., deren Chef Herr Vetter ist, erwiesenen Freundlichkeiten; denn Rangun selbst hat mir während dieses meines ersten Aufenthaltes gründlich mißfallen.

Die Temperatur fand ich nahezu unerträglich, es regnete Tag und Nacht mit geringen Unterbrechungen, ohne daß dadurch irgend welche Abkühlung erzielt wurde. Alles war naß und feucht, Kleidungsstücke, Betten, Bücher, Schreibpapier und Menschen, das Lederzeug verfaulte im Handumdrehen, und die Stiefel bedeckten sich mit Schimmel, fast während man sie anzog. Die Kopfkissen in den Betten nahmen nach wenigen Tagen einen Modergeruch an, als seien sie irgendwo von Schliemann ausgegraben worden, die Nächte waren so schwül, daß man Bäche von Schweiß vergoß, und dazu wußten die Moskitos in raffiniertester Weise selbst die feinsten Öffnungen der Bettvorhänge zu erspähen, um dann mit ihren Stichen auch den leisesten Schlummer zur Unmöglichkeit zu machen. Fünf Tage litt ich nebenbei an heftigem Fieber, die weiteren fünf an Unlust zu jeder Arbeit, sowie gänzlichem Mangel an Unternehmungsgeist; so lähmend wirkte das Klima Ranguns auf meine Nerven.

„Seien Sie nur einmal vor den Regen bei uns“, meinten die hier lebenden Europäer, als ich mich beklagte. „Jetzt ist unsere beste Jahreszeit, die Zeit, in der wir frische Kräfte sammeln, um der später eintretenden fabelhaften Hitze nicht zu erliegen.“

„Und ein solches Hundeleben halten Sie aus? Das muß ja zum Verrücktwerden sein.“

„Ist es auch! Aber was wollen Sie, wir verdienen Geld!“ —

Was thut der homo sapiens doch alles um des leidigen Geldes willen, und Geld, heidenmäßig viel Geld müssen die armen gemarterten Europäer hier verdienen, das ist ihnen in dieser Hölle der Teufel wirklich schuldig. Gegen 30 deutsche Kaufleute sind in den verschiedenen großen Reis- und Teakholzfirmen in Rangun thätig, und von ganzem Herzen wünsche ich jedem einzelnen derselben, daß er bald als Millionär in die Heimat zurückkehren möge. Das Ranguner Reisgeschäft ist von hervorragender Bedeutung, so wurden beispielsweise im vergangenen Jahre 927 473 Tonnen Reis von dort ausgeführt. Die Gesamtausfuhr aus Burma betrug in demselben Jahre 1 347 139 Tonnen, doch hat Ober-Burma hieran keinen Anteil, es erzeugt nicht nur keinen Reis für die Ausfuhr, sondern hat solchen im Gegenteil noch jährlich (im vergangenen Jahre 56 139 Tonnen) von Unter-Burma einzuführen. Der weitaus größere Teil des Reis wird oberflächlich enthülst nach Europa verschifft und erhält in dortigen Mühlen erst die feinere Politur.

Recht umfangreich ist auch die Ausfuhr von dem hauptsächlich zu Schiffsbauzwecken Verwendung findenden Teakholz, doch tritt Rangun hierin hinter Moulmein zurück. Ich

Goldene Pagode in Rangun.

versäumte nicht, eine der großen, direkt am Fluß gelegenen Holzschneidemühlen zu besichtigen, zumal es mich auf das lebhafteste interessierte, meine Freunde, die Elefanten daselbst in Thätigkeit zu sehen. Es ist erstaunlich, zu beobachten, mit welcher Ruhe und Gelassenheit diese Tiere sich zwischen den schnarrenden, schnurrenden, quietschenden und kreischenden Sägemaschinen bewegen, gewaltige, oft gegen 60 Zentner schwere beschnittene Riesenblöcke zum Stapelplatz schleppen oder mit Hilfe ihres Rüssels die nicht selten über 20 Fuß langen Abfallhölzer aus der Mühle tragen, wie sie mit Füßen und Stoßzähnen die Blöcke in die gewünschte Lage bringen und alle möglichen sonstigen Dienste verrichten.

Trotz des vorher erwähnten Mangels an Energie habe ich es fertig gebracht, in Rangun zu sehen, was es nur zu sehen giebt, habe der goldenen Pagode zwei eingehende Besichtigungen gewidmet, mehrere Stunden (als Besucher) in dem musterhaft geleiteten Zentralgefängnisse zugebracht, eine große Missionsschule inspiziert und sogar den Zoologischen Garten mit einem Besuche bedacht. Das Gefängnis ist wirklich eine Sehenswürdigkeit ersten Ranges. Ich entsinne mich nicht, irgendwo eine Freiheitsentziehungsanstalt gesehen zu haben, die der hiesigen zur Seite gestellt werden könnte.

Schon in dem Gefängnis in Thayetmyu war mir aufgefallen, wie gering der Prozentsatz ist, den die weibliche Bevölkerung hier zu Lande an Verbrechern stellt, ich fand dort 1406 männliche und 14 weibliche Sträflinge, in Rangun war das Verhältnis noch auffallender, nämlich 3181 zu 28.

Sämtliche Gefangene haben, falls sie nicht vom Arzte

dispensiert werden, zu arbeiten; so sah ich im Gefängnisse in Rangun Sträflinge ihre eigenen Ketten und Handschellen sowie Schwerter für die Polizisten schmieden, ihre Gewänder und Schlafdecken weben, Holzschnitz- und Bildhauerarbeiten, Möbel und Rohrflechtwerke anfertigen, schustern, schneidern und in den Anstaltsgärten Gemüse bauen. Die Gefängnisanlage ist nach dem bekannten Radialsystem gebaut, und alle freien Plätze sind mit hübschen Ziergartenanlagen versehen. Die Kost der Gefangenen ist, wie ich mich überzeugte, eine vortreffliche. Die Leute erhalten eine Mahlzeit um 6 Uhr früh, eine zweite in der Ruhepause von 9—10 und eine dritte gegen Abend. Reis und Curry bilden, der Landessitte gemäß, die Hauptnahrungsmittel. Dazu erhalten die Leute zweimal wöchentlich Linsen, zweimal Fleisch und dreimal Fisch. Die europäischen Gefangenen — es befanden sich zur Zeit 23 im Gefängnis — erfreuen sich täglicher Fleischnahrung und erhalten sogar Thee, Milch und Zucker, auch werden sie abgesondert von den Eingeborenen beschäftigt. Die verschiedenen Säge-, Bohr- und sonstigen Maschinen werden mit Hilfe einer großen Tretmühle betrieben, an deren Peripherie gleichzeitig 120 Mann, die sich leichter Übertretungen schuldig gemacht haben, thätig sind. Schwere Vergehen werden mit Stockhieben bestraft. Im Lazarett fand ich 198 Kranke, meist am Fieber leidend. Die jährliche Sterblichkeit beträgt gegen 3 v. H. Der Galgen, an dem gleichzeitig drei Verbrecher vom Leben zum Tode befördert werden können, ist mit allen Errungenschaften der Neuzeit ausgestattet und — ich möchte fast sagen — bequem eingerichtet. Fünf Räuberbandenführer, die in Einzelhaft gehalten wurden, waren bestimmt, in den nächsten Tagen mit dem Strange nähere Bekanntschaft zu machen, doch schienen sie, ihrer guten Laune nach zu schließen, die Sache keineswegs übel zu nehmen. Der beste Beweis für die vorzügliche Leitung dieses großen Gefängnisses dürfte damit erbracht sein, daß dasselbe im vergangenen Jahre nur einen staatlichen Zuschuß von 30000 Mark, d. i. noch nicht 10 Mark pro Sträfling erforderlich machte.

Nicht weniger lohnend als die Inspizierung des Gefängnisses fand ich eine solche der unter Leitung des englischen Missionars Dr. Marcks stehenden Missionsschule. Gegen 600 Schüler, von denen 350 gänzlich in der Anstalt leben, werden hier unterrichtet ohne Unterschied ihrer Rasse und Religion. Dr. Marcks, der mich persönlich durch sämtliche Abteilungen seines Etablissements führte, richtet sein Hauptaugenmerk nicht, wie die meisten seiner Kollegen, auf die Bekehrung seiner Schüler zum Christentum, sondern auf die Erziehung derselben zu brauchbaren Mitgliedern der menschlichen Gesellschaft. Die von ihm entlassenen Jünglinge (die Anstalt ist nur für Knaben bestimmt) erhalten fast immer sofort Anstellungen als Schreiber und Dolmetscher in den verschiedenen Regierungsbureaus oder in den Kontors der Kaufleute. Dr. Marcks führte mir nicht weniger als 16 Vertreter verschiedener asiatischer Volksstämme, sowie Kreuzungsprodukte zwischen solchen und Europäern vor. „Die Burmesen," meinte mein Führer, „sind mir die liebsten meiner Schüler, sie lernen schwer, sind sehr zur Trägheit geneigt, aber sie sind die liebenswürdigsten Menschen, die ich je kennen gelernt habe. Die indischen Muhamedaner sind klug, aufgeweckt, aber verschlagen. Die Chinesen lernen mit großer Leichtigkeit und sind unstreitig geistig allen anderen Rassen überlegen. Am wenigsten begabt sind die Madrassis." Sehr ungünstig sprach Dr. Marcks sich über die Mischlinge von Europäern und Hindus aus. „Sie vereinigen in sich die schlechten Eigenschaften ihrer Eltern, und man kann sich nie auf sie verlassen, wohingegen die Erfahrungen, die ich mit Mischlingen von Europäern und Burmesen gemacht habe, auffallend günstige sind." Die in der Anstalt lebenden Schüler zahlen pro Monat 22 Mark 50 Pf., die nur zum Unterricht kommenden 7 Mark 50 Pf. Die Anstalt besitzt eine aus Schülern gebildete Feuerlöschabteilung und zwei Schülermusikkorps. Daß für die körperliche Ausbildung nicht weniger gesorgt wird, als für die geistige, versteht sich in einer unter englischer Leitung stehenden Schule von selbst. Eine wahre Freude ist es, die Vertreter von 16 verschiedenen Volksstämmen auf den ausgedehnten Spielplätzen in buntem Durcheinander sich herumtummeln zu sehen.

Nicht weit von der Schule des Dr. Marcks entfernt liegt der Zoologische Garten. Besäße Rangun kein Institut dieses Namens, niemand würde der Stadt daraus einen Vorwurf machen, schämen aber muß sich eine Stadt wie Rangun der Anlage, die sie den Mut hat, als „zoological garden" zu bezeichnen. Wenn ich allen Reisenden trotzdem eindringlich empfehle, diesem Institut einen Besuch abzustatten, so geschieht es, weil auch das Lächerliche seine Reize hat. Man fährt zu Wagen in den „Horticultural garden," anscheinend ein Hospital für unheilbar kranke Pflanzen und Gräser, und hält nach wenigen Minuten vor einem Seitengebäude, in dem das ethnographisch-zoologische Museum der Stadt Rangun untergebracht ist. In dieser Tröbelbude befinden sich in diversen Glasschränken — nebenbei bemerkt sind diese Schränke das einzig Wertvolle im Museum — eine Muschelsammlung, wie sie jeder Quartaner besitzt,

Schmetterlinge mit zerfetzten Flügeln, Käfer, mit einem Minus von 50 Prozent Beinen, ausgestopfte Vögel, Schlangen, die eigentlich mit Spiritus bedeckt sein sollten, aber — „Zum Teufel ist der Spiritus die Schlangen sind geblieben,“ Schildkrötenschalen und sonstiger Firlefanz. Alle diese Schätze sind etikettiert, und vor grauen Jahren mag einmal auf denselben vermerkt gewesen sein, daß der Affe keine Schildkröte und die Fledermaus kein junges Krokodil ist. Heute dagegen sucht das Auge des Wißbegierigen vergeblich selbst nach verblaßten Tinten, er findet nichts als ein Stückchen verwitterten Papiers ohne Aufschrift. Die ethnographische Abteilung — der größte Teil derselben hängt an einer Leine von der Decke herab — hat wenigstens insofern ihren Beruf nicht ganz verfehlt, als sie zahlreichen Spatzenfamilien als Unterschlupf — und als sonst noch was, was man nicht sagen mag — dient. Der Weg in den Zoologischen Garten führt nur durch dieses Museum. An einer Kasse entrichtet man seinen Obolus in Gestalt eines pice ($2^1/_2$ Pfennig), il ne coute qu'un pas und man befindet sich mitten zwischen wilden Bestien und zahmerem Getier. Die ersteren sind vertreten durch einige überfütterte Panther und Tiger, die ebenso gut tot oder ausgestopft sein konnten, da sie sich selbst dann nicht rührten, als ich versuchte, sie mit Stöcken und Regenschirmen zu necken. In einem Glaskasten sieht Schlangen man und Nattern die giftgeschwollenen Bäuche blähn, späht in einem ausgetrockneten Seehundsbassin umsonst nach selbst dem winzigsten Seehunde, um sich darauf der Volière zuzuwenden und vor einem Huhn mit vier Beinen die Hände über dem Kopfe zusammenzuschlagen. Schwarz- und Braunbären sind hier zu Lande jedenfalls billig wie Brombeeren zu Zeiten Falstaffs, sonst würde sich wohl keine so erkleckliche Anzahl davon im Garten befinden, auch Affen sind vorhanden, aber sie schienen an dem Tage, an denen ich ihnen meinen Besuch machte, übler Laune zu sein und machten von der ihnen sonst zur Verfügung stehenden Possierlichkeit keinen Gebrauch. Die pièce de résistance des Instituts aber ist der dem König Thibaw seinerzeit abgenommene „weiße Elefant“. Ich kann nicht umhin zu glauben, daß der entthronte Monarch entweder mit Farbenblindheit geschlagen war, oder daß derjenige, der ihm seiner Zeit weis gemacht hat, der Elefant sei weiß, ein Pfiffikus war, denn thatsächlich ist dieser einstmals goldener Ketten sich erfreuende Dickhäuter grau, wie alle Theorie, grau wie sämtliche mir bisher zu Gesicht gekommenen Elefanten. Er ist nicht einmal ein schönes Exemplar seiner Gattung, scheint infolge der ihm in seiner ehemaligen Stellung als Hof-Elefant gezollten Verehrung übergeschnappt zu sein und beschäftigt sich heute damit, an Hinter- und Vorderfüßen gefesselt, sich stundenlang hin und her zu wiegen und auf diese Weise ein Schunkelwalzersolo zu tanzen.

Bevor ich den Garten verließ, kam ich an einer mit arabischen Teppichen verhangenen Bretterbude vorüber, an deren Eingang ein schwarzer Mann stand, welcher eine gewisse Ähnlichkeit mit dem Hausknecht aus dem Nubierland aufwies. Ich begrüßte den freundlich grinsenden Herrn, ließ mich gegen Erlegung eines pice von ihm in die geheimnisvolle Bude hineingeleiten, in der Erwartung, dort die Bekanntschaft irgend einer Dame mit Fischschwanz oder einiger Kannibalen zu machen, die in Ermangelung von Mandeln in siamesischen Zwillingen Vielliebchen essen. Statt dessen befand ich mich im nächsten Augenblick einem behaglich wiederkäuenden Kamel gegenüber, welches mich mit einer so impertinenten Vertraulichkeit anblinzelte, als wollte es sagen: „Wer ist nun eigentlich das größere von uns beiden?“ Ich kam mir natürlich ganz klein vor, gab dem grinsenden Rubler mit wahrhaft fürstlicher Leutseligkeit einen zweiten pice, wofür er mich pflichtschuldigst wie jeden andern Fremden wieder vor die Thür beförderte.

Hiermit schließe ich vorläufig die Aufzeichnung meiner Erlebnisse in Rangun. Es ist möglich, daß andere Reisende von dieser Stadt eine bessere Meinung gewinnen, als ich, auch will ich nicht leugnen, daß die Umgebung der Stadt ebenso wie das europäische Villenviertel landschaftliche Reize mannigfacher Art bieten; aber das Klima fand ich während der Regenzeit in einer Weise niederdrückend, daß aller Lebensgenuß für mich illusorisch wurde. Jedem Burmabesucher aber rate ich, sich nicht allein mit einem Besuche Ranguns zu begnügen; denn er erhält hier einen völlig falschen Begriff von burmesischem Volksleben. Wer letzteres und die Bewohner des Landes in ihrer ursprünglichen, einzig dastehenden Liebenswürdigkeit und Gastfreiheit kennen lernen will, der fahre nach Ober-Burma und begnüge sich auch dort nicht nur mit einem flüchtigen Besuch Mandalays, sondern — gehe auf die Dörfer.

Auf den Andamanen.

In aller Frühe des 28. Juli 1891 erwachte ich in dem bequemsten Bette, in dem ich seit langer Zeit gelegen hatte, in einem hübschen, geräumigen Zimmer, dessen vier Wände eigentlich nur aus Fenstern und Thüren gebildet werden. Sie stehen sämtlich offen, um der Morgenbrise einen möglichst ungehinderten Durchzug zu ermöglichen. Durch die am Fußende meines Bettes gelegenen Fenster grüßen mich — sanft vom Winde hin- und hergewiegt — Kokospalmen, Mangos, Akazien, Kasuarinen und andere alte Bekannte aus den Tropen; ich mache eine Wendung halb links und meine entzückten Blicke gleiten über eine tiefblaue, in majestätischer Ruhe daliegende Wasserfläche hinüber zu einer in smaragdnem Grün prangenden, gegen 1200 Fuß sich aus dem Meer erhebenden Insel.

Kaum vernehmbar tönt das Rauschen der ebbenden Wasser zu mir empor, aber doch vernehmbar genug, als daß ich mich der einlullenden Wirkung des sanftesten aller Wiegenlieder entziehen könnte. Ich recke mich und dehne mich, schließe die Augen und in der nächsten Sekunde liege ich in jenem wunderbaren Halbschlummer, dessen sich nur sorglose, glückliche Menschen nach einer ungestörten Nachtruhe erfreuen können.

Durch den schleichenden Schritt eines barfüßigen Menschen, der den hölzernen Fußboden meines Zimmers und somit auch mein Lager in leise Schwingungen versetzt, erwache ich nach wenigen Minuten wieder, reibe mir den Schlaf aus den Augen, richte mich empor und sehe eine grinsende, schwarzhäutige, mit weißem Hemd bekleidete Gestalt vor meinem Bette stehen, in der Rechten ein blinkendes Messer schwingend. — Der Mann ist ein Mörder! — Ich weiß seit gestern, daß er vor nicht zu langer Zeit zwei Menschen die Kehle durchgeschnitten hat, und dennoch strecke ich ihm mit der ganzen Unschuld eines jugendlichen Schafes meinen Hals entgegen, während er ungeduldig sein Messer wetzt, um mich — nachdem er mich gehörig eingeseift hat — zu rasieren; denn dieser Doppelmörder ist der Barbier des Hauses, unter dessen Dache ich als Gast weile. Kaum ist mein unheimlicher Figaro von der Scene abgetreten, ohne auch nur den geringsten Tropfen meines edlen Blutes vergossen zu haben, so erscheint ein anderer Mörder, um mir eine Tasse Thee und eine Schnitte gerösteten Brotes zu präsentieren. Ich begebe mich, sobald ich meinen Thee geschlürft, ins Badezimmer und treffe daselbst den Wasserträger des Hauses. Er macht mir pflichtschuldigst seinen Salam und will sich, nachdem er die Wanne gefüllt hat, entfernen. „Halt, alter Freund“, sagte ich, „how many men did you kill?“

„Only one woman, Sir.“

Mir genügte das; ich klopfte meinem Freunde, einem

jungen, sehr sympathischen Mohamedaner aus dem Punjab, auf die Schulter, gestand ihm auf Deutsch, ich fände eine Mordthat sei für sein Alter vollkommen genug und entließ ihn mit gnädigem Handwinken. Nachdem ich mich angekleidet, folgte ich einer Einladung meines Wirtes, des Dr. Macdonald, zu einer Fahrt nach einer der umliegenden Inseln. Ein Boot mit zwölf geschmackvoll kostümierten Ruderern, durchweg kräftig gebauten, jugendlichen Gestalten, erwartet uns am Ufer. Wir steigen ein und gleiten eine Minute später dahin auf den klarsten, durchsichtigsten Wassern sämtlicher Ozeane, dahin über unterseeische Gärten, in denen neben den prächtigsten Korallen die zartesten Seerosen ihre Kelche öffnen und tausend Muscheln in märchenhaften Farben glänzen. Unsere Leute rudern vorzüglich, und ich kann nicht unterlassen, meinem Wirte ein Kompliment über seine crew zu machen. „Woher stammt jener bildschöne Mensch dort, ich meine den zweiten Ruderer steuerbord?" fragte ich Dr. Macdonald.

„O, der ist ein Rajpute, der vor zwei Jahren seine Frau erschlagen hat."

„Was, auch der ist ein Mörder?" entgegnete ich schaudernd.

„Natürlich! alle Zwölf sind Mörder, ein jeder hat mindestens ein Menschenleben auf dem Gewissen, aber sie sind charmante Leute, wie Sie sehen." Ich schwieg.

Gegen 11 Uhr, nachdem wir von unserem Ausfluge zurückgekehrt waren, begaben wir uns in den Klub, um unter der von einem Mörder in Bewegung gesetzten Punka ein von Mördern aufgetragenes, von einem notorischen Giftmischer bereitetes Frühstück einzunehmen und später den Klängen einer lediglich aus Mördern zusammengesetzten Musikbande zu lauschen. Was sagen meine Leser zu alledem?

Ich kann mir schon denken, was sie sagen werden, nämlich, daß entweder ich verrückt geworden sein müßte, oder aber meine Leser für verrückt genug halte, ähnliche Schnurren zu glauben. Dennoch ist alles, was ich erzähle, durchaus wahrheitsgetreu. Ich befinde mich nämlich in Port Blair, der indischen Verbrechercolonie auf den Andamanen, befinde mich in Gesellschaft von 12197 Sträflingen, von denen 8075 Mörder, 34 Giftmischer, 1841 Räuber und 302 Diebe sind. Räuber und Diebe eignen sich zweifellos weniger zu Vertrauensposten als Mörder. Letztere erfreuen sich denn auch von allen Verbrechern der höchsten Achtung ihrer europäischen Vorgesetzten, deren Dienerschaft sich fast ausschließlich aus Mördern zusammensetzt. Sogar die in den verschiedenen Familien beschäftigten Kindermädchen sind Mörderinnen. Als ich mich bei einer der letzteren erkundigte, was sie verbrochen habe, erwiderte sie lakonisch: „Other woman fell in well" (Eine andere Frau ist in einen Brunnen gefallen).

Wo die Andamanen liegen? Man nehme einen Atlas hervor, suche zwischen dem zehnten und vierzehnten Grad nördlicher Breite und dem zweiundneunzigsten und dreiundneunzigsten Grad östlicher Länge und man hat die Andamanen vor sich als eine Inselgruppe im Meerbusen von Bengalen. Der Dampfer „Enterprise" der indischen Marine hat mich aus der „Rangun" genannten Hölle in dieses Paradies entführt, wo ich wieder als Mensch empfinde und mit Faust ausrufe:

„Ich fühle junges, heil'ges Lebensglück
Neu glühend mir durch Nerv und Adern rinnen."

Die nahezu dreitägige Fahrt gegen den heftigen Südwestmonsum war freilich nichts weniger als genußreich gewesen, und in dem denkbar ausgewaschensten Zustande langte ich in Port Blair, dem fast an der Südspitze von Groß-Andaman gelegenen Hafen der Verbrecherkolonie, an. Letztere wurde von den Engländern im Jahre 1858, kurz nach Beendigung des Aufstandes, der sogenannten mutiny, gegründet, in erster Linie als Deportationsort für einen Teil der gefährlichsten Rebellen. Eine große Zahl der ersten Sendungen Deportierter hat hier einen baldigen Tod gefunden; denn die Sterblichkeit der Gefangenen betrug im Jahre 1858 16 v. H. und im folgenden erreichte sie die unglaubliche Höhe von 65 v. H. Mangelhafte Verpflegung, ungenügende Wohnungen für die Gefangenen und hauptsächlich die durchaus notwendigen ungesunden Arbeiten zum Niederlegen der Wildnis zwecks Gewinnung offenen Landes, sowie zur Trockenlegung fieberbringender Sümpfe, sind die Hauptursachen dieser enormen Sterblichkeit, doch sollen auch Hunderte der in den Wäldern beschäftigten Sträflinge den Pfeilen der Andamanesen, der Eingeborenen des Landes, zum Opfer gefallen sein. Der Gesundheitszustand der Kolonie besserte sich später wesentlich und im letzten Jahrzehnt bezifferte sich die Sterblichkeit auf durchschnittlich 3 v. H. jährlich.

Andamanese.

Den landschaftlichen Reizen Port Blairs und seiner

Umgebung wird sich so leicht niemand entziehen können, und kein Besucher der Andamanen wird diesen herrlichen Hafen ohne ein Gefühl aufrichtigen Bedauerns verlassen. Jeder ankommende Fremde — ein Besuch der Kolonie ist nur mit besonderer Erlaubnis des Chief Commissioners der Inselgruppe gestattet — wird in Roß Island, einer am Eingange des Hafens gelegenen Felseninsel, gelandet. Dieselbe ist von einem Kranze hart ans Meer herantretender Kokospalmen eingefaßt, die eine peinlich sauber gehaltene Promenade beschatten, auf der man in einer Viertelstunde die Insel umwandern kann. Prächtige Baumgruppen, zwischen deren frischem Grün überall freundliche, von schmucken Gärten umgebene Bungalows hervorleuchten, ziehen sich den etwa 200 Fuß hohen Berg hinan, auf dessen Gipfel die Residenz des Chief Commissioners und die schloßartige Kaserne einer 140 Mann starken Abteilung britischer Infanterie gelegen sind. Gegen 300 Sepoys eines Madras-Infanterieregiments sind in von Wällen umgebenen Holzbaracken untergebracht.

Schon bei anderer Gelegenheit habe ich bemerkt, daß, wo drei Engländer sich niederlassen, ein Klub gegründet und, wenn zwei Engländerinnen dazu kommen, eine Kirche gebaut wird; so fehlt es denn auch in Port Blair weder an dem einen noch der andern. Für das Seelenheil der Christen in der Kolonie ist sogar in mehr als ausreichender Weise gesorgt. Neben zwei Kirchen, einer protestantischen und einer katholischen, giebt es noch eine protestantische Kapelle für christliche Eingeborene. Ich muß gestehen, ich hatte mir eine Verbrecherkolonie anders vorgestellt, ich hatte Kettengerassel, abgehärmte, ängstlich von Soldaten mit aufgepflanzten Bajonetten und Aufsehern mit neunschwänzigen

Katzen bewachte Gestalten erwartet, und nun fand ich statt dessen in den auf Roß Island untergebrachten etwa 2000 Gefangenen wohl und munter dreinschauende, gut gekleidete, sich vollkommener körperlicher Freiheit erfreuende Menschen. Ich fand die Sträflinge als Schreiber in den Bureaus, als Aufseher in den Vorratsniederlagen, als Diener, Köche, Gärtner und Nachtwächter in den Häusern der Europäer, als Bootsleute und Jinrickschaw-Kulis, Straßenfeger u. s. w. Die Leute sind durchweg gut genährt und erhalten, nachdem sie sich einige Jahre ordentlich geführt haben, allmählich bis zu drei Mark sich steigernde monatliche Belohnungen. Nach zehn Jahren guter Führung werden ihnen auf Wunsch einige Morgen Landes zugewiesen, sie erbauen sich von ihren im Laufe dieser Zeit gemachten Ersparnissen ein kleines Häuschen und leben, abgesehen davon, daß sie unter polizeilicher Aufsicht stehen und, sobald sie sich etwas zu Schulden kommen lassen, wieder zu Zwangsarbeitern degradiert werden können, als freie Leute. Für das ihnen überlassene Land zahlen sie eine geringe Pacht und verkaufen den Überfluß ihrer landwirtschaftlichen Erzeugnisse: Reis, Mais, Ziegen und Rinder an die Verwaltung der Kolonie. Diesen „Selbsterhalter" genannten Sträflingen ist es nicht nur gestattet, sich mit einer „Selbsterhalterin" zu verehelichen, sondern es wird ihnen unter Umständen sogar erlaubt, sich, falls sie schon vor ihrer Einlieferung verheiratet waren, ihre Gattinnen nachkommen zu lassen. Für die Erziehung der Kinder dieser Familien wird in mehreren Schulen der Kolonie auf das beste gesorgt. Da die Zahl der weiblichen Gefangenen sich zu derjenigen der männlichen hier etwa verhält wie 1 zu 12, so gelingt es natürlich nur wenigen Selbsterhaltern, ihre bessere Hälfte in der Kolonie selbst zu finden. Es kommt daher nicht selten vor, daß sie, selbst wenn sie nie verheiratet waren, sich von ihren in die Heimat entlassenen Gefängnisgenossen Weiber herausschicken lassen, die sie als ihre rechtmäßige Gattinnen ausgeben, ohne sie je zuvor gesehen zu haben. Solche Betrügereien werden natürlich oft mit großer Raffiniertheit ausgeführt, und so mag gar mancher Sträfling auf diese Weise in den Besitz eines Weibes gelangen, hier und da aber werden die Betrüger denn doch entlarvt und zur Verantwortung gezogen.

So hatte vor kurzer Zeit ein Selbsterhalter gebeten, seine Gattin aus Indien nachkommen lassen zu dürfen. Man wandte sich von hier aus an die betreffende Ortsbehörde und erhielt bald darauf die Nachricht, die gesuchte Gattin sei vorhanden und gewillt, dem Rufe ihres Mannes zu folgen. Eines schönen Tages erscheint denn auch richtig mit dem von Madras kommenden Dampfer ein kaum dem Flügelkleide entwachsenes Weibchen und erklärt, die Frau des Sträflings X. Y. Z. Nummer Soundso zu sein. Dieser wird herbeigeholt und nicht ohne menschliches Rühren sehen die anwesenden Europäer die Langgetrennten sich in den Armen liegen. Dem Chief-Commissioner erschien jedoch die Jugend des Weibes — sie gab ihr Alter selbst auf sechzehn Jahre an — verdächtig, er ließ sich die Papiere des betreffenden, sich als Gatten geberdenden Sträflings bringen und fand, daß dieser bereits seit siebzehn Jahren und einigen Monaten in der Kolonie weilte, demnach mit seiner Gattin vor deren Geburt verehelicht sein mußte. So etwas aber giebt es selbst in Indien, dem Lande der Kinderehen, denn doch noch nicht, und so wurde das glückliche Paar ohne viel Federlesens wieder getrennt, sie wurde in ihre Heimat geschickt und er zur Strafe von neuem unter die Zwangsarbeiter gesteckt.

Übrigens steht es den Selbsterhaltern frei, falls sie keinen Beruf zum Ackerbauer in sich verspüren, irgend eine andere Thätigkeit zu ergreifen. Da finden wir denn unter den 2596 männlichen Selbsterhaltern neben 1724 Feldpächtern eine Anzahl von Schmieden, Fischern, Schuhmachern, Kaufleuten, Wäschern, Apothekergehilfen, Dienern, unter den Weibern Kindermädchen, Milchfrauen u. s. w., die sich sämtlich ihren Unterhalt verdienen und somit der Regierung nicht länger zur Last fallen. Der weitaus größte Teil der Kolonisten (nahezu 9000) ist zu lebenslänglicher Deportation verurteilt, doch werden fast alle mit Ausnahme der unverbesserlichen Taugenichtse und der wegen Giftmischerei bestraften Individuen nach 20jähriger Gefangenschaft in ihre Heimat entlassen, falls sie nicht, was keineswegs selten vorkommt, vorziehen, als freie Leute in der Kolonie ihr Leben zu beschließen. Die Zwangsarbeiter empfangen täglich folgende Rationen (1 Pfund gleich 16 Unzen): Reis 1 Pfund 8 Unzen, bezw. Weizenmehl 1 Pfund 4 Unzen, Linsen 4 Unzen, Fett 1, Salz 3/4, Kondiment 1/2, Tamarinden 1/2, Gemüse 8 Unzen. Dazu viermal für die Woche Fisch (5 Unzen) und zweimal für die Woche Käse (6 Unzen). Europäische Gefangene befinden sich zur Zeit nicht in der Kolonie.

Gleich in den ersten Tagen nach meiner Ankunft wurde mir Gelegenheit geboten, unter Führung des mit vollstem Recht auf die von ihm seit 11 Jahren musterhaft verwaltete Kolonie stolzen Chief Commissioners der Andamanen, Oberst Cadell, die um Port Blair sich gruppierenden, auf verschiedenen Inseln gelegenen Niederlassungen zu besichtigen.

Gefängnis auf Viper Island. Andamanen.

Ein kleiner Dampfer brachte uns jeden Morgen an unsern Bestimmungsort, wo die auf einem Leichter mitgeführten Pferde bestiegen wurden. Nicht selten begleiteten uns einige Damen der europäischen Kolonie auf diesen ebenso erfrischenden wie interessanten Ausflügen und folgten uns durch dick und dünn. Der erste Morgen galt dem Viper Island, einer kleinen, malerisch gelegenen Insel mit wohlgepflegten, an diejenigen von Monaco erinnernden, sich bergan ziehenden Gartenanlagen, von deren Grün sich die auf einer Anhöhe in Form einer Moschee gebaute Polizeistation wirkungsvoll abhebt. Gleich am Landeplatz liegen mehrere große, luftige, als Krankenhäuser dienende Holzschuppen. Zwischen blühenden Hibiskushecken steigen wir von hier auf Zickzackwegen hinauf zu dem Zuchthause der Kolonie. Wir passieren mehrere Schuppen, unter denen mit Ketten an den Beinen gefesselte Verbrecher, die wegen irgendwelcher in der Kolonie begangenen Ausschreitungen eine Strafe abzubüßen haben, mit Steinklopfen beschäftigt sind. In den terrassenförmig übereinander gelegenen massiven Zuchthausbauten, die einer eingehenden Besichtigung unterzogen werden, wird in großen Hallen mit Handmühlen Weizen gemahlen (jeder Sträfling hat auf diese Weise täglich 40 Pfund Weizen in Mehl zu verwandeln), Kokosnußöl gepreßt, Kokosfasern verarbeitet und Weberei betrieben. Auf jeder Terrasse befinden sich kleine Gärten, und die Aussicht, die sich von hier aus dem Beschauer auf die saphirblauen Fluten der Hafenbucht öffnet, ist von geradezu berückender Schönheit.

In einer Anzahl Einzel- und Dunkelzellen wurden mir verschiedene ganz besonders gefährliche Herrschaften vorgestellt, und zum Schluß geleitete man mich zum Galgen, der genau wie derjenige des Zentralgefängnisses in Rangun eingerichtet ist. Durchschnittlich 7 Sträflinge werden hier jährlich, meist wegen an Strafgenossen oder Aufsehern begangenen oder versuchten Mordes, für alle Zeiten unschädlich gemacht. Der Chief Commissioner ist in seiner Kolonie Herr über Leben und Tod der Gefangenen, die von ihm gesprochenen Todesurteile können ohne die sonst notwendige Bestätigung des Vizekönigs sofort vollstreckt werden. Hundert Mann military police (im ganzen befinden sich außer den vorhin angeführten Truppen, die auf Roß Island stationiert sind, deren 600 in der Kolonie) bilden die Besatzung Viper Islands.

Ich machte hier die Bekanntschaft eines ungewöhnlich liebenswürdigen und namentlich über die Andamanesen und Nicobaresen vorzüglich unterrichteten Herrn in Person des ersten Direktors Mr. E. H. Man, der sich auch in wissenschaftlichen Kreisen hohen Ansehens erfreut und sich die Direktoren der meisten größeren ethnographischen Museen des Kontinents durch diesen übersandte reichhaltige Sammlungen auf das tiefste zu Dank verpflichtet hat. Was ich über Sitten und Gebräuche der hochinteressanten Ureinwohner der Andamanen und Nicobaren, welch letzterer Inselgruppe ich später Gelegenheit hatte, einen längeren Besuch abzustatten, erfahren habe, verdanke ich fast ausschließlich Mr. Man, der zweiundzwanzig Jahre seines Lebens dem eingehenden Studium dieser Völkerschaften gewidmet hat.

Auf mehreren anderen Ausflügen in Gesellschaft des Obersten Cadell besuchte ich die verschiedenen Dorfschaften der Selbsterhalter, sowie die Indigofaktorei, die Theegärten, Kaffee-, Kakao- und sonstigen Pflanzungen. Wie in jeder anderen Kolonie, hat man auch hier nach jahrelangen Versuchen die Erfahrung gemacht, daß ähnliche Anlagen sich nur dann bezahlt machen, wenn sie von Sachverständigen geleitet werden, und daß guter Wille sowie fleißigste theoretische Studien nicht hinreichen, praktische Kenntnisse auch nur annähernd zu ersetzen. Wo tüchtige Spezialisten, wie hier in den Theegärten, die Leitung in Händen haben, sind überraschende Erfolge und Einnahmen erzielt worden, die zu einer weiteren Ausdehnung dieser Pflanzungen ermutigen; anders ist es bei den Kakao-, Kaffee- und Tabakkulturen, die mehr kosten, als sie einbringen, und zwar hauptsächlich wegen Mangels gelernter Pflanzer. Allein die Tabakpflanzungen weisen in zwei Jahren ein Defizit von 30 000 Mark auf; nicht viel bessere Ergebnisse wurden mit Kakao und Kaffee erzielt. Die beiden hiesigen Theegärten, die zusammen ein Gebiet von 190 Hektaren bedecken, ergaben nach Abzug aller Unkosten (die Arbeiter werden den Pflanzungen mit 9 Mark für den Kopf und Monat in Rechnung gestellt) einen Reingewinn von etwa 33 000 Mark, wobei noch zu berücksichtigen ist, daß ein großer Teil der Pflanzen noch nicht die volle Reife erlangt hat. Die Indigoplantage ist zu jung, um über dieselbe ein Urteil zu fällen, aber falls man sich nicht entschließt, auch für diese einen Spezialisten anzustellen, wird man kaum auf einen Erfolg rechnen dürfen.

Anbauversuche sind neuerdings mit der musa textilis, aus der die bekannte Manilafaser gewonnen wird, gemacht worden, und da die Pflanze üppig gedeiht, berechtigt die Kultur zu den besten Hoffnungen. Im ganzen sind seit dem Jahre 1858 gegen 8000 Hektare Äcker und Weideland der Wildnis abgerungen, und 500 weitere Hektare werden durchschnittlich jährlich dazu gewonnen, sowohl durch Abholzungen der Wälder als auch durch Beseitigung der Mangrovendickichte, die meist in Reisland oder Kokospalmenhaine umgewandelt werden.

Die ausgedehnten Forsten stehen unter Aufsicht eines geschulten Beamten und ergeben nicht unbeträchtliche Überschüsse. Das geschätzteste Holz, welches dieselben liefern, ist das sogenannte Padauk. Dasselbe findet in Europa hauptsächlich beim Bau von Eisenbahnwagen Verwendung und wird in London mit 150 Mark die Tonne bezahlt. Neunzehn Elefanten besorgen das Herausschleifen der gefällten Stämme aus den Waldungen. Man hat seit Jahren die Anpflanzung von Teakholz eifrigst betrieben, doch scheint es, als sage der Boden diesem in Burma so prächtig gedeihenden Baume wenig zu.

Rindvieh und Ziegen sind vollkommen eingebürgert, doch sind ebenso wie in Burma alle Versuche, Schafe zu akklimatisieren, bisher gründlich fehlgeschlagen. Seit ich Kaschmir verlassen, habe ich nirgend so schmackhafte Kuhmilch, nirgend so gute Butter gefunden, wie hier auf den Andamanen.

Die Gesamtunkosten der Kolonie — ausschließlich des Soldes für die auf Roß Island stationierten Truppen und der Unterstützung für die Port Blair anlaufenden Dampfer der Asiatic Steam Navigation Company — beliefen sich im vergangenen Jahre auf 2 009 635 Mark, denen eine Einnahme von 857 217 Mark gegenüber stand. Die der Regierung erwachsenen Unkosten beziffern sich somit auf 1 152 418 Mark oder 94 Mark 50 Pfennig für jeden Gefangenen. Da sich jedoch die als Zuschuß geforderte Summe von Jahr zu Jahr verringert hat, im letzten Jahre gegen das vorhergehende allein um 219 661 Mark, so läßt sich annehmen, daß in absehbarer Zeit die Kolonie in der Lage sein wird, sich, wenn auch nicht ganz aus eigenen Mitteln zu erhalten, so doch mit einem wesentlich geringeren Zuschuß auszukommen.

Was den die Strafkolonie besuchenden Fremden am meisten auffällt, das ist die wunderbare Sicherheit, mit der man sich unter den Gefangenen bewegt, und die überraschend geringe Zahl von Aufsehern, von denen nebenbei die meisten selber Gefangene sind, die nach langjähriger tadelloser Führung diesen Posten erhalten haben. Fluchtversuche sind nahezu aussichtslos, aber der nach Freiheit strebende Mann, was thut er nicht, um das verlorene Gut des Menschen wieder zu erlangen! Ich kann unmöglich einem Gefangenen, der sein Leben wagt, um seinen Fesseln zu entrinnen, meine Sympathie versagen, auch würde ich nie und nimmer meine Hand dazu bieten, ihn ins Gefängnis zurückzubringen, falls ich ihn nicht für gemeingefährlich hielte. Ein Mann, der seine Freiheit so hoch schätzt, um, wie das hier gelegentlich vorkommt, auf einem notdürftig zusammengefügten Holzfloß vom Ufer zu stoßen und ohne alle Hilfsmittel ins Meer hinauszutreiben, in der Hoffnung, von einem zufällig des Weges kommenden Fischerboote aufgenommen zu werden, hat ein Anrecht auf mein volles Mitgefühl. Immerhin gehören Fälle, in denen solche Versuche gelingen, zu den Seltenheiten, und die in das Innere der Insel Flüchtenden werden fast ausnahmslos von den Eingeborenen, die hohe Belohnungen dafür erhalten, zurückgebracht. Auch drei im vergangenen Jahre auf einem Floß entkommene Burmesen wurden wieder eingefangen, ein anderes Floß mit dem Leichnam eines Burmesen wurde auf hoher

See treibend gefunden. Unter tausenden erreicht vielleicht ein einziger das Ziel seiner Wünsche. Einen dieser Glücklichen, der allerdings nach siebzehn Jahren genossener Freiheit das Unglück hatte — als er der Sehnsucht nach seinem Heimatorte nicht länger hatte widerstehen können und zur Stätte seiner Kindheit heimgekehrt war —, erkannt und nach Port Blair zurückbefördert zu werden, habe ich hier kennen gelernt. Nachdem er seine 30 Stockhiebe, die höchste Zahl, die überhaupt verabfolgt wird, erhalten hatte, wurde er, mit Ketten belastet, auf Viper Island wieder in sicheren Gewahrsam gebracht.

Ein Rebell aus dem Jahre 1857, der nach den Nicobaren, wo sich bis 1889 eine zweite Strafkolonie befand, deportiert worden war, und dem es glückte, von dort in einem Boot nach Atchin zu entkommen, brachte es nach kurzer Zeit unter den aufständischen Atchinesen bis zum General, in welcher Eigenschaft er den Holländern noch heute nicht wenig zu schaffen macht. Die meisten Fluchtversuche werden von gefangenen Burmesen unternommen. Der Burmese liebt seine Heimat über alles, er vergeht vor Sehnsucht nach seiner Familie, seinen Kameraden, seinen Pagoden und Klöstern, und man hat Fälle erlebt, daß er sich ins Meer stürzte in der Hoffnung, schwimmend die Küste seines Vaterlandes zu erreichen. Auch die meisten in der Kolonie vorkommenden Selbstmorde (die Zahl ist relativ gering) werden von Burmesen begangen.

Über einen Monat habe ich in Port Blair geweilt, und indem ich von diesem von der Natur so wunderbar bevorzugten Erdenwinkel scheide, nehme ich die Überzeugung mit mir, eine der segenbringendsten Institutionen des großen anglo-indischen Kaiserreiches kennen gelernt zu haben. Gegen

2000 Sträflinge, die sich gegen das Leben oder Gut ihrer Mitmenschen vergangen haben und die in den engen Mauern eines Gefängnisses wahrscheinlich noch schlechter geworden wären, werden von hier, wo ihnen die Möglichkeit geboten wird, durch tugendhaften Lebenswandel ihr Los von Jahr zu Jahr erträglicher zu gestalten, als gebessert entlassen und der menschlichen Gesellschaft als Leute, die gelernt haben, sich im Schweiße ihres Angesichts ihr Brot auf ehrliche Weise zu verdienen, zurückgegeben. Das ist viel, sehr viel und jedenfalls ein Erfolg, wie er schöner nicht gedacht werden kann.

Die Zwergneger der Andamanen.

Man muß schon, gleich der Jugend, schnell fertig mit dem Worte sein, um sich nach einem vierwöchentlichen Aufenthalt auf den Andamanen zu einer eingehenden Schilderung der Sitten, Gebräuche u. s. w. der eigentlichen Bewohner dieser Inselgruppe für berufen zu halten. Ich habe mir denn auch diese Aufgabe ebensowenig gestellt, wie ich die Absicht oder auch nur Hoffnung hege, durch die nachstehenden Zeilen der Völkerkunde einen Dienst zu leisten. Was ich beabsichtige und zu erreichen hoffe, ist lediglich, den Leser oberflächlich mit einer der interessantesten wilden Völkerschaften bekannt zu machen, die mir begegnet sind.

Als ich den ersten Andamanesen im Hause des Mr. Man zu Gesichte bekam, fragte ich überrascht meinen Wirt, wie er zu diesen Afrikanern komme, so ausgesprochen ist der Negertypus dieses zwergartigen Volkes. Sie sind Neger in Taschenformat, schwarz wie die Waniamwesis, an die auch die Gesichtszüge mancher erinnern, während andere eine auffallende Ähnlichkeit mit den Wadschaggas und anderen Bewohnern des Kilimandscharo aufweisen. Ob diese Zwergneger thatsächlich als Urbevölkerung der Andamanen zu betrachten sind, oder ob man in ihnen die Nachkommen afrikanischer, hier einstmals gestrandeter Sklaven vor sich hat, darüber sind sich die Gelehrten auch heute noch nicht einig. Ich als Laie bin vorläufig geneigt, die letztere Theorie für die richtigere zu halten, trotz aller Widersprüche Mr. Mans, des besten, ja vielleicht einzigen genauen Kenners der Andamanen und ihrer Bewohner.

Andamanese.

Auf die Einwendung dieses Herrn, daß unter keinen Umständen anzunehmen sei, Sklavenhändler würden jemals Leute von so ungewöhnlich geringer Körpergröße als Sklaven aus Afrika ausgeführt haben, läßt sich erwidern, daß diese Leute nicht nur in einem von demjenigen ihres Heimatlandes verschiedenen Klima und bei einer gänzlich anderen Lebensweise, sondern auch infolge jahrhundertelanger Inzucht degeneriert sein können. Die Nachkommen der Portugiesen in Goa und die Sprößlinge anderer in den Tropen geborener Europäer liefern in der zweiten und dritten Generation den besten Beweis, wie schnell die Degeneration fortschreitet. „Ja, aber wo finden Sie bei den Andamanesen die aufgeworfenen Lippen und breitgedrückten Nasen der afrikanischen Neger?" entgegnete mir Mr. Man.

Erstens habe ich eine Anzahl Andamanesen mit solchen Lippen und Nasen in der That gesehen, und zweitens giebt es in Afrika Stämme genug, die ebenso fein geschnittene Nasen und Lippen aufweisen, wie wir sie vielfach bei den Andamanesen finden. Man hat nur nötig, in eine der ostafrikanischen Missionsanstalten zu gehen, in denen die aus allen Gegenden des dunklen Erdteils stammenden, befreiten, jugendlichen Sklaven erzogen werden, um sich zu überzeugen, daß selbst unter den zu der großen Bantufamilie gehörenden Stämmen wulstige Lippen und breitgedrückte Nasen nicht de rigueur sind. Ich bin überzeugt, würde man eine Anzahl Andamanesen unter die Zöglinge einer dieser Missionen verteilen, selbst Mr. Man würde seine liebe Not haben, sie aus der Masse wieder herauszufinden. Doch sei dem, wie ihm wolle, nachdem es Gelehrten vom Fach nicht gelungen ist, hier den Schleier zu lüften, haben die Ansichten eines Laien eine so geringe Bedeutung, daß wir über dieselben ohne weiteres zur Tagesordnung übergehen können. Die von Emin Pascha gemessenen afrikanischen Akka-Zwerge am Aruwimi weisen Höhenmaße von 136, 128 und 124 Ctm. auf. Die Durchschnittshöhe der Andamanesen beträgt bei ausgewachsenen Männern 148, bei dem schönen Geschlecht 140 Ctm., doch fand Mr. Man auch ausnahmsweise ausgewachsene Männer von 137 und Weiber von nur 132 Ctm. Höhe.

Die Bewohner der Andamanen zerfallen in neun verschiedene Stämme, von denen ich indessen nur die im Süden der Inselgruppe lebenden bojig-ngiji näher kennen gelernt habe. Die unterschiedlichen Sprachen dieser neun Stämme bilden eine Gruppe für sich. Die bojig-ngiji sind proportioniert gebaute, muskulöse Leutchen mit wolligem Haar, ofenschwarzer Hautfarbe und oft angenehmen Gesichtszügen. Sie leben in den Wäldern der Inseln an geschützten Plätzen in Hütten, die aus vier senkrecht stehenden Pfählen mit einem nach hinten stark abfallenden Blätterdache bestehen, und treiben weder Ackerbau noch Viehzucht. Ihre vegetabilische Nahrung setzt sich aus verschiedenen wildwachsenden Wurzeln (yams), drei Arten der Frucht der Mangroven, der Pandanus und dem Samen einer tonotong genannten Seewasserpflanze zusammen, in der Hauptsache aber leben sie von den Ergebnissen der Jagd, des Fisch- und Schildkrötenfanges, gelegentlich auch, gleich den Juden in der Wüste, von Heuschrecken und wildem Honig, von Käferlarven und sonstigem Gewürm. Jedenfalls läßt sich nicht leugnen, daß die Speisekarte dieser Wilden an Reichhaltigkeit wenig zu wünschen übrig läßt. Sie begnügen sich mit zwei Mahlzeiten, nämlich einem Frühstück und einem nach englischer Sitte gegen Abend eingenommenen dinner, dessen Hauptgerichte aus dem Braten des Wildschweins oder des fliegenden Fuchses, aus gerösteten Ratten, Iguanas, Tauben und Waldhuhn bestehen, während Schildkröten und Schildkröteneier, Seeschlangen, Krabben, Fische und Mollusken aller Art die Fischgerichte ausmachen. Die Larven des Cerambyx heros und anderen Käfergetiers, ebenso Honig, werden mehr als Näschereien denn als Nahrungsmittel betrachtet.

Hunde sind erst von den Engländern eingeführt worden und werden von den Eingeborenen als Haus- und Jagdgenossen hochgeschätzt, aber nicht gegessen, wie von den Bewohnern einzelner Inseln der benachbarten Nicobarengruppe.

Vorzüglich gearbeitete hölzerne Bogen in der Form eines langgestreckten S mit Pfeilen, die, je nachdem sie für größeres Wild oder Vögel und Fische bestimmt sind, eiserne beziehungsweise hölzerne Spitzen aufweisen, sind ihre einzigen Schußwaffen, doch werden auch hier und da Speere zur Jagd angewendet, wohingegen der Schildkrötenfang ausschließlich mit Harpunen betrieben wird. Das zur Anfertigung ihrer Waffen erforderliche Eisen haben sie seit undenklichen Zeiten von dem Wracke gestrandeter Schiffe entnommen. Tierfallen sind unbekannt.

Der andamanesischen Weiblichkeit genügt für gewöhnlich zur Bedeckung ihrer Blöße ein Blattstreifen der Pandanus, von etwa Fingerlänge und -breite, den sie, schamhaft, wie sie unstreitig sind, selbst im trautesten Familienkreise nicht ablegen. Bei festlichen Anlässen wird diese rührend einfache Toilette ergänzt durch einen Hüftgürtel, an dessen hinterem Teile eine Tournüre aus Pandanusblättern in Form eines Straußenschwanzes sich aufbauscht, sowie durch Halsbänder aller Art, aus Muscheln, Schildkrötenknochen und aufgereihten Rippenbruchstücken, Wirbelknochen und Fingergelenken verstorbener Freunde und Anverwandter. Das Haupthaar wird mit Ausnahme zweier schmaler Parallelstreifen oder, was heute ganz besonders fashionable zu sein scheint, eines Haarstreifens in Hufeisenform abrasiert, doch werden auch diese Streifen so kurz gehalten, daß selbst der zopfgewandteste Schulmeister schwerlich einen Anhaltspunkt an ihnen finden würde. Durchbohrungen der Ohren, Nasen und Lippen kommen weder bei Männern noch Weibern vor. Die Herren der Schöpfung auf Süd-Andaman tragen, falls sie nicht ganz adamitisch einhergehen, Gürtel ähnlich denjenigen der Frauen, aber mit kleineren Tournüren, dazu (wenn sie „en grande tenue“ zu erscheinen haben) Knie- und Handgelenkbänder mit Pandanusblattbüscheln, Hüftbänder mit Fransen aus aufgereihten Muscheln (Dentalium octogonum), die auch zuweilen von Weibern getragen werden, und Halsschmuck gleich dem obenangeführten. Die Haartracht der Männer bietet große Verschiedenheiten, oft wird das Haar wie bei den Wadschaggas rund um den Schädel wegrasiert und nur ein Mönchskäppchen bleibt stehen, zuweilen wird nur ein Weiberscheitel ausrasiert. Beide Geschlechter sind tätowiert, meist gleichmäßig auf Rücken, Schulter, Brust und den oberen Hand- und Fußflächen, und zwar in kunstlosester Weise durch Einritzungen von Gedankenstrichen und Ausrufungszeichen, die mit Hilfe von Stein- und Muschel-, neuerdings auch von Glasscherben, bewerkstelligt werden.

Das Bemalen des Körpers mit weißem Thon und rotem oder grauem Lehm ist unter den Andamanesen beiderlei Geschlechtes ebenso allgemein, wie das Schminken und Hautpudern unter den Pariserinnen. Die Ausübung dieser Kunst ruht in weiblichen Händen. Die Bemalungs-Künstlerinnen, deren Phantasie der denkbar größte Spielraum gelassen wird, erfreuen sich des lebhaftesten Zuspruchs, erhalten aber für ihre Mühewaltung keinerlei Belohnung, weder von ihren männlichen noch weiblichen Kunden. Das Bewußtsein, ihre Malereien bewundert zu wissen, ist ihnen Lohn genug. Großer Beliebtheit erfreuen sich, soviel ich bemerken konnte, ein Muster à la Zebra, sowie ein rot und weißes Zickzackmuster.

Trotzdem sich die Herzen der Jünglinge und Jungfrauen hier ebenso früh zu einander finden, wie in anderen tropischen Ländern, treten die Männer selten vor dem achtzehnten, die Mädchen fast nie vor dem sechzehnten Lebensjahre in den Ehestand, und auch dann meist nur, wenn das Herannahen des Storches diesen Schritt als geboten erscheinen läßt. Die Hochzeitsformalitäten sind so einfach wie möglich. Braut und Bräutigam werden in die Behausung des angesehensten Mannes im Lager oder in eine von Jungfrauen bewohnte Hütte geführt. Die Braut läßt sich schluchzend, das Gesicht mit den Händen bedeckend, zwischen den ihre Lenden streichelnden Freundinnen nieder, während die Genossen des sich anstandshalber sträubenden Bräutigams denselben auf den Schoß seiner Erkorenen zerren. Ist ihnen das gelungen, so wird eine Bambusfackel gebracht und die Gruppe beleuchtet, damit jeder Anwesende sich überzeugen kann, daß die unumgänglich notwendige Formalität erfüllt ist. Tief beschämt entfernt sich darauf das junge Ehepaar, um sich schleunigst in seine neugebaute Hütte zurückzuziehen und daselbst über die Folgen des gethanen Schrittes in aller Stille nachzudenken. Sämtliche geladenen Gäste sind verpflichtet, ganz wie bei uns auf dem Lande, Hochzeitsgeschenke mitzubringen, die durchweg in Haus- und Jagdgeräten bestehen, so daß die Neuvermählten sogleich in der Lage sind — ein Haus zu machen, wozu freilich weder Renaissance- noch Rokokomöbel, weder Smyrnateppiche noch ein Bechsteinscher Flügel, weder Meißener Porzellan noch zehn verschiedene Arten Gläser nötig sind. Einige gebrannte, nicht auf der Drehscheibe, sondern freihändig geformte Thontöpfe, diverse, aus Bambusstreifen geflochtene Körbe, Bambusgefäße, aus Bambus geschnittene Messer, Nautilusmuscheln, die zu Trinkgefäßen, und Schalen der Pinnamuschel, die als Teller dienen, und endlich ein hohler, der Länge nach gespaltener Baumstamm, auf dem mit den Füßen der

Takt zum Gesange und Tanze geschlagen wird, machen so ziemlich den ganzen Hausrat einer Andamanesenfamilie aus. Eheliche Treue soll, nach Mr. Man, nicht die Ausnahme, sondern die Regel bilden, und Bigamie, Polygamie, Polyandrie wie Ehescheidungen sollen unbekannt sein. Eines reichen Kindersegens erfreuen sich die Andamanesen niemals und trotzdem sie ihre Kleinen gern zu haben scheinen, behandeln sie dieselben mit so wenig Sorgfalt, daß ein großer Teil noch obendrein im zartesten Alter zu Grunde geht. —

Eine der merkwürdigsten Sitten dieses eigentümlichen Volkes ist die, daß sie ihre Kinder an die erste beste, befreundete Familie, die sie darum ersucht, verschenken. Ein Andamanese, der einem seiner Freunde eine diesbezügliche Bitte abschlagen würde, wäre einfach fortan unter seinen Stammesgenossen „gesellschaftlich unmöglich." Sind sie nun ihrer eigenen Sprößlinge ledig geworden und sehnen sich nach Ersatz, so gehen sie zu irgend einem Nachbarn und adoptieren dessen Kinder. In der zweiten Generation weiß daher kaum ein Andamanese, wer seine Blutsverwandten sind und wer nicht, so daß Heiraten zwischen den nächsten Verwandten keineswegs zu den Seltenheiten gehören, trotzdem solche heutzutage bewußt von den Andamanesen nicht geschlossen werden.

Die Kinder treten, sobald sie flügge geworden sind, in die Fußstapfen ihrer Eltern, die Knaben begleiten ihre Väter auf deren Jagdausflügen, die Mädchen helfen ihren Müttern Holz sammeln und die Küche besorgen. Stirbt ein Kind, so wird demselben von der Mutter oder Adoptivmutter das Haupthaar abrasiert. Die Beine werden in der Weise zusammengelegt, daß die Kniee das Kinn berühren, die

Arme so, daß die Hände an den Schultern liegen. Die Leiche wird in Blätter gewickelt und in einem von dem Vater resp. Adoptivvater aufgeworfenen Grabe in der Hütte und zwar unterhalb der Feuerstelle in sitzender Stellung eingescharrt. Nachdem das Grab zugeworfen worden ist, wird ein Feuer über demselben angezündet und eine Nautilusmuschel mit Milch in die Asche gesetzt. Die Eltern verlassen darauf, mit den notwendigsten Geräten beladen, ihre Behausung, befestigen zwischen den dieselbe umgebenden Bäumen Guirlanden aus Bambusblättern und Rohrstreifen, um jedem des Weges kommenden Fremden kund zu thun, welch trauriges Ereignis hier stattgefunden hat, und ziehen von dannen, um sich für die etwa drei Monate dauernde Trauerzeit ein provisorisches Heim in der Nachbarschaft zu errichten. Nach Ablauf dieser drei Monate kehren sie zurück, graben den inzwischen nahezu verwesten Leichnam wieder aus und waschen die gesammelten Knochen in der See. Der Schädel wird dann mit rotem Lehm beschmiert, mit Muschelgehängen geschmückt und von Mutter, Vater, Anverwandten und Freunden so lange als Erinnerungszeichen um den Hals getragen, bis er trotz aller Vorsichtsmaßregeln dem Zahne

Andamanesin mit Halsschmuck aus Menschenknochen.

der Zeit zum Opfer fällt. Die übrigen Knochen werden zerbrochen, durchbohrt, auf Bastschnüre gereiht und an befreundete Familien als Hals- und Stirnbänder verteilt. Bevor diese Verteilung stattfindet, entfernt das Elternpaar einen Klumpen grauen Lehmes, den es während der Trauerperiode vor der Stirn getragen hat.

Erwachsene Verstorbene werden, ebenso wie die Kindesleichen, in ein möglichst kleines Bündel zusammengeschnürt, nachdem ihr Körper vorher bemalt und aller Schmuckgegenstände entledigt worden ist. Der Leichnam wird aber nicht in der Hütte des Entseelten, sondern im Walde entweder begraben oder auf einem zwischen Baumästen errichteten Gerüst beigesetzt. Schädel und Knochen erwachsener Verstorbener finden in gleicher Weise wie diejenigen der Kinder später Verwendung als Andenken und Schmuckgegenstände.

Die Andamanesen kennen keinen Gott, keine Unsterblichkeit, dagegen glauben sie, wie die meisten wilden Völkerschaften, an Dämonen und an das Umgehen der Geister Verstorbener. Man wird vielleicht einwerfen, daß es in Europa gleichfalls Millionen Menschen giebt, die nicht an Gott, Millionen, die an Dämonen und umgehende Geister glauben. Es lag auch nicht in meiner Absicht, dem Leser ein Schütteln des Kopfes über die Gottlosigkeit der Andamanesen zu entlocken, ich erwähnte das nur en passant. Was aber wird man sagen, wenn ich berichte und für die Wahrheit meiner Worte die Hand ins Feuer lege, daß die Andamanesen der Kunst des Feuererzeugens absolut unkundig sind, es sei denn, daß man ihnen als Europäer Tändstickors utan svafvel och fosfor oder andere Streichhölzer in die Hand gäbe. Meines Wissens ist nur noch ein Volk außer den Andamanesen bekannt, welches eine gleiche Unfähigkeit, Feuer zu erzeugen, bekundet hat, die Ureinwohner von Tasmania, aber heutzutage dürften die Andamanesen wohl die einzigen Menschen auf der Erde sein, die keine Ahnung haben von dem physikalischen Gesetze, demzufolge Wärme durch Druck und Reibung erzeugt wird. Sind sie die Nachkommen hierher verschlagener afrikanischer Sklaven, so müssen sie die Fähigkeit, Feuer vermittelst zweier Holzstücke zu entfachen, verlernt haben, denn jeder afrikanische Volksstamm versteht sich auf diese Kunst. Sind sie hingegen Ureinwohner der Inselgruppe, so fragt es sich, von wo haben sie ihr erstes Feuer erhalten. Ich nehme als das Wahrscheinlichste an — durch den Blitz, doch es ist ebensowohl möglich, wenn auch weniger wahrscheinlich, daß sie sich ihr erstes Feuer von einer der zu den Andamanen gehörenden vulkanischen Inseln, dem Barren Island oder dem Narcondam Island geholt haben. Jede Hütte hat ihr ständiges Feuer, dessen Unterhaltung begreiflicherweise von allen Mitgliedern der Familie die größte Sorgfalt gewidmet wird. Unternehmen sämtliche Insassen einer Hütte gemeinschaftlich einen längeren Ausflug, so werden Stämme halbvermoderten Holzes ins Feuer gelegt. Dasselbe schwelt so langsam, daß zuweilen Wochen vergehen, bevor das Feuer den Holzblock verzehrt hat. Kleinere Stücke glimmenden Holzes werden auf Reisen sowohl zu Lande wie zu Wasser mitgeführt.

Die Andamanesen sind ebenso geschickte Kanubauer wie Ruderer, die Schnelligkeit, mit der sie ihre meist mit Auslegern versehenen 10—30 Fuß langen Einbäume vermittelst kleiner Paddeln vorwärts bewegen, ist überraschend.

In Port Blair befinden sich mehrere von der Verwaltung der Kolonie erbaute Asyle, in denen sämtliche zum

Gefängnis auf Viper Island. Andamanen.

Besuche eintreffende Eingeborene Obdach und Nahrung erhalten, so lange sie hier weilen, gleichgiltig, ob Tage, Monate oder Jahre. Etwa 40 Knaben sind außerdem der Obhut eines Beamten der Kolonie anvertraut, der sein Hauptaugenmerk auf die physische Ausbildung seiner Zöglinge richtet, sie hingegen mit geistigen Arbeiten gänzlich verschont. Man behandelt die Leutchen hier, und zwar in sehr richtiger Weise, vollkommen als Kinder, giebt ihnen, was sie sich wünschen, ohne jemals auch nur die geringste Gegenleistung zu verlangen. Man weiß, daß man mit der Zivilisation die Eingeborenen nicht beglückt, sondern ihnen den Tod bringt, und bemüht sich, ihnen den Lebensabend nach Möglichkeit zu erleichtern. Die Reihen der Südandamanesen haben sich in den letzten Jahren in ganz erschreckender Weise gelichtet, die Zahl der Geburten ist verschwindend klein im Verhältnis zu den Todesfällen, und mit Bestimmtheit kann man annehmen, daß nach 2—3 Jahrzehnten kein bojig-ngiji mehr existieren wird. Mr. Man berechnete das durchschnittliche Lebensalter dieses Zwergvolkes auf nicht mehr als 22 Jahre.

Trotzdem die Andamanesen geistig nicht unbegabt sind und einige Knaben sogar eine hohe Auffassungsgabe besitzen, hat man die Versuche, sie zu zivilisieren, nach langjährigen, nichts weniger als ermutigenden Experimenten als aussichtslos aufgegeben. Der Andamanese fühlt sich nur wohl in seinen Wäldern oder in seinem Kanu, wo er, wie ihn Gott geschaffen hat, seinem Vergnügen, der Jagd, nachgehen kann, um heimgekehrt, ohne seine Kleidung zu ergänzen oder zu wechseln, sich am Feuer seiner Hütte niederzulassen und sich den Wanst mit Schweinespeck und real turtle soup vollzuschlagen. Die schwellenden Polster der Zivilisation behagen ihm nun einmal nicht, und selbst wenn er Gelegenheit gehabt hat, sich fern von der Heimat jahrelang auf denselben herumzurekeln, sobald er den ersten Fuß wieder in die Wildnis gesetzt hat, streift er die ihm lästigen Gewänder ab, greift zum Bogen und Pfeil und verschwindet im Dschungel. Ich hatte Gelegenheit, eines schönen Tages auf Viper Island einem etwa zwanzigjährigen Jüngling zu begegnen, der, so lange er sich in der zivilisierten Welt bewegt hat, den Namen Joseph führte. Er war mit seinem achten Jahre von einem auf einer Inspektionsreise die Andamanen besuchenden englischen Generalarzt nach Rangun gebracht worden, hatte in verblüffend kurzer Zeit Lesen und Schreiben in Englisch und Burmesisch erlernt und später in einem Hospital Beschäftigung als Arzneimischer gefunden. Die Sache scheint ihm aber auf die Dauer langweilig geworden zu sein, denn er verduftete eines schönen Tages und trieb sich jahrelang als Diener, Stewart an Bord englischer Dampfer, Flötenbläser in der Musikbande eines Radja und weiß der Himmel, was sonst noch, herum, bis er endlich wieder in Rangun auftauchte, um bald darauf daselbst wegen Diebstahls ins Gefängnis zu wandern. Aus der Haft entlassen, sandte man ihn zurück nach Port Blair, von wo er sich unverweilt in die Jagdgefilde seiner Kindheit aufmachte. Hier traf ich ihn, nackt wie ein junger Amor, gleich diesem und seinen Jagdgenossen lediglich bekleidet mit Pfeil und Bogen und von oben bis unten bemalt gleich einem Massaischilde. Ich begrüßte ihn in englischer Sprache, und nachdem er die erste Verlegenheitsempfindung überwunden hatte, entspann sich zwischen uns eine lebhafte Unterhaltung. Joseph stellte mir seine auf meinen Wunsch herbeigeholte, lächerlich fette, kleine Gattin sowie verschiedene ihm befreundete Damen vor, weihte mich in die Geheimnisse des Bogenschießens ein und benahm sich in jeder Hinsicht als Gentleman. Ich erfuhr, daß er außer der englischen Sprache auch Hindustani, Tamil Telugu und Burmesisch fließend spreche, mit Dezimalbrüchen rechne wie ein Professor der Mathematik und in der Lage sei, jedes ihm vom Arzte übergebene Rezept in der Apotheke auszuführen. Und dieser sonderbare Jüngling, der in seinen früheren Stellungen bis zu 60 Mark monatlich an Gehalt bezogen hat, europäisch gekleidet war und gebildeter ist, als Millionen Europäer, er verzichtet mit Freuden auf alle ihm bekannt und vertraut gewordenen Annehmlichkeiten der so genannten zivilisierten Welt, um es vorzuziehen, in seinem schneiderrechnungslosen Heimatlande wieder das Leben seiner Stammesgenossen zu teilen und den wilden Mann zu spielen. Joseph ist mir während meines Aufenthaltes in Port Blair von großem Nutzen gewesen, indem er mir bei Anlegung von Sammlungen behilflich war und mich über die Gebräuche seines Volkes unterrichtete.

Mein Bericht über die Andamanesen würde eine Lücke aufweisen, wenn ich nicht zum Schluß dem vertrautesten Freunde dieses Zwergvölkchens einige Zeilen widmen wollte, nämlich dem Mr. Portman, Enkel Lord Portmans, ehemaligem Marineoffizier und heute Herbergsvater des Asyls für Eingeborene. Mr. Portman, der über ein Vermögen verfügt, welches ihm gestattet, seinen Bungalow mit einer 20 000 Mark kostenden elektrischen Beleuchtungsanlage zu versehen und sonstige Extravaganzen zu begehen, bezieht in seiner Stellung als Sträflingsinspektor und Herbergsvater ein jährliches Gehalt von etwa 12 000 Mark. Ich glaube, unter Deutschen wird man vergeblich nach einem Manne suchen, der als Mitglied einer der ersten Familien des

Landes und als Millionär eine solche Stellung einnehmen würde; aber Mr. Portman ist, was wir in Deutschland nennen, „ein kurioser Kauz“, der einen Narren an seinen Andamanesen und seinen Sträflingen gefressen hat und lieber auf seine Rente, als auf die ihm lieb gewordene Gesellschaft verzichten würde. Nebenbei ist er der beste mir bisher vorgekommene Amateur-Photograph. Die Sammlung von Photographien, die Mr. Portman von den Andamanesen in allen nur denkbaren Beschäftigungen und Stellungen aufgenommen hat und die gegen 1500 Nummern umfaßt, sämtlich 28:37 Zentimeter messend, ist im höchsten Grade sehenswert. Mr. Portman erzählte mir, er habe eine vollständige Auswahl von 1000 Exemplaren dem Britischen Museum in London zum Geschenk gemacht und hoffe, eine zweite Sammlung nach Berlin zu verkaufen.

„Darf ich mich erkundigen“, fragte ich Mr. Portman, „mit wie viel Sie diese herrlichen Photographien einem Museum zu berechnen gedenken?“

„Every print one pound“, war die Antwort, was auf deutsch heißt: 20 000 Mark für die ganze Reihenfolge.

„Mein lieber Herr Portman“, fiel ich ihm ins Wort, „Ihre wunderbaren Bilder sind zweifellos mehr wert, als das, aber geben Sie die Hoffnung auf, in irgend einer deutschen Museumsverwaltung einen Abnehmer für Ihre Kunstwerke zu finden. Ein Museumsdirektor, der 20 000 Mark für Andamanesenphotographien ausgäbe, würde bei uns wahrscheinlich unter Kuratel gestellt werden, und Sie dürfen als Regel annehmen, daß, wenn Sie eine ähnliche Sammlung einem deutschen Museum zum Geschenk machen, man Sie höflichst ersuchen wird, Glas und Rahmen nachzuliefern." — Bevor ich die Andamanen verließ, überreichte mir Mr. Portman eine Auswahl seiner besten Aufnahmen als Erinnerungszeichen, und ich bin dadurch in die Lage versetzt worden, den Lesern dieses im Aussterben begriffene Zwergvolk auch im Bilde vorzuführen.

Die Nicobaren.

Etwa vierzehn Tage weilte ich in Port Blair, als ich eines schönen Morgens folgende Zeilen vom Chief Commissioner der Inselgruppe, Obersten Cadell, erhielt:

„Ich schicke die ‚Enterprise‘ morgen nach den Nicobaren. Wollen Sie die günstige Gelegenheit benutzen, unseren interessanten Nachbarn einen Besuch abzustatten, so steht eine Kabine für Sie zur Verfügung. Mr. Man, der über sechs Jahre zwischen den Nicobaresen gelebt hat, wird Sie begleiten und Ihnen als Führer dienen.“

Natürlich zögerte ich keinen Augenblick, diese freundliche Einladung anzunehmen, verschaffte mir aus der Bibliothek des Chief Commissioners sofort alles — und dieses alles ist herzlich wenig — was über die Nicobaren geschrieben ist, und war in kürzester Zeit soweit orientiert, um zu wissen, daß nach Ansicht verschiedener Gelehrten in grauer Vorzeit die Nicobaren mit Sumatra verbunden waren, daß die heutige Bevölkerung dieser Inselgruppe als eine malaiisch-burmesische Mischlingsrasse anzusehen ist, daß die

Gruppe aus 12 bewohnten und 7 unbewohnten, durchweg hügeligen und mit Ausnahme von Teressa und Bompoku dicht bewaldeten Inseln mit einem Areal von zusammen gegen 40 deutschen Quadratmeilen und einer Gesamtbevölkerung von etwa 6000 Seelen besteht, sowie endlich, daß vom Jahre 1754 bis 1869 daselbst die dänische Flagge geweht hat. Die Erfahrungen, die Dänemark mit dieser Kolonie gemacht, waren freilich dermaßen entmutigend, daß es seine Besitzrechte im genannten Jahre an England abtrat, welches ohne Verzug daran ging, auf der Insel Nancowry eine Filiale seiner Verbrecherkolonie anzulegen, hauptsächlich, um auf diese Weise die Nicobaresen unter Aufsicht zu bekommen und den in den letzten Jahrzehnten häufig vorgekommenen Seeräubereien derselben ein Ende zu machen. Das Klima erwies sich indessen als so ungesund und der Boden auf den vielleicht fieberfreien Bergen wiederum als derartig undankbar, daß man nach 19 Jahren harter Arbeit und nach bedeutenden Geldopfern die Kolonie aufgab, nachdem der Hauptzweck, den Insulanern den notwendigen Respekt vor der Macht ihrer neuen Herrschaft beizubringen, allerdings halbwegs erreicht war.

Heutzutage erachtet die Regierung es für ausreichend, ab und zu vor den einzelnen Inseln die englische Flagge zu zeigen, unter den Bewohnern kleine Geschenke zu verteilen und, falls irgendwelche Verbrechen zu ihrer Kenntnis gelangen, den Schuldigen dingfest zu machen und für einige Zeit in Port Blair unterzubringen. Diesen Zweck hatte auch die Entsendung der „Enterprise", auf deren Deck ich, kaum achtzehn Stunden, nachdem ich meine Einladung erhalten hatte, bleich wie Frau Bertha, den Oberkörper weit vornübergebeugt gegen die Reeling lehnte. Ich hätte unseren Kapitän, als er im Vorübergehen die Bemerkung fallen ließ: „Oh! I see, you admire the wonderful blue of the waves“ (o! ich sehe, Sie bewundern dies wundervolle Blau der Wellen), erwürgen können, hätte ich nicht genug mit mir selber zu würgen gehabt. Mein einziger Trost war, daß Mr. Man sich in gleich intensiver Weise für das Blau der Wellen zu interessieren schien wie ich. Nach 24 Stunden schwebender Pein gingen wir in verhältnismäßig ruhigem Wasser bei Car Nicobar, der nördlichsten Insel der Nicobarengruppe, vor Anker, um bald darauf von einer Menge kleiner, mit Auslegern versehener Kanus umringt zu sein. Die Insassen derselben waren von untersetztem muskulösem Körperbau, aber von einer geradezu abschreckenden Häßlichkeit. Langes schwarzes Haar hing ihnen in Strähnen um die Schläfen oder war mit einem Baststreifen aufgebunden, die Nasen waren breit und flachgedrückt, die Backenknochen vorstehend, die Ohren mittelgroß mit unförmlich erweiterten Läppchen, und der Mund infolge beständigen Betelkauens in widerlichster Weise verunstaltet. Aus dem gleichen Grunde hatten auch bei einigen Individuen die Zähne eine fast wagerechte Stellung angenommen und ragten weit zwischen den Lippen heraus, während sie bei fast allen, mit Ausnahme der Kinder, vollkommen schwarz waren. Die Hautfarbe schwankte zwischen Gelb- und Rotbraun.

Ich glaube, man wird mir ein gewisses Talent, indezente Trachten wilder Völkerschaften so zu beschreiben, daß meine Aufzeichnungen ohne Anstand selbst in Mädchenpensionaten mit Anstand gelesen werden können, nicht absprechen können; die Bekleidung der Nicobaresen jedoch ist derartig beschaffen, daß ich es für besser halte, über dieselbe

Schweigen zu bewahren und dem Leser nur soviel zu verraten, daß der größte Teil der Gewandung in einem fingerbreiten am Gesäß gleich einem Schwanze herabhängenden Zeugstreifen besteht, der jedenfalls die Ursache gewesen ist, daß unwissende Reisende früherer Zeiten die Nicobaresen als geschwänzte Menschen geschildert haben. Einige meist wegen Mordes in Port Blair für kürzere oder längere Zeit eingesperrt gewesene und dort mehr oder minder erzogene Herren erschienen allerdings nicht in ihrer luftigen Nationaltracht, sondern in abgelegten europäischen Gewändern und mit Hüten in allen möglichen Formen und Schattierungen. Da sie sämtlich während ihrer Gefangenschaft ein wenig Englisch aufgeschnappt hatten, so begrüßten sie Mr. Man als alten Freund und Bekannten in seiner Landessprache. Es war außerordentlich belustigend, diese Leute zu beobachten und englisch radebrechen zu hören. Ich entsinne mich nicht, seit langer Zeit so gelacht zu haben, wie auf der Rhede von Car Nicobar.

Fast jeder Nicobarese führt heutzutage Europäern gegenüber einen englischen Namen, und gleichzeitig einen Titel wie Lord, Sir, Captain u. dergl. Da giebt es einen Lord Nelson, einen Captain Worcestersauce, einen Mr. „Cup and Saucer", Capt. London, Capt. Pears Soap u. s. w. Am meisten aber wurden meine Lachmuskeln gereizt, als ein völlig ergrauter Herr, das Haupt mit einem uralten Zylinder bedeckt, im übrigen aber ausschließlich mit Atmosphäre bekleidet, über die Reeling geklettert kam und auf meine Frage: „What is your name, Sir?" mit dem ernsthaftesten Gesichte von der Welt erwiderte: „I am the friend of England!"

Während sich zwischen den Insassen der Kanus und

unserer Schiffsmannschaft ein lebhafter Tauschhandel von Kokosnüssen gegen alte Brotreste entwickelte, versuchte ich von einem bereits wegen Beihilfe zum Morde bestraften, sehr unterhaltenden Jünglinge einige Kuriositäten einzutauschen. Als ich ihn fragte, ob er außerdem dieses oder jenes für mich besorgen könne, war seine ständige Antwort: „You kind to me, I kind to you! You pity for me, I pity for you! You give me hat, I give you pig. You give me jacket, I give nice things.“ Nachdem ich ihm verschiedene alte Kleidungsstücke geschenkt und er dadurch Zutrauen zu mir gewonnen hatte, winkte er mir, ihm in einen entlegenen Winkel des Schiffes zu folgen, legte mir dort beide Hände auf die Schultern und bat mich im Flüstertone, ihm bei meinem nächsten Besuche eine Flasche Rum mitzubringen. Ich sagte ihm, daß das Rumtrinken eine sehr schlechte Angewohnheit namentlich für einen so jungen Herrn wie ihn sei, doch fiel er mir sofort ins Wort: „Rum not for me, rum for mama sick.“

„Was?“ sagte ich, „deine kranke Mutter willst du Schlingel mit Rum unter die Erde bringen?“

„Not my m o t h e r, but my mama sick.“

„Daraus werde der Teufel klug, deine Mutter nicht, sondern deine Mama?“

„Yes ‚father‘ is same like ‚mama‘ and ‚mother‘ same like ‚papa‘ we not same language like you.“

Ich ging darauf mit ihm zu Mr. Man und erfuhr, daß in der That die Car-Nicobaresen ihre Väter mit mama und ihre Mütter mit papa anreden. Gleiches findet sich übrigens, wie mir später Professor Garbe in Königsberg mitteilte, auch bei einer großen Anzahl anderer Völkerschaften.

Sowohl hier als auch von den Bewohnern der später von uns besuchten Inseln fiel mir der gänzliche Mangel an Ehrfurcht vor Europäern auf. Die Leute behandelten uns vollkommen als frères et cochons, nannten mich, sobald sie meinen Namen erfahren hatten, einfach „Ehlers“ und meinen Begleiter kurzweg „Man“, nahmen alle Geschenke entgegen, ohne zu danken, und scheinbar nicht als solche, sondern als einen ihnen entrichteten Tribut. Obgleich sie wußten, daß Mr. Man die Macht hatte, sie wegen jedes Verbrechens zur Bestrafung zu ziehen, erklärten sie ihm rundweg, sie würden, falls einer ihrer z. Z. in Port Blair eine kürzere Strafzeit wegen begangenen Diebstahls abbüßenden Genossen zu ihnen zurückgesandt werde, den letzteren ohne weiteres totschlagen. Als ihnen darauf eröffnet wurde, sie riskierten, wenn sie dem Manne ein Leid anthäten, in Port Blair gehängt zu werden, meinten sie „That's all the same! Better not bring him back.“ (Thut nichts! Besser ist's, Ihr bringt ihn nicht zurück!)

Häuptling von Car Nicobar.

Als einen köstlichen Beweis für ihre einzig dastehende Unbefangenheit erzählte mir Mr. Man, daß, als vor einigen Monaten der Chief Commissioner Oberst Cadell die Nicobaren besuchte und an Bord seines Dampfers über mehrere Mörder zu Gericht saß, einer der Delinquenten, nachdem er sich eine Zigarette gedreht hatte, das Verhör mit den Worten unterbrach: „Cadell, have you matches?“ (Streichhölzer.) Europäische Damen scheinen den Nicobaresen noch weniger zu imponieren als Herren. So erwiderte der an Bord gekommene Häuptling einer der Inseln, dem Oberst Cadell seine ihn auf der Rundtour begleitende Tochter vorstellen wollte: „Not want see daughter, want see ship.“ (Wünsche nicht die Tochter zu sehen, sondern das Schiff.)

Wenn ich hier von Häuptlingen spreche, so sind darunter keineswegs besonders einflußreiche oder mit irgend welchen Vorrechten und Regierungsvollmachten ausgestattete Persönlichkeiten zu verstehen, sondern lediglich Männer, die von ihren Inselgenossen für geeignet gehalten werden, Handelsgeschäfte mit den die Inseln gelegentlich anlaufenden Schiffen abzuschließen, oder mit Fremden Konversation zu machen. Über ihre Genossen selbst haben sie keine nennenswerte Macht, denn jeder Nicobarese erfreut sich der gleichen Selbständigkeit und Unabhängigkeit. Macht sich irgend jemand in seiner Gemeinde unliebsam und ist sein Charakter geeignet, die Ruhe seiner Mitbürger zu stören, so wird er ohne viel Federlesens auf allgemeines Verlangen totgeschlagen. Leute, die verdächtig sind, die Macht des bösen Blickes zu besitzen, werden in einen Hinterhalt gelockt, und nachdem man ihnen zuvor Arm- und Beingelenke gebrochen hat, um ihrem Geiste später ein Umgehen unmöglich zu machen, erdrosselt und ins Meer versenkt.

Die jährliche Ausfuhr an Kokosnüssen von Car Nicobar wurde mir auf 4—5 Millionen Stück angegeben.

Gegen Abend verließen wir unseren Hafen, ohne wegen der hohen Brandung das Ufer betreten zu haben, und gelangten nach abscheulicher Fahrt gegen Wind und Wellen am folgenden Morgen nach Chowry, einem kleinen unbedeutenden Inselchen von kaum sechs Quadratkilometer Flächeninhalt. Im Südosten Chowrys ragt ein fast senkrecht ins Meer abfallender, vielleicht 200 Fuß hoher Sandsteinfelsen in die Lüfte, während der übrige Teil der Insel flach ist und sich bei hohem Wasser kaum 6—8 Fuß über dem Meeresspiegel erheben dürfte. Da unser Kapitän ein Landen mit seinen Booten wegen zu hohen Seegangs nicht gestatten wollte, belegten Mr. Man und ich eines der herangekommenen Kanus mit Beschlag und langten, nachdem unsere nackten Ruderer uns mit bewundernswertem Geschick durch die Brandung gesteuert hatten, fast trocken am Ufer an. Die Bevölkerung benahm sich völlig indolent, die von Mr. Man mitgebrachten Geschenke machten nur geringen Eindruck, und die einzigen Waren, gegen die man sich nicht gleichgültig benahm, waren Angelhaken, Rauchtabak (die Nicobaresen rauchen keine Pfeifen, sondern formen sich Zigaretten mit Blattumhüllung) und Kampher, der als Parfum besonders hoch geschätzt wird.

Ich hatte hier zum ersten Male Gelegenheit, die auf etwa 8 Fuß hohen, freistehenden Pfählen ruhenden, bienenkorbähnlichen Hütten der Eingeborenen zu bewundern. Ich sage absichtlich „bewundern", denn sie sind als Behausungen eines auf niedrigster Kulturstufe stehenden Volkes im höchsten Grade bewundernswert und verbinden mit großer Dauerhaftigkeit eine Ausführung, so sauber, so wunderbar genau in allen Einzelheiten, daß man kaum begreift, wie eine solche Arbeit ohne Wasserwage, Winkelmaß und Zirkel hat geleistet werden können. Vermittelst einer Bambusleiter gelangt man durch einen Einschnitt im Fußboden in das lediglich vermöge des durch die Risse in letzterem eindringenden Tageslichts schwach erhellte Innere der Hütte. Das erste, worauf die Blicke des Eintretenden fallen, sind diverse lebensgroße, aufrechtstehende, buntbemalte, roh geschnitzte Holzfiguren, meist mit alten europäischen Jacken bekleidet und noch älteren Hüten bedeckt, in der Hand die stets gefüllte Palmweinflasche, eine Zigarre im Munde und um den Hals einen Kranz von neusilbernen Löffeln und Gabeln. Diese Figuren mit ihren meist schielenden großen Perlmutteraugen sind wohl geeignet, nervenschwachen Persönlichkeiten Furcht einzujagen, und wenn der Teufel — was ich allerdings bezweifle — an Nervenschwäche leidet, so dürften sie, falls sie, wie man mir sagte, die Aufgabe haben, die betreffende Hütte vor seinem Besuch zu schützen, ihren Zweck sicher erfüllen. Neben mehreren dieser lebensgroßen Bildwerke finden sich in jeder Behausung noch zahlreiche Exemplare kleineren Formates, sowie von der Decke herabhängende, mit Grasbüscheln, Tabaksresten, bunten Bändern, Fischgräten und Speckstreifen behangene Gestelle aus Bambusflechtwerk. Diese verschiedenen Kostbarkeiten sind dem Teufel geweiht, um ihn, falls er trotz aller Abschreckungsmittel dennoch in die Hütte eindringen sollte, in möglichst gute Laune zu versetzen. An den Wänden hängen und stehen wohlgeordnet Hausgeräte aller Art, namentlich viele als Wassergefäße dienende polierte Kokosnußschalen, sowie Fischnetze, Speere, Pfeile und Bogen (letztere finden sich freilich nur auf den nördlichen Inseln). Über dem Eingangsloche der Hütte sind die rotbemalten Unterkiefer sämtlicher von den Bewohnern derselben im Laufe der Jahre verzehrten Schweine als Trophäen angebracht, während sich an der entgegengesetzten Seite der aus einem flachen, sandgefüllten Kasten bestehende Feuerherd befindet. Die meisten Hütten sind sehr geräumig, messen 40 bis 50 Fuß im Durchmesser und dienen gleichzeitig mehreren Familien als Behausung. Ehen sind unter den Nicobaresen ebenso schnell geschlossen wie gelöst. Ist eine Dame ihres Gatten überdrüssig geworden, so sagt sie ihm Lebewohl und sucht sich einen andern. Der Missionar Barbe erzählt u. a. von einer ihm bekannten Lady, die in wenigen Jahren neunmal ihren Gatten gewechselt hat.

Den Bewohnern sämtlicher Inseln der Gruppe dienen Kokosnüsse und die Früchte der Pandanus als Hauptnahrungsmittel. Beide wachsen wild, werden jedoch auch von den Eingeborenen angepflanzt, ebenso wie Yams, Papayas, Bananen und hier und da Lemonen. An Schweinefleisch, Hühnern und Fisch brauchte auf der Tafel des Nicobaresen kein Mangel zu herrschen, wenn er nicht vorzöge, anstatt täglich auf die Jagd und den Fischfang zu gehen, lieber Betel kauend, rauchend und Palmwein trinkend sich auf seinem Lager zu dehnen. Nur an den Vorabenden großer Ereignisse, als da sind Hochzeitsfeste und Begräbnisse, rafft er sich auf aus seiner Lethargie und zieht mit Pfeil, Bogen und Speeren bewaffnet in den Wald oder mit der Harpune auf den Schildkrötenfang.

Auf Chowry gilt das Fleisch des Hundes als großer Leckerbissen. Die Art und Weise der Beisetzung Verstorbener ist nicht auf allen Inseln die gleiche, doch erzählte mir Mr. Man, daß der Leichnam meist wenige Stunden nach eingetretenem Tode von den Anverwandten in rot und weiße Baumwollstoffe, oder, falls solche nicht vorhanden sind, in Matten gewickelt und entweder lediglich in dieser Umhüllung oder aber in einem aus den zwei übereinandergestülpten Hälften eines in der Mitte quer durchsägten Kanus hergestellten Sarg hinter der Hütte vergraben wird. Über dem Kopfende des Leichnams wird ein hoher Pfahl errichtet, der mit Bändern, Kokosnüssen und anderen Früchten, sowie Speckstreifen und Schweinepfoten behangen wird; auch sonstige Nahrungsmittel und Brennholz werden auf dem Grabe niedergelegt. Sämtliches bewegliches Eigentum eines Verstorbenen wird mit letzterem begraben. Jedes Begräbnis endet genau wie auf dem Lande in Ostpreußen und in anderen östlichen Provinzen stets mit allseitiger Betrunkenheit. So weit wäre ja alles recht schön, aber da ein einmaliges Begraben Verstorbener den Nicobaresen nicht genügt, so werden nach längerer oder kürzerer Zeit an festgesetzten Tagen alle etwa in den letzten 3 Jahren beigesetzten Leichname, zuweilen auch nur die Schädel derselben, unter großen Festlichkeiten von den nächsten weiblichen Anverwandten wieder ausgegraben, mit Kokosnußmilch gewaschen und von Hütte zu Hütte getragen, um überall mit Wehklagen begrüßt und endlich wieder in die Erde versenkt zu werden. Wochenlang vorher eingefangene und mit Kokosnüssen gemästete Wildschweine werden dann geschlachtet und am Spieße geröstet. Die trauernden „tiefergriffenen“ Hinterbliebenen lassen sich darauf, nachdem sie sich das Gesicht vorher mit Schweineblut „gewaschen“ haben, zum Leichenschmause nieder, um nicht so bald ans Aufstehen zu denken, und falls sie dennoch daran denken sollten, meist nicht mehr in der Verfassung zu sein, diesen Gedanken zur Ausführung bringen zu können. Je mehr Ehren man dem Andenken eines Verstorbenen erweisen will, um so öfter werden seine Gebeine wieder ans Tageslicht geholt und bei Freunden und Bekannten herumgetragen, um so öfter werden ihm zu Ehren Schweine verspeist und ungemessene Quantitäten berauschenden Palmweins getrunken.

Chowry ist merkwürdigerweise die einzige Insel der gesamten Gruppe, deren Bevölkerung — d. h. der weibliche Teil derselben — sich mit der Verfertigung von Töpfen beschäftigt, nicht etwa weil es den übrigen Inseln an dem notwendigen Rohmaterial fehlt oder weil ihren Bewohnern die Kunst des Topfformens unbekannt ist, sondern weil ein alter Aberglaube unter ihnen herrscht, demzufolge sie sterben müssen, sobald sie den Töpfern ins Handwerk pfuschen. Die Ausfuhr von Kokosnüssen von Chowry ist gering, ebenso von Bompoka, und wir finden daher auf diesen Inseln Mädchen und Frauen seltener, als beispielsweise in Car Nicobar, Nankowry u. s. w., mit Lendentüchern von im Tauschhandel empfangenen Baumwollstoffen, sondern statt dessen mit an Kürze nichts zu wünschen übrig lassenden, aus Palmblattbüscheln hergestellten Hüftschurzen bekleidet.

Gegen 11 Uhr vormittags verließen wir Chowry, dampften an Teressa und Bompoka vorüber und fuhren mit Sonnenuntergang ein in die von malerischen Felsgruppen und reichbewaldeten Höhen eingefaßte Wasserstraße, welche die Inseln Kamorta und Nankowry von einander trennt, um vor der auf erstgenannter Insel gelegenen ehemaligen Verbrecherkolonie Anker zu werfen. Ich fuhr am folgenden Morgen ans Land, um zu sehen, was die Elemente hier, nachdem man sie seit zwei Jahren ungestört hatte walten lassen, von den Gebilden von Menschenhand, von der 19jährigen Arbeit der etwa 300 Gefangenen übrig gelassen hatten, und fand als einziges Erinnerungszeichen an das, was hier geleistet worden, eine noch wohlerhaltene steinerne Molle, ein Wasserreservoir und die Gräber zweier Europäer. Das mit unsäglicher Mühe der Wildnis im Laufe zweier Jahrzehnte abgerungene Ackerland, die Weideplätze für nahezu 300 Haupt Rindvieh,

Gärten und Wege, alles war in dieser kurzen Spanne Zeit wieder mit Busch und Wald bedeckt. Zwei Jahre hatten der tropischen Vegetation genügt, fast alle Spuren des von Menschen gegen sie geführten Kampfes zu verwischen und mühelos zurückzuerobern, was ihr in hartem Ringen entrissen worden war. An der Stätte, an der noch vor zwei Jahren Mr. Mans Haus gestanden hatte, wiegten bereits haushohe Kasuarinen ihre Wipfel im Morgenwinde, und wo liebliche Ziergärten das Menschenauge erfreut, deckten undurchdringliche Massen wirr durcheinander gewachsener dunkelgrüner Schlingpflanzen den Boden. Das einzige menschliche Wesen, welches heute in dieser verlassenen Kolonie die Regierung repräsentiert, ist ein Chinese, der die Aufgabe hat, täglich die britische Flagge zu hissen, eine Aufgabe, die er aber, da der Flaggenmast kurz zuvor einem Waldbrande zum Opfer gefallen war, zur Zeit unserer Anwesenheit nicht zu erfüllen vermochte. Außerdem hat er die Pässe etwaiger den hiesigen Hafen anlaufender Schiffe zu visieren und für all diese Mühewaltung ein Gehalt von 150 M. monatlich über sich ergehen zu lassen. Ob die Regierung diesem bezopften „Gouverneur der Nicobaren“ das Recht, sich selbst mit „Exzellenz“ anzureden, eingeräumt hat, ist mir nicht bekannt geworden.

Ein Boot der „Enterprise“ brachte mich in etwa einer Viertelstunde von hier nach einem kleinen Dorfe der nur etwa 200 Einwohner zählenden Insel Nankowry. Wie viele in friedlichster Absicht den Hafen anlaufende Schiffe von den 200 Einwohnern, bevor die Engländer Besitz von den Nicobaren ergriffen hatten, in hinterlistiger Weise überfallen und, nachdem ihre Besatzung bis auf den letzten Mann niedergemacht war, ausgeplündert worden sind, dar=

über schweigt die Statistik, da die Nachforschungen durch den Umstand, daß die ausgeraubten Schiffe von den Räubern stets ins Meer hinausgefahren wurden, um dort versenkt zu werden, wesentlich erschwert wurden; doch sind vom Jahre 1837—1860 nicht weniger als 27 Fahrzeuge nachweislich hier spurlos verschwunden.

Ich fand die Bevölkerung, wenn auch indolent, so doch in keiner Weise ungastlich oder abweisend. Man ließ mich in jede Hütte hineinklettern, in allen Winkeln herumschnüffeln wie einen Gerichtsvollzieher, brachte mir auf meinen Wunsch frische Kokosnüsse, überließ mir sogar einige kleinere Teufelsverscheucher und weihte mich schließlich in die Kunst ein, Feuer mit Hilfe zweier trockener, gegeneinander geriebener Bambussplitter zu erzeugen. Auch hatte ich das Glück, einen „minloven“ (Teufelaustreiber) in voller Thätigkeit zu sehen. Letztere bestand darin, daß er einen vor ihm ausgestreckt liegenden Knaben, der wahrscheinlich fieberkrank oder, was nach Ansicht der Nicobaresen dasselbe sagt, vom Teufel besessen war, massierte, ab und zu in die Hände klatschte, allerhand unartikulierte Laute von sich gab, endlich an den verschiedenen Gelenken des Patienten zu saugen begann, um, nachdem das beendet war, den unsichtbaren Teufel aufzufangen, in der hohlen Hand zur Hütte hinauszutragen und unter allen möglichen Komplimenten in Freiheit zu setzen. Wie in Chowry die Töpferei, so steht in Nankowry und auf den südlicher gelegenen Inseln die Kanubaukunst in Blüte, und viele Bewohner der Nordnicobaren kommen alljährlich herüber, um ihren Bedarf an Booten hier zu decken. Auffallend viele Leute fand ich daselbst mit Elefantiasis behaftet.

In Nankowry hat im vorigen Jahrhundert eine Abordnung von Missionaren der Herrenhutergemeinde den Versuch gemacht, die gottlosen Nicobaresen zum Christentum zu bekehren, leider mit gar keinem Erfolge. Die armen Missionare fanden zwar leidlich freundliche Aufnahme, hatten aber unter den Einflüssen des Klimas und infolge ihrer Unvernunft derart zu leiden, daß von 24 Brüdern nach verhältnismäßig kurzer Zeit nur noch einer am Leben war, d. h. noch soweit am Leben war, um von einem des Weges kommenden dänischen Schiffe nach Tranquebar an der indischen Koromandel-Küste gebracht werden zu können. Ein ungemein interessanter Bericht dieses Herrn aus dem Jahre 1812 über seine und seiner Brüder Erlebnisse und Lebensweise in Nankowry wurde mir später in Port Blair vom Chief Commissioner zur Verfügung gestellt. Ich kann unmöglich unterlassen, folgende Stelle aus demselben wiederzugeben. Nachdem der Verfasser des Berichtes erzählt hat, wie die Brüder darauf angewiesen waren, um die Kosten ihrer Mission aufzubringen, Muscheln und andere Dinge für den europäischen Markt zu sammeln, fährt er wörtlich fort:

„Auf meinen häufigen Ausflügen der Küste entlang kam es zuweilen vor, daß ich von der Nacht überrascht wurde und nicht mehr in meine Wohnung zurückkehren konnte; aber ich war nie in Verlegenheit um ein Bett. Der größte Teil des Ufers besteht nämlich aus sehr feinem, weißem Sande, der über dem Niveau der Flut vollkommen rein und trocken ist. Hier grub ich mit Leichtigkeit eine Höhlung für meinen Körper und formte mir aus Sand ein Kopfkissen. Ich legte mich dann in das so geschaffene Bett, und indem ich mit beiden Händen den Sand über mich zusammenhäufte, begrub ich mich bis an den Hals. Mein treuer Hund legte sich darauf quer über mich, bereit, Alarm zu schlagen, wenn Gefahr von irgend welcher Seite herannahen sollte, doch hatte ich von wilden Tieren nichts zu fürchten. Krokodile und Kaimans treiben ihr Wesen nicht an der offenen Küste, sondern halten sich in den „Creeks" und Lagunen im Innern der Insel auf, und andere Raubtiere sind nicht vorhanden. Die einzige Unbequemlichkeit, unter der ich zu leiden hatte, bestand in den nächtlicherweile in Scharen umherspazierenden Krebsen und Krabben der verschiedensten Arten, und der ungeheure Lärm, den dieselben mit ihren Scheren vollführten, ließ mich zuweilen kein Auge schließen. Aber ich war wohl bewacht von meinem Hunde, und wenn sich irgend ein Tier unterstand, nahe heranzukommen, so war es sicher, sofort ergriffen und in respektvolle Entfernung zurückgeschleudert zu werden. Kam jedoch ein Krebs von besonders erschreckender Größe heran, dessen Scheren mein Hund seine Nase nicht auszusetzen wagte, so trieb er denselben durch Bellen in die Flucht, wodurch ich freilich oft sehr viel ernstlicher beunruhigt wurde, als gerade erforderlich war. Viele angenehme Nächte habe ich in diesen grabähnlichen Schlafstätten namentlich in mondhellen Nächten zugebracht." Was soll man dazu sagen? Ist es unter solchen Umständen ein Wunder, wenn die Missionare starben wie die Fliegen? Und dieser Mann war, da er der einzige ist, der auf der Stätte seiner Wirksamkeit auf Nankowry nicht gestorben ist, vielleicht noch der vernünftigste der 24 Brüder und derjenige, welcher am meisten nach den „Regeln der Hygiene für die Tropen" lebte.

Mehr als in den anderen besuchten Plätzen fiel mir in Nankowry die eigentümliche Schädelform der Insulaner auf. In frühester Jugend nämlich werden den Kindern die Schädel zwischen Brettern dermaßen zusammengepreßt, daß die Wölbung des Hinterkopfes fast gänzlich verschwindet und letzterer im Profil gesehen nahezu eine senkrechte Linie mit dem Halse bildet, und infolgedessen einige Individuen den Eindruck machen, als liefen sie mit halben Köpfen umher.

Wahrscheinlich mehr als Spielzeug und Trost in einsamen Stunden, als im Interesse der Wissenschaft hatte Mr. Man dem bezopften „Gouverneur der Nicobaren" eine ganze Sammlung von Wärme-, Luftdruck-, Regen- und sonstigen Messern mitgebracht, und um ihm sein meteorologisches Institut einzurichten, wurden, als wir den Hafen von Nankowry wieder verließen, daselbst einige eigens zu diesem Zwecke von Port Blair mitgeführte Zimmerleute (selbstverständlich Sträflinge) zurückgelassen, die wir später auf dem Rückwege wieder an Bord nahmen.

Nach einer leidlich ruhigen Nachtfahrt trafen wir am nächsten Morgen an der Insel Kondul ein. Dieselbe zählt nach Angabe der Leute, die das wissen müssen, nicht mehr als 42 Einwohner, doch glaube ich persönlich allein einige 60 kennen gelernt zu haben. Die Insel ist wunderbar üppig bewaldet und Kokos- wie Arekapalmen, Pandanus und Riesenbambus bilden mit allen möglichen Laubbäumen zusammen ein schier undurchdringliches Dickicht, aus dem hier und da schroff ins Meer abfallende Sandsteinfelsen als wohlthuende Ruhepunkte für das Auge hervorragen. Aus dem Umstande, daß der weitaus größte Teil der männlichen Bevölkerung in der Lage gewesen war, unserer Anwesenheit zu Ehren mehr oder minder europäische Kleidung anzulegen, läßt sich schließen, daß der Handel hier ein relativ bedeutender sein muß.

Nach kurzem Aufenthalt ging es weiter nach Groß-Nicobar, dem südlichst gelegenen und gleichzeitig größten Eilande der gesamten Gruppe. Wir haben nur den fast am Nordende gelegenen Hafen Laful besucht und hatten zu meinem lebhaften Bedauern keine Gelegenheit, eine kleine Expedition in das Innere der Insel, die vollkommen bewaldet zu sein scheint und bis zu 2000 Fuß ansteigt, zu unternehmen. Ich hätte gar zu gern den in den Bergen lebenden Ureinwohnern, den Shom Pens, meinen Besuch gemacht, einem Volke, in dessen Adern weder malaiisches noch burmesisches Blut rinnt, und welches, da es nie mit Händlern und selbst nur in den seltensten Fällen mit den Bewohnern an der Küste seines Eilandes in Berührung kommt, noch völlig unzivilisiert sein soll. Es gelang mir lediglich, zwei Speere, die einzige Waffe, welche die Shom Pens führen, zu erhalten. Dieselben bestehen aus etwa zehn Fuß langen, dünnen Stangen von im Feuer gehärtetem Holze der Arekapalme, sind scharf zugespitzt und hinter der Spitze mit eingeschnittenen Widerhaken versehen.

Die Bewohner Lafuls stehen jedenfalls den Malaien in Erscheinung und Wesen weit näher als alle übrigen Nicobaresen, sie empfingen uns freundlich und schienen über den Besuch Mr. Mans lebhafte Freude zu empfinden. Während letzterer seine Geschenke verteilte und alle möglichen Erkundigungen einzog, unternahm ich mit Hilfe eines Eingeborenen in einem den chinesischen Sampans ähnlichen kleinen Boote mit flachem Boden eine Fahrt in einen sich durch Urwald weit in das Innere der Insel hinein windenden „Creek", und später unter der gleichen Führung in einem Einbaum einen Ausflug entlang der bald bewaldeten, bald felsigen Küste. Es war ein erfrischend kühler und stiller Nachmittag, in den durch Felsenvorsprünge gebildeten Buchten war das Wasser gänzlich unbewegt und so durchsichtig, daß man auf mehr denn 20 Fuß Tiefe jeden Gegenstand genau erkennen konnte: Fische und Korallen, Algen, Mollusken und was sonst in der Tiefe vegetiert, schwimmt und kreucht. Ich hätte stundenlang diese Wunder anstaunen können, stundenlang in meinem Kanu über diesen märchenhaften unterseeischen Gärten schweben mögen, aber mein Gefährte machte sich mir soweit verständlich, daß ich aus seinen Gesten und seinem Vorwärtsdrängen erkennen konnte, es gäbe hinter einem vor uns liegenden Felsvorsprung noch mehr für mich zu sehen. So griff ich denn wieder zu meinem, einem Massaispeer gleichenden Paddelruder und paddelte mit meinem nackten Freunde um die Wette, bis wir den Vorsprung glücklich umschifft hatten und in eine winzig kleine Bucht hineinfuhren, in der mein Nicobarese mich mitsamt dem Kanu auf den Sand setzte. Auf seinen Wink stieg ich aus und folgte ihm über Geröll, Steine und Felsen, doch erschien mir die Sache infolge der Schlüpfrigkeit und Glätte der letzteren bald dermaßen halsbrecherisch, daß ich es für geratener hielt, mich meiner Stiefel und Strümpfe zu entledigen und mich auf meine Füße, wie Gott sie geschaffen hat, zu verlassen. Immer weiter ging's nun, besser zwar, aber doch keineswegs gut über beängstigend scharf abfallende Felsgrate, und durch Spalten, durch die selbst eine Sarah Bernhardt Mühe haben würde, sich hindurchzuzwängen. Ich dachte, wenn mich der Mann nun nicht mindestens zu einem Schatze à la Monte Christo führt, so hole ihn der — verzeihen Sie das harte Wort — Teufel!

Endlich machte mein Führer Halt und deutete auf eine etwa 20 Fuß hohe und am unteren Ende gegen 4 Fuß breite, sich scheinbar tief ins Innere des Felsens hineinziehende Kluft. Winzig kleine Schwalben huschten beständig aus und ein, und ich vermutete sofort, daß ich mich an der Schwelle der Fundstätte der bekannten eßbaren indischen Vogelnester befand. Ich verzieh daher meinem Freunde alle Strapazen, die er mir zugemutet, widerrief im Geiste alles, was ich vom Schatz à la Monte Christo und vom Teufelholen gedacht hatte, und gab durch Gesten meinen Wunsch, in das Innere der Höhle einzudringen, zu erkennen. Zu diesem Zwecke mußten wir eine uns von dem Eingange derselben trennende 12 Fuß tiefe Schlucht entweder überbrücken oder uns in dieselbe hinunterlassen. Mein braver Nicobarese begriff mich und verschwand auf eine Viertelstunde, um dann mit einem etwa 18 Fuß langen Bambusrohr zurückzukehren, dessen Seitenäste er durch Zustutzen in Leitersprossen verwandelt hatte. Nachdem das Rohr hinuntergelassen war, begann ich, während mein Begleiter dasselbe festhielt, den Abstieg. Die Kletterei an einem schwanken Bambusrohr mit in einem Winkel von 45 Grad aufwärts zum Rohre stehenden kaum fingerdicken und höchstens 3 Zoll langen Sprossen ist für einen barfüßigen Europäer alles andere eher als ein angenehmer Nervenkitzel. Jeder meiner Tritte war denn auch mit einem unterdrückten Schmerzensschrei verbunden, und nie habe ich mehr bereut, mich meiner Stiefel entledigt zu haben, als während dieses fatalen Abstieges. Sobald ich unten angelangt war, folgte mein Begleiter, und bis an die Knie durch Wasser watend, über algenbewachsene Steine kletternd, gelangten wir endlich in das Innere der Höhle, in der tausende von Schwalben, erschreckt durch unseren Besuch, unter vorwurfsvollem Zwitschern wild durcheinander schwirrten. Die oberen Wandungen der Höhle, auf deren Boden sich fußhoher Guano angehäuft hatte, waren über und über mit Nestern bedeckt, von denen es uns gelang, mit Hilfe meines an einer langen mitgebrachten Bambusstange befestigten Messers etwa ein Dutzend loszulösen. Mit dieser Beute beladen, traten wir den Rückzug an, kletterten — ich abermals unter kaum erträglichen Schmerzen — an der Bambusleiter in die Höhe, dann über die vorhin erwähnten Hindernisse zu meinen Stiefeln zurück und saßen kurz darauf wieder heimwärts paddelnd in unserem Einbaum.

Die Collocalia fuciphaga ist bedeutend kleiner als die bekannte heimatliche Schwalbe, welche keinen Sommer macht. Sie ist braun, hat grauweißes Bauchgefieder und findet sich namentlich im Archipel von Mergui, auf den Nicobaren und Andamanen. In der Hauptsache nistet sie in hart am Meeresufer gelegenen, schwer zugänglichen Felsspalten, an deren Wandungen sie ihre aus einer weisgrauen, gelatinösen Substanz gebildeten, oben offenen Nestchen baut, die von den Eigeborenen gesammelt werden und auf den anlaufenden chinesischen Handelsfahrzeugen einen hochgeschätzten Tauschartikel bilden. Die begehrtesten Nester sind die frisch vollendeten, bevor die Schwalbe ihre Eier hineingelegt hat; sie haben einen Marktwert von 1 Mk. 20 Pf. bis 1 Mk. 60 Pf. das Stück. Sind sie bereits zum Eierlegen benutzt und haben infolgedessen eine dunklere Färbung angenommen, so erzielen sie einen Preis von 60—80 Pf. Nester hingegen, die, was an ihrer bräunlichen Farbe und an dem an ihrer inneren Wandung haftenden Schmutz leicht zu erkennen ist, als Kinderstube gedient haben, sind schwer verkäuflich. Die Nester werden, nachdem sie über Nacht in Wasser eingeweicht und gründlich gesäubert worden sind, mit Zucker gekocht, und bilden, sobald die Masse erkaltet ist, eine milchweiße Gallerte, die von reichen chinesischen Opiumrauchern als stärkendes und erfrischendes Nahrungsmittel frühmorgens im Bette genossen wird. Die Verbrecherkolonie auf den Andamanen verzeichnet aus dem Verkauf gesammelter Nester eine jährliche Einnahme in Höhe von etwa 2000 Mark.

Nachdem ich kurz nach Sonnenuntergang ein erfrischendes Seebad genommen hatte, kehrte ich an Bord zurück. Wir blieben über Nacht vor Anker liegen, wurden durch ein ungewöhnlich heftiges Gewitter wach gehalten und brachen in aller Frühe nach Teressa auf, wo wir gegen Mittag anlangten, um ungesäumt ans Land zu fahren. Teressa ist weniger gut bewaldet als die meisten anderen Inseln, hat einen Flächeninhalt von etwa zwei deutschen Quadratmeilen und gegen 600 Einwohner, die, zumal sie das Haar kurz geschoren tragen, einen weit zivilisierteren Eindruck machen als alle ihre Nachbarn. Auch fand ich sie weniger indolent als diese und in ihrem Wesen mehr den Burmesen gleichend. Ohne jede Begleitung schlug ich mich, sobald die nötigen Begrüßungsformalitäten erledigt waren, seitwärts in die Büsche und hatte das Glück, bald an eine vom Unterholz befreite Stätte zu gelangen, die, wie ich auf den ersten Blick an verstreut umherliegendem alten Hausrat und halb vermoderten Zeugresten erkannte, als Friedhof diente. Zwischen Bäumen hingen etwa in Menschenhöhe, an Baststricken schwebend, mehrere in der Mitte durchgesägte Kanus, deren Öffnungen mit getrockneten Palmwedeln bedeckt waren. Ich entfernte die letzteren von einem derselben und fand neben halb zerfallenen Knochen einen zwar stark verwitterten, aber in der Form noch gut erhaltenen, mit bunten Bändern bewickelten Schädel, den ich eiligst unter meinem Regenmantel verschwinden ließ, um darauf auch die übrigen Kanus einer genauen Besichtigung zu unterziehen, doch gelang es mir nur noch einen einzigen unversehrten Schädel aufzufinden. Nachdem ich alle Spuren meiner grabschänderischen Thätigkeit verwischt hatte, entfernte ich mich mit meinem Raube, begab mich ins Dorf zurück und fand Mr. Man im Innern einer Hütte, umringt von alten Bekannten, am Boden sitzend. Mein liebenswürdiger Freund machte mich sofort auf einen etwa vier Fuß hohen Teufelverscheucher aufmerksam, der zwischen mehreren anderen Holzfiguren aufgestellt war, aber anstatt des Holzkopfes einen veritablen Menschenschädel auf den Schultern trug. Auch dieser war gleich den Köpfen der übrigen Figuren mit einem alten Hut bedeckt und hatte eine Zigarrette zwischen den Zähnen. Auf Befragen erfuhr ich, daß der Schädel von einem vor langen Jahren verstorbenen unfehlbaren „minloven“ stamme, daß das Innere der Figur die übrigen Gebeine des alten Charlatans berge und das Haus des Besitzers dieser sonderbaren Reliquie demnach vor dem Besuche böser Geister für alle Zeiten vollkommen geschützt sei. Da auch die Schnitzerei und Malerei an diesem Teufelverscheucher recht originell waren, so bat ich Mr. Man, indem ich gleichzeitig eine Anzahl funkelnagelneuer Rupien aus der Tasche nahm und in verführerischer Weise auf meiner Handfläche blinken ließ, unserem Wirte mitzuteilen, daß ich gewillt sei, einen hohen Preis für seine Schädelpuppe zu zahlen. Kaum aber hatte dieser begriffen, um was es sich handelte, als er abweisend die Arme ausstreckte und ein Gesicht machte, als wolle er sagen: „Nicht für Venedig! Ja, nicht einmal für Helgoland!“ — Aber er sagte nichts, sondern sah uns nur mit stummem Entsetzen an, und wir verstanden ihn. Ich glaube, der heilige Vater in Rom hätte mir eher die Sixtinische

Kapelle auf Abbruch verkauft, als daß dieser Mann sich von seinem Talisman getrennt hätte.

Als wir im Boot der „Enterprise“ an Bord zurückfuhren, gab uns eine große Anzahl Eingeborener in ihren Kanus das Geleite, doch wurden sie, da ich heimlicherweise meine erbeuteten Schädel einer gründlichen Waschung unterziehen wollte, alle an die eine Seite unseres Bootes dirigiert, während wir gleichzeitig ihre Aufmerksamkeit dadurch, daß wir sie zum Wettrudern aufforderten, von uns abzulenken suchten. Ich begann, sobald die Luft rein war, meine Seewasserspülung — aber „unrecht Gut gedeihet nicht,“ das zeigte sich wieder einmal in meinem Falle, denn eine malitiöse Welle entriß mir den ersten Schädel, und nicht ohne Schmerz sah ich ihn in den Fluten versinken. Ich gab infolgedessen die Wäscherei auf und brachte die übrig gebliebene Hälfte meiner Beute später vorsichtig in meine Kabine, um sie dort unter Kissen und Decken sorgfältig zu vergraben und vor Unbill zu schützen. Auch diesem vom Zahne der Zeit bereits stark benagten Schädel war es von der Vorsehung nicht vorbehalten worden, seine letzte Ruhestätte in der Sammlung des Geheimrats Virchow zu finden. Als ich am folgenden Morgen — wir schliefen der schwülen Nächte wegen stets auf Deck — in meine Kabine zurückkehrte, fand ich ihn zertrümmert am Boden liegen. Die „Enterprise“ hatte über Nacht wieder einmal Versuche gemacht, sich auf den Kopf zu stellen, dabei in meiner Kabine das Oberste zu unterst gekehrt und neben dem Schädel auch noch eine halbgefüllte Rotweinflasche als Opfer gefordert.

Da nach Mr. Mans Aussage bisher nur zwei Schädel von den Nicobaren nach Europa gelangt sind, hätte mir viel daran gelegen, wenigstens den mir verbliebenen Rest meines Raubes unversehrt zu erhalten, und ich war nicht gerade in rosigster Laune, als ich die Bescherung in meiner Kabine vorfand, abgesehen davon, daß ausgeflossener Rotwein, umherliegende Glasscherben und Schädelreste die Reize des Aufenthaltes in dem ohnehin dumpfigen, beengten Raum keineswegs erhöhten. Auch um den Rotwein that es mir leid, denn er war der einzig trinkbare Stoff an Bord. Außer Whisky und einem fürchterlichen Sherry waren überhaupt keine Spirituosen in der Offiziersmesse vorhanden. Mit einem wahren Schauder denke ich an ein Glas Sherry zurück, welches ich mir nach kaum überstandener Seekrankheit reichen ließ. Nicht nur meine Geschmacksnerven zogen sich infolge dieses scheinbar aus verdünnter Schwefelsäure und Strychnin bereiteten Labetranks zusammen, sondern ich hatte das Gefühl, als schlössen sich selbst die Löcher in meinen Strümpfen.

„Was?" höre ich den Leser entrüstet ausrufen, „Löcher in den Strümpfen? Auf solche Weise kompromittieren unsere Reisenden das Deutschtum im Auslande?"

Man möge sich beruhigen, denn das einzige, was ich mit diesen Strümpfen bloßstelle, sind meine verschiedenen Zehen, und diese sind, wie mir zugegeben werden muß, mein ganz persönliches Eigentum, welches ich behandeln kann, wie ich es für gut befinde. Im übrigen sind in Indien heile Strümpfe größere Seltenheiten, als beispielsweise in Berlin höfliche Polizisten oder Redaktions-Maikäfer im Februar, denn das Glück, unzerrissene Fußbekleidung zu besitzen, ist hier zu Lande stets ein ephemeres. Man kauft sich heute ein Paar der denkbar solidesten Socken. Nachdem man dieselben einen Tag getragen, übergiebt man sie dem Waschmanne; denn Waschfrauen giebt es hier nicht, und ein indischer Chamisso müßte sich daher schon mit einem „alten Waschmann" zufrieden geben. Dieser füllt nun die teuer erstandenen Strümpfe mit Sand und kleinen Steinchen und schlägt so lange mit denselben auf einem Felsblock herum, bis der Inhalt nach allen Richtungen durch das Strumpfgewebe hindurchgeflogen ist. Damit ist der Reinigungsprozeß beendet, und wenn man nach einigen Tagen seine Wäsche zurückerhalten hat, so kommt man beim Anziehen jedesmal in die Verlegenheit, nicht zu wissen, von welchem Ende man eigentlich in die Strümpfe hineinzufahren hat. Anfangs pflegte ich meinem Diener dieselben zum Ausbessern zu übergeben; doch konnte ich mich mit seiner Methode, die Löcher in der Weise zuzubinden, wie dieses mit den Enden einer Wurst zu geschehen pflegt, nicht befreunden und ziehe es daher jetzt vor, sobald meine heilen Strümpfe, gleich Eintagsfliegen, ihre Schuldigkeit gethan haben, mit zerissenen umherzulaufen, und nur bei festlichen Anläßen gestatte ich mir den Luxus unversehrter Fußbekleidung.

Nachdem wir Car Nicobar nochmals angelaufen und daselbst 3000 Kokosnüsse, die als Saat in der Verbrecherkolonie auf den Andamanen Verwendung finden sollten, an Bord genommen hatten, traten wir die Rückreise an und trafen nach unheimlich bewegter Nachtfahrt durch den ten degree Channel am nächsten Morgen wieder in Port Blair ein. Die „Enterprise" aber, auf der ich so manche trübe und auch — falls sie einmal nicht gar zu arg tanzte — frohe Stunde verlebt, sollte damit ihre letzte Fahrt gemacht haben. Sie ist wenige Wochen später in einem Cyklon im Hafen von Port Blair mit Mann und Maus untergegangen.

Madras und die Nilgiri.

Daß man auch auf den meerumrauschten Andamanen und Nicobaren nicht ungestraft unter Palmen wandelt, hatten mir verschiedene Fieberanfälle während meiner fast sechswöchentlichen Reisen daselbst bewiesen. Trotz regelmäßigen, solidesten Lebenswandels und meist leidlicher Verpflegung fühlte ich mich von Tag zu Tag schwächer, und da ich bald die feste Überzeugung gewann, daß ich meinen geplanten Marsch von Burma durch die Schanstaaten nach Siam in irgendwie erschütterter Körperverfassung unmöglich würde antreten können, auch vor Ende der Regenzeit Träger und Lasttiere nicht zu haben waren, entschloß ich mich, Heilung und Kräftigung in den mir von allen Seiten als herrlich geschilderten, bis über 8000 Fuß sich erhebenden, im Süden Indiens gelegenen Nilgiri (zu deutsch „blauen Bergen") zu suchen. Es wäre somit für mich das einfachste gewesen, mit einem Dampfer der Asiatic-Linie direkt nach Madras zu fahren, doch befanden sich sowohl zwei meiner Diener mit dem Zeltlager, als auch mein Kaschmirpony, der mich durch ganz Indien getragen hatte, in Rangun, so daß ich gezwungen war, vorerst dorthin zurückzukehren. Ich hielt mich nach den zuvor gemachten üblen Erfahrungen dort nicht länger auf, als unbedingt nötig war. Meine sämtlichen Diener, die mich zum Teil bereits von Assam aus nach Manipur und später durch die unwirtsamsten Gegenden Ober-Burmas begleitet hatten, erklärten, mir folgen zu wollen, gleichviel wohin, so lange die Reise über Land ginge, aber für nichts in der Welt mit mir über das große Wasser fahren zu können. Bekanntlich ist den Anhängern der Lehre Brahmas das Kreuzen des Ozeans nicht gestattet, aber da meine Leute durchaus waschechte Heiden aus den Khassia-Bergen in Assam waren, so konnten unmöglich irgend welche religiöse Bedenken sie bestimmt haben, mir untreu zu werden. Ich erfuhr denn auch bald, daß lediglich durch die Schilderungen, welche ein Junge, der mit mir nach den Andamanen und Nicobaren gefahren war, von den Schrecknissen der Seekrankheit entworfen hatte, diese allgemeine Dienstaufkündigung veranlaßt worden war. Da Zureden nichts fruchtete, wurden die seewasserscheuen Leutchen abgelohnt und in ihre Heimat entlassen, während mein Pony, den ich wegen der hohen Reisespesen sowohl als auch wegen der beschwerlichen Landung in Madras nicht mitzunehmen gesonnen war, mit dem Dampfer nach Bassein geschickt wurde, um dort, der Einladung eines meiner liebenswürdigen Ranguner Landsleute, des Herrn Heinrich Schmidt aus Bremen, folgend, für die Dauer meiner Abwesenheit sich auf üppiger Weide zu tummeln.

Nachdem diese und verschiedene andere kleine Angelegenheiten erledigt waren, duldete es mich nicht länger in der feuchtwarmen Treibhaustemperatur Ranguns, und da ich auf einen direkten Dampfer nach Madras noch mehrere Tage hätte warten müssen, entschied ich mich für einen gerade zur Abfahrt bereit liegenden Küstendampfer der British India-Company, löste mir für den Preis von 145 Mark ein Billet, ließ Zelt und Gepäck verladen und begab mich selber spät abends nach einem im Freundeskreise eingenommenen Essen in bester Stimmung an Bord. Diese Stimmung verwandelte sich freilich mit dem Augenblicke, in dem ich die Bretter betrat, welche das Schiff — „Kerbela“ war sein Name — bedeuteten, in das Gegenteil. Einige hundert Kulis von der Madrasküste, die nach mehrjährigem Aufenthalt in Rangun mit ihren ersparten Rupien in die Heimat zurückkehrten, wurden unter dem bei solchen Anlässen unvermeidlichen Getöse und Gelärme, Gedränge und Gebalge verladen. Das Deck des Schiffes glich mit seinem Menschengewimmel einem Ameisenhaufen, jeder strebte nach einer ihm zusagenden Schlafstelle, jeder suchte soviel Gepäck wie möglich ohne Frachtzahlung einzuschmuggeln und irgendwo unbemerkt zu verstauen; Kinder schrien nach ihren Müttern, Weiber nach ihren Männern und vice versa, Neuankommende stolperten und fielen über die bereits auf Deck lagernden Genossen, warfen ihnen in der herrschenden Dunkelheit Kisten und Kasten auf die Schienbeine, Bäuche und sonstigen edlen Körperteile, kurz, es herrschte ein Drüber und Drunter, wie es toller nicht gedacht werden kann. Über nackte schwarze Menschenleiber und durch nur mit Hilfe des Stockes entwirrbare Knäuel schwitzender Kulis bahnte ich mir mühsam meinen Weg zu dem sogenannten „Salon“ erster Klasse, auf dessen Boden die gesamte Dienerschaft des Schiffes ihr Nachtlager aufgeschlagen hatte — ein

Umstand, der begreiflicherweise auch nicht zur Verbesserung der Atmosphäre dieses Raumes beitrug — um schließlich in meine Kabine zu gelangen und dort in einem Zustande gelinder Verzweiflung eine schlaflose Nacht zuzubringen.

Mit dem ersten Morgengrauen verließen wir den Hafen, allmählich trat verhältnismäßige Ruhe unter den dunkelhäutigen Passagieren ein, und ich begab mich an Deck, wo der Kapitän sich in endlosen Entschuldigungen über die auf seinem Schiffe herrschenden Zustände erging und versprach, sein Möglichstes zu thun, mir die Reise halbwegs erträglich zu machen.

Ich hatte nämlich einen Empfehlungsbrief von dem durch seine humanen Bestrebungen, namentlich aber durch sein Inslebenrufen der Stanleyschen Emin-Pascha-Expedition bekannten Direktor der British India Co., Sir William Mackinnon in London, in dem alle Agenten und Kapitäne dieser Linie ersucht wurden, nicht nur die besten Kabinen zu meiner Verfügung zu stellen, sondern überhaupt während meiner Reisen jeden erfüllbaren Wunsch meinerseits zu berücksichtigen. Ich nahm infolgedessen die Stellung eines „most distinguished passenger“ ein, und hatte somit geglaubt, mir mit einer gewissen Berechtigung von dieser Fahrt nach Madras einen ganz hervorragenden Genuß versprechen zu dürfen. Aber ich hatte die Rechnung ohne die „Kerbela“ gemacht, eines der schlechtest eingerichteten Fahrzeuge, die mir vorgekommen sind. Das Deck der ersten Klasse befand sich in der Mitte des Schiffes, unmittelbar vor demselben lag die Küche der ausschließlich indischen Bootsmannschaft und hinter demselben diejenige der Kulis. In beiden wurde vom frühen Morgen bis zum späten Abend gekocht und geschmort, und wer je den Geruch von ranzigem „Ghi“, getrockneten Fischen, Zwiebeln und allen möglichen Curry-Zuthaten kennen gelernt hat, der wird verstehen, welche Zumutungen an meine Riechorgane gestellt wurden. Nicht genug an dem! Nein, der Kapitän hatte auch noch eine verletzte Hand, deren Bandage intensiven Jodoformduft ausströmte, und zum Überfluß wurden die Messingteile auf Deck den ganzen Tag über mit übelriechendem Kokosnußöl geputzt, so daß, der Wind mochte blasen, von wo er wollte, ich anstatt der ersehnten frischen Seeluft stets die widerlichsten Gerüche einzuatmen hatte. Nur ein einziges Mal erschien ich an der Tafel und zwar nur, um mit Schrecken zu gewahren, daß auch hier alle Speisen, wie in der Kuliküche, mit ranzigem „Ghi" bereitet und daher für mich einfach ungenießbar waren. Der Kapitän ordnete freilich ohne Verzug an, daß für mich besonders mit Butter gekocht würde und händigte in meiner Gegenwart dem Koch einige Büchsen dänischen Meiereiproduktes ein, aber der Geruch, der auch in Zukunft sämtlichen mir auf Deck gebrachten Gerichten anhaftete, raubte mir jeglichen Appetit, so daß ich schließlich nur von kondensierter Milch mit rohen, leider nicht einmal frischen Eiern und Champagner mein Leben fristete, eine Nahrung, die selbst den stärksten Menschen in einem Zeitraum von 8 Tagen auf den Hund, einen Fieberkranken aber dem Grabe bedenklich nahe zu bringen geeignet ist.

Erst am Nachmittage des fünften Tages kommt die Madrasküste in Sicht, zuerst in Nebel gehüllte Berge, dann ein Leuchtturm, weißer Strand und Sanddünen, dahinter Kokospalmenwälder, Bambusgruppen, hie und da Reisfelder, einzelne hellgetünchte Steinhäuser und endlich die armseligen unscheinbaren, mit Palmblättern eingedeckten Hütten der Eingeborenen. Eine halbe Stunde später rasselt der Anker in die Tiefe, und wir liegen etwa 3 Kilometer entfernt vom Ufer vor Kalingapatuam.

In kürzester Zeit sind wir umringt von mehreren Dutzenden großer, flachbodiger, aus 10—12 mit Kokosfaserstricken zusammengenähten Planken gebildeter Boote (masula genannt). Jedes derselben ist mit etwa einem Dutzend nackter Kerle bemannt, deren Ruder aus 12—15 Fuß langen, schiefen und krummen Stangen bestehen, an deren unterem Ende ein Brett befestigt ist. Die Steuerung des Bootes wird von einem der Insassen hinten mit Hilfe eines Ruders besorgt. Ich möchte nicht behaupten, daß diese eigenartigen Fahrzeuge, in denen stets ein Mann vollauf damit zu thun hat, das zwischen den Planken hindurchsickernde Wasser wieder auszuschöpfen, mir besonders vertrauenerweckend erschienen wären; aber dennoch erfüllen sie ihren Zweck, in tollster Brandung — und eine solche ist zur Zeit des Südwestmonsums an der Ostküste Indiens die Regel — zu landen, vollkommen. Wo jedes andere Boot zerschellen würde, werden diese, gleich Körben elastischen Fahrzeuge von den Wellen ans Ufer geschleudert, meist ohne Schaden zu nehmen. So ganz ungefährlich scheint aber selbst in diesen Booten die Landung nicht immer zu verlaufen, sonst würde der zu uns an Bord kommende englische Hafenmeister sich wohl kaum die Mühe genommen haben, zwei Rettungsgürtel anzulegen.

Wir nahmen Reis ein und luden etwa die Hälfte unserer Kulis aus. Jeder der letzteren hatte 75 Pfennig für die Landung zu entrichten, eine hohe Summe, wenn man bedenkt, daß der Tagelohn eines Arbeiters kaum 20 Pfennig beträgt. Die Bewohner der ganzen Madrasküste, die Tamilen sowohl wie die Telugis, zählen zu den mir unsympathischsten Bewohnern Indiens und sind die lärmendsten Orientalen, die ich kennen gelernt habe. Man sieht zwar vielfach unter ihnen schön gebaute Gestalten, aber die Gesichtszüge sind meist häßlich, unfreundlich und drücken Mißmut, Unzufriedenheit und Habsucht aus. Die Männer haben ihr langes, schwarzes Haar am Hinterkopfe in einen Knoten geschlagen, während die vordere Schädelhälfte kurz geschoren resp. rasiert wird, die Weiber tragen das ihrige in Form eines beutelförmigen glatten Chignons. Die Frauen sind ausnahmslos dezent gekleidet, wohingegen das stärkere Geschlecht der niederen Kasten soviel seiner schwarzen Haut zeigt wie irgend möglich. Man trifft unter ihnen zahlreiche Christen, meist römisch-katholischen Glaubens, doch wird allerseits behauptet, daß sie die größten Spitzbuben seien. Ich persönlich habe mit Madras-Dienern, die sich in allen Teilen Indiens und namentlich auch in Burma sowie auf Ceylon finden, einerlei ob sie Hindus oder Christen waren, mehrfach trübe Erfahrungen gemacht. Abgesehen davon, daß sie naschhaft sind, ihres Herrn Zigarren rauchen und seinen Wein trinken, stehlen sie häufig in raffiniertester Weise, indem sie ihnen begehrenswert erscheinende Dinge sowie Geldstücke, die man im Zimmer hat liegen lassen, unter Büchern, Zeitungen oder an anderen passenden Orten verstecken. Vermißt man nun die betreffenden Gegenstände und stellt den Diener zur Rede, so beginnt er mit der unschuldigsten Miene von der Welt zu suchen und fördert das Verschwundene wieder zu Tage, ist hingegen längere Zeit verstrichen, ohne daß man das Verschwinden bemerkt hat, so werden die versteckten Rupien, oder was es sonst sein mag, als gute Beute gänzlich beiseite geschafft.

Eine schwüle, windstille Mondscheinnacht mit wunderbarem

Meerleuchten folgte dem nahezu unerträglich heißen Tage. Wir hatten gegen Abend Anker gelichtet und steuerten auf Bhimanipatanam, auch „Bimilipatnam“ genannt, zu, wo wir um 5 Uhr in der Frühe anlangten. Der Anblick, den diese kleine, am Fuße eines roten, kahlen Berges, unter Palmen gelegene Ortschaft mit ihren weißgekalkten Steinhäusern bietet, ist ein überaus einladender, und gern wäre ich ans Land gegangen, wenn sich irgend eine passende Fahrgelegenheit gefunden hätte, aber wir lagen wiederum mehrere Kilometer von der Küste entfernt, und die Brandung war eine so hohe, daß man sich zum mindesten beim Landen auf eine gründliche Durchnässung gefaßt machen durfte. Außer einer Salzsiederei und einer Jutesackweberei wäre freilich in Bhimanipatanam, dessen nächste Umgebung wenig fruchtbar zu sein scheint, nichts zu sehen gewesen. Reis und Häute wurden eingeladen, und nachdem dieses Geschäft unter vielem Lärm erledigt war, dampften wir weiter gen Süden, um bald darauf vor Vishakpatanam zu ankern. Dieses Städtchen, in dem etwa ein Dutzend Europäer teils als Beamte, teils als Vertreter von Handelshäusern ein beschauliches Dasein führen, macht mit seinen am Ufer liegenden Bungalows, seiner hafenartigen Bucht, die durch einen ins Meer vorspringenden, grasbedeckten Hügel in Form eines Delphins gebildet wird, einen ganz zivilisierten Eindruck. Wir blieben hier nur wenige Stunden, während deren zahlreiche Händler an Bord kamen und meine Geduld durch Anpreisung von allerlei Schildpatt- und Elfenbeinwaren, Bisonhörnern und Arbeiten aus den Borsten des Stachelschweines auf eine harte Probe stellten.

Mit nächstem Morgengrauen erreichten wir mit Kakinada den nächst Calcutta und Madras bedeutendsten Hafenplatz der Ostküste Indiens. Hier lagen drei Dampfer auf der Rhede, die Schienen für eine im Bau begriffene Küstenbahn von England gebracht hatten, sowie mehrere größere Segelschiffe, die, wie ich von unserem Kapitän erfuhr, zum großen Teil an Ort und Stelle von den Eingeborenen gebaut waren. Kakinada ist Hauptstadt des Godavari-Distriktes und zählt 45000 Einwohner, darunter 15 Europäer. Ein eingeborener Regierungsbeamter kam als Passagier an Bord, und ich ließ mir natürlich die Gelegenheit nicht entgehen, von ihm soviel wie möglich über Land und Leute zu erkunden.

Infolge einer monatelang anhaltenden Dürre hatten viele Bezirke der Madras-Präsidentschaft schwer zu leiden. Die Ackerbauer hatten ihre Reisfelder nicht bestellen können, und die Regierung sah sich sogar veranlaßt, an einzelnen Plätzen Maßregeln zu treffen, um einer Hungersnot nach Möglichkeit vorzubeugen. Ich fragte daher meinen dunkelhäutigen, herrlich beturbanten Reisegefährten, ob man auch im Godavari-Bezirke mit Sorgen der Zukunft entgegensehe, worauf er mit der ganzen Aufgeblasenheit eines eingeborenen Beamten erwiderte:

„Bah! Wir sind hier nicht abhängig vom Himmel, und mag es noch weitere sechs Monate keinen Tropfen Regen geben, wir kennen darum doch keine Hungersnot, denn nahezu dreiviertel unseres Bezirkes sind künstlich bewässert, unsere Ackerpächter haben für die Berieselung ihrer Reis-, Sesam- oder Rizinusfelder 4 Rupien (= 6 Mark), ihrer Zuckerrohrpflanzungen 8 Rupien jährlich für das Acre zu entrichten, dafür haben sie aber auch nicht mit Bangen nach den Wolken auszuschauen und können stets mit Sicherheit auf eine gute Ernte rechnen.“

Der Mann benahm sich genau so, als habe er persönlich seinen Bezirk mit der gesamten Bewässerungsanlage beglückt und als erwarte er jetzt, ich solle ihm dafür wohlverdiente Bewunderung zollen. Das that ich nun freilich nicht, suchte indessen noch soviel wie möglich über die Verhältnisse des Landes von ihm zu erfahren und hielt mir später, nachdem ich meinen Wissensdrang befriedigt hatte, den aufgedunsenen, in seinem Fette schier erstickenden Patron so weit vom Leibe, wie der beschränkte Raum des Decks der „Kerbela“ solches zuließ.

Wir liefen tags darauf noch den uninteressanten, kleinen Handelsplatz Muchlipatman an, um endlich, am neunten Tage, nachdem wir Rangun verlassen hatten, in dem von künstlichen Wellenbrechern gebildeten Hafen von Madras an das Ziel unserer Fahrt zu gelangen.

Den Eindruck, den diese drittgrößte Stadt des indischen Kaiserreichs, die sich seit etwa 250 Jahren in englischem Besitz befindet, von der Seeseite macht, ist weder großartig noch ansprechend. Weder altehrwürdig noch architektonisch schöne Bauten fesseln das Auge, und das noch im Bau begriffene Gebäude des High Court, welches zur Hälfte in die Erde versunken zu sein scheint und zur andern Hälfte eine architektonische Mißgeburt ist, thut als abschreckendes Beispiel anglo-indischer Baukunst ein übriges, den Ankömmling von vornherein gegen Madras einzunehmen.

Ohne das geringste Gefühl des Bedauerns, aber mit bedenklich knurrendem Magen und in der Verfassung einer Leiche auf Urlaub verließ ich die „Kerbela.“ Die Landung zu Boot an dem weit in den künstlichen Hafen hineingebauten eisernen „Pier“ erfolgte ohne Schwierigkeiten, und wenige Minuten später rollte ich in einer bequemen

Droschke dem mir als „best" empfohlenen Gasthofe von Madras zu. Wir durcheilten unendlich lange, breite, von Bäumen eingefaßte und abwechselnd mit Villen und Eingeborenenhäusern bebaute Straßen, um schließlich vor dem mir angegebenen Gasthofe zu halten. Auf meine Frage nach einem Unterkommen wurde mir bedeutet, die wenigen Zimmer des Hauptgebäudes seien sämtlich besetzt, doch könne man mir in einem, zur Unterbringung unverheirateter Personen männlichen Geschlechts erbauten Nebenhause einen ebenso bequemen, wie kühlen Raum anweisen. Willig folgte ich meinem pechschwarzen Zimmerkellner und befand mich wenige Sekunden später in einem durch etwa 6 Fuß hohe spanische Wände in mehrere Buchten geteilten Gebäude, welches ich im ersten Augenblick für einen Pferdestall hielt. Bald wurde ich jedoch dahin belehrt, daß es der Stall für Junggesellen sei. Der in den verschiedenen Abteilungen herrschende Schmutz wäre gar nicht einmal nötig gewesen, um mich ohne Säumen zu dem Entschlusse gelangen zu lassen, mein Heil in einem andern Gasthofe zu versuchen. In fürchterlichster Mittagshitze machte ich mich nun auf die Reise zum Albany Hotel, von hier zum Elphinstone Hotel und so fort, lediglich allerorten den gleichen Schmutz, die gleiche Unordnung, überall die gleichen, träge sich am Boden oder selbst auf den Fremdenbetten herumrekelnden Dienerscharen vorzufinden. Die meisten dieser Gasthöfe machten den Eindruck, als habe man das Geschäft bereits aufgegeben und als solle das bestaubte, ohne jede Ordnung herumstehende Mobiliar morgen unter den Hammer kommen. Ein anlangender Gast schien geradezu als Störenfried betrachtet zu werden, und nirgend hatte ich die Empfindung, als sähe man mich ungern wieder von dannen ziehen.

Es war meine Absicht gewesen, in Madras einige Tage zu rasten, erstens, um die drittgrößte, gegen 400000 Einwohner zählende Stadt Indiens näher in Augenschein zu nehmen, und zweitens, um mich an — wie ich erhofft hatte — gutbesetzter Tafel, nach achttägiger Hungerkur an Bord der „Kerbela", zu erholen und zu kräftigen. Nachdem ich freilich die hier „Hotels" genannten Schmutzlöcher kennen gelernt hatte — von dem Vorhandensein eines vorzüglich geleiteten deutschen Klubs, in dem auch Wohnungen zu mieten sind, erhielt ich leider erst später Kenntnis — sah ich ein, daß in Madras an eine Erholung für mich nicht zu denken war. Wäre ich frisch und gesund gewesen, ich hätte vielleicht meinen Widerwillen überwunden und wäre trotz alledem geblieben, um mir die wenigen Sehenswürdigkeiten der Stadt, vor allen Dingen das Museum anzusehen, und selbst die gerade stark grassierende Cholera würde mich nicht abgeschreckt haben; aber in dem Zustand, in dem ich mich damals befand, entschloß ich mich, ohne Zeitverlust auf die Bahn zu fahren und mit dem nächsten Zuge meinem Reiseziel, den Nilgiri, zuzustreben. Auf dem hübschen Zentralbahnhofe hatte ich etwa zwei Stunden zu warten, während deren ich mich in sehr nützlicher Weise mit der Vertilgung großer Haufen „sandwiches" und geeister Getränke beschäftigte, um gegen 5 Uhr in dem via Arkonam, Erode nach Podanur abgehenden Postzuge Platz zu nehmen und mich sofort davon zu überführen, daß die Wagen der Madras-Railway in Bezug auf Komfort weit hinter denen aller anderen von mir befahrenen großen indischen Linien zurückstehen. Mein Kupee erster Klasse wurde überhaupt erst bewohnbar, nachdem ich von zwei herbeigerufenen Auskehrern den größten Schmutz aus demselben hatte fortschaffen lassen. Zum Glück hatte ich wenigstens mein Reich für mich allein und konnte es mir daher so bequem wie irgend möglich machen, namentlich auch meine Kleidung auf ein Minimum beschränken, ein bei der drückenden Hitze nicht zu unterschätzender Vorteil. Sobald der Zug die Bahnhofshalle verlassen hatte, konzentrierte sich mein Interesse natürlich auf die zu durchfahrende Landschaft, die zum weitaus größten Teile bis Arkonam, wo wir gegen Abend anlangten, um auf dem Bahnhof ein herzlich schlechtes Diner einzunehmen, einen gar jammervollen Anblick bot. Kahle Felder, Steine, Kaktus und Aloe, hier und da niederes Buschwerk, einige Palmen und ärmliche Hütten, um die nackte Kinder herumsprangen und abgemagertes Vieh das Wiederkäuen markierte (denn scheinbar gab es hier weder etwas zu käuen, noch wiederzukäuen), das war der Durchschnittscharakter der durcheilten Gegenden. Als wir Arkonam verlassen hatten und die Nacht den Anblick weiteren Elendes meiner Beobachtung entzog, bereitete ich mein Lager, und meine nackten Füße zum Fenster hinaussteckend, was in der Schwüle tropischer Nächte eine außerordentliche Wohlthat ist, dachte ich an die ferne Heimat, die ich nicht weniger liebe als andere Menschen, und in der ich mich doch nach allen meinen Reisen in fremden Landen nicht mehr völlig glücklich zu fühlen vermöchte, ließ längst Vergangenes vor meinen Gedanken Revue passieren und erging mich in allerlei Phantastereien über die Zukunft.

Ich dachte einen langen Schlaf zu thun, denn dieser letzten Tage Qual war groß; aber der Sandmann, trotzdem er nur nötig gehabt hätte, rechts oder links vom Bahngeleise zuzugreifen, um das zu seinem Geschäfte nötige

Material in unbegrenzter Menge aufzulesen, hatte kein Körnchen für mich übrig, und als die ersten Strahlen der Morgensonne die Höhen der „blauen Berge“ mit dem herrlichsten Purpur übergossen, erhob ich mich steif und durchgerüttelt in übernächtiger Stimmung von meinem Lager, mit der Absicht, mich in dem meinem Kupee angefügten Baderaum unter der Douche zu erfrischen. Vergeblich aber drehte ich den Wasserhahn von einer Seite zur andern, kein Tropfen des ersehnten Nasses kam zum Vorschein. Nach Ansicht der Verwaltung der Madras-Railway scheint demnach das Douchen ohne Wasser den Reisenden zuträglicher zu sein und, um eine neue Erfahrung reicher, wenn auch schmerzlich enttäuscht, fuhr ich in meine staubbedeckten Kleider, um mich wiederum in ein Anschauen der südindischen Landschaft zu vertiefen.

Was das Auge des Malers entzückt, findet häufig wenig Gnade vor demjenigen des Landwirtes, und da ich gleichzeitig mit den Augen beider zu sehen mich befleißige, so hing eines meiner Augen vielleicht wonnetrunken an den gleichen, unausgesetzt wechselnden Bildern, über die das andere alle Ursache hatte, sich mit Thränen zu füllen. Wegen mehrmonatlichen Ausbleibens aller Niederschläge hatten die Felder nur da, wo künstliche Bewässerung zu ermöglichen gewesen war, bestellt werden können, und wo immer Wasser in genügender Menge hatte herbeigeleitet werden können, prangten die jungen Reisfelder in voller Frische, der Bauer rührte mit Hilfe seines primitiven büffelbespannten Pfluges, tief im Wasser watend, den Boden auf, derweil auf andern Äckern hochgeschürzte Weiber beschäftigt waren, junge Reispflanzen in den schlammigen Boden zu senken. Doch solche Oasen fanden sich nur sehr vereinzelt in der weiten, nach Wasser lechzenden Wüste, deren braunroter Boden die Gluthitze eines Backofens ausstrahlte und gleichzeitig das Auge des Beschauers blendete.

Je mehr wir uns dem Fuße der Berge näherten, um so häufiger wurden glücklicherweise diese Oasen, um so freundlicher gestaltete sich die Landschaft. Auf den Haltestellen herrschte überall ein lebhaftes Treiben von abgehenden und ankommenden eingeborenen Reisenden, unter denen nicht selten Heilsarmeeapostel sich bemühten, Exemplare ihres Blattes, des „War cry", an den Mann zu bringen. Es berührt mich stets unangenehm, europäische Männer und Frauen in der Tracht der Heilsarmeeoffiziere, nämlich nach Art der Eingeborenen gekleidet und barfuß, einhergehen zu sehen. Die weiblichen Apostel, vielfach hübsche junge Mädchen, tragen pfirsichblütfarbene Röcke, gleichfarbiges Kopftuch und blutrote, kurze Jacken, die männlichen Mitglieder der Armee bloße Waden, pfirsichblütfarbene Lendentücher und Turbane, sowie ebenfalls rote Jacken. Ein derartig an- resp. ausgezogener Jüngling, mit lang über die Schultern fallendem, impertinent blondem Haar und einer laubfroschgrünen Sonnenbrille auf der spitzen Schillernase, erzählte mir auf Befragen, daß die Armeeleitung für freie Wohnung der Apostel Sorge trage und jedem derselben 5 Rupien = 7,50 Mark monatlich an Verpflegungsgeldern zahle.

„Und damit können Sie leben?" fragte ich überrascht meinen grünbebrillten Freund, der allerdings aussah, als ob er lange kein Beefsteak im Leibe gehabt hätte.

„O ja", meinte er, „es geht schon, bedenken Sie, daß die Eingeborenen mit der gleichen Summe oft eine ganze Familie erhalten und daß wir genau so leben wie diese."

Die Einfalt dieser Worte rührte mich, ich konnte dem

Manne, der den Eindruck eines Gentleman machte, eine gewisse Bewunderung nicht vorenthalten, und da ich nicht wußte, wie ich dieses Gefühl am besten zum Ausdruck bringen sollte, kaufte ich dem Herrn seinen ganzen Vorrat von „War cries" ab, um sämtliche Blätter auf der nächsten Station einem weiblichen Apostel wieder als Geschenk zu überreichen.

Die Nilgiri-Zweigbahn endet bei Mettupalaiyam, einem reizlosen, größeren Bazarorte mit einfachem Gasthause. Ich sandte, hier angelangt, sofort mein Gepäck mit Kulis nach dem 5882 Fuß hoch in den Bergen gelegenen Kurorte Coonoor voraus und folgte nachmittags, nachdem die schlimmste Hitze vorüber war, selber auf einem gemieteten erbärmlichen Pony, dessen Wert ich auf 24 Mark taxierte, und für dessen vierstündige Benutzung ich die Hälfte dieser Summe zu entrichten hatte. Der elende Klepper bewegte sich überhaupt nur, wenn ein eigens zu diesem Zwecke angenommener Junge ihn mit einer Rute unter dem Bauche kitzelte, und rührte sich nicht von der Stelle, sobald der Treiber seine Thätigkeit unterbrach. Trab oder eine gar noch schnellere Gangart hatte das arme Tier entweder nie gekannt oder seit langer Zeit verlernt. So ging es denn Schritt für Schritt erst etwa 10 Kilometer durch gut bewässertes Flachland mit Reis-, Rizinus- und Zuckerrohrfeldern und durch entzückende Haine von Bananen und Arekapalmen, Bambus und Akazien, deren Blütenduft weithin die Luft erfüllte, und in deren Zweigen kleine, grüne Papageien zwitscherten, dann auf guter Straße weitere 20 Kilometer bergauf bis Coonoor. Sobald wir in die Berge gelangen, tritt Laubwald an Stelle der Palmen, schroffe, kahle Felsabhänge verleihen hier und da der Landschaft einen wilderen Charakter, die Luft wird kühler und kühler, bald kommen wir in die Region des Rhododendrons, des Eukalyptus, der Theegärten, Kaffee- und Cinchona-Plantagen, und sobald die Sonne nicht mehr auf unsere Pfade fällt, — fangen wir an uns fröstelnd nach einem Überzieher zu sehnen. Endlich, es dunkelte bereits, erreichten wir Coonoor mit seinen Bazaren und an Berggeländen sich hinanziehenden, größtenteils massiven Häusern, Häuschen und Bungalows. Die Luft war derartig kalt, daß ich das Gefühl hatte, als erstarre mir das Mark in den Knochen, dazu zeigte mein Pony sich jeder weiteren Vorwärtsbewegung völlig abgeneigt, und ich vernahm infolgedessen die Botschaft, daß ich zu dem von mir erwählten Hotel noch etwa 400 Fuß hinaufzuklettern habe, nicht eben mit besonderer Freude. Nach verschiedenen in der Dunkelheit kaum vermeidlichen Abweichungen vom direkten Wege hielt ich endlich vor dem vorläufigen Ziele meiner Reise, und wenige Minuten später dehnte ich mich — glücklich in dem Bewußtsein, einige Wochen absoluter Ruhe vor mir zu haben — behaglich vor einem flackernden Kaminfeuer aus Rhododendronholz in bequemem Polstersessel. Nach all meinen letzten Gasthauserfahrungen war ich höchst angenehm berührt von meinem neuen Heim, Davidsons Hotel, welches an Sauberkeit, Komfort und aufmerksamer Bedienung wenig zu wünschen übrig zu lassen schien. Nachdem ich ein warmes Bad genommen und mich nach Landessitte in „evening dress" geworfen hatte, setzte ich mich im Speisesaal dem einzigen Gaste, einer Dame von unberechenbarem Alter (sie konnte ebenso gut 25 wie 52 Lenze gesehen haben) gegenüber. Ich wollte, ich hätte das unterlassen: mein Gegenüber trug nämlich im rechten Auge ein Monokle, wie es schien ohne daran gewöhnt zu sein, denn trotz krampfhafter Anstrengungen, dasselbe an seinem Platze festzuhalten, fiel es ihr dreimal während des Essens auf den Teller, und die unausgesetzte Spannung, ob das Augenglas fallen oder nicht fallen würde, machte mich in meinem fiebergeschwächten Zustande so nervös, daß ich schon nach dem Braten aufstand und mich zu einem Glase Grog in mein Zimmer zurückzog.

Am folgenden Morgen hielt ich Umschau und machte dabei die Entdeckung, daß das Hotel mir nicht das bot, was ich erwartete, nämlich einen freien, weiten Ausblick auf die Berge. Ich fühlte mich nicht in der Lage, viel herumzuklettern, wollte außerdem den Aufenthalt benutzen, meine letzten Erlebnisse zu Papier zu bringen, und dazu gleichzeitig eine hübsche Aussicht genießen, womöglich von einer geschützten Veranda aus. Am gleichen Tage noch war ich glücklich genug, in Grays Hotel gerade das zu finden, wonach mein Herz sich sehnte, und siedelte nun ohne Säumen in dieses zwischen Heliotropbüschen reizend auf einer Anhöhe gelegene Gasthaus über. Vor meinem freundlich sauberen Zimmer befand sich eine von Passionsblumen geradezu überwucherte offene Halle, und da ich in so vorgerückter Jahreszeit der einzige Gast im Hause war, konnte ich mich nach Herzenslust ausbreiten.

Wenn ich irgendwo genesen sollte, so hatte ich just das richtige Plätzchen gefunden, so wenigstens glaubte ich. Schon am ersten Tage, nach mehr als sechsmonatlichem Aufenthalt in der dumpfen Schwüle Unterburmas und der erschlaffenden Hitze am oberen Laufe des Irawadi fühlte ich mich von der herrlich trockenen, kühlen Luft der Nilgiri wie neugeboren. Ich befand mich in einem merkwürdig berauschten, seligen Zustande hier unter heimatlichen Bäumen und Blumen in heimatlichem Klima — aber es war nur ein Rausch, dem leider zu bald die Reaktion folgen sollte, denn schon nach wenigen Tagen trat an Stelle der Angeregtheit eine nervöse Aufgeregtheit, die mich nachts kein Auge schließen ließ und mir jeglichen Appetit raubte. Dazu gesellte sich gegen Abend meist heftiges Fieber mit Schüttelfrösten, und bald war ich so schwach, daß ich kaum im stande war, ohne Unterstützung zu dem nur fünf Minuten vom Hotel entfernt gelegenen Simsschen Park zu gelangen, einem mit seltenem Geschmack am Bergesabhang angelegten botanischen Garten, in dem neben der deutschen Eiche die prächtigsten australischen Koniferen gedeihen. Hier in diesem lieblichen Erdenwinkel pflegte ich, auf einer Bank ruhend und mich sonnend oft den ganzen Vormittag zuzubringen, den fleißig arbeitenden schwarzhäutigen Gärtnern zuschauend oder mich mit einem der englisch sprechenden Aufseher unterhaltend.

Zum Glück hatte ich gleich einen der ersten Tage meines Aufenthaltes in Coonoor dazu benutzt, einen Ausflug nach dem gegen 30 Kilometer von dort entfernt und 7361 Fuß hoch gelegenen Kurort Utakamund zu unternehmen. Da sich daselbst die Sommerresidenz des Gouverneurs der Madras-Presidency befindet und dieser sich noch nicht hatte entschließen können, sein Winterquartier in der heißen Hauptstadt zu beziehen, so war für Utakamund noch „season“, es wurden noch Jagden geritten, Polo, Kricket, sowie Lawn-Tennis gespielt, und wer zur Gesellschaft gehören wollte, hatte sich noch ebenso wie bisher tagtäglich bei five o'clock teas zu langweilen und allabendlich ein schlechtes Diner über sich ergehen zu lassen. Utakamund erfreut sich bei den Anglo-Indern, d. h. bei solchen, die sich gern von der Gnadensonne

Sr. Exzellenz des Gouverneurs bestrahlen lassen — und das ist bei weitem die Mehrzahl — größerer Beliebtheit, als Coonoor, trotzdem meiner Ansicht nach ersteres weit weniger landschaftliche Reize bietet, als letzteres. Von Utakamund selbst hat man überhaupt keine Aussicht aufs Gebirge oder in die Ebene, und um eine solche zu genießen, muß man erst einen Berg hinaufsteigen. Ein reizender Aufenthaltsort ist es trotzdem, und die Luft ist von einer wunderbaren Reinheit, aber selbstverständlich war es hier noch viel kälter, als in dem ca. 2000 Fuß tiefer gelegenen Coonoor, und mir persönlich ging die Temperatur sogar unter die Gemütlichkeit. Das beste Gasthaus des Ortes, „Sylks Hotel“, ist ungünstig gelegen und bietet neben guten Zimmern herzlich schlechte Küche, die von so schmutzigen Dienern aufgetragen wird, wie ich sie bisher in Indien nicht zu Gesicht bekommen hatte. Der Hauptzweck meines Ausfluges nach Utakamund war der, die Ureinwohner der Nilgiri, die Tuda, kennen zu lernen. Dieselben leben in kleinen Ansiedelungen, sogenannten „munds“, ringsum in den Bergen verstreut, so auch in der unmittelbaren Nähe von Utakamund, wo ich Gelegenheit hatte, mehreren derselben einen Besuch abzustatten. Sie beschäftigen sich ausschließlich mit Viehzucht und erhalten ihr Getreide von den im sechzehnten Jahrhundert nach unglücklichen Gefechten aus der Ebene in die Berge geflohenen Badaga, welche ihnen solches als Tribut zu zahlen verpflichtet sind. Die Badaga sind ein sehr fleißiger Volksstamm und sowohl in Utakamund wie in Coonoor sieht man sie Kulidienste verrichten. Der italienische Professor Mantegazza schildert die Badaga als ein verhältnismäßig sauberes Volk, doch wurde mir von verschiedenen genauen Kennern der Nilgiri erzählt, es sei bei den Badaga Sitte, ihre Kleidung nie zu waschen, sondern dieselbe ungesäubert zu tragen, bis sie ihnen vom Leibe falle. Die Wahrheit dieser letzteren Behauptung irgendwie in Zweifel zu ziehen, haben mir — wie ich gestehen muß — die Badaga keine Veranlassung gegeben. Von den Tuda und namentlich von den Tudamädchen schreibt der angeführte Italiener mit einer solchen Begeisterung, daß man unwillkürlich erwartet, in jedem Tuda-Backfisch einen Ausbund von Schönheit und Grazie zu finden. Sei es nun, daß ich kein Glück gehabt habe oder daß die Augen eines italienischen Greises anders sehen, als die eines deutschen Jünglings, genug, mir ist es nicht vergönnt gewesen, mich an einer Tudaschönheit zu erwärmen.

Die Häuser der Tuda sind von ovaler Grundfläche, aus Bambus oder Holz erbaut, meist 18 Fuß lang, 9 Fuß breit und mit Erdschollen eingedeckt. Die Seitenwände erheben sich nur wenige Zoll vom Boden, während die Höhe des Dachfirstes 10—12 Fuß betragen dürfte. An einer der Giebelseiten befindet sich der Eingang zum Hause, der so eng und niedrig ist, daß man nur auf dem Bauche kriechend ins Innere gelangen kann. Hier bewahren die Tuda ihre geringen Vorräte auf, mahlen ihr Getreide, kochen und schlafen. Jeder „mund" ist mit einem Steinwall umgeben, ebenso die neben keinem „mund" fehlenden Milchkammern, zu denen nur dem Priester, der neben seinen geistlichen auch alle Meierei-Angelegenheiten zu besorgen hat, der Zutritt gestattet ist. Ein meist schmutziges, togaartiges Gewand aus weißem Baumwollstoff dient den Tuda, Männern wie Frauen, als Schutz gegen die Kälte. Sie tragen ihr rabenschwarzes Haar in lang auf die Schultern fallenden Locken, die Farbe ihrer Haut ist ein ungewöhnlich helles Braun, ihre Gesichtszüge erinnern entschieden an den semitischen Typus. Sie sind

Heiden, verbrennen ihre Toten und leben nicht selten in Polyandrie. Nach der Volkszählung im Jahre 1881 wird die Zahl der Tuda auf 675 angegeben, 382 männlichen und 293 weiblichen Geschlechts. Außer den Tuda und Badaga leben noch drei andere Stämme in den Nilgiri, nämlich die Kota, 1056 Seelen, die Irula, 946 Seelen, und die wegen ihrer Zaubereien und ihres „bösen Blickes" von allen anderen Stämmen gefürchteten Kurumba, 3185 Seelen. Namentlich die Badaga, der bei weitem mächtigste Stamm in den Bergen, er zählte 1881 24130 Seelen, schweben in beständiger Furcht vor letzteren, deren Schwarzkunst jeder Todes- und Unglücksfall zugeschrieben wird. Die Kurumba sind schlau genug, sich diese Furcht zu nutze zu machen, und lassen sich von den Badaga ganz gehörig bezahlen, um von ihren Zaubermitteln keinen Gebrauch zu machen. Jede Badaga-Niederlassung unterhält sogar einen Kurumba, dem die Verpflichtung obliegt, vermittelst seiner Zaubermacht die bösen Einflüsse seiner Stammesgenossen zu paralysieren und die Zukunft vorauszusagen. Die Badaga veranstalten keine Festlichkeiten, ohne die Kurumba zu denselben zu laden, auch haben letztere gewisse Zeremonien bei den Begräbnissen der Badaga zu verrichten, wofür sie selbstredend gut bezahlt werden. Man nimmt allgemein an, daß die Kurumba, um nicht an ihrem Rufe Einbuße zu erleiden und um sich ihren Einfluß auf die Badaga zu erhalten, ab und zu Angehörige dieses Stammes vergiften oder ihnen sonstwie Schaden an Leib oder Eigentum zufügen. Doch kommen auch Fälle vor, daß den Badaga die Geduld ausgeht, und als vor einigen Jahren in dem im Kil Kotagiri-Bezirk gelegenen Dorfe Danaad in kürzester Zeit mehrere Frauen im Kindbett gestorben waren, beschlossen die streitbaren Männer, die nächste

Niederlassung der Kurumba, denen die Schuld an den Todesfällen zugeschrieben wurde, zu überfallen und Rache zu nehmen. Dieser Plan wurde über Nacht zur Ausführung gebracht, sämtliche Kurumba wurden niedergemetzelt, die Leichname in eine Felsschlucht geworfen und die Häuser in Asche gelegt. Erst nach vielen Monaten gelang es der britischen Regierung, der schuldigen Badaga habhaft zu werden. Sie wurden sämtlich durch den Strang vom Leben zum Tode befördert.

Etwa drei Wochen hatte ich in den Nilgiri zugebracht, als mein Zustand sich solcherweise verschlimmerte, daß ich mir auch ohne ärztlichen Beirat sagen konnte, hier sei meines Bleibens nicht länger. Aber wohin gehen? An der See war ich nur leidend gewesen, in den Bergen aber war ich krank geworden, zurück also ans Meer. Die nötigen Vorbereitungen zur Abreise waren schnell getroffen, mein erst vor wenigen Tagen angenommener Diener wurde wegen steten Verwechselns der Haar-, Kleider- und Schuhbürsten und allzu intensiven Interesses für meine Zigarren und Kupfermünzen (er war außerordentlich bescheiden und vergriff sich niemals an Silber) wieder entlassen, und tags darauf zog ich in aller Frühe zu Wagen mit Sack und Pack und den besten Hoffnungen thalwärts auf der nämlichen Straße, auf der ich mit ebenso schönen Hoffnungen s. Z. auf Kleppers Rücken bergauf nach Coonoor geritten war.

Der Morgen im Gebirge war erfrischend kühl und die Fahrt gewährte mir einen hohen Genuß; sobald wir jedoch die Ebene erreichten, ward die Hitze fast unerträglich, und die später folgende Eisenbahnfahrt von Mettupalayam durch die bereits beschriebene Wüstenei wurde mir zu einer wahren Tortur. Mein Reiseziel an der Küste war die französische

Kolonie Pondicherry, und um möglichst viel auf der Reise dorthin von Südindien zu sehen, hatte ich mir ein Billet über Trichinopoly gelöst, eine Stadt, in deren Umgegend die Tabakskultur, und in deren Mauern die Zigarrenmanufaktur in höchster Blüte steht. In Erode, wo die Bahn nach Trichinopoly von der Madras-Bahn abzweigt, brachte ich indessen in Erfahrung, daß die Anschlüsse über Trichinopoly nach Pondicherry so ungünstige seien, daß ich, trotzdem die Route der Meilenzahl nach die kürzere sei, über vierundzwanzig Stunden mehr gebrauchen würde, um an mein Ziel zu gelangen, als wenn ich über Arkonam, Chingleput führe. Durch die Liebenswürdigkeit des eingeborenen Bahnhofsinspektors in Erode gelang es mir, mein Billet und Gepäck über Arkonam umgeschrieben zu erhalten, und mit dem gleichen Zuge, mit dem ich gekommen war, fuhr ich dann weiter in die Nacht hinaus. Der Himmel war mit drohend sich zusammenballenden schwarzen Wolken überzogen, am Horizont folgte ein Blitz dem andern in ununterbrochener Folge, die herrschende Schwüle wirkte lähmend auf Geist und Körper. Unter meinen Mitreisenden entspann sich eine lebhafte Debatte über die Wetteraussichten für die Nacht. Sollte der seit Monaten erflehte und von jedermann ersehnte Regen endlich kommen, sollte dem bereits in einzelnen Bezirken darbenden und nur durch die Fürsorge der Regierung vor dem Verhungern bewahrten Volk noch in letzter Stunde Hilfe vom Himmel werden? — oder sollten, wie schon so häufig, auch diese Wolkenmassen vorüberziehen, ohne Hilfe zu bringen?

Und er kam, der Regen, erst in kurzen, unbedeutenden Schauern, dann mit der ganzen Gewalt und Ausdauer eines echten und rechten Monsungewitters, mit stundenlang anhaltendem Blitzen und Donnern. Es war ein solches Getöse, daß an Schlaf nicht zu denken war und ein herrlich-schauerlich schönes Naturspiel, dessen letzter Akt erst mit dem Dämmern des jungen Tages sein Ende fand.

Als wir in Arkonam anlangten, wehte eine erquickende Morgenbrise, die auch anhielt, bis wir gegen 9 Uhr mit Chingleput in die Hauptstadt eines Hungerleidebezirks ersten Ranges einfuhren. Die Fahrt durch diese Gegend gewährte mir deswegen ein ganz besonderes Interesse, weil sowohl die Presse Indiens als auch einflußreiche Londoner Zeitungen die Madras-Regierung in schmählichster Weise angegriffen und ihr vorgeworfen hatten, in Chingleput die Bewohner zu Hunderten Hungers sterben zu lassen, ohne Hilfe zu bringen. Es lag mir daran, in Erfahrung zu bringen, ob dieser Vorwurf begründet sei oder nicht, und ich freue mich, an dieser Stelle bestätigen zu können, daß mir sowohl Beamte wie einfache Landleute versicherten, die Regierung habe gethan, was in ihren Kräften stand, und wenn vereinzelt Leute sich von religiösem Fanatismus und Kastenvorurteilen soweit beeinflussen ließen, daß sie lieber Hungers starben, als die ihnen von der Regierung gebotene Nahrung anzunehmen, so kämpften gegen eine solche Verblendung eben Götter selbst vergebens. Auch konnte ich mich im Laufe der Reise überzeugen, daß die Regierung in ausgedehntestem Maße für sogenannte „relief works“ Sorge getragen hatte. Vielfach sah man zu beiden Seiten der Bahn Arbeiter mit dem Ausheben von Brunnen und mit Kanalarbeiten beschäftigt, die jedenfalls bei einer abermaligen Dürre für den Bezirk von großem Nutzen sein werden und jetzt der darbenden Bevölkerung Arbeit und Brot boten. Heute freilich, nach dem köstlichen Nachtregen, ruhten manche dieser Arbeiten, da die meisten Leute ohne Zeitverlust daran gingen, den endlich gründlich durchfeuchteten Boden zur Aufnahme der Saat vorzubereiten. Menschen und Vieh schienen mit einer wahren Wollust so tief wie möglich in dem langersehnten Element einherzuwaten. Es war mir unmöglich, an den Eingeborenen irgend welche Anzeichen von Hungerleiden festzustellen, selbst die hinter den Bahnhofsabgrenzungen herumlungernden Bettler, die, um das Mitleid zu erregen, meist mit einem halben Dutzend Kinder kleinsten Kalibers beladen waren, sahen wohlgenährt aus und mußten die krankhaftesten Anstrengungen machen, ihre gutgefüllten Bäuche einzuziehen, um dadurch den Eindruck der Leere hervorzubringen. Ich glaube, daß hier die Leute nie so gut verpflegt worden sind, wie jetzt während der sogenannten „scarcity" (Knappheit), und ich verstehe nicht recht, wovon die Menschen in dieser elenden Gegend überhaupt leben, wenn sie nicht gefüttert werden. Aus Sand, Steinen, Euphorbien, Kaktus, Aloe und Gestrüpp läßt sich doch mit dem besten Willen nicht das allerbescheidenste „Menu" zusammenstellen, und etwas anderes für Menschen oder Vieh Eßbares habe ich nicht entdecken können, ausgenommen einige Palmen. Das Vieh sah denn auch zum Erbarmen aus und fristete sein Dasein in der Hauptsache von dem heruntergeholten Stroh der Dächer.

Wie in Arkonam, so hatte ich auch in Chingleput einen anderen Zug zu besteigen, um nach Villupuram zu gelangen, wo nochmals Wagenwechsel für Pondicherry stattfand. Je weiter wir nach Süden kamen, um so schlechter und schmutziger wurden die Kupees. Mit Kandamangalam überschritten wir die englisch-französische Zollgrenze, doch wurden wir, da im französischen Gebiet Freihandel herrscht, in keiner

Weise belästigt. Sobald wir die Grenze hinter uns hatten, begann das Land fruchtbarer zu werden, und je mehr wir uns der Hauptstadt der Kolonie näherten, in die wir nachmittags 3 Uhr 20 Minuten einfuhren, um so freundlicher gestaltete sich das Landschaftsbild.

Pondicherry.

Unter den französischen Besitzungen Indiens, nämlich Chandanagore in Bengalen, Yanaon, Pondicherry und Karikal an der Koromandel-, sowie Mahé an der Malabarküste, nimmt die Kolonie Pondicherry mit gegen 20000 Einwohnern unstreitig die erste Stelle ein. Da die Engländer, wo immer ich die Sprache auf die französischen Besitzungen gebracht, den Franzosen kurzweg jegliches Kolonisationstalent abgesprochen hatten, so war ich auf das äußerste gespannt, einmal zu sehen, wie es denn eigentlich in so einer französisch-indischen Kolonie ausschaut, und schon bevor ich Rangun verlassen hatte, um in den Nilgiri Heilung von meinem Fieberleiden zu suchen, war es mein Plan gewesen, nicht nach Burma zurückzukehren, ohne zuvor Pondicherry einen Besuch abgestattet zu haben.

Sobald ich auf dem freundlichen Bahnhof der „capitale“ meinem Kupee entstiegen war, wurde ich von wüst schreienden Kulis umringt, die sich um mein Gepäck rissen und balgten, unbekümmert um die auf ihren nackten Buckeln heruntanzenden Stöcke der gensd'armes. Im Hintergrunde schrieen unter lebhaften Gestikulationen etwa ein Dutzend anderer Kulis:

„Monsieur! Monsieur! Pousse-pousse! Monsieur! Pousse-pousse!“

Ja, was wollten die Menschen denn eigentlich mit ihrem unausgesetzten „Pousse-pousse?“ Sollten sie von den Franzosen systematisch zu Deutschenhassern herangezogen worden sein, in mir bereits den „Prussien“ erkannt haben und mich mit ihrem „Pousse-pousse“ beschimpfen wollen? Das war doch kaum zu erwarten. Inzwischen hatte sich einer der gensd'armes, ein Eingeborener des Landes, einen Weg zu mir gebahnt und überreichte mir, militärisch salutierend, mit den Worten: „Votre nom, monsieur, s'il vous plait“, Buch und Bleistift. Nachdem ich meinen Namen eingetragen, gab ich dem mit „merci beaucoup, monsieur“ abermals grüßenden Wächter des Gesetzes sein Autographenalbum zurück und fragte den höflichen Mann:

„Which is the best hotel here?“ Ich konnte mich durchaus nicht dazu entschließen, mich der mir in den letzten Jahren gänzlich ungewohnt gewordenen französischen Sprache zu bedienen.

„Il y a plusieurs hôtels ici, mais je recommanderais à monsieur l'Hôtel de Paris et de Londres! Monsieur désire une pousse-pousse!“

„Pousse-pousse? Mais qu'est ce que ça, une pousse-pousse?“

„Ces petites voitures là, monsieur. Monsieur désire une?“

Wir hatten mittlerweile die Ausgangshalle betreten und vor derselben entdeckte ich eine ganze Reihe kleiner, nicht bespannter, mit vier Rädern und Sonnendach versehenen Wägelchen. Das also waren pousse - pousses! Natürlich wollte ich ein solches Vehikel, und nicht nur eines für mich, sondern auch noch ein zweites für mein Gepäck. Sämtliche pousse-pousse-Kulis stritten sich nun um die Ehre und das Vergnügen, den étranger und sa malle zum Gasthofe zu befördern. Endlich war alles zur Abfahrt bereit; ich setzte mich in mein zierliches Gefährt, ließ mir das Steuer, mit Hilfe dessen man durch Einwirkung auf die vordere Radachse die Leitung besorgt, in die Hand geben, zwei Kulis begannen hinten zu schieben und vorwärts ging's in flottem Trabe durch hübsche, saubere, baumbepflanzte Straßen, vorüber an einer weiten, von Bäumen umgebenen Grasfläche, an deren Nordende das stattliche Gebäude des Gouverneurs gelegen ist. Meine beiden unsichtbaren Motoren schwatzten ununterbrochen und erklärten alles Sehenswerte in gutem, jedenfalls in einem besseren Französisch, als ich es zu sprechen vermag.

„Monsieur! la place de la république! très belle, n'est ce pas?

Voici l'Hôtel de Ville.

La maison avec le pavillon c'est le palais du gouverneur, monsieur!“ u. s. w.

Nach kurzer Zeit hielten wir vor dem „Hôtel de Paris et de Londres.“ Ein schwarzer garçon erschien, die Serviette unterm Arm, um mir aus der pousse-pousse zu helfen, deren zwei Schieber mit zusammen 40 Pfennig Fuhrlohn überglücklich zu sein schienen.

„Monsieur désire une chambre avec un lit ou avec deux lits?

Da ich es bisher noch nicht dahin gebracht habe, gleichzeitig in zwei Betten zu schlafen und überhaupt meinem Schöpfer danken konnte, wenn mir solches in einem einzigen halbwegs gelang, so beorderte ich ein Zimmer mit „un lit“. Der Weg in mein Schlafzimmer führte nicht, wie bei einer weltgeschichtlich berüchtigten Dame, durch die Kirche, sondern durch eine große, luftige Halle, in der an Tischen Menschen, zweifellos romanischer Rasse, saßen, petits verres de cognac sowie Absynth schlürften, Zigaretten rauchten und Domino spielten. Diese Szene heimelte mich an, sie erinnerte mich an glückliche Wintermonate an der Riviera, an leichtsinnige aber reizvolle Stunden in Monte Carlo, an so manche interessante französische Café-Bekanntschaft. So etwas bietet Britisch Indien nicht, gerade das hatte mir seit langer Zeit gefehlt, und nun, wo ich es unvermutet fand, versetzte es mich in die beste Laune.

Das mir angewiesene Zimmer war zwar recht schäbig ausgestattet, aber hoch und geräumig, hatte drei Fenster, von denen zwei einen Ausblick auf das spiegelglatt daliegende Meer boten und der leichten Brise unbeschränkten Durchzug gestatteten. Das Hotel würde nach europäischen Begriffen kaum in die dritte Gasthausklasse gehört haben, aber es war trotzdem besser, als die meisten sogenannten Hotels ersten Ranges in Britisch Indien. Außerdem war alles, vom Weinglas bis zur Bettstelle, so durchaus französisch, der ganze Zuschnitt des Lebens so sehr viel behaglicher als in englischen Gasthöfen, daß ich mich mit dem Betreten dieser gastlichen Stätte schon halb genesen fühlte. Seit Monaten aß ich zum ersten Male wieder mit Vergnügen und ließ mir nach dem, von der Marseiller Fischsuppe (bouille à baisse) bis zum Camembert vorzüglichen, ganz nach französischer Art zubereiteten und aufgetragenen Mittagessen seit langer Zeit wieder eine Zigarre schmecken. Nachts stellte sich zwar wieder wie gewöhnlich Fieber ein, aber ich erwachte trotzdem am folgenden Morgen in guter Stimmung und mit ungewohnter Unternehmungslust.

Nach dem Frühstück befahl ich eine pousse-pousse, um die Sehenswürdigkeiten der Stadt — und mir erschien hier jedes Haus, jeder Mensch sehenswürdig — in Augenschein zu nehmen. Zuerst ging es zum Kai, einer von vier Fuß hoher Mauer eingefaßten Promenade am Meer, der schönsten, die ich an irgend einem Küstenplatz Indiens gefunden habe. Der Fußsteig ist mit Klinkern gepflastert und ebenso wie der Fahrweg äußerst sauber gehalten. Ein aus Eisen erbauter Landungssteg, mit mehreren Sitzbänken versehen, führt weit ins Meer hinaus und dient in den Abendstunden der europäischen Kolonie als Platz zum Luftschnappen. Der Steg mündet auf die mit acht herrlichen Säulen, den Überresten eines verfallenen Hindutempels dravidischen Baustils, geschmückte Place de la République. In der Mitte des Platzes befindet sich eine Bronzestatue Dupleix', der Pondicherry im Kriege mit den Engländern im Jahre 1748 erfolgreich verteidigte und sich auch sonst hervorragende Verdienste um die Kolonie erworben haben soll. Warum man den Mann, eine Papierrolle in der Linken, gegen zwei hinter seinem Rücken übereinandergelegte Getreide-, Geld- oder Pulversäcke lehnend, dargestellt hat, habe ich trotz eifriger Nachforschungen bei mir bekannten Franzosen nicht in Erfahrung zu bringen vermocht, ebensowenig wie es mir gelungen ist, einen überzeugenden Grund dafür angegeben zu erhalten, warum der größte Teil der Häuser am Kai dem Meere die Rückseite zuwendet.

Pondicherry gefiel mir von Stunde zu Stunde mehr und mehr. Ich hatte ganz das Gefühl, in einer kleinen südfranzösischen Stadt zu weilen, so lange ich nicht die

Grenzen des von der Eingeborenenstadt streng abgesperrten Europäerviertels überschritt. In letzterem befinden sich neben den hübschen, freundlichen, wenn auch für die hiesigen klimatischen Verhältnisse viel zu kleinen Wohnhäusern der etwa 300 am Orte lebenden Europäer (darunter etwa 250 Franzosen) sämtliche öffentliche Gebäude, die Kathedrale, der „Cercle de Pondicherry“, sowie die Kaserne für die in Zuavenuniform gekleidete Kolonialtruppe. Diese — die Zahl derselben ist vor kurzem von 200 auf 160 herabgesetzt worden — besteht durchweg aus Eingeborenen des Landes. Ich fand sämtliche Soldaten tadellos gekleidet, war aber erstaunt, sie, im Gegensatze zu den britisch-indischen Truppen, die nur bei Paraden ihre Tuchuniformen anlegen, sonst aber im Dienste stets leichte graue, sogenannte Kakianzüge und außer Dienst ihre eigene Landestracht tragen, jederzeit in schweren, heißen dem Klima geradezu Hohn sprechenden Zuavenuniformen mit weiten Pluderhosen erscheinen zu sehen. Nachdem ich den „jardin d'acclimatisation“, in dem ich nichts Akklimatisationswürdiges habe entdecken können, besucht hatte, ließ ich mich in die Eingeborenenstadt fahren, die, wie alles Übrige in Pondicherry, an Sauberkeit nichts zu wünschen übrig läßt. Sie zählt gegen 60,000 Einwohner aller möglichen Konfessionen, darunter zahlreiche Anhänger der römisch-katholischen Kirche. Für die Befriedigung der geistlichen Bedürfnisse der letzteren ist durch eine große Anzahl weiß- wie dunkelhäutiger Priester, sowie durch das Vorhandensein von fünf katholischen Gotteshäusern gesorgt. Auch eine protestantische Kirche befindet sich am Orte.

Im Verlaufe eines zweiten Besuches des Eingeborenenviertels hatte ich Gelegenheit, eine große Prozession mit einem unglaublich aufgeputzten Marienbilde an mir vorbeiziehen zu lassen. An der Spitze des Zuges marschierte, genau wie in Berlin beim Aufziehen der Wache, eine Deputation der Gassenbuben der Kolonie, dann kam — unstreitig die wirkungsvollste Abteilung — eine von etwa einem Dutzend tanzender, springender, ziehender und schiebender, nackter, kleiner, schwarzhäutiger Jungen auf Rädern vorwärts bewegte Pauke von so riesenhaftem Umfange, daß man bequem die ganze, dieselbe umtobende Gnomenschar darin hätte verschwinden lassen können. Einige der Jungen entlockten diesem kolossalen Instrument mit Knütteln und Stöcken ein wahres Donnergepolter, welches aber übertönt wurde von dem Gequietsche und Getute, Hörnergeblase und Getrommele einer über 20 Mann starken wilden Musikbande. Diesen Spektakelmachern folgten die Träger des unter einem bunten Baldachin ruhenden Marienbildes, dem Fackeln und brennende Kerzen zur Seite getragen wurden; endlich kam, in langer Reihe zu zweien marschierend, in weißen Gewändern die hohe und niedere, weiße und schwarze Geistlichkeit — die Tonsur nahm sich auf den Köpfen der letzteren gar eigentümlich aus —, den Schluß bildeten andächtige, mit den Priestern um die Wette plärrende Männlein wie Weiblein und fahrendes Volk. Ich möchte nicht behaupten, daß mir der ganze Aufzug einen irgendwie erhebenden Eindruck gemacht hätte; aber den zu beiden Seiten Spalier bildenden Volksmassen schien er zu imponieren, und das ist ja immerhin für die Veranstalter die Hauptsache; denn diese Art Prozessionen sind eben der Speck, mit dem hierzulande die katholische Kirche ihre Mäuse fängt.

Die Erziehung der Jugend liegt in Pondicherry zu nicht geringem Teile in Händen französischer Missionare, doch sind auch andere Schulen, die von der Regierung unterhalten werden, vorhanden. Jedenfalls ist für Unterricht in ausreichender Weise gesorgt und nirgendwo in Britisch-Indien habe ich eine Bevölkerung gefunden, die einen auch nur annähernd so gebildeten Eindruck machte, wie die hiesige. Man findet kaum einen durch seinen Beruf, sei es nun als Handelsmann, Wächter des Gesetzes, Droschkenkutscher, pousse-pousse-Schieber oder Kuli mit Europäern in Berührung kommenden Eingeborenen, der nicht der französischen Sprache mehr oder minder mächtig wäre. In Madras dagegen, welches sich seit mehr denn 250 Jahren unter britischer Herrschaft befindet, verstehen verhältnismäßig wenige Eingeborene Englisch. Beide Nationen handeln hier nach gänzlich verschiedenen Grundsätzen. Die Franzosen bemühen sich, ihre indischen Unterthanen zu sich heraufzuziehen dadurch, daß sie sie ihre Sprache lehren, die Engländer, zu denselben hinabzusteigen, indem sie ihre Sprache lernen. Jede dieser Methoden hat ihre Vorteile, bequemer für den Europäer ist natürlich die erstere, immerhin aber sollten Regierungsbeamte, Richter u. s. w. in den Kolonien ihres Vaterlandes auch der Sprache der Eingeborenen mächtig und im stande sein, ohne Vermittelung eines Dolmetschers mit ihren Schutzbefohlenen zu verkehren.

Über die Verwaltung Pondicherrys Genaueres mitzuteilen, bin ich leider nicht in der Lage, da die Angaben, die ich darüber von den verschiedensten Seiten erhielt, sich vielfach widersprechen. Jedenfalls ist der ganze Verwaltungsapparat ein sehr viel umfangreicherer und umständlicherer als in Britisch Indien, und es wimmelt hier daher geradezu von Regierungsbeamten mit im Vergleich zu britischen Verhältnissen jämmerlichen Gehältern. So beziffert sich beispielsweise das Gehalt Sr. Exzellenz des französischen Gouverneurs auf 27000 Mark jährlich, wohingegen der in Pondicherry akkreditierte britische Konsul, wie man mir sagte, ein solches in Höhe von 45000 M. bezieht. Die niedrigen Gehälter der französischen Beamten haben zur Folge, daß der ganze Zuschnitt des Lebens in den französischen Besitzungen ein ungleich billigerer ist als in den britischen. Jeder Reisende, der, von Britisch Indien kommend, den Boden einer französischen Kolonie betritt, ist überrascht über die Wohlfeilheit des Lebens, die geringen Preise der Lebensmittel und die niedrigen Arbeitslöhne. Ich glaube kaum, daß ein Hotelpensionär in einem schlechten Gasthofe Britisch Indiens eine Pension ohne Wein unter 140 Mark monatlich erhalten würde, in Pondicherry dagegen machte ich die Bekanntschaft eines Herrn, der im Hôtel de Paris et de Londres für Wohnung, Verpflegung, Beleuchtung, Bäder und Wein für den Monat 90 Mark zahlte. Wie schon bemerkt, giebt es in Pondicherry weder Einfuhr-, noch Ausfuhrzölle. (Wie ich später in meinem Werke: „Im Sattel durch Indo-China" ausführen werde, sind die übrigen französischen Kolonien in einer weniger beneidenswerten Lage.) Auch die Steuern sind außergewöhnlich gering, und im Gegensatz zu Britisch Indien zahlt die Bevölkerung weder Kopf- noch Einkommen-, weder Wagen- noch Pferdesteuern. Die pousse-pousse-Schieber haben nicht, wie bei den Engländern, für die „license" zu bezahlen, und ebensowenig die Fischer für ihre Boote. Die einzigen Steuern, die erhoben werden, sind eine geringe Haustaxe und eine Steuer für Detailgeschäfte. Mit Recht wird man daher fragen: „Ja, woher nimmt denn die Kolonie die Mittel zur Bestreitung ihrer Verwaltungskosten?"

In der Hauptsache aus der Verpachtung des Regierungslandes und in der Nebensache aus den 600000 Mark, welche die Kolonie alljährlich von der Britisch Indischen Regierung, die bekanntlich in ihrem Gebiete den Salzverkauf monopolisiert hat, für die Verpflichtung erhält, weder Salz zu gewinnen, noch von anderen Ländern als Britisch Indien einzuführen. Das Hauptausfuhrerzeugnis sind Erdnüsse, deren Kultur im Lande in hoher Blüte steht. Sie werden nach Marseille verschifft, wo „feinstes" Olivenöl aus ihnen gewonnen wird. Daneben werden Kopra (das getrocknete Fleisch der Kokosnüsse) und Kokosnußöl ausgeführt, sowie ordinäre Baumwollstoffe und Garne. Pondicherry hat keinen Hafen, sondern eine offene Rhede, die von den Dampfern der Messageries Maritimes, der British India und der Asiatic Line regelmäßig angelaufen wird. Die Anlage eines durch Molen geschützten Hafens würde ungeheure Summen verschlingen, und die aufzuwendenden Ausgaben dürften kaum im Verhältnis stehen zu den Vorteilen, welche der Kolonie aus einer solchen Anlage erwachsen würden.

Am dritten Tage meines Aufenthaltes sah ich einen Dampfer der Messageries Maritimes auf der Rhede. Ich erkundigte mich, woher und wohin, und erfuhr, er komme von Calcutta und gehe nach Colombo, der Hauptstadt Ceylons. Gerade genug hatte ich von den zauberhaften Reizen dieses Eilandes, von der Milde seines Klimas und der Liebenswürdigkeit seiner Bewohner vernommen, um sofort auszurufen: „Die Gelegenheit ist günstig! Auf nach Colombo!" Pondicherry gefiel mir zwar vorzüglich, aber als Sanatorium war Ceylon denn doch vorzuziehen.

Ich war nach Pondicherry gekommen in der Voraussetzung ein miserabel verwaltetes, in jeder Hinsicht vernachlässigtes Ländchen, eine verschlechterte Duodezausgabe Britisch Indiens zu finden, hatte erwartet, das französische Element würde mehr oder minder anglisiert sein, und was hatte ich gefunden? Eine, soweit ich es nach oberflächlicher Beobachtung und eingezogenen Erkundigungen beurteilen kann, ordnungsmäßig und, was jedenfalls die Hauptsache ist, zur vollsten Zufriedenheit seiner Bewohner, sowohl der Europäer als der Eingeborenen, verwaltete Kolonie, und von so durch und durch französischem Charakter, daß man sich unwillkürlich nach Frankreich versetzt glaubt. Im letzten Augenblicke wäre mir die Sache aber beinahe zu sehr französisch und zu wenig kosmopolitisch geworden, als man nämlich sowohl im Bureau der Messageries Maritimes, wo ich mir ein Billet lösen wollte, als auch später auf der Bank die Annahme einer zehn Pfund-Note der Bank von England verweigerte. Wäre nicht der britische Konsul so liebenswürdig gewesen, mir an Stelle der Note einen auf den gleichen Wert lautenden Check zu geben, der dann auch ohne Umstände und ohne Diskont von der Messagerie acceptiert wurde, ich wäre wahrscheinlich genötigt gewesen, auf englisches Gebiet zurückzufahren und die Note gegen Rupien umzuwechseln.

Am Nachmittage gegen 2 Uhr schiffte ich mich und mein Gepäck an Bord des „Niemen" ein. Der Tumult auf dem beschriebenen eisernen Landungsstege, die Aufdringlichkeit der Gepäckkulis und Bootsleute waren derartig, daß ich nur mit Püffen und Ohrfeigen mir meinen Weg ins Boot bahnen konnte. Gegen 4 Uhr verließ unser Dampfer, ein alter, ausgeleierter, wurmstichiger Kasten, der auf einer seiner nächsten Reisen an der Küste Ceylons strandete, mit

4 Passagieren erster und etwa 13 der zweiten Klasse (auf französischen Schiffen benutzen beide Klassen das nämliche Deck) Pondicherry, um 48 Stunden später nach ruhiger Fahrt im Hafen von Colombo Anker zu werfen.

Die unübertrefflich gute Verpflegung an Bord hatte Wunder an mir gethan, sodaß ich, als ich den Boden der Hauptstadt Ceylons betrat, bereits nahezu vergessen hatte, daß ich als Kranker und nicht als Vergnügungsreisender gekommen war.

Im Süden Ceylons.

Es giebt kaum ein anderes Land in der Welt, mit dem sich meine Phantasie von Jugend auf so viel beschäftigt hätte, wie Ceylon. In der Geographiestunde hatte ich erfahren, daß diese Wunderinsel englischer Besitz sei, daß dort weiße Elefanten an goldenen Ketten gehalten würden und daß die kostbarsten Gewürze daselbst gediehen, wie bei uns die gewöhnlichsten Feldfrüchte. Man hatte mir erzählt, daß unvergleichliche Edelsteine in den Bergen Ceylons gefunden und die herrlichsten Perlen im Norden der Insel aus der Tiefe des Meeres gefischt würden. Irgend ein ernsthaftes Buch über Ceylon war mir nie in die Hände gekommen, und meiner Phantasie war daher unbegrenzter Spielraum gelassen. Kaschmir und Ceylon, das waren diejenigen Länder gewesen, nach denen ich mich schon als Knabe gesehnt hatte. Mein Wunsch in Bezug auf Kaschmir war längst in Erfüllung gegangen, und alle meine Phantasiegebilde hatten verblassen müssen vor der unvergleichlich bestrickenden Schönheit dieses paradiesischen Landes. In das

Programm meiner asiatischen Reise war selbstredend ein Besuch Ceylons inbegriffen, aber es war meine Absicht gewesen, diese „Perle des Indischen Ozeans" auf der Rückreise in die Heimat, als das beste, welches man sich bis zuletzt aufspart, zu genießen. Durch Zufall war es anders gekommen, und da hatte ich nun vom frühen Morgen, sobald die ersten Umrisse der Ostküste der Insel in unseren Gesichtskreis getreten waren, auf Deck gestanden, der Wunder harrend, die da kommen sollten. Wir waren bisher weit ab vom Lande gefahren, hatten um 9 Uhr die Südspitze der Insel und gegen 10 Uhr Point de Galle, in dessen Hafen ich mit Hilfe meines Fernglases mehrere vor Anker liegende Schiffe erkennen konnte, passiert und fuhren jetzt langsam hinein in den durch eine gewaltige, mit imposantem Leuchtturm versehene Mole gegen den Südwestmonsum trefflich geschützten Hafen von Colombo. Sowohl die Fahrt entlang der Küste, als auch die Einfahrt in den Hafen entsprachen in keiner Weise meinen hochgespannten Erwartungen. Ein dichter, über die Insel sich ausbreitender Wolkenschleier hatte sämtliche Berge und Höhenzüge während der ganzen Fahrt unseren Blicken entzogen, wir hatten nichts gesehen, als einen flachen, sandigen, palmenwaldbedeckten Küstenstreifen, und weder der Hafen von Colombo mit seinen wie mit der Schnur ausgerichtet nebeneinander ankernden Schiffen, noch das Bild, welches die Stadt von hier aus dem Auge des Beschauers bot, waren dem vergleichbar, was meine Phantasie mir vorgegaukelt.

Absichtlich hatte ich es, selbst nachdem ich den Entschluß gefaßt hatte, Ceylon zu bereisen, unterlassen, die von englischen Autoritäten über die Insel herausgegebenen Werke zu studieren oder gar die Beschreibung Ceylons von Professor Ernst Haeckel zu lesen. Gänzlich unbeeinflußt von den Ansichten und Anschauungen anderer wollte ich mein erträumtes Eden betreten, und so geschah es. Ich war enttäuscht, wenn auch nur für den Anfang; aber wie ich später einsehen lernte, ich wäre noch mehr enttäuscht gewesen, hätte ich mich mit der Lektüre der überschwänglichen Schilderungen Ceylons von englischen und deutschen Autoren zuvor befaßt.

Schon vor unserer Einfahrt in den Hafen, auf hoher See, hatten wir eine ganze Fischerflottille von den charakteristischen Ceylonbooten, die jetzt unser Schiff umschwärmten, angetroffen. Dieselben sind in der Regel gegen 15 Fuß lange, aus einem ausgehöhlten Baumstamm mit hohen, längsseitig aufgesetzten Holzwanten und starken Auslegern versehene Kanus, die sowohl als Ruder- wie als Segelboote benutzt werden. Die Öffnung zwischen den beiden Wanten ist dermaßen eng, daß zwei Menschenbeine neben einander nicht Platz haben und man daher genötigt ist, stets seitlings zu sitzen. Diese Kanus werden von Europäern meist „Katamarangs“ genannt, aber mit Unrecht. „Katamarangs“ sind die denkbar primitivsten, lediglich aus fünf durch Kokosfaserstricke zusammengehaltenen, roh behauenen Baumstämmen gebildeten Fahrzeuge, wie man sie vielfach im Hafen von Colombo sieht. Die eigentümlich geformten Kanus jedoch, von denen dem Reisenden auf Schritt und Tritt kleine, sehr hübsch gearbeitete Modelle für den Preis von einer Rupie angeboten werden, heißen „Orua“.

Zum Landen ist man freilich weder auf die einen noch auf die anderen angewiesen, sondern bedient sich geräumiger, nach europäischem Muster gebauter Boote. In keinem mir bekannten Hafen des Orients herrscht eine so vorzügliche Ordnung, wie in demjenigen Colombos. Ohne den sonst üblichen Lärm legen sich die Passagierboote längsseit der Dampfer, ihre braunen Insassen stürmen nicht, wie es sonst meist zu geschehen pflegt, gleich Piraten aufs Deck, um die Passagiere selbst bis in ihre Kabinen zu verfolgen und sich allen möglichen Handgepäcks ohne Erlaubnis zu bemächtigen, sondern bleiben ruhig in ihren Fahrzeugen sitzen, bis sie gerufen werden. Die Landung erfolgt am Zollhause, an dessen Wänden selbst für den Kurzsichtigen lesbar, in großen Lettern zu Nutz und Frommen aller Reisenden, die Lohnsätze für Bootsleute, Gepäckkulis rc. verzeichnet sind. Nirgend wird der Landende so wenig mit Zollscherereien belästigt wie hier. Man wird ersucht, die Zahl der mitgebrachten Gepäckstücke in ein Buch einzutragen, und damit ist die ganze Angelegenheit erledigt. Auch im Zollhause wie am Ausgange desselben finden wir die gleiche musterhafte Ordnung, wie im Hafen, kein Gedränge schreiender Kulis, keine allzu aufdringlichen Fremdenführer und keine mit ihren Gefährten wild daherjagenden, einen fast über den Haufen rennenden Droschkenkutscher. Die Entfernung vom Landeplatz bis zu dem im Stile der großen Schweizer Gasthöfe erbauten und geleiteten Grand Oriental-Hotel beträgt nur wenige Schritt, die selbst der Europäer zu Fuße zurücklegen kann, ohne seinen Ruf als Gentleman aufs Spiel zu setzen. Da alle nach der Seeseite gelegenen Zimmer bei meiner Ankunft besetzt waren, ließ ich mein Gepäck im Zollhause zurück und machte mich mit einem Wagen auf die Suche nach einem anderen Gasthofe. In dem am Ende der vornehmsten Promenade Colombos und hart am Meere gelegenen Galle Face-Hotel fand ich, was ich für den Augenblick suchte. Das Einzige, was mir hier fehlte, war die Gelegenheit, in offener See zu baden, und als mir bedeutet wurde, eine solche fände sich nur in dem etwa zwanzig Minuten per Bahn von Colombo entfernten Mount Lavinia, kehrte ich zum Grand Oriental-Hotel zurück, um dort die Nacht zu bleiben, am folgenden Tage das Terrain des Mount Lavinia zu rekognoszieren und zusagenden Falles dort mein Hauptquartier aufzuschlagen. Das Grand Oriental-Hotel, eins der glänzendsten und wohl auch teuersten des Ostens, gleicht mit seinen bei Tage wie bei Nacht beständig ein- und ausströmenden Besuchern einem Bienenstocke. Es vergeht selten ein Tag im Jahre, ohne daß ein oder mehrere große Passagierdampfer den Hafen von Colombo aufsuchen, um ihren Bedarf an Kohlen einzunehmen. Der größte Teil der nach China, Japan, Australien, den holländischen Kolonien, Calcutta oder Rangun gehenden oder von dort heimkehrenden Passagierdampfer laufen Colombo an, diejenigen des Norddeutschen Lloyd, der Peninsular und Oriental Line (von den Engländern kurzweg P. and O. genannt), der Orient Line, deren Riesendampfer alle anderen in den Schatten stellen, der Messageries Maritimes, des Österreichischen Lloyd und unzähliger anderer kleinerer Linien. Da die Dampfer der P. & O. und der Orient Line oft je mehrere hundert Kajüten-Passagiere an Bord haben, die sämtlich, um dem Schmutz, ohne den das Kohleneinnehmen trotz aller Vorsichtsmaßregeln nun einmal nicht zu bewerkstelligen ist, zu entgehen und um für einige Stunden wieder ein Stückchen Mutter Erde unter den Füßen zu haben, ans Ufer, und da es das nächstgelegene ist, ins Grand Oriental-Hotel gehen, so kann man sich einen Begriff von dem stetigen Menschenwechsel und dem im Gasthofe herrschenden Getöse machen. Nervenschwachen ist von einem längeren Aufenthalte daselbst durchaus abzuraten, gesunde Naturen jedoch, die ein ausgeprägtes Beobachtungstalent und dabei ein Verständnis für alle möglichen Spielarten des „homo sapiens“ besitzen, werden, namentlich wenn sie zugleich Karikaturenzeichner sind, sich hier ganz und gar in ihrem Elemente fühlen.

Während des Essens erschien der Leiter des Gasthofes, der sich mir als Herr von Raden und geborener Österreicher vorstellte, um mir zu versichern, daß alles, was in seinen Kräften stände, zur Wiederherstellung meiner Gesundheit geschehen solle. Ich kann nicht unterlassen zu erwähnen, daß von diesem Herrn sowohl, wie von Seiten seiner ebenso musikalischen wie liebenswürdigen Gattin alles gethan ist, mir den Aufenthalt im Gasthofe so angenehm wie möglich zu gestalten, und wenn ich mich trotz alledem entschloß, schon nach kaum 48 Stunden in den entzückend auf einem weit ins Meer vorspringenden Hügel gelegenen Gasthof „Mount Lavinia“ überzusiedeln, so kann ich zu meiner Entschuldigung nur anführen, daß das Bessere eben stets des Guten Feind ist. Hätten alle vom Fieber heimgesuchten Menschen ein solches Sanatorium wie Mount Lavinia in ihrer Nähe, einen Mount Lavinia mit einem so vorzüglichen Gasthof, wie der von einem trotz 15jährigen Tropenlebens unverfälschten Koburger, Herrn Link, geleitete, ich glaube, das Chinin würde noch weiter im Preise sinken, als es ohnehin zum Schrecken der Cinchonaplantagenbesitzer gesunken ist. Dieses Hotel, ursprünglich als Sommerpalast des Gouverneurs von Ceylon erbaut, ist an drei Seiten vom Meere umspült, so daß man sich fast wie auf einem Schiffe, doch ohne die unangenehmen Bewegungen eines solchen, mitten in den Wellen befindet. Hinter demselben dehnen sich wunderbare Kokospalmenhaine und Zimmetplantagen weit ins Land hinein, in denen man, namentlich in den frühen

Morgenstunden sowie gegen Abend, hübsche Spaziergänge unternehmen kann. So ein Morgen in Mount Lavinia, wenn alles Grün vom Tau der Nacht erfrischt ist, das weite stille Meer perlmuttergleich im ersten Frührot glänzt und nur am Ufer leise rauschend schäumt, wenn sanfter Wind die Palmenkronen fächelt und ab und an ein Fischerboot vom Strand stößt, bemannt mit bronzefarbenen, nackten Singhalesen, und man sich selbst in salziger Flut erquickt, das ist das Schönste mit, was ich erlebt.

Wer hier nicht preist, daß er als Mensch geboren,
Ist für das Leben überhaupt verloren.

Doch nach einem derartig poetischen Frühmorgen und namentlich nach einem erfrischenden Bade legen wir die in Moll gestimmte Leier des Poeten besser bei Seite und greifen zu Löffel, Messer und Gabel, um nach den Schöpfungen Gottes auch denjenigen unseres braven Herrn Link, dessen wohlgepflegtes Bäuchlein die beste Reklame für seine Küche ist, gebührende Ehre anzuthun. Nachdem wir uns vorher an der perlmutterschimmernden Oberfläche des Meeres ergötzt, wenden wir unsere Aufmerksamkeit nunmehr dem zu, was unter derselben geschwommen und gekreucht und, nachdem es vom Koch die letzte Ölung erhalten hat, jetzt in Gestalt einer goldigbraun gebackenen Seezunge, einer Austernpastete oder eines auf Eisunterlage ruhenden gekochten Hummers unseren Gaumen zu entzücken berufen ist. Auch an vorzüglich bereiteten Fleischspeisen und zarten frischen Gemüsen ist kein Mangel, und wer hier so weise sein wollte, aufzuhören, wenn es ihm am besten schmeckt, der müßte schon thöricht genug sein, gar nicht erst anzufangen.

Während des Frühstücks ist die Brise etwas stärker geworden, und man setzt, beziehungsweise legt sich nun nach

Beendigung desselben in die hallenartige, offene Veranda, um von den Strapazen des Morgens auszuruhen, dem Rauschen des Meeres zu lauschen, in vollen Zügen unverfälschte Seeluft einzuatmen und die nahe der Küste vorüberfahrenden Dampfer oder fern am Horizonte langsam vor dem Winde dahintreibenden Segler zu beobachten. Welch eine himmlische Ruhe nach dem Getöse der letzten Tage! Die Bedienung des Gasthofes, nebenbei bemerkt, eines der wenigen in Indien, in denen man auch ohne eigenen Diener recht gut auskommen kann, besteht durchweg aus Singhalesen, den Eingeborenen der Insel, ruhigen, bescheidenen und aufmerksamen Leuten, denen man es wahrlich nicht an den Augen ansieht, daß sie mit dem Messer, wenn erregt, ebenso schnell bei der Hand sind, wie etwa die Sizilianer.

Das Eigentümlichste an den Singhalesen ist ihre Haartracht. Das Haar wird zurückgekämmt, hinten in einen Knoten geschlagen und dann mit einem hufeisenförmigen Kamm, wie er bei uns von kleinen Mädchen getragen wird, geschmückt. Dieser Kamm ist entweder von Schildpatt oder, wenn er sehr kostbar ist, aus den Flossen einer in den Strait Settlements gefundenen Landschildkröte hergestellt. Ein Kamm bester Art kostet 30 bis 40 Mark. Infolge dieser weibischen Haartracht findet man in fast allen Ceylonbeschreibungen die Bemerkung, es sei für den Neuling nahezu unmöglich, zumal die Kleidung beider Geschlechter ungefähr die gleiche sei, die Männer von den Frauen zu unterscheiden. Das ist übertrieben, wie so vieles andere, denn erstens ist das beste Merkzeichen der Kamm selbst, der nur den männlichen Scheitel ziert, sogar selbst dann noch, wenn dieser Scheitel längst zur Glatze geworden ist, und zweitens wird der Kamm in der Regel erst dann „genommen", wenn die Knaben ihre Schulzeit beendet haben und ihnen der Bart zu wachsen beginnt; bis dahin tragen sie kurzes gescheiteltes Haar oder lange Locken. Ich habe nie schöneres Haar gesehen als dasjenige der singhalesischen Jugend, es ist blauschwarz, wächst wunderbar üppig und schmiegt sich in sanften Wellenlinien dem meist gut geformten Schädel an. Mit der Weiberfrisur des Mannes scheint das Haar allen Glanz zu verlieren, und dazu wird ein Jüngling, dessen Kopf heute jeden Maler oder Bildhauer entzückt haben würde, morgen mit der Kammfrisur zum reizlosen Wesen. Nirgend ist der Schritt vom Erhabenen zum Lächerlichen so kurz wie hier, der Antinous von heute ist morgen eine Fratze. Wirklich schöne Männer und Frauen sieht man in Ceylon verhältnismäßig wenig, dagegen sind die Kinder, namentlich die Knaben mit ihren wunderbaren Augen, ihrem prächtigen Haar und ihrer in allen Abstufungen glänzenden bronzefarbenen Haut von fast berückender Schönheit, die aber leider gar zu schnell verblüht und mit dem Kamme vollends verschwindet.

Nach dem in beschaulicher Ruhe verbrachten Vormittag folgt um 2 Uhr eine weitere substanzielle Mahlzeit, dann wartet man, bis die Bäume lange Schatten werfen und lustwandelt einige Stunden unter Palmen. Gegen 6 Uhr sieht man das Feuer des Leuchtturms von Colombo aufblitzen, die Sonne verschwindet unter Farbeneffekten, wie sie nur der Tropenhimmel bietet, ein Licht nach dem andern erglänzt in der Hauptstadt der Insel, und kurze Zeit darauf gewahrt man anstatt des weißen Schaums der an Felsen und am Ufer sich brechenden Wogen lange, lebhaft phosphoreszierende Streifen.

Um $7^1/_2$ Uhr folgt die an kleinen, einladenden Tischchen aufgetragene Hauptmahlzeit, nach deren Beendigung man seine Zigarre raucht, um sich dann mit dem köstlichen Gefühl, nicht umsonst an die Güte Morpheus' zu appellieren, zu Bette zu begeben. Man kommt hier, wie man sieht, mit wenig Arbeit aus, und meiner Ansicht nach sind Menschen, die in süßem Nichtsthun vollauf Befriedigung finden — und zu diesen gehören in der Regel Genesende — überhaupt die glücklichsten.

Wenn ich in Mount Lavinia so unverhofft schnell gesundete und schon nach zehntägigem Faullenzen mich kräftig genug fühlte, eine längere Fußtour in die Thee- und Kaffeegebiete, sowie eine Besteigung des 7353 Fuß hohen Adams Peak und des noch etwa 1000 Fuß höheren Pedrotalagala zu unternehmen, so verdanke ich das neben der kräftigenden Meeresluft und den stärkenden Seebädern in erster Linie der rührenden Pflege unseres Landsmannes, Herrn Link, der nie müde wurde, die verführerischsten, für mich besonders nach deutscher Art bereiteten Gerichte auf meinen Tisch zu bringen. Zur Feier meiner Genesung wurde sogar ein Schwein geschlachtet und deutsche Wurst, deutsche Erbsensuppe mit Schweinsohren, sowie allerhand sonstiges Schweinernes für einige Tage in Permanenz erklärt. Ein Schweineschlachtfest in Colombo! und ein sehr gelungenes dazu, das war für mich eine Überraschung, wie ich sie auf Ceylon wahrlich nicht erwartet hätte.

Übrigens muß ich bemerken, daß meine Genesung wahrscheinlich ohne dieses Fest verlaufen wäre, hätte sich nicht unvermutet ein um die Welt fahrender Wiener Wurstmacher in Mount Lavinia eingestellt. Man lernt auf Reisen manche kuriose Existenzen kennen, und zu meinen merkwürdigsten Bekanntschaften gehört unstreitig auch der Wiener Wurstmacher. Dem Jüngling ist das ewige Fleischgehacke an der schönen blauen Donau auf die Dauer langweilig geworden, und von dem gleichen Drange beseelt, wie ich, die Welt zu sehen, hat er sich mit seinen Ersparnissen ein Billet gelöst, um als Deckpassagier den ersten besten Hafen im Orient zu erreichen. Dort angelangt, nimmt er Wohnung in einem bescheidenen Gasthause und beginnt sich nach Arbeit umzusehen, meistens wohl umsonst. Wird ihm endlich die Gasthofsrechnung in energischer Weise auf die Brust gesetzt, so erklärt er sich zwar zahlungsunfähig, aber bereit kostenlos als Wurstkünstler aufzutreten. Entweder wird er darauf hinausgeworfen oder man liefert ihm ein Schwein ans Messer und entläßt ihn dann nicht selten mit schnödem Undank, worauf er sich — in beiden Fällen — auf das Konsulat seines Vaterlandes begiebt und den meist leicht zu erweichenden Konsul veranlaßt, eine Sammlung zu seinen Gunsten zu veranstalten, mit deren Ergebnis ihm eine Deckpassage nach dem nächsten Hafen gelöst wird. Je mehr er sich dem Äquator nähert, um so geringeres Interesse findet er bei den Europäern für Borstenvieh und Schweinespeck, um so weniger Gegenliebe in seiner Eigenschaft als Wurstmacher. Trotz allen sich seiner Weltreise in den Weg stellenden Schwierigkeiten war unser junger Wiener dennoch glücklich bis Colombo gelangt, hatte in Herrn Link ein warmes Herz für kalten Schweinebraten und frische Wurst entdeckt und somit für drei Tage gegen freie Zeche und Unterkunft Beschäftigung gefunden. Der Mann versteht sein Handwerk, hat sich jetzt mit Hilfe seines neuen Gönners als durchreisender Wurstmacher in Colombo etabliert und hofft Geld genug zu verdienen, um sich die Weltausstellung in

Chicago anzusehen. Das Unternehmen ist zweifellos ein „schneidiges.“ Mit einer Wurstmaschine ohne weitere Subsistenzmittel um die Welt reisen! — Wär' der Gedank' nicht so verflucht verfehlt, ich wär' versucht, ihn recht gescheit zu nennen.

Weit mehr Aussicht für eine kostenlose Weltreise, als der Wiener mit der Wurstorgel, hätte meiner Ansicht nach ein Mann mit einer wirklich guten Drehorgel. Erstens würde er an Bord unter seinen Mitreisenden kleine Beiträge einheimsen können, und dann würde wohl jeder Deutsche im Auslande, gerührt durch heimatliche Gassenhauer, sein Scherflein zu dem Fortkommen dieses Mannes beisteuern. Doch möchte ich mit dieser Bemerkung um alles in der Welt kein Unheil unter unseren Drehorgelspielern anrichten und bemerke ausdrücklich, daß ich gesagt habe, „ein Mann mit einer guten Orgel.“ Was darüber ist, das ist vom Übel.

Das Hotel Mount Lavinia blieb für die ganze Dauer meines Aufenthalts in Ceylon mein Hauptquartier. Von hier aus besichtigte ich die wenigen Sehenswürdigkeiten Colombos und unternahm meine weiteren Reisen in das Innere der Insel, von denen ich weiter unten berichten werde. Bevor ich mich jedoch mit Einzelheiten befasse, gestatte man mir, einige kurze Notizen über die Geschichte der Insel und über ihre Bewohner meinen Schilderungen vorauszusenden.

Wenige Länder nur erzählen uns durch die Überreste großartiger Bauten, durch die Trümmerfelder verfallener Städte soviel von ihrer Vergangenheit wie Ceylon. Den ältesten Reisenden selbst aus der Zeit des Königs Salomo soll die Insel bereits bekannt gewesen sein, und gelehrte Menschen behaupten, daß die Ruinen der alten Hauptstädte der Insel älter seien als 2000 Jahre. Sei dem, wie ihm wolle, alt sind sie, davon habe ich mich überzeugt, und schließlich kommt es ja dabei auf ein paar Jahrhunderte mehr oder weniger nicht an.

Die neuere, den Nicht-Archäologen mehr interessierende Geschichte Ceylons beginnt mit dem Anfange des 16. Jahrhunderts, nämlich dem Jahre 1505, als die Portugiesen zuerst auf der Insel erschienen. Hundertundfünfzig Jahre hielten sie dieselbe besetzt, ohne indessen die eigentlichen Herrscher im Lande zu sein; sie begnügten sich mit einigen Küstengebieten und überwachten den Handel, derweil sich im Inlande nicht weniger als sieben Könige in die Regierungssorgen teilten. Die Hauptausfuhrartikel jener Zeit waren Zimmet, Kardamom, Moschus, Arekanüsse, verschiedene kostbare Hölzer (u. a. Ebenholz), Elefanten, Elfenbein, Edelsteine, Perlen, sowie kleinere Mengen Tabak, Seide u. s. w. Im Jahre 1656, nach jahrelangen Kämpfen, gelang es den Holländern, die Portugiesen endgiltig von der Insel zu vertreiben und daselbst für 141 Jahre festen Fuß zu fassen, d. h. so lange, bis sie im Jahre 1797 ihrerseits von den heutigen Herren des Landes, den Engländern, verjagt wurden. Endgiltig an die letzteren abgetreten wurde Ceylon freilich erst im Jahre 1802 durch den Frieden von Amiens. Heute ist Ceylon eine sogenannte Kronkolonie und wird als solche gleich den Straits Settlements unabhängig von Indien verwaltet.

Die Holländer haben trotz aller Selbsucht, die sie bei Bewirtschaftung des Landes — auch ihre Macht erstreckte sich nur auf das Küstenland — an den Tag gelegt, sich dennoch unleugbare Verdienste um die Entwickelung des Verkehrs, des Handels und namentlich der Landwirtschaft erworben; dafür zeugen noch heute neben einem ausgedehnten Netz fahrbarer Kanäle die an der Westküste wogenden Kokospalmhaine, zu deren Anpflanzung die Eingeborenen zwangsweise angehalten wurden, ferner die viele Quadratmeilen bedeckenden Zimmetgärten. Zahlreiche Bauten aus der holländischen Zeit finden sich noch vielfach in Colombo, und auf Schritt und Tritt begegnet man namentlich in den Straßen der Hauptstadt den mit dem niederländischen Worte „Burghers“ bezeichneten holländisch-singhalesischen Mischlingen, die beweisen, das die Glutaugen der Singhalesinnen das Fischblut ihrer Herren und Meister nicht selten in Wallung gebracht haben müssen.

Die Bevölkerung der etwa 64000 Quadrat-Kilometer messenden Insel setzt sich nach der letzten Volkszählung zusammen aus:

4 836 Europäern, davon 3181 männlichen und 1655 weiblichen,
17 886 Mischlingen zwischen Europäern und Eingeborenen,
1 846 614 Singhalesen,
687 248 Tamilen (eingewanderten Bewohnern Südindiens),
184 542 Moormen (Nachkommen eingewanderter Araber),
8 895 Malayen,
2 228 Veddahs, den in den Wäldern lebenden, jetzt im Aussterben begriffenen Ureinwohnern der Insel, und
7 489 verschiedenartigen Fremdlingen.

Die Summe der Gesamtbevölkerung betrug demnach 2 759 738 Seelen, wovon auf Colombo 110 502 entfielen.

Die Tamilen, von denen nur ein verhältnismäßig geringer Teil zur ansässigen Bevölkerung gezählt werden kann, mit Ausnahme des Jaffna-Distrikts, wo sie die Singhalesen fast vollständig verdrängt haben, kommen meist auf kürzere oder längere Zeit nach Ceylon, um Kulidienste auf den verschiedenen Thee-, Kaffee-, Kakao- und sonstigen Pflanzungen zu nehmen und, sobald sie sich genügend Geld erspart haben, wieder in ihre Heimat, die Malabar- oder Madras-Küste zurückzukehren. Vom Jahre 1843 bis zum Jahre 1888 sind 3 092 859 Tamilen auf der Insel gelandet und in dem gleichen Zeitraum 2 267 696 wieder nach Indien zurückgekehrt.

Die eigentliche Landesreligion in Ceylon ist der Buddhismus, dem 61,5 v. H. der Gesamtbevölkerung anhängen, 21,5 v. H. bekennen sich zur Lehre Brahmas, 9,7 v. H. zum Christentum (hiervon, jedenfalls dem Einfluß der Portugiesen zu verdanken, sind 208 000 Katholiken und 60 000 Protestanten), 7,2 v. H. sind Anhänger des Islam und 0,8 v. H. Heiden.

Ich möchte gleich vorweg bemerken, daß ich bisher nirgend, selbst in Nepal nicht, den Buddhismus in so korrumpierter Form angetroffen habe, wie hier. In den für Reisende, die Burma besucht haben, wenig sehenswerten Tempeln der Insel finden wir häufig neben Buddhabildnissen auch solche indischer Gottheiten, die von den Singhalesen vor allem in Krankheitsfällen in Anspruch genommen werden, da Buddha ihrer Ansicht nach für dieses „Fach nicht engagiert" zu sein scheint. Um die weisen schönen Lehren Gautamas kümmert man sich entweder gar nicht oder umgeht dieselben, was wahrlich kein Wunder ist, wenn, wie hier die Priester — eine widerwärtige, verlotterte Gesellschaft, gleich unseren braven Mönchen aus dem Mittelalter — dem Volke mit dem Beispiel völliger Zuchtlosigkeit und Frivolität vorangehen. Wie schon erwähnt, haben die buddhistischen Priester und Mönche u. a. folgende Gelübde abzulegen: In Keuschheit zu leben, weder Gold noch Silber zu berühren und keine berauschenden Getränke zu genießen. Ich habe in Burma und den westlichen Schanstaaten erfahren, daß es den dortigen „Pungis“ mehr oder weniger Ernst mit diesen Gelübden ist, auf Ceylon dagegen wurde mir von allen Kennern des Landes versichert, daß die Priester sich nicht selten ganze Harems hielten, Palmwein und Arrack gleich Wasser tränken und in Kandy das zum dortigen Tempel gehörige Land für jährlich 2000 Rupien verpachtet hätten. Mir selber ist es wiederholentlich passiert, daß ich von den Mönchen im Innern der Tempel in impertinentester Weise angebettelt worden bin. Nicht wie in Burma liegt hier die Erziehung der Jugend hauptsächlich in den Händen der Mönche, sondern ausschließlich in denen teils von der Regierung fest angestellter, teils von derselben unterstützter Lehrer. Nahezu 4000 Schulen sind über die ganze Insel verbreitet, zu deren Unterhaltung die Regierung jährlich gegen 700000 Mark beisteuert. In bestimmten Zwischenräumen finden Prüfungen in den einzelnen Schulen statt, und je nach Ausfall derselben wird die Unterstützung höher oder niedriger bemessen. Trotzdem ist noch viel auf dem Gebiete der Erziehung zu thun, denn von der gesamten männlichen Bevölkerung der Insel können nur 396 498, von der weiblichen nur 38 013 lesen und schreiben, während 1 073 123 Männer und 1 252 172 Weiber des Lesens und Schreibens völlig unkundig sind.

Mit weiteren statistischen Angaben werde ich den Leser vor der Hand verschonen und solche nur dann in meine

Erzählung einflechten, wenn ich annehmen darf, auf allgemeines Interesse dabei zählen zu können.

Mit besonderer Freude werde ich mich stets meiner vielen Fahrten zu Bahn oder Wagen zwischen Mount Lavinia und Colombo erinnern. Die Eisenbahn führt größtenteils durch Kokospalmenwald, und zwar so unmittelbar am Meer entlang, daß der Bahndamm zuweilen direkt von den Wellen bespült wird. Zuerst erschien es mir rätselhaft, daß dieser nicht bei jedem hohen Seegang fortgespült würde, bis mir bedeutet wurde, daß ein langes, mit der Küste parallel laufendes Riff die Kraft der Wogen so sehr abschwäche, daß eine Gefahr für den Damm sogar bei Stürmen nicht vorhanden sei. Die Fahrstraße liegt weiter landeinwärts. Von Mount Lavinia kommend, fährt man etwa dreiviertel Stunden auf ausgezeichneter Chaussee durch anmutige, palmenüberschattete Dorfschaften, in deren Gärten sämtliche tropischen Pflanzen in seltener Üppigkeit prangen. Die Banane treibt hier Blätter, wie ich sie in solcher Größe und Pracht selbst in der ostafrikanischen Oase Taveta am Fuße des Kilimandscharo nicht gesehen habe. Brot- und Jackfruchtbäume, Bambusgruppen und Riesenexemplare der Ficus indica und Ficus elastica gedeihen in buntem Durcheinander, und zu ihren Füßen leuchten die verschiedensten Krotonarten in den prächtigsten Farben. Wunderbar von dem dunkleren Laub ihrer Nachbarn hebt sich das weithin sichtbare Gelbgrün der Pisonia alba ab, eines mir bisher in den Tropen noch nicht vorgekommenen Baumes mit breiter dichtbelaubter Krone. Das Blatt der Pisonia alba gleicht in seiner Färbung unserem Kopfsalat, ein Umstand, dem dieser schönste aller mir bekannten Tropenbäume unter den Europäern den Namen „Salatbaum" verdankt. Er hat noch vor wenigen

Jahren neben den Flamboyants selbst in einigen Geschäftsstraßen Colombos jedermanns Auge entzückt, ist hier aber leider gleich diesen aus Verkehrsrücksichten ausgerottet worden, wohl nur zur Freude der Fuhrleute und jedenfalls zum Leidwesen aller Europäer.

Dem aus Indien kommenden Reisenden fallen die vielen massiven, mit säulengetragenen Veranden versehenen Häuser auf, die er in den einzelnen Dörfern findet, ferner die fast europäische innere Ausschmückung und Möblierung der Wohnungen und die Wohlhabenheit der Eingeborenen. Es ist gar keine Seltenheit, selbst in entlegenen Dörfern Lesezirkel und Bibliotheken zu finden. Die große Menge lebt in einfachen Lehmhäusern mit Ziegel- oder Palmblattdächern, aber auch an diesen bescheidenen Behausungen, der dieselben auszeichnenden Sauberkeit und den sie umgebenden Gärten erkennt man, daß der Singhalese auf einer höheren Bildungsstufe steht, als seine Nachbarn auf dem Festlande. Selbstverständlich fehlt in keinem Dorfe der Bazar, in dem die wenigen Bedürfnisse der Bewohner, Reis, Salz, getrocknete Fische, Brot, sowie die verschiedensten Curry-Ingredienzien u. s. w. feilgehalten werden. Geradezu erschreckend ist die Anzahl der über das ganze Land verstreuten Schnapsbuden, in denen hauptsächlich Palmwein, Rum und Arrack geschenkt werden. Die Regierung erzielt allein aus der Vergebung von Schankkonzessionen jährlich eine Einnahme von gegen $2^1/_2$ Millionen Mark.

Nach etwa dreiviertelstündiger Fahrt erreichen wir die von den Holländern ins Leben gerufenen Zimmetgärten, die heute da, wo nicht Villen, Hospitäler, pleasure grounds und Rennbahnen sie vollends verdrängt haben, einen ziemlich verwilderten und verwahrlosten Eindruck machen. Bis die

Holländer im Jahre 1767 daran gingen, regelrechte Zimmetkulturen anzulegen, war man lediglich auf die Rinde der in den Wäldern wildwachsenden Zimmetbäume und Büsche angewiesen. Im ganzen wurden damals 6000 Hektare angepflanzt, die, da der Zimmethandel von der Regierung monopolisiert und die Kultur der geschätzten Rinde auf Ceylon beschränkt war, bedeutenden Gewinn brachten. Auch unter britischer Regierung wurde das Monopol beibehalten und der Handel mit diesem Gewürz, welches damals bereits in der chinesischen Cassia liguea und dem Zimmet, den die Holländer in Java anbauten, arge Konkurrenten erhalten hatte, erst im Jahre 1832 freigegeben. Heute befinden sich auf Ceylon gegen 16000 Hektare Zimmetkulturen, größtenteils in den Händen Eingeborener, die jährliche Ausfuhr dieses Gewürzes beläuft sich auf gegen $2^1/_2$ Millionen Pfund. Der Preis, der zur Zeit der Holländer 9—18 Mark für das Pfund betrug, ist auf etwa 1 Mark im Durchschnitt heruntergegangen. Nach Aufhebung des Monopols verkaufte die britische Regierung ihre bei Colombo, Galle und Matara gelegenen Gärten, von denen die vorhin erwähnten, nunmehr zum großen Teile in Villenviertel verwandelten, einen Teil bildeten.

Zu den hübschesten Häusern zählt hier dasjenige unseres auch als Chef einer der größten Firmen Colombos im höchsten Ansehen stehenden Konsuls Herrn Philipp Freudenberg. Ich habe in diesem gastlichen, jedem nach Colombo kommenden Deutschen offenstehenden, von feenhaften Gartenanlagen umgebenen Bungalow manche genußreiche Stunde in Gesellschaft unseres Konsuls und seines Bruders Walter zugebracht, und beide Herren haben in der liebenswürdigsten Weise gewetteifert, mir alle möglichen Freundlichkeiten zu erweisen und mir behilflich zu sein. Die deutsche Kolonie Colombos ist nichts weniger als zahlreich und das Verhältnis der einzelnen Mitglieder zu einander, wie es mir schien, kein so gebundenes, wie man es sonst wohl im Auslande findet, nirgend jedoch dürfte die deutsche Gastfreundschaft in höherer Blüte stehen als bei unseren hiesigen Landsleuten.

Sobald wir die „Zimmetgärten" verlassen, gelangen wir zu dem südlich von Colombo gelegenen Stadtteil Kolupitya mit seinem Eingeborenenbazar und einer langen Reihe dicht an der See gelegener Bungalows. Hätte ich zu wählen zwischen einer Wohnung hier oder in den Zimmetgärten, ohne Bedenken würde ich mich für Kolupitya entscheiden, da ich überhaupt nicht zu begreifen vermag, wie jemand landeinwärts ziehen kann, wenn ihm die Möglichkeit geboten ist, am Meere zu wohnen. Ich gebe zu, es ist am Meere der Feuchtigkeit wegen nicht möglich, Möbel, Lederwaren, Musikinstrumente, kostbare Stoffe u. s. w. in tadellosem Zustande zu erhalten, aber welch eine Wonne ist es wiederum, anstatt in schwülem Raume unter der Punka oder in einem keinem Luftzuge zugänglichen Garten in erfrischender Brise zu sitzen und abends von dem Rauschen der Brandung eingelullt zu werden. Ganz nach meinem Geschmacke hart am Meere liegt eine im Äußern anspruchslose Villa, welche den Namen „Lindenau" trägt. Ein biederer Oldenburger, Herr Suhren, teilt sich mit einem Engländer deutscher Abstammung, Herrn Bremer, in die weiten, luftigen Räumlichkeiten dieses behaglichen Heims, in dem ich nicht nur manchen fröhlichen Tag, sondern auch verschiedene kühle Nächte verbracht habe. Wer mit mir der Ansicht ist, daß eine „gebratene Gans eine gute Gabe Gottes ist", der verfehle nicht, sich mit Herrn Suhren anzufreunden und sich bei ihm zum Gänseschmaus einzuladen. Er wird das nimmer bereuen.

Von Lindenau geht es weiter am Klub und einer neu errichteten Batterie vorbei über die am Meer entlang führende Galle Face Promenade, auf der sich gegen Abend die europäische Gesellschaft zu Wagen, zu Pferde, auf dem Zweirade oder zu Fuß zu treffen pflegt, nach dem Fort, dem Geschäftsviertel Colombos. Hier haben sämtliche Firmen ihre Bureaus, hier befinden sich die Gasthöfe, Kaufhallen, Gouvernementsgebäude und Kasernen sowie die Residenz des Gouverneurs, das sogenannte „Queens-House", ein außen schmuckloses, innen seiner Bestimmung entsprechend würdig eingerichtetes Bauwerk mit Terrassen, Hallen, Gärten und Springbrunnen. Colombo ist mit einer Gas- und Wasserleitung versehen, die sich beide bis weit in die Vororte erstrecken, und seine makadamisierten Straßen werden an Sauberkeit und Ebenheit selbst nicht durch das Berliner Asphaltpflaster übertroffen. Irgendwie interessante Gebäude sind im Fort nicht vorhanden, wohl aber ein sehenswertes Bauwerk, nämlich die weit ins Meer hineinragende 4211 Fuß lange Mole, durch die der Hafen von Colombo gebildet wird.

Im Jahre 1875 legte der Prinz von Wales den Grundstein zu diesem Riesenwerk, zu dessen Vollendung zehn Jahre angestrengter Arbeit erforderlich waren. Die für den Bau aufgewendete Summe beläuft sich auf 14 Millionen Mark, doch verdankt Colombo demselben seine jetzige Position als einziger sicherer Hafenplatz Ceylons. Bevor die Mole gebaut wurde, hatte Colombo überhaupt keinen Hafen, sondern nur eine zur Zeit des Südwestmonsums gänzlich ungeschützte Rhede. Fast alle größeren Dampfer liefen daher den natürlichen, aber wegen vorliegender Korallenriffe auch gefährlichen Hafen von Galle an, um dort Kohlen einzunehmen, vermieden aber das Anlaufen eines

Ceylon-Hafens stets nach Möglichkeit. Heute dürften hingegen nur wenige Dampfer die Gelegenheit versäumen, ihre Feuerungsvorräte in dem bequemen Hafen Colombos zu ergänzen. Zahlen beweisen auch hier am besten. Im Jahre 1879 wurden in Colombo gelandet 8336 Tonnen Kohlen, im Jahre 1889 über 250000 Tonnen; im erstgenannten Jahre betrug der Schiffsverkehr nach Tonnen gerechnet 1205940, im letztgenannten fast 4 Millionen. Die Hafeneinnahmen beliefen sich 1888 bereits auf 7 Millionen Mark. Aus alledem ist ersichtlich, welch enormer Vorteil Colombo aus seinem Molenbau erwachsen ist. Der Behauptung, daß in dem Hafen von Galle mit weit geringeren Mitteln durch Beseitigung der Riffe viel mehr hätte geleistet werden können, wird in Fachkreisen durchaus widersprochen.

Unmittelbar an das Fort schließt sich die „schwarze Stadt", das Eingeborenen-Viertel, „Pettah" genannt, in dem Singhalesen, Tamilen und Moormen hausen. Die Markthallen daselbst sind einer Stadt wie Colombo in jeder Hinsicht unwürdig. Das sich in denselben abspielende Leben und Treiben unterscheidet sich in keiner Weise von demjenigen in indischen Städten. Die in der „schwarzen Stadt" herrschenden Gerüche sind weniger angenehm als intensiv und veranlassen den durchpassierenden Europäer ein Tempo einzuschlagen, als seien ihm die Häscher auf den Fersen. Etwa zwei Kilometer zieht sich dieser Stadtteil am Meere entlang und erstreckt sich bis an die Mündung des Kalani-Ganga, dem die Stadt ihren Namen „Kalan-bua", woraus die Portugiesen Colombo machten, verdankt. Im Pettah ist ein dravidischer Hindutempel mit reicher, buntbemalter Fassade recht sehenswert. Die zum großen Teil in Colombo kasernierte Besatzung Ceylons besteht aus zwei

Batterien Artillerie, 1 Bataillon europäischer Infanterie und 1 Kompagnie Eingeborenen-Infanterie. Der Beitrag zu den Unterhaltungskosten dieser Truppen beläuft sich für die Kolonie auf beiläufig 1 500 000 Mark jährlich.

Das Klima Colombos gilt als gesund, die Hitze ist bei einer Jahresdurchschnittstemperatur von 25 Grad Celsius niemals unerträglich, zumal in der Regel gegen Mittag die Seebrise Kühlung bringt. Ich habe das Aussehen von Europäern, die 15 Jahre und darüber in Colombo lebten, vielfach ganz vorzüglich gefunden, auch scheinen schwere Fieberanfälle zu den Seltenheiten zu gehören. Das in den Zimmetgärten gelegene, mit seinen Rasenplätzen und Blumenanlagen eine Grundfläche von 4 Hektaren bedeckende Hospital, dem ich eine eingehende Besichtigung zu teil werden ließ, ist musterhaft gehalten und ladet geradezu zum Krankwerden ein. Schlingpflanzenbedeckte Laubengänge verbinden die Abteilungen, deren jede etwa 20 Betten enthält. Die Räume für die Patienten liegen sämtlich zu ebener Erde, sind trefflich ventiliert, sauber und geruchlos, und der Operationssaal ist derartig nach allen Regeln der Kunst gebaut und eingerichtet, daß in demselben selbst ein Professor Bergmann nicht nötig hätte, grob zu werden. Der stellvertretende Chefarzt, ein Eingeborener aus Madras, Doktor Rockwood, der sich außer durch seine hohe Bildung und allgemein anerkannte Geschicklichkeit auch noch durch eine auffallend schöne Frau und zwei ihrer Mutter gleichende Töchter auszeichnet, führte mich durch sämtliche Räume der Anstalt, in der an jenem Tage 217 schwarze Patienten, meist Singhalesen, untergebracht waren. Interessant war mir die Art und Weise, wie sich diese Leute in ihrer Krankheit gerade in Gegenwart des Arztes benahmen. Macht man in einem europäischen Hospital in Begleitung des Arztes einen Rundgang durch die Krankenzimmer, so werden die meisten Patienten, namentlich diejenigen, die schwere Operationen überstanden und heftige Schmerzen zu erdulden haben, nicht selten in Gegenwart des Arztes besonders ächzen und stöhnen. Hier ist es umgekehrt, und sobald wir über die Schwelle eines Raumes treten, aus dem zuvor Gejammer und Gewimmer unser Ohr getroffen, verbeißt jedermann seinen Schmerz, als schäme er sich seiner Schwäche, und erklärt in der Regel auf Befragen, sich besser zu befinden. Dr. Rockwood meinte, er habe nie geduldigere Patienten kennen gelernt als die Singhalesen.

Da ich am genannten Tage einmal angefangen hatte, mich mit dem menschlichen Elend zu beschäftigen, ließ ich mich vom Krankenhause nach dem Irrenhause und von dort endlich in Begleitung des Herrn Walter Freudenberg zum Gefängnis fahren. Das erstere dieser beiden Institute liegt — weitab vom Villenviertel — vollkommen isoliert und bildet einen von einer hohen Steinmauer umgebenen Komplex von wahren Palastbauten, die der Regierung eine hübsche Summe Geldes gekostet haben. Das ganze Etablissement ist in einer Weise großartig und umfangreich, daß man glauben könnte, man habe aus Versehen ein für London bestimmtes Irrenhaus in Colombo errichtet. „Um Gotteswillen", fragte ich den mich empfangenden Arzt, „der Größe Ihrer Anstalt nach zu urteilen, scheint hierzulande ja jeder zehnte Mensch ins Narrenhaus zu gehören? Oder ist die Sache auf Zuwachs berechnet?" Der Doktor lächelte verschmitzt, ohne auf meine Frage zu antworten, und unser Rundgang begann. Von einem Saal wanderten wir in den andern, überall dieselbe Raumvergeudung, überall mächtige, mit Kokosmatten belegte offene Hallen von solchen Dimensionen, daß die wenigen herumhockenden Patienten darin gänzlich verschwanden. Sie waren sämtlich anständig gekleidet und verhielten sich verhältnismäßig ruhig. Eine bereits ergraute Dame, die wahrscheinlich in ihrer Jugend Tänzerin gewesen war, brachte mir eine Huldigung mit Gesang und Tanz dar. Überhaupt schien die größere Mehrzahl der Gestörten sich in maniakalischem Stadium zu befinden und vortrefflicher Laune zu sein. Nur ein einziger Patient verlangte von mir in Freiheit gesetzt zu werden. Im ganzen befanden sich in der Anstalt zur Zeit gegen 500 Kranke, von denen ein nicht geringer Teil mit Gartenarbeit, Mattenflechten u. s. w. beschäftigt wird. Wie das Krankenhaus, so wird auch diese Anstalt ausschließlich aus Staatsmitteln unterhalten, die Patienten werden nicht nur verpflegt, sondern auch gekleidet und kosten an Unterhalt für Kopf und Jahr etwa 400 Mark.

Für einen Reisenden, der so viele Gefängnisse besucht hat wie ich, bietet dasjenige Colombos kein sonderliches Interesse. Von den meisten indischen Gefängnissen unterscheidet es sich allerdings insofern, als man darauf bedacht ist, die Gefangenen soviel wie möglich zu isolieren. Selbst die Arbeit — die meisten Sträflinge werden mit dem Klopfen von Kokosnußfasern beschäftigt — wird nicht, wie das sonst meist zu geschehen pflegt, gemeinsam in großen Hallen oder Höfen verrichtet, sondern jederman sitzt für sich allein in einem kleinen, schweinebuchtähnlichen Holzverschlage, eine Einrichtung, die durchaus nicht nach dem Geschmacke der die Geselligkeit über alles liebenden, schwatzhaften Eingeborenen ist. Die wegen kleinerer Vergehen bestraften Gefangenen, sowie solche, die sich gut geführt haben, werden außerhalb des Gefängnisses beim Straßenbau u. s. w. beschäftigt. Sämtliche Sträflinge tragen schwarz und gelb gestreifte Jacken und Kniehosen, sowie bei Arbeit im Freien grobe, weiße Strohhüte. Ein auffallend hoher Prozentsatz ist wegen Totschlags bestraft, und unter der großen Zahl der wegen dieses Verbrechens Verurteilten wurden mir mehrere Knaben vorgeführt, die kaum das 14. Lebensjahr überschritten haben konnten. Der Singhalese ist eben — ganz entgegen der Aussage des Herrn Professor Haeckel, der ihn als ein sanftmütiges Wesen, welches keiner Fliege ein Haar krümmen kann, schildert — ein Messerheld ersten Ranges, und namentlich im Zustande der Trunkenheit sticht er, wenn gereizt, Weib und Kind, Vater und Mutter nieder. Man öffnet selten eine hiesige Zeitung (in Colombo erscheinen deren vier), ohne über einen neuen Mord unterrichtet zu werden. Der Galgen hat infolgedessen viel Arbeit, wirkt aber anscheinend wenig bessernd auf den Volkscharakter. Die Verpflegung der Gefangenen besteht in einem Frühstück mit Thee und Brot, ferner zwei Mahlzeiten mit Fleisch und Reiscurry. Trotzdem und trotz aller bestehenden sanitären Einrichtungen befinden sich durchschnittlich 5 v. H. der Gefangenen krank im Hospital.

Eines der hübschesten Gebäude Colombos ist das in den Zimmetgärten gelegene Museum, welches in den siebziger Jahren unter der Gouverneurschaft Sir William Gregorys, dessen Andenken man ein würdiges Denkmal dem Haupteingange gegenüber errichtet hat, erbaut worden ist. Es liegt inmitten wohlgepflegter, gefälliger Parkanlagen und enthält neben einer kleinen geologischen eine recht interessante ethnographische Sammlung und eine Bibliothek mit sämtlichen auf Ceylon bezüglichen litterarischen Werken.

Auch der Sitzungssaal und die Bibliothek der „Royal-Asiatic-Society“ befinden sich hier.

In nächster Nachbarschaft des Museums liegen verschiedene Spielplätze, hauptsächlich dem beliebten Lawn tennis gewidmet, während die dem Polo- und Golfspiel, sowie dem Kricket geweihten Rasenflächen sich um das Klubgebäude am Galle Face gruppieren. Jegliche Art von Sport steht in Colombo in höchster Blüte, vom Billardspiel bis zum Fußball, und irgend ein interessanter „Match“ gilt stets als eine Haupt- und Staatsaktion, bei der kein Europäer, der etwas auf seine Reputation hält, fehlen darf. Nach deutschen Begriffen und entre nous soit dit — auch nach denen mancher Engländer — wird die Sache bisweilen freilich ein wenig zu weit getrieben. Was soll man z. B. dazu sagen, wenn — wie das hier kürzlich geschah, als auf der Durchreise nach Australien elf Mitglieder eines englischen Kricket-Klubs den zwölfstündigen Aufenthalt ihres Dampfers benutzten, um einen „Match“ gegen den Colombo-Klub auszufechten — dieser Fechttag von dem Gouverneur als „öffentlicher Feiertag“ erklärt wird, an dem alle Regierungsbureaus, sämtliche Banken und Geschäfte schließen, lediglich, um den Beamten und Angestellten Gelegenheit zu geben, dem „most exciting match“ beizuwohnen. Ich bin wahrlich kein Sportverächter, sondern wünsche im Gegenteil, daß die in England allgemein verbreiteten körperlichen Spiele in Deutschland sich mehr und mehr Anhänger erwerben möchten, aber wegen eines „cricket match“ einen „public holiday“ anzusetzen — da hört die Weltgeschichte auf.

Dieser exzeptionelle „public holiday“ brachte mir noch eine andere Überraschung, nämlich eine Begegnung im Queens-House mit meinem Freunde Stanley. Ich hatte den vielgefeierten und vielgeschmähten Reisenden bei seiner Rückkehr von der Emin Pascha-Expedition in Ostafrika kennen gelernt und in Sansibar im Hause des englischen Generalkonsuls Euan-Smith manche frohe und anregende Stunde mit ihm verlebt. Damals war er ein Mann voller körperlicher und geistiger Frische, mit funkelndem Auge und einer faszinierenden Unterhaltungsgabe, ein Mann, der mir als die verkörperte Energie erschien — dazu ein Triumphator. Wie sah ich diesen Mann nach kaum zwei Jahren wieder! Der kleine, mir langsam entgegenhinkende, jetzt etwas zur Korpulenz neigende Herr mit aufgedunsenem Gesicht, schneegebleichtem Haar, das war allerdings Henry Morton Stanley, aber nicht mehr der Stanley, dem ich im dunklen Weltteil begegnet war; das matte, glanzlose Auge, es sprühte keine Funken mehr, dahin schien alle frühere Elastizität, verschwunden scheinbar gar das Selbstvertrauen. Zum Frühstück war ich mit ihm, seiner bezaubernd liebenswürdigen Gattin und deren Mutter Mrs. Tennent zur Tafel des Gouverneurs, Sir Arthur Havelock, geladen, und es gelang mir allmählich, den schweigsamen Mann ein wenig aufzumuntern. Er erzählte mir dann ohne jede Gehässigkeit lange von Emin Pascha und dessen Charakter, wie hoch er ihn als Mann der Wissenschaft und als Gentleman, wie wenig als Gouverneur und Mann der That schätze. Meine Frage, ob er glaube, daß Emin, falls er in seine ehemalige Provinz zurückkehre, irgend welche Aussicht habe, dort nochmals zur Macht zu gelangen, verneinte er kurz und meinte: „Man stelle Emin an die Spitze einer wissenschaftlichen Expedition, lasse ihm dann freie Hand, zu gehen, wohin er zu gehen Lust hat, zu thun, was ihm beliebt und — glauben Sie mir — der eine Mann wird in Afrika der Wissenschaft mehr nützen als hundert andere. Die Verhältnisse der britisch-ostafrikanischen Gesellschaft schilderte Stanley in den düstersten Farben und nannte mir die Namen verschiedener Kapitalisten, die ihre Gelder aus der Gesellschaft zurückgezogen hätten. Das ursprünglich gezeichnete Kapital von 40 Millionen Mark dürfte demnach bedenklich zusammengeschrumpft sein. Da Stanley Colombo nur auf der Durchreise nach Australien, wo er Vorlesungen zu halten beabsichtigte, berührte, so erstreckte sich sein Aufenthalt hier auf nicht mehr als 12 Stunden. Als ich mich von ihm verabschiedete, geschah das in der festen Überzeugung, daß dieser Mann, der für die Erschließung Afrikas so unendlich viel geleistet hat, keinen Ehrgeiz mehr spürt, noch einmal in das Innere des dunklen Weltteils zurückzukehren. „Zum zweiten Male“, so bemerkte er scherzhaft, „hole ich Ihren Emin nicht heraus.“ — Damit schieden wir.

Fast täglich unternahm ich Spazierfahrten oder -gänge in die Umgebung Colombos oder Mount Lavinias und versäumte u. a. nicht, der berühmten Riesenschildkröte einen Besuch abzustatten, die vor zweihundert Jahren — in der Regel ist alles, von dem man nichts Genaues weiß, in Ceylon „vor 2000 Jahren“ passiert, hier aber begnügt man sich bescheidener Weise mit zweihundert — dem damaligen holländischen Gouverneur zum Geschenk gemacht worden sein soll. Es ist ein Tier von kolossaler Größe, zur Familie der Landschildkröten gehörig und wird als Staatseigentum auch vom Staate unterhalten. Anspruchslos in seinem ganzen Wesen, nährt es sich ausschließlich von frischen Gräsern; aber trotzdem es täglich ins Gras beißt, will ihm das Sterben dennoch nicht gelingen Auf wie viele Generationen es schon sein nunmehr halbgebrochenes Auge geworfen hat, weiß man nicht, da keine Chronik verzeichnet, mit welchem Alter es seine Laufbahn als Staatsschildkröte in Colombo begonnen hat. Müde und matt schleicht es heute über denselben Rasen, auf dem es sich einst im Vollbewußtsein seiner Unverletzlichkeit getummelt (oder sollte „tummeln“ nicht der richtige Ausdruck für die Bewegungen übermütiger Schildkröten sein?), und auch von ihm läßt sich wie von dem bekannten hochbetagten Krokodil sagen:

Es ist ganz alt und beinah blind,
Und wenn es friert, da weint es wie ein Kind.
Nur wenn die liebe Sonne scheint des Nachts,
Da lacht's!

Ich stattete diesem Methusalem unter den Schildkröten meinen Besuch in Gesellschaft einer sehr liebenswürdigen Dame ab, aber das Vergnügen, seine Bekanntschaft gemacht zu haben, wurde durch einen unmittelbar nachher erfolgten Überfall, den hinterlistige rote Ameisen gegen uns ausführten, nicht unwesentlich beeinträchtigt. Mit einem lauten Aufschrei, als stände sie in Flammen, stürzte sich meine Begleiterin in die Büsche, um sich dort der zwickenden und zwackenden Plagegeister zu entledigen.

„Kann ich Ihnen irgendwie behilflich sein?“ wagte ich als galanter Mann der Entschwundenen nachzurufen.

„Um Gotteswillen, bleiben Sie draußen, ich werde schon allein fertig“, tönte es aus dem Dickicht zurück, worauf ich mich in einen anderen Busch schlug und mich nach Möglichkeit bemühte, meiner Feinde Herr zu werden. Ab und zu drang ein unterdrückter Schmerzensschrei aus dem Bosket, in dem meine Begleiterin verschwunden war, an mein Ohr, während ich über das Komische der Situation schier vor Lachen barst.

„Machen Sie gute Fortschritte, gnädige Frau?“ rief ich aus meinem Versteck, in dem ich, halb entkleidet, erfolgreiche Jagd machte, hinüber.

„Ach nein! Ich werde die abscheulichen Tiere gar nicht los, sie beißen mich fürchterlich, kommen Sie schnell und lassen uns nach Hause fahren.“

Ich schlüpfte daraufhin schleunigst wieder in meine Kleider, und nachdem ich meine schwer heimgesuchte Freundin in den Wagen gehoben, ging es im Galopp zum Hotel zurück.

Als ich der Dame nach einigen Stunden im Speisesaal wieder begegnete, meinte dieselbe schmollend: „Gehen Sie mir mit Ihrer abscheulichen zweihundert Jahre alten Schildkröte, und wenn das Tier tausend Jahre alt werden sollte, mich sieht sie nicht zum zweiten Mal. Ich glaube, ich werde das Gefühl, als stecke ich in einem Ameisenhaufen, mein Lebtag nicht mehr los.“ Da auch ich an dem einmaligen Besuch dieser Colombo-Sehenswürdigkeit vollauf genug hatte, wird das arme Tier wahrscheinlich auf das Vergnügen, mich wiederzubegrüßen, ebenfalls verzichten müssen.

Von andern Ausflügen kehrte ich befriedigter und in der Regel auch ohne Ungeziefer zurück, so z. B. von einem solchen an Bord des auf der Rückfahrt von Wladiwostok nach Odessa Colombo anlaufenden russischen Dampfers „Russo“. Die „Russo“ gehört zur russischen Volontärflotte, deren Dampfer bekanntlich die Kriegsflagge führen und denen trotzdem neuerdings die Durchfahrt durch die Dardanellen von der türkischen Regierung gestattet ist. Da ich bisher keines dieser Fahrzeuge, die im Kriegsfalle armiert werden, in Friedenszeiten aber als Transportdampfer den Verkehr zwischen Odessa und Sibirien vermitteln, gesehen hatte, ging ich an Bord und wurde von dem Kapitän in wahrhaft herzlicher Weise empfangen. Die „Russo“ hatte etwa achtzig Passagiere, meist Offiziere und Beamte aus Sibirien, sowie über 600 von dort abgelöste Soldaten an Bord. Hierzu kam noch ein ganzes Rudel Kinder, die von ihren Eltern nach Rußland geschickt wurden, um dort erzogen zu werden — bis jetzt waren sie allerdings so unerzogen, wie nur möglich —, und so war auf Deck wie im Salon begreiflicherweise nicht die Ordnung vorhanden, die, wie ich annehme, andernfalls geherrscht haben würde. Auch mehrere Babies, sämtlich Offizierskinder, befanden sich unter den Reisenden und wurden von ihren Ammen, stämmigen Soldaten in roten Blusen, mit geradezu rührender Zärtlichkeit auf den Armen gewiegt oder auf den Knieen geschaukelt. Ich möchte nicht behaupten, daß die als Passagiere an Bord befindlichen Offiziere mir durch die Art und Weise ihres Auftretens oder durch ihre äußere Erscheinung gefallen hätten. Mitglieder aller Nationen pflegen sich auf langen Seereisen auch gelegentlich ein wenig gehen zu lassen; was ich hier an Bord aber an ungekämmten Haaren, unbeschnittenen Bärten und salopper Kleidung gesehen, das stellt alles bisher Dagewesene in den Schatten. Fast die ganze Gesellschaft lief auf Deck in groben, langen Drillichkitteln, wie solche mir aus den Bildern im „Struwelpeter“ in der Erinnerung vorschweben, herum, um die Taille einen breiten Ledergürtel. Männer wie Knaben, Herren wie Damen, ja! selbst der an Bord befindliche Pope, ein freundlicher Herr, den ich aber wegen seiner enormen, wallenden Mähne am liebsten dem ersten besten Haarschneider an die Schere geliefert hätte, trug einen solchen Kittel. Nachdem ich mich im Salon des Kapitäns an nicht üblem russischem Bier gelabt hatte, wurde ich durch sämtliche Räume des Schiffes geführt. Die 600 Soldaten lagen im Zwischendeck zusammengepfercht wie die Heringe, die Ventilation war völlig ungenügend und der Mangel an Sauerstoff machte sich ebenso unangenehm bemerkbar, wie der Überschuß an Schwefelwasserstoff und anderen Gasen. Die übereinandergestapelten Mannschaften sahen trotzdem frisch und gesund aus und schienen sich in der sie umgebenden Atmosphäre durchaus wohl zu fühlen, wenigstens behauptete der Kapitän, sie zögen den Aufenthalt unter Deck demjenigen auf Deck vor. In dem Raume der Matrosen befand sich ein Muttergottesbild mit einer darüberhängenden ewigen Lampe. Lange hätte ich es in diesen schwülen, dumpfigen Räumen nicht aushalten können, und mit einer die Katze in den Schatten stellenden Behendigkeit schlüpfte ich auf der ersten mir in den Weg kommenden Leiter auf das Mannschaftsdeck, auf dem Soldaten in kleineren Gruppen umhersaßen, Karten spielend, plaudernd, rauchend oder aus großen Kesseln mit Holzlöffeln Pflaumensuppe schöpfend. Die Leute machten bis auf wenige Galgenphysiognomien einen guten Eindruck und waren körperlich sauber, was freilich nur dadurch zu erreichen ist, daß die ganze Gesellschaft allmorgendlich auf Deck, wie Gott sie geschaffen hat, antreten muß, um mit Hilfe der Dampfspritze gehörig abgespült zu werden. Zurückgekehrt in den Salon des Kapitäns, wurde bei vortrefflichen russischen Zigaretten — Kaviar wurde mir leider nur von weitem gezeigt — noch ein Viertelstündchen geplaudert, worauf ich mich von meinem freundlichen Wirt dankend verabschiedete und mich von russischem Boden wieder auf englisches Gebiet begab. Auch dem prächtigen Dampfer des Norddeutschen Lloyd, der „Bayern“, stattete ich, als sie auf ihrer Heimreise, von China kommend, Colombo anlief, einen kurzen Besuch ab und hatte das Vergnügen, daselbst die Bekanntschaft zweier von Bangkok zurückkehrender Landsleute, des Geheimrats Lenz aus Stettin und des Senators Beyer aus Güstrow zu machen. Beide Herren hatten in einer Bahnbauangelegenheit mit der siamesischen Regierung verhandelt — leider ohne Erfolg — und waren jetzt auf dem Wege in die Heimat. Bayrisch Bier und Rebensaft lieben wir ja alle, wie aber ein Glas Bier „frisch vom Faß“, wie es auf allen Schiffen des Norddeutschen Lloyd während der ganzen Reise geschenkt wird, einem Deutschen mundet, der fast drei Jahre lang seinen Durst mit pasteurisiertem Flaschenbier hat löschen müssen, das wissen nur wenige, und zu diesen wenigen gehöre ich. Herr Geheimrat Lenz hat zu seinem Schaden erfahren, welche Quantitäten dazu erforderlich sind, einen Landsmann, der nach langer Abstinenz zum ersten Male wieder in die Nähe eines frischen Fasses Spatenbräu gerät, zufrieden zu stellen.

Mit Freuden habe ich mehrfach zu konstatieren Gelegenheit gehabt, daß sich unsere deutschen Lloyddampfer ganz besonderer Beliebtheit bei den Engländern Ceylons, vor allen bei den Pflanzern erfreuen, und daß überall die Liebenswürdigkeit der Kapitäne, im Gegensatz zu den Kapitänen mancher englischen Linie, gerühmt wird. Nur mit der Verpflegung an Bord können sich die Engländer nicht immer befreunden, doch habe ich auch solche kennen gelernt, die geradezu begeistert von der Lloydküche sprachen. Ein Theepflanzer, den ich auf meinen Reisen in den Bergen Ceylons kennen lernte, meinte sogar: „What I liked the most on board of the „Sachsen“, was the horseflesh we got every day.“

„Aber bester Mann, Sie wollen mir doch nicht weiß

machen, daß Sie an Bord der „Sachsen“ Pferdefleisch zu essen bekommen hätten?“

„Certainly! nearly every day, it was delightful!“

„Ich bitte Sie um alles in der Welt, es ist absolut unmöglich! Pferdefleisch wird überhaupt in Deutschland nur ausnahmsweise von den niedersten Schichten der Bevölkerung gegessen, eine deutsche Dampferlinie würde es nie wagen, ihren Passagieren ähnliche Gerichte vorzusetzen.“

Es half mir nichts, der Mann blieb dabei, er habe beinahe Tag für Tag Pferdefleisch bekommen, ich möge nur Mrs. X. und Mr. Y. in Colombo fragen, die mit ihm zu gleicher Zeit an Bord gewesen seien, ob sich die Sache nicht so verhielte, ob nicht fast täglich „Pferdefleisch“ auf der Speisekarte gestanden hätte, und ob sie nicht alle gefunden hätten, dasselbe sei ausgezeichnet gewesen. Ob die Empfehlung dieses Herrn dem Norddeutschen Lloyd viel neue Passagiere zuwenden wird, wage ich zu bezweifeln und glaube, die genannte Gesellschaft hat ein volles Recht, in diesem Falle auszurufen: „Gott schütze mich vor meinen Freunden.“ — — —

„Waren Sie schon in Kandy?“ Das ist die stereotype Frage, die jedermann, dessen Bekanntschaft wir das Glück oder Unglück haben, in Colombo zu machen, vom Tage unsrer Ankunft bis zur Stunde der Abreise an uns richtet, und wenn wir diese Frage verneinen, so laufen wir Gefahr, eine wahre Flut von Vorwürfen über uns ergehen lassen zu müssen. „Was? Sie waren noch nicht in Kandy? Sie haben die alte Königsstadt noch nicht gesehen? Aber einen Besuch Kandys dürfen Sie unter keinen Umständen versäumen. Wenn Ceylon die Perle des Indischen Ozeans ist, so ist die Perle Ceylons — Kandy.“ Kurz, es wird einem von allen Seiten soviel von Kandy vorgeschwärmt, daß man mit Recht in der Erwartung lebt, in dieser 1600 Meter über dem Meeresspiegel gelegenen ehemaligen Residenz der Könige der Insel etwas geradezu überirdisch Schönes, Märchenhaftes, mit keinem andern Erdenwinkel Vergleichbares zu schauen. Kein Wunder daher, daß, sobald ich mich kräftig genug fühlte, auch nötigenfalls Fußtouren ins Gebirge zu unternehmen, mein erstes war, nach Kandy hinaufzufahren. Für Reisende, die in ihrer Zeit beschränkt sind, läßt sich ein solcher Ausflug sehr wohl an einem Tage ausführen. Man verläßt Colombo früh morgens, erreicht Kandy nach 4 1/2 stündiger Fahrt und tritt nachmittags die Rückfahrt an, um gegen 7 Uhr wieder in Colombo einzutreffen. Ich hatte indessen durchaus keine Eile und machte mir daher auch keinen festen Plan in Bezug auf die Dauer meines Aufenthaltes in dem vielbesungenen Gebirgsstädtchen, doch war es meine Absicht, von dort aus durch die Thee- und Kaffeedistrikte zu marschieren und nicht mit der Bahn, sondern zu Fuß, zu Pferde oder Wagen, wie es gerade kommen mochte, nach Colombo zurückzukehren.

Von Mount Lavinia hatte ich mir ein Billet nach Maradana, der ersten Station hinter Colombo, gelöst, um daselbst in den nach Kandy bestimmten Zug einzusteigen. Während ich an dem bereitstehenden Zuge vorbei zum Schalter schritt, bemerkte ich, daß sämtliche Kupees erster Klasse bereits stark besetzt waren, wohingegen die zweite Klasse nahezu leer war. Ich entschloß mich daher, mir ein Billet für die letztere zu nehmen, denn ich war damals noch in der Lage, mir diese Extravaganz gestatten zu können, da ich verhältnismäßig wenig Menschen in Colombo kannte, überhaupt für Ceylon keine Empfehlungen besaß und somit gewissermaßen „inkognito“ reiste. Andernfalls wäre first class für mich de rigueur gewesen; denn als Zweiter-Klasse-Passagier würde ich einen mich vielleicht irgendwo in Empfang nehmenden Beamten oder auch Privatmann geradezu bloßgestellt haben. Die zweite Wagenklasse ist für europäische Soldaten, Mischlinge und besser situierte Eingeborene, aber nicht für den Europäer höherer Ordnung. Ich wurde denn auch sowohl von den Bahnbediensteten wie von meinen wenigen Kupeegenossen mit unverkennbarem Befremden gemustert, sollte jedoch während der ganzen Dauer der Fahrt nicht die geringste Veranlassung finden, mein Unternehmen zu bereuen. Die im Wagen befindlichen Passagiere, durchweg den besseren Ständen angehörende Eingeborene, waren mir unendlich viel interessanter, als europäische Ladies und Gentlemen. Durch Verteilung einiger von mir mitgebrachter Zeitungen schloß ich schnell Freundschaft mit meinen dunkelhäutigen Reisegefährten, erfuhr im Laufe der Fahrt von ihnen über die Verhältnisse und Zustände im Lande mehr, als ich von Europäern bisher erfahren hatte, und wurde von allen Seiten mit einer Aufmerksamkeit und Auszeichnung behandelt, die mir in der ersten Wagenklasse sicherlich nicht zu teil geworden wäre.

Die im Jahre 1867 eröffnete, etwa 140 Kilometer lange Bahn von Colombo nach Kandy ist von der Regierung des Landes erbaut. Sie gilt als eine der interessantesten Gebirgsbahnen der Welt, als ein Triumph der Bahnbaukunst und hat im ganzen 35 Millionen Mark, gleich 250000 Mark das Kilometer, gekostet. Für die ersten zwei Stunden fährt man durch eine fruchtbare Ebene zwischen Palmenhainen, Zimmetplantagen und anderen Kulturen dahin, vorüber an stillen, lieblichen, wenn auch nicht immer sehr sauberen Teichen, in denen bronzefarbige Gestalten vergnügt zwischen Lotusblumen herumplätschern, an smaragdgrün im Morgenlichte glänzenden Reisfeldern und unter Mangobäumen, Bananenstauden und fruchtbeladenen Palmen fast versteckten einzelnen Wohnungen und kleinen Dorfschaften. Wasserbüffel, bewacht von ihren nackten braunen Hirten, sielen sich wollüstig in schlammigen Tümpeln, und kleinere Rinderherden weiden friedlich zu beiden Seiten des Bahngleises. Allmählich beginnt die Landschaft hügeliger zu werden, über und über mit Schlingpflanzen bedeckter Wald tritt vielfach an Stelle der Kulturen, hier und da saust der Zug durch kleinere Thaleinschnitte, bis bei der Station Polgahawela die ersten Theegärten beginnen. Inzwischen ist es halb zehn geworden und mein in letzter Zeit an regelmäßige Nahrungszufuhr gewöhnter Magen hat es für angezeigt gehalten, sich durch unterdrücktes Knurren bemerkbar zu machen. Ich benutzte daher den kurzen Aufenthalt auf der Station, mein Kupee mit dem im Zuge befindlichen Restaurationswagen zu vertauschen und dort, während wir weiter bergan durch ansprechendes Hügelgelände fuhren, in aller Ruhe ein gutes, substanzielles Frühstück einzunehmen.

Auf der nächsten Station Rambukhana wurde unserem Zuge eine zweite Lokomotive angehängt, da von hier an eine außergewöhnlich starke Steigung (1:45) beginnt. In gefälligen Schlangenwindungen an wildromantischen Thaleinschnitten vorbei, entlang an schroffen Felswänden, durch Laterit- und Granitmassen durchschneidende Tunnels und über in schwindelerregender Höhe weite Schluchten überspannende eiserne Brücken führt uns das Dampfroß. Man wird nicht müde, von einem Fenster zum andern zu eilen, um sich möglichst wenig von der beständig wechselnden großartigen Szenerie entgehen zu lassen. Bald sind es kunstvoll angelegte, tief unter uns terrassenförmig übereinander sich erhebende Reisfelder, bald von rauschenden Wasserfällen und schäumenden Gießbächen durchzogene Theegärten und Kaffeeplantagen, dann wieder von blühenden Schlinggewächsen überwucherte freundliche Häuschen oder auffallend prächtige Exemplare irgend einer Palmenart. Neben der Kokos- und Arekapalme finden wir die unvergleichliche Kitul- und die majestätisch ihre mächtigen, fächerartigen Blätter entfaltende Taliputpalme. Es ist schwer zu sagen, welcher dieser vier graziösen Vertreterinnen der Palmenfamilie wir den Preis zuerkennen sollen, da jede einzelne von ihnen eine Venus unter den Töchtern der tropischen Pflanzenwelt ist.

Ich hatte das besondere Glück, unterwegs mehrere Taliputpalmen in Blüte zu sehen, ein herrlicher, mir unvergeßlicher Anblick. Aus der Mitte der wie trauernd gesenkten Blätter, welche die Krone des glatten, einer Säule gleich wohl an die 100 Fuß hoch aufstrebenden Stammes bilden, erhebt sich ein oft mehr als 30 Fuß hohes Büschel cremefarbener Blüten — das Schönste, was man überhaupt sehen kann. Die Taliputpalme blüht nur einmal, und zwar meist, nachdem sie das 80. Lebensjahr erreicht hat. Ihre Blütezeit dauert nahezu 6 Monate. Damit hat sie ihre Aufgabe erfüllt und mit dem Abfallen der reifen Frucht ihren Lebenslauf vollendet:

„Denn sie ist von jenen Asra, welche sterben,
wenn sie lieben.“

Mit Kadugannawa in einer Höhe von etwa 2000 Fuß hört die Steigung auf. Von hier geht es bergab, bis wir, nachdem wir Peradeniya passiert, die 400 Fuß niedriger gelegene Station Kandy und damit das Ziel unserer herrlichen Fahrt erreicht haben. Vor dem Ausgange der geräumigen Bahnhofshalle herrschte jenes bekannte Getriebe, wie wir es auch in europäischen vielbesuchten Gebirgsorten anzutreffen pflegen, nach Verdienst ausschauende Kofferträger, aufdringliche Fremdenführer, Hotelbedienstete, die uns in ihre klapprigen Omnibusse zu locken suchen, und Fuhrwerke aller Art. Hier war mindestens die vierfache Anzahl von Wagen angefahren, als unser Zug Fahrgäste gebracht; es scheint demnach, als ob an anderen Tagen Kandy sich eines stärkeren Besuches zu erfreuen habe. Alle mir angebotenen Fahrgelegenheiten von der Hand weisend, schlug ich den Weg zur alten Königsstadt bescheidener Weise zu Fuß ein. Hatte ich mit der zweiten Klasse heute Morgen den Anfang gemacht, mich gegen die gesellschaftliche Ordnung im Lande aufzulehnen, so konnte ich jetzt auch ohne weitere Gewissensbisse der Bevölkerung Kandys das ungewohnte Schauspiel eines in voller Mittagssonne sich auf seine eigenen Beine verlassenden Europäers bieten.

Wer etwa nach Kandy kommt, in der Erwartung, daselbst eine kühlere Temperatur, als in dem 1600 Fuß tiefergelegenen Colombo zu finden, der hat seine erste Enttäuschung bereits zu verzeichnen, bevor er die eigentliche Stadt betritt, denn es ist hier genau so heiß, wenn nicht heißer als in der Ebene. Hierüber, sowie über die Thatsache, daß ich vergeblich nach marmornen Königspalästen, vergoldeten Dächern und edelsteinbesäten Pagoden Umschau halten würde, war ich schon im Laufe der Fahrt von meinen eingeborenen Reisegenossen aufgeklärt worden, und das war mein Glück, denn andernfalls wäre das „disappointment“, welches mir Kandy brachte, noch größer gewesen, als es ohnehin werden sollte.

Mein Weg führte durch freundliche Anlagen mit einem hübschen Springbrunnen, dann vorbei an geräumigen Markthallen mit lebhaftem Verkehr, in die Hauptstraße der Stadt mit allen möglichen europäischen Kaufläden, Niederlagen von Maschinen, wie solche in den Thee-, Kaffee- und Kakaopflanzungen Verwendung finden, photographischen Ateliers, Apotheken u. s. w. Die Häuser waren meist aus Stein gebaut, klein, modern, langweilig.

Eingeborener Häuptling. Kandy.

Mit dem Ende dieser in jeder Hinsicht interesselosen Straße gelangte ich an einen von schattenspendenden Bäumen eingerahmten Platz, in Front vor mir lag der berühmte Buddhatempel, der „Maligawa", zu meiner Rechten der künstliche, von einer selten geschmacklosen Mauer eingefaßte See, in dessen Mitte sich ein kleines mit Bambusgruppen bestandenes Inselchen, auf dem in früheren Zeiten die später von den Engländern in ein Pulvermagazin umgewandelten, nunmehr bis auf einen Thorbogen gänzlich verfallenen Haremsbauten des Königs gestanden haben, gar schmuck ausnimmt. Man denke sich alles dies eingeschlossen von bewaldeten oder mit Thee und Kaffee bepflanzten Bergen, und man wird sich leicht vorstellen können, daß das Bild, welches Kandy bietet, ein überaus anmutiges ist. Wie aber Dutzende von Schriftstellern dazu kommen konnten, dieses Bild als eines der bezauberndsten, die das Menschenauge überhaupt schauen kann, zu beschreiben, Kandy „the most charming and most interesting little town in the world" zu nennen, ist mir rätselhaft; denn Kandy ist thatsächlich nichts weiter als ein freundliches, sehr hübsch gelegenes Gebirgsstädtchen ohne irgend welche anderen Anziehungspunkte, als seine Lage und Umgebung. Historische, an seine ehemalige Bestimmung als Königssitz erinnernde Denkmäler sind in Kandy so gut wie garnicht vorhanden, es sei denn, daß man die von roh geschnitzten Säulen aus Teakholz getragene Königliche Audienzhalle, in der heute die Sitzungen des Bezirksgerichtshofes abgehalten werden, und ein paar Mauerüberreste als solche bezeichnen wollte. Der viel beschriebene Tempel, der von den Buddhisten als eine der geheiligtsten Stätten auf Erden bezeichnet und in dessen Innern in einem nur bei bestimmten Festlichkeiten geöffneten Schrein ein etwa zwei Zoll langes Stück Elfenbein als Zahn Buddhas der andächtigen Menge gezeigt wird, ist ein vernachlässigtes Gebäude ohne irgend welche Reize, in dem man außerdem in so unverschämter Weise um Trinkgelder angegangen wird, daß man seine ganze Selbstbeherrschung nötig hat, um nicht mit dem Stock zwischen das freche Priestergesindel zu fahren. Der Gouverneur von Ceylon pflegt zeitweise in Kandy zu wohnen, und der für ihn erbaute Palast „the Pavilion" ist von recht geschmackvollen, eines Besuches werten Anlagen umgeben. Von hier aus führt ein schattiger Pfad, der sogenannte „Lady Horton's walk", in sanfter Steigung auf einen Bergrücken, von dem man eine prächtige Aussicht über das Dumbarathal genießt, ebenso ist der Blick auf Kandy von irgend einer der umliegenden Höhen des Schweißes selbst der Edelsten wert. War es, bevor ich Kandy gesehen, meine Absicht gewesen, unter Umständen mehrere Tage dort in süßem Nichtsthun zuzubringen, so entschloß ich mich, nachdem ich es gesehen hatte, schon nach kaum eintägigem Aufenthalt wieder von dannen zu ziehen.

Peradeniya und seinem wunderbaren botanischen Garten galt mein nächster Besuch. Man fährt von Kandy aus bequem in einer halben Stunde zu Wagen nach diesem Eldorado aller Botaniker und aller Bewunderer tropischer Flora, und bedient man sich gar der Eisenbahn, so ist man bereits nach neun Minuten auf der Station Peradeniya, und nach weiteren fünf Minuten Marschierens vor den Pforten des Gartens angelangt. Die Anlagen, die man, nachdem man zuvor seinen Namen in ein Buch eingetragen hat, nunmehr betritt, verdienen in der That den Ruf, dessen sie sich erfreuen, nämlich zu den schönsten und großartigsten der Welt zu zählen. Sie wurden im Jahre 1819 von der englischen Regierung ins Leben gerufen, und das Glück hat gewollt, daß bis auf den heutigen Tag die Leitung dieses Instituts stets in den Händen von Männern lag, die mit bedeutenden Fachkenntnissen einen vorzüglichen Geschmack verbanden. Dem letzteren Umstande ist es zu danken, daß auch Leute, denen selbst die blasseste Ahnung von Linnéschen Klassen abgeht und die nicht im stande sind, eine Zimmetstaude von einem Theestrauche zu unterscheiden, dennoch bei einem Besuche des Peradeniya-Gartens ihre Rechnung finden. Die außerordentliche Gleichmäßigkeit der Luftwärme, die Reichlichkeit der Niederschläge zeitigten hier eine beispiellos dastehende Fülle und Üppigkeit des Wachstums. Der Direktor des

Gartens, Dr. Trimen, der mich in liebenswürdigster Weise durch die Anlagen geleitete, erzählte mir unter anderem, als wir an einer der mächtigen Bambusgruppen, einer der Hauptzierden des Gartens, vorüberschritten, er habe beobachtet, daß junge Bambusschüsse innerhalb 24 Stunden um genau 13½ Zoll gewachsen seien. Auf meine Frage, welche Stärke ein Bambusschaft wohl unter so günstigen Umständen erreichen könne, erwiderte Dr. Trimen, der stärkste Schaft, den er je gemessen, habe einen Durchmesser von 9½ Zoll ergeben, Schäfte von 1—2 Fuß Durchmesser, von denen man bisweilen, z. B. auch in dem Buche des Herrn Professor Haeckel lese, gehörten jedoch in das Bereich der Fabel. Die Könige von Kandy sollen u. a. folgende entsetzliche Tortur an Leuten, die sich ihnen unliebsam gemacht, zur Anwendung gebracht haben. Die betreffende Person wurde unbekleidet über einen jung aufschießenden Bambustrieb in wagerechter Lage befestigt, so daß letzterer im Wachsen sich mit seiner nadelscharfen Spitze seinen Weg durch den Leib des unglücklichen Verurteilten bahnen mußte. Eine raffiniertere Tortur auszudenken dürfte kein menschliches Scheusal im stande sein.

Viele alte Bekannte fand ich unter den Bäumen und Pflanzen des Gartens, Bekannte aus Afrika, den Himalayas, aus Assam, Burma, sowie von den Andamanen und Nicobaren, unendlich vieles aber auch, was mir völlig neu war, so die der Taliputpalme nicht unähnliche „Coco de mer“ von den Seychellen, deren Nüsse — dieselben sind so eigentümlich geformt, daß schon eine gewisse Unverfrorenheit dazu gehört, sie in Damengesellschaft zu zeigen — mir freilich von Sansibar her wohl bekannt waren, wohin sie vielfach von Offizieren unserer Kriegsschiffe, welche die Seychellen angelaufen hatten, gebracht wurden. Andere Sehenswürdigkeiten sind die verschiedenen in malerischen Gruppen vereinten Palmen, eine Allee von Oreodoxa und die vor dem Eingange des Gartens stehenden kolossalen Exemplare der Ficus elastica, die einem jeden Deutschen aus den Zimmern alter Jungfern, wo sie meist neben einem Kanarienvogel und einigen gelangweilten Goldfischen ein freudloses Dasein führt, unter dem Namen „Gummibaum" wohl bekannt sein dürfte. Auch die Orchideensammlung, die Abteilung für Farrnkräuter, die Baumschule, sowie der Garten für Gemüse und medizinische Pflanzen lohnen eine eingehende Besichtigung. Dr. Trimen zeigte mir zum Schluß eine Sammlung sämtlicher auf der Insel vorkommenden Hölzer und führte mich zu dem einen geräumigen Saal füllenden Herbarium des Instituts. Leider bin ich indessen zu wenig Botaniker, um letzteres nach Gebühr würdigen und schätzen zu können.

Um so lebhafteres Interesse bekundete ich für den mir nach beendetem Rundgang in dem hübsch gelegenen Bungalow des Dr. Trimen freundlichst angebotenen Sherry, von dem ich mehrere Gläser auf das Wohl meines unterhaltenden Wirtes leerte, um dann zur Bahnstation zurückzukehren und mit dem nächsten Zuge nach Gampola, einem kleinen Marktflecken, zu fahren, von wo aus meine Wanderung durch die Thee- und Kaffeebezirke beginnen sollte.

Im Rasthause zu Gampola fand ich gutes Unterkommen, überzeugte mich aber mit Hilfe der im Speisezimmer aufgehängten Tabelle bald davon, daß in Ceylon diese der Regierung gehörigen Unterschlupfe scheinbar weniger — wie dies z. B. in Indien der Fall ist — im Interesse der Reisenden, als in demjenigen des Staatssäckels erbaut sind.

So stellte sich z. B. meine Rechnung für eine Nacht folgendermaßen:

Für Benutzung des Rasthauses	0,80	M.
„ Benutzung eines Bettes	1,20	„
„ Beziehen des letzteren	1,20	„
„ Beleuchtung	0,80	„
Sa.	4,00	M.

Lebt man einen ganzen Tag im Rasthause, so beläuft sich die Rechnung für Behausung und Verpflegung, aber ohne Getränke, auf nicht weniger als 12 M. für den Tag, eine Summe, für die man schließlich auch in manchem der ersten Hotels Deutschlands leben kann. Aber die Rasthäuser im Gebirge sind auf Ceylon noch keineswegs die größten Ausgaben für den Reisenden; so hatte ich u. a. den Kulis für Beförderung meiner Lasten auf eine Entfernung von etwa 40 Kilometern für den Kopf 4 M. gegen 40 Pf. in Indien zu zahlen. Ein Wagen für diese Strecke würde mich sogar gegen 40 Mark gekostet haben, abgesehen von 4 Mark 80 Pfennig Chausseegeld, um die ich unterwegs auch noch gekränkt worden wäre. Man ersieht hieraus, daß das Reisen im Innern der Insel, sobald man von den Eisenbahngeleisen und großen Landstraßen, auf denen Postkutschen den Verkehr vermitteln, abweicht, recht kostspielig werden kann.

Mein 40 Kilometer von Gampola entferntes vorläufiges Reiseziel war die Theeplantage Rangbodde, deren Leiter, Herr de Lemos, ein geborener Hamburger, mich in zuvorkommender Weise eingeladen hatte, für einige Tage sein Gast zu sein. Nachdem ich die eingeborenen Kulis schon vor fünf Uhr in der Frühe auf den Marsch gebracht hatte, folgte ich selber, begleitet von meinem neu angenommenen singhalesischen Diener, etwa eine Stunde später. Es war ein herrlicher Morgen, ein Gewitter über Nacht hatte die Luft gereinigt und abgekühlt, blauer, wolkenloser Himmel wölbte sich über Berg und Thal, und Feld wie Wald prangten im frischesten Grün. Ich fühlte mich gesund und kräftig, wie lange nicht zuvor und befand mich in der gehobenen Stimmung eines in die Ferien ziehenden jungen Studenten. Nachdem wir die Ortschaft hinter uns hatten, überschritten wir auf eiserner Hängebrücke den hier an beiden Ufern üppig bewaldeten Mahawelliganga, einen der größten Wasserläufe der Insel, mit dem ich schon im botanischen Garten in Peradeniya, den er im halbkreisförmigen Bogen umfließt, Freundschaft geschlossen hatte. Infolge des nächtlichen Regens war er zu einem Achtung gebietenden, seine Wassermassen unter lautem Getöse zu Thal wälzenden Strome angeschwollen, dessen Brausen noch lange an mein Ohr drang, als ich auf sanft und allmählich ansteigender breiter Fahrstraße munter pfeifend gen Rangbodde weiter zog. Zu beiden Seiten des Weges wucherte auf meilenlangen Strecken eine einstmals, wenn ich nicht irre, aus Mexiko als Zierstrauch nach Ceylon eingeführte Pflanze, die Lantana, die sich, wild geworden, jetzt als lästiges Unkraut über die ganze Insel ausgebreitet hat und allen Ausrottungsversuchen Trotz bietet. Ihre rote oder auch gelbbraune Blüte entspricht nicht dem heutigen Geschmack, sondern demjenigen unserer Väter, bei denen Levkoyen, Goldlack, Georginen und Stockrosen sich bekanntlich hervorragender Gunst zu erfreuen hatten. Nach den am Wege liegenden Dörfern und deren Bewohnern hätte man glauben können, sich in Südindien zu befinden, denn man begegnete weit mehr Tamilen als Singhalesen. Erstere werden größtenteils als Kulis auf den Thee- und Kaffeepflanzungen beschäftigt, betreiben indessen auch Kleinhandel, wohingegen das Handwerk, sowie auch das Transportwesen zwischen den Pflanzungen und Bahnstationen in den Händen der Eingeborenen ruht.

Unausgesetzt begegnet man auf den Landstraßen langen Zügen kolossaler zweiräderiger Karren, die von Buckelochsen — in der Regel aus Südindien eingeführt — vorwärts bewegt werden. Wie die Wasserfahrzeuge so sind auch sämtliche Landfuhrwerke der Singhalesen sehr originell, sowohl die soeben erwähnten, mit einem über beide Enden des Gefährts beträchtlich vorragenden Palmdach von oft gegen 20 Fuß Länge versehenen Transportkarren, als auch die kleinen, zweirädrigen, mit einem Zwergzebu bespannten Personenfuhrwerke, „Hackorijs" genannt, deren sich selbst in Colombo die Eingeborenen vielfach zum Verkehr bedienen, während die Europäer meist vorziehen, sich in Wagen oder den sehr bequemen, aus Japan eingeführten Jinrickshaws (kurzweg „Rickshaws" genannt) befördern zu lassen. Bei der Vorzüglichkeit der Fahrstraßen genügt in Colombo ein einziger Kuli, um mit diesen leichten Wägelchen in vollem Trabe nicht allzu weite Strecken, z. B. 4—6 Kilometer, ohne Unterbrechung zurückzulegen. Dem frisch aus der Heimat kommenden Europäer ist es anfangs etwas „contre coeur", sich von einem menschlichen Wesen ziehen zu lassen, aber in kürzester Zeit pflegt er andern Sinnes zu werden und die Annehmlichkeit, ein für sich selbst denkendes, sich selber lenkendes Pferd vor dem Wagen zu haben, schätzen zu lernen. Manche Rickshawkulis sind allerdings noch dümmer und unvernünftiger als das dämlichste Roß, aber die große Mehrzahl kann man getrost sich selber überlassen.

Ich erwähnte vorhin, daß die meisten Zugochsen aus Indien bezogen würden — allein 7352 im Jahre 1889. „Warum", wird man fragen, „züchtet man die Tiere nicht in Ceylon selbst?" Die Antwort lautet: Aus demselben Grunde, aus dem man in Ceylon weder Pferde noch Schafe in irgendwie erwähnenswerter Menge zieht, nämlich wegen Mangels guter, nahrhafter Futtergräser. Im genannten Jahre wurden 714 Pferde zum größten Teile aus Australien und etwa 56000 Schafe und Ziegen aus Indien eingeführt, und um die eingeführten Pferde zu ernähren, züchtet man, etwa in der Art wie bei uns Gemüse, ein aus Guinea importiertes Gras, während man für das „Gram" genannte Körnerfutter auf den Bezug aus Indien angewiesen ist. Überhaupt steht die Erzeugung von Getreide auf der Insel, hauptsächlich wohl dank der Trägheit der Singhalesen, in keinem Verhältnis zum Verbrauch, so daß — ich berufe mich wiederum auf die statistischen Nachweise aus dem Jahre 1889 — in diesem Jahre für nahezu 48 Millionen Mark Cerealien, in erster Linie Reis, nämlich nahezu 7 Millionen Bushels, haben eingeführt werden müssen, wohingegen im Lande selbst nicht mehr als 4 Millionen Bushels gewonnen wurden.

Gegen 10 Uhr, also nach vierstündigem Marsch, erreichte ich die Ortschaft Pussalawa, in der ich bei einem gastlichen Theepflanzer, Mr. Crow, ein Frühstück einnahm, um dann gekräftigt und erfrischt wieder zum Wanderstabe zu greifen. Ich befand mich nunmehr mitten in den sich ununterbrochen bis weit über Nuwara Eliya erstreckenden Theegebieten, und stundenlang führte mein Weg zwischen Theegärten dahin, die sich hier und da bis auf die Kuppen der Berge ausdehnten. Eine Faktorei reihte sich an die andere, überall sah man das Wasser der von den Bergen herunterkommenden Bäche und Fälle in Kanälen und Rinnen zu riesigen Mühlrädern geleitet, mit denen die im Innern der Faktorei aufgestellten Roll- und Theesortiermaschinen getrieben werden, und Hunderte von Kulis beiderlei Geschlechtes waren in den Gärten mit dem Pflücken der jungen Theeblätter beschäftigt. Leider brach gegen Nachmittag ein heftiges Gewitter los, welches mich in kürzester Zeit vollkommen durchnäßte und das Vorwärtskommen nicht unbeträchtlich erschwerte. Mit um so größerer Freude begrüßte ich daher ein mir von Herrn de Lemos, der durch die vorausgeschickten Kulis von meiner Ankunft unterrichtet war, entgegengesandtes Pferd, auf dessen Rücken ich die letzten mir verbleibenden 6 Kilometer in aller Bequemlichkeit zurücklegen konnte.

Als ich in die Nähe von Rangbodde kam, verzieh ich dem Gewitterregen meine Durchnässung von ganzem Herzen, denn die vielen ringsum von den Bergen rauschenden Wassermassen zeigten sich in ihrer ganzen Großartigkeit. Der Bungalow der Faktorei Rangbodde liegt 3300 Fuß über dem Meeresspiegel, an steilem Abhange, am Ende einer reizenden Thalschlucht. Imposante, mehrere hundert Fuß senkrecht in die Tiefe oder in Unterbrechungen von Felsen zu Felsen stürzende Wasserfälle, deren jeder einzelne in Europa als eine Sehenswürdigkeit ersten Ranges gelten würde, erfüllen mit ihrem dumpfen Brausen und Donnern die Luft derartig, daß man, bevor man sich an dieses Getöse gewöhnt hat, wie mit Taubheit geschlagen ist.

Am Eingange seines von Blumenbeeten umgebenen Hauses empfing mich mein trotz 20jährigen Aufenthaltes in Ceylon geradezu von Gesundheit strotzender, lebenslustiger Landsmann, in dem ich während meines dreitägigen Aufenthaltes in Rangbodde einen ebenso liebenswürdigen und hochgebildeten, wie als Pflanzer erfahrenen Herrn und Kenner des Landes kennen und schätzen lernte. Herr de Lemos ist ein Mann von nicht mehr als 35 Jahren, was mich begreiflicherweise überraschte, da ich nach dem, was ich in Colombo von der 20jährigen Thätigkeit des Herrn gehört, eher erwartet hätte, einen Greis als einen Jüngling in ihm zu finden. Ich verdanke Herrn de Lemos nicht nur eine Reihe genußreicher Stunden, sondern auch Aufklärungen über manche Dinge und Verhältnisse, die ich an anderer Stelle schwerlich erhalten haben würde. Es dürfte jetzt vielleicht an der Zeit sein, den Leser in kurzen Zügen damit bekannt zu machen, wie sich in Ceylon aus der noch bis zum Jahre 1870 fast ausschließlich betriebenen Kaffeekultur die heutige Theekultur entwickelt hat.

Der erste Kaffee ist von arabischen Händlern nach Ceylon gebracht worden, und der Kaffeestrauch gedieh hier, lange bevor die Portugiesen und Holländer ins Land kamen. Den Singhalesen war der Wert der Kaffeebohne unbekannt, und der Strauch wurde von ihnen nur wegen seiner Blätter, die zur Bereitung von Curry Verwendung fanden, sowie wegen seiner jasminähnlichen Blüten, mit denen die Tempel geschmückt wurden, geschätzt. Den ersten Versuch, den Kaffeestrauch systematisch in Ceylon anzupflanzen, machten die Holländer im Jahre 1740, doch soll bis in das zweite Jahrzehnt unseres Jahrhunderts die Ausfuhr nie über 3000 Zentner im Jahre gestiegen sein. Erst mit dem Augenblicke, als die Engländer anfingen, Kaffeeplantagen, anstatt in der Ebene, wie die Holländer es gethan, in den Bergen um Kandy herum anzulegen, beginnt der Aufschwung dieser Industrie. 1845 bezifferte sich die Kaffeeausfuhr bereits auf 200000 Zentner, um von da ab von Jahr zu Jahr an Bedeutung zuzunehmen und ihren Höhepunkt mit durchschnittlich über 1 Million Zentner in den

Jahren 1868, 69 und 70 zu erreichen. Die damalige Ausdehnung der Kaffeeplantagen belief sich auf etwa 70000 Hektaren, die Durchschnittsernte für das Hektar auf $12^1/_2$ Zentner und der durchschnittlich jährlich erzielte Reingewinn der Pflanzungen auf 25 v. H. des Anlagekapitals. Da kam der Krach.

Ein Feind des Kaffeestrauches stellte sich in Gestalt eines Pilzes (Hemileia vastatrix) ein, der sich mit ungeahnter Schnelligkeit über sämtliche Pflanzungen der Insel verbreitete und solche Verheerungen in denselben anrichtete, daß nach zwölf Jahren die Produktion fast auf ein Fünftel derjenigen der Jahre 1868, 69 und 70 zurückgegangen war und heute bis auf 120000 Zentner gesunken ist. Von 70000 Hektaren Kaffeepflanzungen sind nur noch 26000 vorhanden. Hunderte tüchtiger Pflanzer haben ihr Vermögen eingebüßt und Ceylon am Bettelstab verlassen müssen, während diejenigen, welche es ermöglichen konnten, sich über Wasser zu halten, ohne Zeitverlust nach anderen Kulturpflanzen Umschau hielten. Die Cinchona, aus deren Rinde das bekannte Heilmittel, das „Chinin“, gewonnen wird, schien in erster Linie berufen zu sein, den Pflanzern über die Zeit der schweren Not hinwegzuhelfen. Im Jahre 1869 wurde die erste Cinchonarinde, wenn auch nur in wenigen Pfunden, von Ceylon versandt und erzielte den ungeheuren Preis von 42 M. 80 Pf. für das Pfund. Alles warf sich nun auf die Anpflanzung der Cinchona, so daß nach vier Jahren schon 44836 Pfund exportiert, aber nur noch mit etwas über 1 M. pro Pfund bezahlt wurden. Darauf ging die Ausfuhr 1876 wieder auf etwa 15000 Pfund zurück, erreichte jedoch im Jahre 1887 ihren Höhepunkt mit etwa 16 Millionen Pfund, um bis 1889 wiederum auf $9\frac{1}{2}$ Millionen Pfund zu fallen, die nicht viel über $3\frac{1}{2}$ Millionen M., genau 0,26 M. für das Pfund brachten.

Auch die Anpflanzung von Kakaobäumen wurde mit Eifer in die Hand genommen, doch beansprucht der Kakao nicht nur einen sehr guten Boden, sondern auch eine besonders geschützte Lage, so daß er nur in verhältnismäßig geringem Umfange den Kaffee zu ersetzen vermochte. Wo die eben genannten Bedingungen hingegen vorhanden sind, gedeiht der Kakaobaum äußerst üppig und wirft guten Gewinn ab. Gegen 4000 Hektaren sind heute mit Kakao bepflanzt, von denen etwa 20000 Zentner jährlich geerntet werden.

Weder Cinchona, noch Kakao, noch Kardamom, dessen Ausfuhr jetzt jährlich etwa 3000 Zentner beträgt, gegen 160 Zentner vor zehn Jahren, vermochten indessen die gewaltigen Lücken, welche durch die Blattkrankheit in den Kaffeepflanzungen entstanden waren, in der Weise auszufüllen, wie der Theestrauch. Nur allmählich erkannten die Ceylonpflanzer, was sie eigentlich an dem Theestrauch besaßen. 1873 waren nicht mehr als 100 Hektaren unter Theekultur, heute sind es bereits deren 100000, zu denen von Jahr zu Jahr neue Pflanzungen hinzukommen. In welch geradezu fabelhafter Weise die Theeproduktion auf der Insel steigt, beweist am besten die Thatsache, daß, während die Ausfuhr im vergangenen Jahre 42 Millionen Pfund betrug, sie in diesem Jahre (1890) bis auf 70 Millionen gestiegen ist, d. h. um 28 Millionen in einem einzigen Jahre, sodaß zu erwarten steht, Ceylon werde Indien, dessen Theeexport langsam bis auf etwas über 100 Millionen Pfund angewachsen ist, binnen kurzem überflügelt haben. Die selten günstigen klimatischen Verhältnisse Ceylons gestatten dem Pflanzer, das ganze Jahr hindurch ununterbrochen zu ernten, wohingegen die Erntezeit in den Himalayas nur etwa 6 Monate, in Assam vielleicht deren acht dauert. Dazu kommen die durch die Einfuhr von Tamilkulis günstigen Arbeiterverhältnisse, die vorzüglichen Verkehrsmittel, deren sich Ceylon erfreut, die sämtliche Theedistrikte durchziehenden Fahrstraßen, auf denen die fertige Ware in billigster Weise zur Bahn befördert werden kann und, last not least, die durch den großartigen Schiffsverkehr im Hafen von Colombo bedingten wohlfeilen Frachtsätze nach allen Weltteilen. Ich habe bisher nicht vernommen, daß irgendwo das Angebot von Thee hinter der Nachfrage zurückgestanden hätte. Wer verbraucht nun also die 28 Millionen Pfund Thee, die allein in einem einzigen Jahre von Ceylon mehr auf den Markt gebracht werden? Muß nicht durch eine solche plötzliche Mehrproduktion ein bedeutendes Fallen der Theepreise herbeigeführt werden und wird Indien in der Lage sein, in einem solchen Falle konkurrenzfähig zu bleiben? Die Einfuhr chinesischen Thees nach Europa ist in den letzten sieben Jahren von 148 Millionen Pfund auf 73 Millionen zurückgegangen, aber China wird wahrscheinlich, falls sich die chinesische Regierung zur Aufhebung der von ihr erhobenen hohen Ausfuhr- und Durchgangszölle entschließen sollte, den Wettbewerb aushalten können, wohingegen Indien, wo heute schon jeder Theepflanzer über schlechte Preise klagt, meiner Ansicht nach einen sehr schweren Stand haben wird gegen das von der Natur durch Klima und Lage so ungleich mehr begünstigte Ceylon.

Da Ceylon lediglich dem Unternehmungsgeist, dem Fleiße seiner Pflanzer seine wunderbar schnelle Entwickelung, die Verdoppelung seiner Bevölkerung und Vervierfachung seiner Einkünfte in dem kurzen Zeitraum von 50 Jahren verdankt, indes die Eingeborenen der Insel auf der Faulbank lagen und nicht mehr arbeiteten, als erforderlich war, um nicht Hungers zu sterben, so ist es sicherlich gerechtfertigt, daß die trägen Eingeborenen zu verhältnismäßig höheren Steuern herangezogen werden, als die Pflanzer. Die Reissteuer, nach welcher der Eingeborene ein Zehntel seiner Ernte an die Regierung abzugeben hat, mag dem oberflächlichen Beobachter hart erscheinen, aber der Singhalese ist an diese Art der Steuererhebung seit Jahrhunderten gewöhnt und zieht sie der Entrichtung einer ein für allemal festgesetzten jährlichen Pachtsumme für das von ihm bebaute Land vor. Die Pflanzerindustrie zu höheren Steuern heranzuziehen, hohe Ausfuhrzölle auf ihre Erzeugnisse zu legen und dafür die Reistaxe abzuschaffen, hieße den Fleiß besteuern und den Faulen entlasten. Die Regierung Ceylons erzielt ihre Einnahmen in erster Linie aus Einfuhrzöllen, der Schanksteuer, dem Salzmonopol, den Überschüssen von Post, Eisenbahnen und Telegraphen, der Reistaxe, dem Verkauf von Kronländereien und der Perlenfischerei.

Die einzige zur Zeit bestehende direkte Staatssteuer ist die Wegebautaxe. Jeder gesunde männliche Bewohner der Insel, einerlei, ob Eingeborener oder Europäer, mit alleiniger Ausnahme der buddhistischen Priester, ist vom achtzehnten bis zum fünfundvierzigsten Lebensjahre verpflichtet, jährlich 6 Tage unentgeldlich an der Herstellung neuer, sowie der Besserung und Unterhaltung der vorhandenen Straßen zu arbeiten oder sich mit 3 Mark für das Jahr von dieser Verpflichtung loszukaufen. In den Städten Colombo, Kandy und Galle werden außerdem Wagen-, Pferde-, Rinder-

Hunde- und sonstige Munizipaltaxen erhoben. Die Gesamteinnahmen der Regierung beliefen sich im Jahre 1888 auf etwa 300 Millionen Mark, denen an Ausgaben 290 Millionen gegenüberstanden.

Über die Kultur des Theestrauches, die Ernte und Bereitung des Thees habe ich schon an anderer Stelle eingehend berichtet, und mit einer Beschreibung neuerfundener Maschinen, die in einer Stunde 300 Pfd. versandfertigen Thees liefern, will ich die Geduld des Lesers nicht auf die Probe stellen. Erwähnt sei aber, daß ich nirgendwo in Indien so schöne und zugleich praktisch angelegte Faktoreien gesehen habe wie in Ceylon, sowie daß viele der Ceylonpflanzer, entgegen sonstigem Brauch, die gewelkten und später gerollten Theeblätter keinen Fermentierungsprozeß durchmachen lassen, sondern dieselben direkt nach dem Rollen auf die Darre bringen. Die Tamilkulis erhalten bei zehnstündiger Arbeit für den Tag etwa 50 Pf., während sie mit ihrer Familie für 30 Pf. bequem leben können. Da sie mit ihren Ersparnissen später in der Regel in ihre Heimat zurückkehren, so fließen auf diese Weise mehrere Millionen Mark jährlich von Ceylon nach Indien.

Ich unternahm mit Herrn de Lemos täglich kleine Ausflüge, die stets mit einem Frühstück in irgend einer Nachbarspflanzung endeten, denn gleich den indischen Pflanzern zeichnen sich auch diejenigen Ceylons durch unbegrenzte Gastlichkeit aus, und jeder Reisende darf überzeugt sein, überall mit offenen Armen empfangen zu werden. Auf einem unserer Ausflüge zeigte mir mein freundlicher Wirt eine etwa 15 Fuß tiefe, in einen Quarzfelsen hineingearbeitete Höhle, in der er hatte nach Gold suchen lassen. Man hatte dann auch schließlich solches gefunden, aber in so geringen

Mengen, daß ein weiteres Graben nicht der Mühe gelohnt hätte.

Nach dreitägigem Aufenthalt in Rangbodde setzte ich meine Reise nach Nuwara-Eliya fort, woselbst ich nach fünfstündigem Marsch, der mich anfangs durch Theegärten, später durch einen Wald von Koniferen, Oleandern, Rhododendren und vereinzelten Baumfarren führte, und nach Überwindung einer Steigung von 3000 Fuß gerade rechtzeitig anlangte, um einem sofort nach meiner Ankunft losbrechenden Gewittersturm zu entgehen. Mit einer Empfehlung für den Hill-Klub versehen, hatte ich mich sogleich dorthin begeben und saß nun, während ein Frühstück für mich hergerichtet wurde, in dem behaglichen Lesezimmer vor einem lustig flackernden Kaminfeuer, unbekümmert um die gegen die Fenster peitschenden Regenmassen und fast ohne Unterbrechung sich folgenden Blitze und Donner.

Da es in Nuwara-Eliya, dem Sanatorium Ceylons, dem Erholungsort für alle in der Ebene erschlafften Europäer, keine anderen Sehenswürdigkeiten giebt, als das, was die Natur dem Menschenauge bietet, so verbrachte ich den regnerischen, zu keinem Spaziergang ermunternden Nachmittag lesend im Klub, folgte abends einer Einladung zum Essen und legte mich dann in der Hoffnung auf einen günstigeren Morgen schlafen. Und er kam, dieser Morgen, kam mit Sonnenschein und Himmelsblau und mit der wunderbaren Frische eines echten, rechten Gebirgsmorgens. Was gestern Wolken und Regenschauer meinen Blicken entzogen hatten, lag nunmehr unverschleiert vor meinen erstaunten Augen da, das rings von Bergen eingeschlossene Thal, der Gregory-See, Gruppen freundlicher, aus dunklem Grün hervorschimmernder Häuser und Bungalows mit wohlgepflegten Gärten, dazu unmittelbar vor mir, das Haupt umhüllt von leichten weißen Nebelwolken, der höchste Berg der Insel, der Pedrotalagala. In aller Eile stürzte ich eine Tasse Thee hinunter und machte mich dann auf den Weg zur Besteigung des Berges, von dessen Gipfel man, falls, wie zu erwarten stand, das Wetter günstig blieb, eine wunderbare Aussicht haben mußte. Da der Fuß des Berges nur etwa 10 Minuten vom Klubgebäude entfernt liegt und der Gipfel selbst höchstens 2000 Fuß über das bereits 6200 Fuß über dem Meeresspiegel gelegene Nuwara-Eliya-Thal sich erhebt, so ist eine Besteigung des Pedro (das talagala schenke ich mir) keineswegs ein anstrengendes Unternehmen, sondern nichts weiter als ein angenehmer Morgenspaziergang. Bis zu 7500′ etwa ist der Pfad sogar Jahr aus Jahr ein für Pferde gangbar, erst von da an wird er etwas steiler und schwieriger, doch kann man in trockener Jahreszeit, wenn der Boden weder glatt noch schlüpfrig ist, ohne Bedenken die ganze Steigung im Sattel zurücklegen.

Der Weg windet sich fast beständig durch niederen Busch und Rhododendronwald, nur gelegentlich führt er auch über kleine grasbestandene Lichtungen, in denen frische Spuren zeigen, daß der unserem Rothirsch ähnliche Elch von Ceylon (Rusa Aristotelis) hier kurz zuvor geäst hat. Je höher wir kommen, um so bemooster werden die knorrigen Stämme und Äste der Rhododendren, ab und zu werden wir von einer Nebelwolke eingehüllt, die Busch und Bäume in gespenstische Erscheinungen verwandelt und uns fröstelnd zusammenschauern macht, bis der Sonne wärmende Strahlen den Flor zerreißen und alles rings mit Lichtglanz überfluten. Es war noch nicht halb acht, als ich den von

Busch- und Strauchwerk befreiten, mit hohem Holzkreuz geschmückten Gipfel erklommen hatte. Vom Steigen erhitzt, suchte ich hinter einem Felsblock Schutz gegen den eisig aus Osten pfeifenden Wind, aber nur für wenige Minuten, dann hielt es mich nicht länger, und ich begann nach allen Richtungen der Windrose Umschau zu halten. Welch ein herrliches Panorama! Welch wunderbare Fernblicke, man mochte sich drehen und wenden, wie man wollte. Weit, weit über imposante Höhenzüge verlor sich der Blick nach Norden in der schier endlosen Ebene, aus der einzelne Berge und Hügel gleich Inseln hervorragten. Vom Winde hin und her getriebene, bald zerreißende, bald wieder sich vereinigende Nebelmassen wogten in den Thälern, und Gletschern gleich, in der Sonne glänzend, hingen, durch Vorsprünge geschützt, vereinzelt kleine, schneeweiße Wolkenfetzen an den Bergabhängen. Im Südwesten hob sich die eigentümlich geformte Spitze des sagenumwobenen Adamspeak vom tiefblauen Himmel ab, während 2000 Fuß unter uns, einem grün umrahmten Spiegel gleich, der lang gestreckte See im Frühlicht schimmerte. Ganz Nuwara-Eliya sah aus, als sei es mit seinen dunkelgrünen Bäumen und hellgetünchten Häuschen soeben einer Nürnberger Spielzeugschachtel entnommen worden, so frisch und neu erschien das ganze, um eine weite Grasfläche sich ausbreitende, allmählich mit seinen Häusern sich in bewaldeten Berggeländen verlierende Städtchen. Es wird behauptet, man könne vom Gipfel des Pedro die Wogen des Indischen Ozeans sehen, was sehr wohl möglich ist, da die Entfernung bis zum nächstgelegenen Küstenpunkte in der Luftlinie nur wenig über 100 Kilometer betragen dürfte.

Im höchsten Maße befriedigt von dem Gesehenen trat

ich den Abstieg an, der wegen der Schlüpfrigkeit der Wege weit weniger leicht zu bewerkstelligen war, als der Aufstieg, kehrte in den Klub zurück, beglich daselbst meine in Bezug auf ihre Höhe an Pariser Ausstellungspreise erinnernde Rechnung (allein für das Futter eines Pferdes hatte ich für einen Tag 5 Mk. zu zahlen) und zog dann in südwestlicher Richtung, meist bergab, durch anmutige Gebirgslandschaft via Nannoya nach Great Western, der Theepflanzung eines Schotten, Mr. Mackie. Hier verbrachte ich einen angenehmen Abend und eine wegen andauernden Hundegeheuls schlaflose Nacht, um am folgenden Morgen weiter zu wandern und nach langem Marsche durch hügeliges Plantagenland bei Sturm und Regenwetter Torrington Estate, den im Agra-Patna-Distrikte gelegenen Besitz eines Mr. Rossi-Ashton, zu erreichen. Auch hier wurde ich, wie allerorten, in herzlichster Weise aufgenommen und hatte, da in dieser Gegend die Kaffee-Blattkrankheit weniger heftig aufgetreten ist, als in den meisten anderen Distrikten, sodaß man neben der Theekultur auch noch die des Kaffees betreibt, zum ersten Male Gelegenheit, die Behandlung der Kaffeekirsche kennen zu lernen.

Die Büsche, die infolge der Krankheit einen großen Teil ihrer Blätter verloren hatten, boten zwar einen wenig erfreulichen Anblick, aber trotzdem hatten einige von ihnen gut angesetzt und waren bedeckt mit in Form und Farbe unseren roten Kirschen nicht unähnlichen Früchten. Die Ernte hatte gerade begonnen und Kulis waren mit dem Pflücken der reifen Kirschen beschäftigt. Zur Faktorei gebracht, werden die Früchte gewaschen und mit Hilfe von feilenartig behauenen Walzen ihres süßlichen Fleisches beraubt. Die ausgelösten Bohnen — je zwei sitzen in einer

Kirsche — werden darauf in Haufen geschüttet, um einen 18 bis 24 Stunden dauernden Fermentierungsprozeß durchzumachen, wodurch die schleimige äußere Umhüllung derselben sich zersetzt und dann leicht durch Waschung entfernt werden kann. Ist das geschehen, so werden die Bohnen an der Sonne getrocknet und nach Colombo geschafft, wo in besonderen Mühlen die beiden auch jetzt noch die Bohne umschließenden Häute, die sogenannte Pergamenthülse und die sehr feine, daruntersitzende Silberhaut losgelöst werden. Erst nach diesem Verfahren und dem Polieren der Bohnen ist der Kaffee versandbereit.

Da Mr. Ashton gerade dabei war, die seinerzeit zwischen die Kaffeebüsche gepflanzten Cinchonabäume wegen Ertraglosigkeit der Kultur wieder ausroden zu lassen, so sah ich zu gleicher Zeit, wie in diesem Falle die Borke gewonnen wird, nämlich genau so wie bei uns die als Gerbmittel begehrte Eichenrinde, durch längsseitiges Einritzen derselben und Abpellen vom Stamm. Will man dagegen den Baum am Leben erhalten und regelmäßige Ernten von ihm erzielen, so wird die Rinde nur oberflächlich etwa alle 6 Monate abgehobelt. Die so gewonnenen Spähne werden zusammengepreßt und in Ballen nach Europa versandt, wo in eigens dazu eingerichteten Fabriken nach einem äußerst komplizierten Verfahren das Chinin aus denselben gewonnen wird. In den Nilgiri in Südindien, nicht weit von Utacamund, befindet sich zwar eine auf Staatskosten betriebene Fabrik, in welcher die von den Pflanzungen der Umgegend gelieferte Cinchonarinde verarbeitet wird, doch ist man daselbst nicht im stande, reines Chinin herzustellen, sondern begnügt sich mit der Ausscheidung eines Gemisches sämtlicher in der Rinde vorhandener Alkaloide, welches dann als Fiebermittel an die Krankenhäuser des Landes und die Feldapotheken verabfolgt wird. Nachdem ich noch der im Bogawantalawa-Distrikt gelegenen großen Faktorei des Herrn Ph. Clements, die jährlich etwa 1/4 Million Pfund Thee erzeugt, einen eintägigen Besuch abgestattet hatte, ging ich nach Ekolsund, einer gleichfalls im Gebirge gelegenen Thee- und Kardamompflanzung, um von dort aus eine Besteigung des Adamspeak zu unternehmen.

Der Adamspeak ist ein aus unregelmäßiger Hügelkette plötzlich aufsteigender, sich etwa 1000 Fuß über den höchsten Punkt derselben in Form eines Kegels erhebender Berg von 7353 Fuß Höhe. An der Rückseite nach der wenige hundert Fuß über dem Meere gelegenen Ratnapuraebene steil abfallend, lehnt er sich in nördlicher Richtung an die bis zu 5000 Fuß hohen Maskelia-Berge. Kein zweiter Berg auf unserem Planeten ist seit undenklichen Zeiten von Anhängern der verschiedensten Religionen mit einer ähnlichen Verehrung betrachtet worden, kein zweiter Berg von einem solchen Sagenkreise umwoben, wie diese zweithöchste Bodenerhebung Ceylons. Das Interesse der Brahminen, der Buddhisten, der Mohamedaner, ja in den letzten Jahrhunderten sogar der katholischen portugiesischen Christenheit konzentrierte sich in der Hauptsache auf den Gipfel des Berges, auf dessen höchster Spitze eine Höhlung im Gestein, die mit etwas Phantasie als der Eindruck des Fußes eines Riesen gelten kann, Millionen fremder Pilger anlockt. Während die Brahminen die Höhlung als die Fußspur Schiwas bezeichnen, gilt sie den Buddhisten als diejenige Buddhas; die Mohamedaner sind der Überzeugung, sie rühre von Adam her, und als die Portugiesen nach Ceylon kamen, sollen sie dieselbe ihrerseits für den heiligen Thomas in Anspruch genommen haben. Trotzdem gaben letztere dem Berge den Namen „Pico de Adam“, während er von den Eingeborenen der Insel „Salamala“ oder „Samanhela“ genannt wird. Nach alten Überlieferungen soll die Fußspur zuerst im Jahre 140 v. Chr. Geb. von dem Könige Walagambahu entdeckt worden sein, doch wird angenommen, daß die Legende, soweit sie Buddha betrifft, nicht weiter zurückreicht, als bis ins 4. Jahrhundert christlicher Zeitrechnung, da ihrer weder in den alten buddhistischen Schriften Nepals noch Burmas Erwähnung geschieht. Zuverlässige Berichte über buddhistische wie brahminische Pilgerfahrten finden sich im „Agni Purana“ gegen das 9. Jahrhundert, und singhalesische Chroniken verzeichnen die Pilgerfahrten verschiedener Könige um die Mitte und gegen Ende des 12. Jahrhunderts. Arabische und persische Schriften berichten von dem Eindruck, als von dem Fuße Adams herrührend, zuerst im Jahre 638, während im 5. Bande der „Asiatic Researches“ die Übersetzung eines im Jahre 1579 geschriebenen arabischen Werkes gegeben wird, derzufolge die Araber schon Pilgerfahrten nach dem Peak unternahmen, bevor Mohamed den Koran geschrieben hatte. Sei dem, wie ihm wolle, Thatsache ist, daß vor grauen Jahren ein Mann im Osten gelebt haben muß, der sich den Scherz erlaubt hat, in die höchste Spitze des Adamspeak eine riesenhafte Fußspur einzumeißeln, und daß noch heute alljährlich Hunderttausende von Buddhisten, Brahminen und Muselmännern zu dieser heiligen Stätte pilgern, um mit ihren Lippen den kalten Stein zu berühren, Blumen auf ihm niederzulegen und nebenbei allerhand Allotria zu treiben. Ich muß gestehen, daß mich weniger die Heiligkeit des Ortes, als vielmehr die Erwartung auf eine schöne Aussicht bewog, den Spuren der Pilger zu folgen und den Berg zu besteigen. Zu meiner freudigen Überraschung fand ich in dem jugendlichen Leiter der Faktorei Ekolsund einen begeisterten Bergsteiger, der sich ohne weiteres bereit erklärte, mich zu begleiten, oder besser gesagt, mir als Führer zu dienen, denn Mr. Hamper, so nennt sich der schneidige junge Engländer, war schon vor einigen Monaten auf dem Peak gewesen und kannte den dorthin führenden Pfad genau. Ich gebrauche in Vorstehendem die Worte „Überraschung" und „schneidig", weil es, als Mr. Hamper seinen Entschluß faßte, seit zwei Tagen ununterbrochen wie mit Kannen vom Himmel goß, für den folgenden Tag ein gleiches Unwetter mit einiger Sicherheit vorauszusehen war und der Ausflug, den ich nur deswegen nicht aufschieben konnte, weil ich in wenigen Tagen in Colombo erwartet wurde, ebenso anstrengend wie unvergnüglich zu werden versprach, so daß der Einsatz für jemanden, der die Besteigung bereits unter den günstigsten Witterungsverhältnissen ausgeführt hatte, in gar keinem Verhältnis stand zu dem nicht einmal mit Sicherheit zu erwartenden Lohn.

Mein junger Freund wollte sich aber durch nichts in seinem Entschlusse wankend machen lassen, traf in umsichtigster Weise unverzüglich alle Vorbereitungen für unseren gemeinsamen „trip", und als der junge Morgen anbrach mit dem gleichen Regen, mit dem der gestrige Tag begonnen und geendet hatte, da lagen zusammengerollte Matratzen, Decken und in Körben verpackte Speisevorräte bereit, der Kulis harrend, die da kommen sollten. Aber sie kamen nicht. In einem solchen Wetter, in dem selbst das Pflücken der Theeblätter eingestellt wird und man keinen Hund vor die Thüre jagen mochte, Lasten auf den Adamspeak tragen sollen, das wollte den Leuten denn doch nicht einleuchten, und selbst die Aussicht auf einen vierfachen Tagelohn schien ihnen nicht verlockend genug, sich an unserem sonderbaren Unternehmen zu beteiligen. Erst als versucht wurde, sie bei der Ehre zu packen, als Mr. Hamper ihnen vorstellte, welch eine Feigheit es von ihnen sei, hinter dem Ofen zu hocken, indes er, als ihr Herr, im Wind und Wetter in die Wildnis zu ziehen genötigt sei, ließen sich fünf Leute herbei, uns zu folgen. Mittlerweile war es 9 Uhr geworden und unter strömendem Regen setzte sich unsere kleine Karawane in Marsch. Nach etwa zwei Stunden erreichten wir mit der Faktorei Dalhousie in etwa 4800 Fuß Höhe die dem Gipfel des Adamspeak nächstgelegene Theepflanzung, deren Leiter, Mr. Green, uns ein vortreffliches Frühstück vorsetzte und uns auch in anderer Weise bei Ausführung unseres Vorhabens unterstützte. Da wir von hier aus nur noch etwa 2500 Fuß zu steigen hatten und wenig Lust verspürten, länger als nötig bei einem solchen Hundewetter auf dem Peak zu verweilen, entschlossen wir uns, das wärmende Kaminfeuer unseres Wirtes nicht früher zu verlassen, als unbedingt nötig war, um noch vor Dunkelwerden an das Pilgerhäuschen zu gelangen, in dem wir die Nacht zubringen wollten, in der Hoffnung auf einen schönen Sonnenaufgang am nächsten Morgen. Wir gingen daher nicht vor 3½ Uhr weiter, hatten unsere Träger dagegen schon um 12 Uhr vorausgesandt. Sehr bald lagen die letzten Theesträucher hinter uns, und wir hatten von da an meist durch niederen Busch zu marschieren. Rechts vom Wege gähnte eine tiefe Schlucht, hinter der sich steile Felswände erhoben, von deren Höhen mächtige Wasserfälle herniederbrausten. Nach halbstündigem

Marsch kamen wir an einen hochangeschwollenen Gießbach, den wir, bis an den Oberkörper im Wasser watend, zu durchschreiten hatten, um dann auf steinigem, oft durch umgefallene Bäume versperrtem, arg vernachlässigtem Pilgerpfade durch Rhododendronwald weiterzuklettern, ein zweifelhaftes Vergnügen, da das von den Bergen strömende Wasser die Wege in schäumende Bäche verwandelt hatte. Bei 6000 Fuß etwa kamen wir an ein verfallenes Rasthäuschen, in dessen Innerem wir unsere vor Frost zitternden Träger vorfanden. Es bedurfte sehr energischen Zuspruchs unsererseits, ihnen den Gedanken, hier zu übernachten, auszureden und sie zu bewegen, ihre Lasten wieder aufzunehmen. Während Mr. Hamper bei den Leuten zurückblieb, um zu überwachen, daß keiner Reißaus nahm, kletterte ich auf in den Felsen gehauenen Stufen voran und folgte dann einem sich nach rechts abzweigenden Waldpfade. War der Weg vorher miserabel gewesen, so wurde er jetzt nahezu unpassierbar, und ich kam bald zu der Einsicht, daß dies unmöglich der vielbegangene Pilgerpfad sein konnte, sondern daß ich mich verirrt haben mußte. Ich kehrte daher unter großen Schwierigkeiten zum Rasthause zurück, um daselbst zu erfahren, daß meine Begleiter nebst den Trägern bereits weitermarschiert waren. Ich rief, jodelte, schrie, aber meine Stimme vermochte das Brausen der zu Thale stürzenden Wassermassen, das Sausen des Sturmwindes nicht zu übertönen. Glücklicherweise gelang es mir nach kurzem Suchen, die richtige Fährte zu entdecken, und nach etwa einer halben Stunde anstrengenden Kletterns über Steinblöcke und entwurzelte Bäume unsere kleine Karawane einzuholen. Die Leute leisteten wirklich Vorzügliches: denn, wurde es uns Europäern schon schwer, ohne jedes Gepäck vorwärts zu kommen, wie anstrengend mußte erst das Steigen mit einer 40 Pfund wiegenden Last auf dem Kopfe für unsere schwarzen, an eine solche Arbeit keineswegs gewohnten Tamilen sein!

Je höher wir kamen, um so steiler ging es bergan, und an einzelnen Stellen, wo der Weg an schroffen Abhängen entlang führte, mußte ich auf Händen und Füßen vorwärts kriechen und mich hüten, in die Tiefe zu schauen, um nicht vom Schwindel befallen zu werden. Bei schönem Wetter mag die Besteigung ein Leichtes sein, und ich weiß, daß selbst Damen sie mehrfach ausgeführt haben, aber in Sturm und Regen ist sie weder leicht noch gefahrlos. Die letzte Viertelstunde ist die schlimmste, die zu erklimmende Klippe ist nahezu senkrecht, und wären nicht Stufen in den Felsen gehauen, den Füßen Halt zu geben, und Ketten angebracht als Stützpunkt für die Hände, man müßte schon die Behendigkeit einer Eidechse besitzen, um überhaupt weiter zu kommen. Wer das Wagnis unternommen hat, hier für seine Nachfolger Ketten zu befestigen, darüber schweigt die Chronik, doch wird ihrer in über vierhundert Jahre alten mohamedanischen Büchern schon Erwähnung gethan.

Es fing gerade zu dunkeln an, als wir die von einer 5 Fuß hohen Mauer eingefaßte Terrasse in ovaler Form, von 64 Fuß Länge und 45 Fuß Breite, betraten, in deren Mitte sich ein etwa 12 Fuß hoher Felskegel, der eigentliche Gipfel des Berges, auf dem unter einer Überdachung der berühmte Fußeindruck zu sehen ist, erhebt. Letzterer mißt 5 Fuß in der Länge und etwa die Hälfte in der Breite und soll in früheren Zeiten mit einer goldenen Platte bedeckt gewesen sein, die nur bei hohen Festen entfernt wurde. Die Singhalesen behaupten, die Portugiesen oder Holländer hätten diesen wertvollen Deckel gestohlen, und er sei dann durch einen kupfernen ersetzt worden, doch war auch dieser, solange wir auf dem Gipfel weilten, nicht zu sehen, ebenso wie der buddhistische Priester, der die heilige Stätte bewacht. Dem Manne war jedenfalls das Wetter gar zu unbehaglich geworden, und er hatte es vorgezogen, sich irgendwo einen geschützteren Unterschlupf zu suchen, als derjenige war, der ihm hier zur Verfügung stand und in dem Mr. Hamper und ich uns nunmehr für die Nacht häuslich einzurichten entschlossen waren. Es war allerdings ein elendes Loch, dessen Boden mit zollhohem, von durch das Dach leckendem Regen in weichen Schlamm verwandeltem Schmutz bedeckt war. Auf diesem Schmutz hockte hinter qualmendem Holzfeuer ein halbnackter indischer Fakir, der vor lauter Selbstkasteiung halb blödsinnig geworden war und sich nur mit Mühe dazu bringen ließ, uns das Feld zu räumen und sein nasses Quartier mit einem noch nässeren, außerhalb der Umwallung gelegenen, in dem auch die Kulis untergebracht wurden, zu vertauschen. Unser Raum war just breit genug, zwei Menschen das Nebeneinanderliegen zu gestatten, und das genügte uns. Nachdem wir zähneklappernd unsere triefenden Kleider gegen trockene vertauscht und einen tüchtigen Schluck aus der Whiskyflasche gethan hatten, begannen wir, so gut es ging, den Augiasstall auszukehren, aber je mehr wir kehrten, um so mehr Schmutz kam zum Vorschein, bis wir endlich die Arbeit aufgaben und unsere mitgebrachten Matratzen brevi manu in den Schmutz legten. Unser Koch war zu ermüdet, auch nur einen Teller Suppe zu bereiten, und wir hatten uns daher mit kalter Küche und Whisky zu behelfen. Da keine Thür zum Schließen des Raumes vorhanden war, wurde der Regen beständig in denselben hineingetrieben, und unsere zwei Kerzen erloschen jeden Augenblick, sodaß wir bald lieber auf Beleuchtung Verzicht leisteten, uns in unsere Wollbecken hüllten und den Versuch machten, einzuschlafen.

Hu! war das eine Nacht! Wahrlich, der buddhistische Priester, der sonst in diesem Loche zu hausen pflegt, hatte weise daran gethan, sich ein anderes Schlafgemach zu suchen. Wasser unterm Bett, Wasser von oben durch das durchlöcherte Dach und Wasser von der Seite, hineingepeitscht durch den Nordostmonsum, das ist zu viel selbst für einen Buddhapriester. Um an solchem Nachtlager Wohlgefallen zu finden, da muß man schon ein bußfertiger, alles Ungemach mit einer gewissen Wonne begrüßender Fakir brahminischen Glaubens sein, für andere Leute ist das kein Vergnügen. Und dennoch würde ich wahrscheinlich an diese unbehagliche Nacht meines Lebens heute nicht ohne Freude zurückdenken, wenn derselben ein schöner Sonnenaufgang gefolgt wäre, wenn wir uns hätten sagen können: „Kühn war das Mühen, herrlich der Lohn."

Als aber der junge Tag wiederum mit Regen, Sturm und eisiger Kälte begann, als die Sonne sich ohnmächtig erwies, auch nur den winzigsten Lichtstrahl durch die dicken Wolken und Nebelmassen zu uns hinaufzusenden, als wir stundenlang vergeblich ausgeschaut hatten nach einem Stückchen blauen Himmels über oder einem Fleckchen grüner Erde unter uns und wir nichts weiter sahen, als die Umwallung der Plattform und ab und zu aus dem Nebel hervorleuchtende Rhododendronblüten, da verwünschten wir den Adamspeak mitsamt seiner heiligen Fußspur und traten in nichts weniger als gehobener Stimmung den Rückweg an. Anderthalb Stunden hatten wir von Stufe zu Stufe, von

Stein zu Stein zu springen, bis wir an den gestern durchwateten Gießbach gelangten. Derselbe war über Nacht um weitere zwei Fuß gewachsen und wälzte seine Fluten mit solcher Gewalt über die sein Bett füllenden Felsblöcke, daß eine Passage für uns und unsere Träger eine nichts weniger als gefahrlose Sache war und jedermann mit Fug und Recht den Vorwurf der Tollkühnheit über- sich hätte ergehen lassen müssen, der ohne Not den Übergang versucht hätte. Am jenseitigen Ufer trennte sich mein Weg von dem meines Begleiters, der auf dem gleichen Pfade, den er gestern gekommen, nach Ekolsund zurückkehrte, indes ich die Südseite des Berges hinabzusteigen hatte, um in die Ebene, nach Ratnapura zu gelangen.

Infolge unseres naßkalten Nachtlagers hatten sich bei mir heftige rheumatische Schmerzen eingestellt, und daneben wurde ich, was freilich nicht zu verwundern war, wieder vom Fieber heimgesucht. Unter solchen Umständen wandelt man lieber auf ebenen Wegen dahin, als daß man über Geröll und Baumwurzeln bergauf, bergab stolpert und alle halbe Stunde genötigt ist, einen reißenden Bach zu durchwaten oder über Wasserfälle zu klettern. Ich hatte mir sagen lassen, mein Weg führe ununterbrochen bis Ratnapura bergab, und war daher recht unangenehm überrascht, als ich, sobald ich mich von Mr. Hamper getrennt hatte, von meinen mir gleichzeitig als Führer dienenden Trägern wieder bis zu 6000 Fuß Höhe bergauf gelockt wurde. Unausgesetzt ging es von da an weiter durch Wald, in dem der Elefant sein Wesen treibt, über Berge, durch Schluchten und Wasserläufe, bis endlich nach sechsstündigem Klettern, Springen, Kriechen und Rutschen der letzte Berggrat überwunden war und unter mir die weite Ebene von Ratnapura sich ausbreitete. Regen, Nebel und Kälte lagen hinter mir, und vor mir eine liebliche, in Sonnenglanz gebadete Landschaft. Ich befand mich freilich immerhin noch auf einer Höhe von 3000 Fuß über dem Meeresspiegel, und von Ratnapura trennte mich zum mindesten eine Entfernung von 30 Kilometern, die ich, in der Verfassung, in der ich mich befand, völlig außer stande gewesen wäre, noch an demselben Tage zurückzulegen. Rechtzeitig erinnerte ich mich eines mir von Mr. Green eingehändigten Empfehlungsschreibens an den Leiter der zwischen dem Peak und Ratnapura gelegenen Theepflanzung Clova und war hocherfreut, als meine Träger erklärten, dieselbe sei höchstens eine halbe Stunde von uns entfernt. Nach kurzer Zeit sahen wir die Gebäude der Faktorei etwa 1000 Fuß vor uns, aber es kostete noch fünf Viertelstunden anstrengenden Kletterns, bis wir vor den ersten Gebäuden Clovas standen. Vor einem elenden strohgedeckten Lehmgebäude machte ich Halt und erkundigte mich bei einigen in der Nähe desselben hockenden Kulis nach dem Wege zum Bungalow ihres Gebieters. Schweigend wiesen sie auf das Lehmhäuschen, in dessen Thür fast gleichzeitig ein Herr erschien, mich nach meinem Begehr zu fragen. Nachdem ich meinen Empfehlungsbrief überreicht hatte, wurde ich eingeladen, in das Innere der Hütte zu treten, deren Ausstattung in jeder Hinsicht ihrer äußeren Erscheinung entsprach. Ich glaubte mich in das Innere Afrikas, in die Behausung eines englischen Missionars versetzt. Zwar hatte ich im Verlaufe meiner ganzen vierzehntägigen Wanderung durch die Theedistrikte überall in den Häusern der Pflanzer im Gegensatz zu Indien eine, fast möchte ich sagen, puritanische Einfachheit angetroffen, aber einer solchen Armseligkeit war ich denn doch noch nicht begegnet. Nachdem ich fünf Hunde von einem abgerissenen Sofa vertrieben hatte, ließ ich mich erschöpft auf demselben nieder und bat, in der Erwartung, daß man mir ein Glas Whisky und Soda anbieten würde, um ein Glas Wasser. Selten habe ich eine ähnliche Enttäuschung empfunden, wie hier, als mir der Wirt des Hauses erklärte, er sei „Teetotaler", d. h. ein Mann, der geschworen habe, nie im Leben irgend welche spirituösen Getränke über die Lippen zu bringen. Das waren trübe Aussichten für mich, da ich mir während der ganzen sieben Stunden langen Kletterei den prächtigsten Durst groß gezogen hatte. Absichtlich hatte ich denselben nicht mit Wasser gelöscht, um hernach mit um so größerer Wonne den ersten mir gereichten stärkenden Labetrunk zu genießen, und nun hatte das Unglück gewollt, daß ich zum ersten Male in meinem Leben das Haus eines Pflanzers betreten sollte, der „Teetotaler" war. Ganz so schlimm, wie ich erwartete, sollte die Sache freilich nicht werden, denn irgendwo fand sich ein kleiner Rest Whisky, und als mein asketischer Wirt mir später erzählte, er habe erst gestern bei seinen sündhaften Kulis 2 Flaschen Arrack konfisziert, ließ ich mir eine derselben bringen und fand den aus Palmensaft bereiteten Stoff keineswegs so übel, wie ich vermutet hatte. Mein Wirt that im übrigen sein Bestes, mir den Aufenthalt in seiner jammervollen Behausung erträglich zu gestalten, und da ich überhaupt froh sein mußte, ein Dach über meinem Haupte und ein Lager für meine schmerzenden Glieder unter mir zu haben, so hatte ich alle Ursache, ein dankbarer Gast zu sein. Außerdem war die Lage des Häuschens im höchsten Grade romantisch zwischen gewaltigen Felsblöcken und gegenüber einem prächtigen Wasserfall. Die ringsum zwischen dem Steingeröll angepflanzten Theesträucher sahen krank und verkrüppelt aus, und es gehörte nicht eben viel Erfahrung dazu, einzusehen, daß eine Pflanzung dieser Art ihrem Besitzer keine großen Sprünge gestatten konnte.

Am folgenden Morgen empfand ich so heftige Gelenkschmerzen, daß ich kaum fähig war, mich zu rühren. Aber ich mußte unter allen Umständen in zwei Tagen in Colombo sein und war daher gezwungen, mich, trotzdem mir jeder Schritt zur Qual ward, wieder auf den Weg zu machen. Zum Glück besserte sich der Weg, nachdem ich die ersten 5 Kilometer, wie ein gichtbrüchiger Greis, mit Hilfe zweier Stöcke von Stufe zu Stufe bergab humpelnd, zurückgelegt und gegen ein Dutzend Bäche durchwatet oder durchschwommen hatte. Mit 2000 Fuß begannen die ersten Dorfschaften, die ersten Areka- und Palmyrapalmen sowie Reiskulturen und Gärten, bei 1500 Fuß sah ich die ersten Kokospalmen und erreichte gegen 2 Uhr mit Kuruwitti eine an der Landstraße von Colombo nach Ratnapura gelegene Ortschaft, das Endziel meiner Fußwanderung. Meine Absicht war, hier die von Colombo kommende Postkutsche abzuwarten, mich von dieser nach Ratnapura bringen zu lassen und von dort im Boot auf dem Kaluganga zur Küste zu fahren, doch erfuhr ich von dem zu meiner Begrüßung herbeigekommenen Schulmeister des Dorfes, daß der Regen der letzten Tage die Landstraße an einigen Stellen zerstört habe und der Postverkehr infolgedessen auf unbestimmte Zeit unterbrochen sei, so daß das einzige mir zur Verfügung stehende Vehikel in einem „Hackory“ bestände, der mich in der Zeit von zwei Stunden nach Ratnapura bringen könne. Glücklich, überhaupt irgend eine Beförderungsgelegenheit gefunden zu haben, beorderte ich sofort den „Hackory“ und ließ mich, derweil derselbe in stand gesetzt und bespannt wurde, in der Veranda eines Singhalesenhauses nieder, dessen Besitzer, sobald er mich hatte kommen sehen, schleunigst einen Stuhl für mich herangetragen hatte und nunmehr Früchte, Bisquits, Thee und sonstige Erfrischungen in gastlicher Weise heranschleppte.

Als mein kleines zweirädriges Gefährt, gezogen von einem rotbraunen Zwergzebu, bereit stand, nahm ich von meinem freundlichen Singhalesen Abschied und rollte im nächsten Augenblick auf breiter Landstraße zwischen Häusern und Gärten, Thee- und Zimmetplantagen dahin. Im Norden, fast zum Greifen nahe, lag der Adamspeak im Scheine der Nachmittagssonne. Sämtliche Wolken hatten sich verzogen, und klarer lichtblauer Himmel lachte über der frischgrünen Ebene, über Berg und Wald. Nach kurzem Fahren hörten die Kulturen auf, und mehrere Kilometer ging es durch dichten, lianenbehangenen Urwald, bis kurz vor Ratnapura wieder schmucke Häuser und saubere Gärtchen, in denen sich die schönsten Kinder der Welt tummelten, das Auge fesselten.

Das Rasthaus in Ratnapura ist eines der bestgehaltenen und freundlichst gelegenen im Innern Ceylons, auch sind die Preise in demselben niedriger, als in den Rasthäusern der Gebirgslandschaft. Kaum hatte ich mir's bequem gemacht, als ein halbnackter Junge mohamedanischen Glaubens — wie ich an der Form des sein Haupt bedeckenden Turbans erkannte — mir seine Aufwartung machte, aus abgerissenem Hüftschurz einen herrlich funkelnden blauen Stein herauswickelte und mir denselben für 100 Rupien = 150 Mark zum Kauf anbot. Hätte mir irgend eine respektabel aussehende Persönlichkeit den Stein vorgelegt, ich würde, zumal mir bekannt war, daß in der Nähe Ratnapuras seit undenklichen Zeiten Rubinen und Saphire gegraben werden, denselben wahrscheinlich für einen Edelstein gehalten haben, so aber vermutete ich sofort, daß ich es mit einer Nachahmung, wie solche zu Tausenden jährlich von Birmingham nach Ceylon geschafft werden, um leichtgläubige Reisende damit zu beschwindeln, zu thun hatte. Ich verzichtete daher auf den Ankauf des prächtigen Steines selbst dann, als der Junge mit seiner Forderung allmählich von 100 Rupien auf deren drei heruntergegangen war.

Ehemals wurde das Steinsuchen in der Umgegend von Ratnapura mit gutem Erfolge betrieben, heute dagegen wird allgemein geklagt, daß die Arbeit nicht lohne, trotzdem die Abgaben an die Regierung für jeden gesenkten Schacht nicht mehr als 7 Mk. 50 Pf. betragen, wozu dann noch eine geringe monatliche Abgabe für jeden in dem Schachte beschäftigten Arbeiter kommt. Die Berechtigung zur Ausbeutung einer der bedeutendsten Minen im Ratnapuradistrikt wurde vor wenigen Jahren von der Regierung an eine englische Aktiengesellschaft verpachtet, aber dieselbe hat so schlechte Ergebnisse erzielt, daß sie das Graben nach Edelsteinen eingestellt und sich lediglich der Ausbeutung eines jüngst entdeckten Plumbago (Graphit)-Lagers zugewendet hat. Bis dahin lag die Förderung des Plumbagos fast ausschließlich in den Händen der Eingeborenen. Die Ausfuhr belief sich im Jahre 1888—1889 auf etwa 380000 Zentner, von denen der weitaus größte Teil auf Amerika entfiel.

Ratnapura selbst ist ein sauberes, freundliches, am rechten Ufer des Kaluganga gelegenes Städtchen mit lebhaftem Verkehr und Sitz eines Regierungsagenten. Gleich nach meiner Ankunft im Rasthause hatte ich dessen Wirt beauftragt, sich nach einem guten Boot, in dem ich am Abend bereits meine

Fahrt stromab antreten wollte, umzusehen. Nach kurzer Weile kam er jedoch mit der Meldung zurück, daß sämtliche Boote gestern von Pflanzern, die an einem Kricket-Match in Colombo teil zu nehmen beabsichtigten, mit Beschlag belegt seien, daß aber, falls ich mich mit einem aus zwei verbundenen Kanus und darübergelegtem Bambusgeflecht bestehenden Fahrzeuge begnügen wolle, ein solches in wenigen Stunden für mich hergerichtet werden könne. Ohne weiteres ging ich auf diesen Vorschlag ein, und nachdem ich mit den Eigentümern des Kanus den Preis für die Fahrt auf 18 Mk. vereinbart hatte, machten sich die letzteren unverweilt an die Arbeit. Als ich meine Abendmahlzeit beendet hatte, lag das improvisierte Fahrzeug zu meiner Aufnahme bereit an der Landestelle vor dem Rasthause. Die Bambusplattform war mit Stroh belegt und von einem darübergespannten Dach aus Palmblättern gegen Regen und Sonne geschützt; mit Hilfe von Decken und Kissen wurde eine gute Lagerstatt hergerichtet, auf der ich meine müden Glieder ausstreckte, dann, während der Mond am wolkenlosen, sternbesäeten Firmament emporstieg, stießen wir vom Ufer und glitten auf den schnell dem Meere zueilenden Wassern des Kalu-ganga zwischen herrlich bewaldeten Ufern lautlos stromab. Die eigenartigen Reize einer solchen nächtlichen Flußfahrt in Ceylon wird niemand vergessen, der das Glück gehabt hat, sie kennen zu lernen. Welch ein Gegensatz zu der Nacht, welche ich vor 48 Stunden in Sturm und Kälte auf dem Adamspeak zugebracht hatte! Kein Laut — ausgenommen ab und zu der Schrei eines Vogels — störte die wunderbare Ruhe. Vom Lichte des Mondes beschienen, mächtigen silbernen Straußenfedern gleichend, neigt in graziösem Bogen das Rohr des Bambus sich über den Wassern, während die

Palmyra- und Arekapalmen stolz ihr Haupt erheben und sanft im linden, lauen Nachtwind rauschen. Hin und wieder überholen wir ein weniger schnell als wir stromab fahrendes Frachtboot, dessen Besatzung, mit Ausnahme des Mannes am Steuer, in tiefem Schlafe zu liegen scheint. Weder Wort noch Gruß tönt zu uns herüber. Gegen zwei Uhr in der Frühe werde ich durch meine beiden Bootsleute aus sanftem Schlummer geweckt. Nachdem ich mir den Schlaf aus den Augen gerieben, bemerkte ich, daß wir am Ufer lagen und erkannte bald an dem Rauschen der Wasser vor uns, daß wir uns unmittelbar vor den gefürchteten Stromschnellen des Kaluganga befanden. Meine zwei Bootsleute, von deren Sprache ich kein Wort verstand, redeten und gestikulierten, bis ich schließlich begriff, daß man wünschte, ich möge das Fahrzeug verlassen und während dieses durch die Stromschnellen fahre, am Ufer weitermarschieren. Ich stieg daher ans Land, ging, geführt von einem der Leute, etwa eine Viertelstunde und wartete dann die Ankunft meines gebrechlichen Fahrzeuges ab, nicht ohne eine gewisse Unruhe, denn unter meinem Gepäck befand sich auch meine gutgefüllte Reisekasse, deren Verschwinden in den Wellen des Kaluganga mich schmerzlich berührt haben würde. Zum Glück stellte es sich bald heraus, daß meine Besorgnis unbegründet war, ohne Schaden hatte das Boot die Charybdis passiert und legte sich ans Ufer, um mich und meinen Führer wieder aufzunehmen. Von nun an dachte ich nicht mehr an Schlaf, denn mein Interesse wurde von der beständig wechselnden Szenerie zu beiden Seiten des Flusses zu sehr in Anspruch genommen, daß ich es nicht über mich gewinnen konnte, auch nur für wenige Minuten die Augen zu schließen.

Herrlich war das Erwachen des jungen Morgens mit

durchsichtigen, über den Wassern schwebenden Nebeln, aus dem Walde herübertönenden Vogelstimmen und dem über den Bergen allmählich lichter sich färbenden Himmel mit seinen mehr und mehr verblassenden Sternen. Die Sonne hatte sich kaum erhoben, als wir die große bei Kalutara den Fluß überspannende Eisenbahnbrücke und kurze Zeit darauf die ersten Häuser der Ortschaft selbst zu Gesichte bekamen, um kaum eine Viertelstunde später ans Land zu steigen.

Mit Wonne begrüßte ich das dumpfe Donnern der Brandung, welches hier wieder mein Ohr traf, mit Wonne das tiefblaue Meer, welches sich, nachdem ich den Uferdamm erstiegen, vor meinen Augen ausbreitete, und den weißen muschelbesäten Strand. Hunderte von Fischern kehrten in ihren Kanus heim vom Fange und brachten ihre reiche Beute ans Ufer, wo sie sofort von Händlern in Empfang genommen wurde, um mit dem ersten Eisenbahnzuge weiter nach Colombo befördert zu werden. Ohne Verzug begab ich mich ins Rasthaus, in der Absicht, mich dort umzukleiden und ein Frühstück einzunehmen, doch bewogen mich die in demselben herrschende üble Atmosphäre, die Verschlafenheit der Bediensteten, sowie dutzendweise herumstehende geleerte Flaschen, halbgefüllte Gläser, abgerissene Teile von Kleiderschleppen und sonstige nicht zu verkennende Anzeichen, daß hier eine Ballfestlichkeit kurz zuvor ihr Ende erreicht haben mußte, auf Speise, Trank, Bad und Kleiderwechsel zu verzichten und mich lieber unter den Schatten einer unweit des Meerufers stehenden Baumgruppe zu legen, um dort die Ankunft meines Eisenbahnzuges abzuwarten. Kurz nach sieben Uhr kam dieser von Süden herangebraust, um mich in weniger als einer Stunde nach herrlicher Fahrt entlang der Meeresküste durch blühende Dörfer und reizende Palmenhaine nach Mount Lavinia zurückzubringen. Eine Stunde später saß ich wieder in dem luftigen Speisesaal des besten Hotels des Ostens vor einem verführerisch einladenden Mahle. Die Leiden und Strapazen der vergangenen Tage waren vergessen.

Der Tempel auf Rameswaram.

Wie in Indien, so habe ich auch in Ceylon bei sämtlichen Regierungsbehörden ein derartig liebenswürdiges Entgegenkommen gefunden, daß es mir schwer wird, für alle mir erwiesenen Freundlichkeiten gebührende Worte des Dankes zu finden, um so mehr, als ich dem Gouverneur Ceylons nicht wie dem Vize-Könige von Indien, Lord Landsdowne, vom englischen Auswärtigen Amt empfohlen worden war. Letzterer hat nämlich mit Ceylon nicht mehr zu thun, als etwa der Statthalter Elsaß-Lothringens mit Neu-Guinea, und ein Einführungsschreiben für Indien ist somit ohne irgend welche Bedeutung für den Gouverneur von Ceylon. Dieses steht als Kronkolonie direkt unter dem Kolonialamt in London, wohingegen Indien als „foreign possession" sich einer größeren Selbständigkeit erfreut und von einem Vize-König regiert wird, der nichts mit dem Kolonialamt zu thun hat, sondern dem Staatssekretär für Indien und dem Indian Council in London verantwortlich ist. Wenn der Gouverneur Sir Arthur Havelock mich dennoch, trotz Mangels aller Empfehlungen meinerseits, in Colombo in einer Weise aufgenommen hat, als sei ihm mein Wohl ganz besonders ans Herz gelegt worden, so verdient eine solche, lediglich persönlicher Initiative entspringende Liebenswürdigkeit jedenfalls ganz besonderen Dank.

Wenige Tage nach meiner Rückkehr aus den Bergen wurde ich von Seiner Exzellenz eingeladen, ihn und seine Familie auf der Einweihungsfahrt eines für die Ceylon Steam Navigation Co. neuerbauten und nach seiner Gattin „Lady Havelock" getauften Dampfers nach der nördlich von Ceylon gelegenen, aber bereits zu Indien gehörenden Insel Rameswaram, deren Tempelbauten zu den schönsten und großartigsten der Welt zählen, zu begleiten. Schlechten Wetters wegen — es war gerade um die Zeit des Monsunwechsels — hatte der Tag der Abfahrt mehrfach verschoben werden müssen, bis endlich der Kampf zwischen dem Südwest- und Nordostmonsun mit einem Siege des letzteren geendet hatte und eine Reihe schöner Tage mit einiger Sicherheit zu erwarten stand.

Am Nachmittage des 18. November schiffte sich unsere kleine Gesellschaft im Hafen von Colombo an Bord der festlich beflaggten „Lady Havelock" ein, und gegen halb sechs Uhr steuerte das elegante, gegen 500 Tonnen fassende Fahrzeug vorbei an einer langen Reihe vor Anker liegender, die Flagge zum Gruße senkender Dampfer hinaus in die See. Bei ziemlich steifer Nordostbrise hatten wir hohen Wogengang erwartet und uns je nach Beanlagung auf mehr oder minder heftige Seekrankheit gefaßt gemacht. Um so angenehmer waren wir demnach überrascht, außerhalb des Hafens ein fast ruhiges Meer anzutreffen. Wunderbare Farbenspiele auf dem leichten Gewölk der westlichen Himmelshälfte hervorzaubernd, sank die Sonne in die bald violett, bald purpurn leuchtenden Fluten des indischen Ozeans, der stolz sein Haupt in die Lüfte erhebende Adamspeak entschwand mehr und mehr unseren Blicken, und wenige Minuten später hatte die Nacht ihre Schatten über Land und Meer gebreitet. Von Colombo sahen wir bald nur noch das Blickfeuer des Leuchtturmes, endlich kam auch dieses außer Sicht, und wir konnten daher nichts Besseres thun, als dem lieblichen Geläute der dinner-Glocke folgend, uns im Salon an der blumengeschmückten Speisetafel niederzulassen und dem uns von der Direktion der Schiffsgesellschaft angebotenen Mahle alle ihm gebührende Ehre anzuthun.

Als wir nach ruhiger, kühler Nacht am frühen Morgen erwachten, trennten uns nur noch wenige Meilen von Rameswaram, dessen von Palmyra- und Kokospalmen überragte Sandufer in schneeiger Weiße im Morgenlichte glänzten. Um 8 Uhr fuhren wir in den im Norden der Insel gelegenen Hafen von Paumben ein, der mit acht beflaggten großen Segelschiffen einen gar stattlichen Anblick bot und begaben uns dann in der Dampfbarkasse der „Lady Havelock" ans Ufer. Hier war am Landungsplatz eine große Empfangshalle, eine sogenannte „pandal", errichtet, innen wie außen in geschmackvoller Weise mit Palmenwedeln, Blumenbüscheln und Fruchtbündeln geschmückt. Nachdem der Gouverneur von den Spitzen der Behörden begrüßt worden war, wurden wir sämtlich mit Jasminguirlanden behangen und schritten, an preisgekröntes Schlachtvieh erinnernd, zu den uns vom Radja von Ramnad, einem im äußersten Süden des inländischen Festlandes ansässigen Großgrundbesitzer, zur Verfügung gestellten Wagen. Des Radjas von Ramnad erwähne ich hauptsächlich, um den Leser mit einer höchst eigentümlichen Sitte seiner Kaste bekannt zu machen. Die seit undenklichen Zeiten in Ramnad ansässige Herrscherfamilie gehört zu der dem Gotte Schiwa huldigenden Kaste der Maravars, in der einer der sonderbarsten Gebräuche herrscht, von denen ich überhaupt in Indien Kenntnis erhalten habe. Der männliche Sprosse eines Maravars wird nämlich, sobald er das erste Lebensjahr zurückgelegt hat, mit einem Mädchen von 15 bis 16 Jahren verheiratet, an dem, solange er die Kinderschuhe austritt, sein eigener Vater Gattenrechte ausübt, bis er selbst weit genug herangewachsen ist, um von seinem inzwischen natürlich stark verwelkten Weibe und den von diesem und seinem Vater gezeugten Kindern, die gesetzlich als seine eigenen gelten, Besitz nehmen zu können. Jegliche väterliche Fürsorge hat gewiß ihr Rührendes, aber auf der westlichen Halbkugel unseres Planeten dürften sich trotzdem nur wenige Söhne finden, die sich mit einer ähnlichen Erleichterung der Heranziehung einer Nachkommenschaft befreunden würden und ihren Vätern für deren Mühe Dank wüßten.

Die Stadt Paumben, durch deren Bazar uns nunmehr unser Weg führte, zählt etwa 2000 Einwohner, größtenteils indische Mohamedaner, die sich mit Schiffahrt, Fischfang, Taucherei nach Perlaustern und Kleinhandel beschäftigen. Da neben den vielen vom indischen Festlande nach Rameswaram herüberkommenden Pilgern auch ein beträchtlicher Teil der Einwanderung der Tamilen nach Ceylon über Paumben führt, so herrscht am Orte stets ein äußerst lebhaftes, geschäftiges Treiben. Die Regierung Ceylons hat für die Einwanderer hier ausgedehnte Lagerplätze mit Rasthäusern, Brunnen und Hospitälern erbauen lassen und mit der Beaufsichtigung dieser Anlagen, sowie der Wahrnehmung der Interessen der Ankömmlinge einen besonderen Agenten betraut. Von Paumben aus besorgen vier von der Ceylon-Regierung gecharterte, Tamilen gehörende große Segelfahrzeuge die Weiterbeförderung der Einwanderer nach dem im Norden Ceylons gelegenen Hafenplatze Manar, von wo aus dieselben ihre Reise in die Thee- und Kaffeebezirke im Innern der Insel zu Fuß fortsetzen. Die Insel Rameswaram war bis zum Jahre 1484 durch ein zur Ebbezeit trocken gelegenes Korallenriff mit dem indischen Festlande verbunden. Ein heftiger Cyklon zerstörte jedoch im genannten Jahre einen Teil dieses Riffes und schuf auf diese Weise eine schmale, später von der holländischen und dann von der englischen Regierung verbreiterte und vertiefte Durchfahrt, den heutigen Kanal von Paumben, der für Fahrzeuge von nicht über 12 Fuß Tiefgang jederzeit passierbar und für den Verkehr zwischen der Westküste Indiens und den Häfen der Ostküste sowie Burmas nicht ohne Bedeutung ist, da durch die Benutzung des Kanals die Umsegelung Ceylons erspart wird. Eine Verbreiterung und Vertiefung dieser schmalen Durchfahrt ist wegen der Schwierigkeiten, einer Versandung derselben wirksam zu begegnen, so gut wie ausgeschlossen; mit umsomehr Spannung wird daher der Durchführung des Projektes entgegengesehen, einen so tiefen Kanal direkt durch die Insel Rameswaram zu graben, daß derselbe selbst von den größten Dampfern benutzt werden kann.

Vom Landungsplatze in Paumben bis zum Tempel hatten wir im ganzen 15 Kilometer Weges zurückzulegen. Sobald die Stadt hinter uns lag, führte die mit breiten

Steinplatten nach italienischer Art gepflasterte Pilgerstraße durch eine Landschaft, die mich mit ihrem von keiner Grasnarbe bedeckten Sandboden und ihren dorn- und stachelbedeckten Mimosen lebhaft an die sich zwischen Mombassa und den Teitabergen in Britisch-Ostafrika ausdehnende Wüste erinnerte. Zum Glück haben Pilger und Tempelgönner früherer Zeiten zu beiden Seiten der Straße Bäume aller Art, meist Palmyrapalmen, Gummi- und Pipulbäume angepflanzt, sodaß wir fast unausgesetzt im Schatten fuhren. Alte, vielfach bereits verfallene und neue, gut erhaltene Tempel, geheiligte Wassertanks und Rastplätze aller Art reihten sich rechts und links am Wege aneinander, überall lagerten Gruppen bußfertig dem Tempel zustrebender oder nach gethaner Buße mit aschbedecktem Haupte von dort zurückkehrender Pilger, indes andere in langen Zügen auf staubbedeckter Straße dahinzogen. Halben Weges passierten wir ein armseliges Kirchlein, welches sich mit seinen ringsum aufgemauerten Gräbern und seinen Grabkreuzen gar sonderbar in dieser Umgebung ausnahm. Kurz darauf sahen wir die gewaltigen Massen des Tempels über dichten Baumgruppen emporragen, durchfuhren den Pilgerbazar, rollten vorüber an den hohen, mit steinernen Tierbildern geschmückten Umfassungsmauern des Tempels und hielten dann vor einem kleinen — wie ich später erfuhr — einer für die Abwendung der Cholera besonders engagierten Gottheit geweihten Tempelchen, dessen Innenwände und Decke mit bunten Stoffen behangen waren, deren Stickereien Götter mit je vier Armen, einer noch unwahrscheinlicheren Anzahl von Beinen und äußerst vergnügten Gesichtern mit wohlgepflegten Schnurrbärtchen darstellten.

Es war ein ausgezeichneter Gedanke des liebenswürdigen Regierungsagenten von Jaffna, Mr. Twynam, des ältesten Beamten Ceylons, der nach Rameswaram herübergekommen war, seinen Gouverneur zu begrüßen, uns in den Räumen dieses entzückend am Meere gelegenen Tempelchens ein Frühstück vorzusetzen, bei dem es weder an guten, kühlen Getränken, noch an trefflichen Speisen fehlte. Derweil wir uns an reichbesetzter Tafel gütlich thaten, versammelten sich draußen die Priesterschaft, die Tempelelefanten, -Musikanten und -Tänzerinnen, sowie Scharen neugierig herbeiströmender Pilger und fahrenden Volkes. Nach Beendigung des Mahles traten wir hinaus auf die nach der See gelegene Plattform, um vor Besichtigung des Tempels in aller Ruhe eine Zigarre zu rauchen. Sofort erschien eine Abordnung der Priester mit Jasminguirlanden, und während die Elefanten auf Kommando mit den Rüsseln salutierten und trompeteten, die Musikanten in ihre Posaunen bliesen, als sei der Tag des jüngsten Gerichts angebrochen, und die Tänzerinnen singend in den Hüften graziös sich hin- und herwiegten, hatten wir eine zweite Bekränzung über uns ergehen zu lassen, um uns dann, unter Vorantritt der Priester und Elefanten, sowie der rückwärts schreitenden, uns das Antlitz zuwendenden Musikanten und Tänzerinnen auf den Weg zum großen Tempel zu machen.

Begreiflicherweise interessierten mich in dem ganzen Aufzuge nicht in erster Linie die Priester oder Rüsselträger, sondern — die Tänzerinnen, und zwar nicht nur in ihrer Eigenschaft als Jüngerinnen Terpsichores, sondern in der Hauptsache, weil sie hübsch waren und die Kunst verstanden, ihre Reize durch geschmackvoll um Hüften und Schultern gewundene seidene Gewänder in das beste Licht zu setzen. Ein einfacher, massiv silberner Gürtel hielt das Gewand um die Taille zusammen, das Haar war glatt in der Mitte gescheitelt, hinten in einen Knoten geschlungen und mit weißen Blüten sowie Goldplatten und Edelsteinen geziert, während kostbarer Schmuck an Armen, Hals, Ohren und Nasenflügeln funkelte. Mehr aber als alle Schmuckgegenstände funkelten ihre herrlichen tiefschwarzen Augen, feuriger als die kostbarsten Edelsteine der Welt. Auf Befragen nach der Vergangenheit dieser Bajaderen und ihrem Verhältnisse zum Tempel wie zur Menschheit erfuhr ich folgendes:

Sie werden von ihren Eltern als kleine Kinder dem Tempel geweiht, oder vielmehr dem Gotte, dem zu Ehren der betreffende Tempel errichtet ist, zum Geschenk gemacht. Als Sängerinnen und Tänzerinnen ausgebildet, besteht, wenn sie herangewachsen sind, ihre Lebensaufgabe darin, das Allerheiligste zu reinigen und bei Festen sich in ihren Künsten zu produzieren. Da nun nach indischen Kastenbegriffen die Säuberung von Wohnstätten und sonstigen Gebäuden den Gattinnen der Besitzer obliegt, oder, falls solche nicht vorhanden sind, nur von der allerniedrigsten Kaste vollzogen werden kann, so werden, um den Tempelmädchen eine soziale Stellung zu geben, diese feierlichst dem Gotte, welchem sie dienen sollen, als Gattin angetraut. Eine zweite Ehe einzugehen ist ihnen demnach unmöglich, doch sind ihre göttlichen Ehegatten nicht so kleinlich, auf eheliche Treue zu bestehen, und die lebenslustigen jungen Götterweiber lassen sich das nicht zweimal vorschweigen, sondern sich ohne Skrupel von Priester und Pilger, am liebsten aber von der jeunesse dorée des Landes den Hof machen. Die Erfolge dieser kleinen Liebesaffairen sind die von uns bereits nach Gebühr bewunderten Schmuckgegenstände und, wenn das Schicksal es so fügt, mitunter auch mehr oder weniger Nachkommen. Letztere werden im Tempel aufgezogen, um später als Mädchen in die Fußtapfen ihrer Mütter zu treten, oder als Knaben zu Tempelmusikanten ausgebildet zu werden.

Durch einen mächtigen Thorbogen traten wir in den ersten Tempelhof und von da in eine weite Halle, dem Vereinigungspunkte von vier Bogengängen, wo Stühle und Sessel für uns bereitstanden. Zum dritten Male wurden wir hier mit Blumenguirlanden behangen und darauf zu den zu beiden Seiten aufgestellten, anscheinend silbernen, lebensgroßen Tierfiguren, Elefanten, Bären, Büffel und Pfauen darstellend, auf deren Rücken die kleineren Gottheiten bei öffentlichen Umzügen zu reiten pflegen, geführt. Das Bildnis Schiwas, dem der Tempel geweiht ist, wird bei feierlichen Anlässen auf einem goldenen Palankin, der uns später, ebenso wie die Schatzkammer des Tempels, gezeigt wurde, um den Tempel getragen. Alle diese vielleicht außerordentlich wertvollen, aber ebenso geschmacklosen Schätze sind indessen für den Besucher von geringem Reize, sein ganzes Interesse wird von der großartigen Architektur des Riesenbaues derart gefesselt, daß er kein Auge mehr hat für Gold- und Silberplunder im Werte vieler Hunderttausende und, wie gebannt dastehend, seine Blicke schweifen läßt über die von 400 bis 700 Fuß langen Kolonnaden mit ihren grotesk behauenen, buntbemalten, auf einem Unterbaue von 5 Fuß Höhe, 12 Fuß hoch sich erhebenden Granitpfeilern. Ich habe in Indien Hunderte von Tempeln gesehen, aber nach den Ruinen des Tempels von Martand in Kaschmir oder des Tatsch in Agra hat kein Bauwerk mir einen so tiefen Eindruck hinterlassen, wie diese wunderbaren Kolonnaden des

Teich des Tempels auf Rameswaram.

Tempels von Rameswaram. Die schier endlosen Reihen massiver, in ihrer Bildhauerarbeit unvergleichlich wirkungsvollen Granitsäulen denke man sich nun vergoldet vom Lichte der sinkenden Sonne, die Kolonnaden wimmelnd von halbnackten, sich drängenden Gestalten in allen Farbenabstufungen, von Lichtbraun bis zum tiefsten Schwarz, von aschbedeckten Pilgern und Fakiren, Priestern, lärmenden Musikanten und Tänzerinnen, die, indem sie rückwärts schreiten, die schwierigsten Jongleurkunststücke mit Orangen ausführen, und man wird begreifen, daß wir alle die Empfindung hatten, ein Märchen aus Tausend und einer Nacht zu erleben.

Nachdem wir die etwa 4000 Fuß langen Kolonnaden durchwandert und einen Tank, der von Pilgern beständig mit Gangeswasser gefüllt gehalten wird, in Augenschein genommen hatten, wurden wir wieder zu unseren Sitzen in der zuvor erwähnten Halle geleitet, um hier einer „Nautsch", d. h. einem Tanze der Gattinnen Schiwas, unserer besonderen Freundinnen, beizuwohnen. Zuerst erschien die Prima Ballerina, unstreitig die hübscheste der jungen Damen, zu einem Solotanze, der, unserem europäischen Geschmacke wenig entsprechend, fast ausschließlich aus Augenverdrehen und gleichzeitigen Arm- und Handverrenkungen bestand. Dieser etwas langweiligen „Pièce" folgte der Seiltanz, der aber nicht auf dem Seile, sondern an der Hand von acht von der Decke herabhängenden verschiedenfarbigen Stricken von ebensoviel Tänzerinnen ausgeführt wurde. Es war eine regelrechte Lancier-Quadrille, bei der sich je zwei Paare gegenüberstanden und, die herabhängenden Seile in der Hand, paarweise in verschiedenen Figuren durcheinander schritten, dadurch allmählich die Seile zu einem buntfarbigen Tau zusammenflechtend, um, nachdem das geschehen, durch einen zweiten

Tanz die Seile wieder zu entwirren. Diese Quadrille wurde mit viel Grazie, wenn auch — wiederum nach europäischen Anschauungen — ohne das wünschenswerte Feuer getanzt, aber die ganze Szene in der imposanten Halle, mit den aus allen Teilen des großen indischen Reiches zusammengeströmten, nach Tausenden zählenden Zuschauern — der Tempel ist eine jener Pilgerstationen, zu der jeder gute Brahmine einmal im Leben wallfahrten soll — den durch die einfallenden Sonnenstrahlen hervorgerufenen Beleuchtungseffekten, der eigenartigen Musik, zu der die Elefanten mit ihren Ketten, die sie im Rüssel mit sich schleppten, gleichmäßig den Takt schlugen, alles das zusammen wird jedem, der dieser Vorstellung beigewohnt, für alle Zeiten unvergeßlich bleiben.

Zum Abschiede wurden unsere Hüte von den Priestern mit rotseidenen Shawls umwunden, und nachdem der Gouverneur der Prima-Ballerina einen Beutel Goldes in Anerkennung ihrer eigenen Verdienste und derjenigen ihrer Gefährtinnen mit königlichem Anstande überreicht hatte, traten wir in der gleichen Prozession, wie wir gekommen, unsern Rückmarsch zum Cholera-, oder besser gesagt, Erfrischungstempel am Strande an, um hier, während die Elefanten unter Musikbegleitung alle nur denkbaren Kunststücke ausführten, den Thee einzunehmen und endlich gegen Abend die Wagen wieder zu besteigen und bei sinkender Sonne heimzufahren nach Paumben.

Ich erspare dem Leser eine eingehende Schilderung des Tempels und begnüge mich mit einigen kurzen Angaben, die vielleicht von Interesse sein dürften. Das Bauwerk ist keineswegs von besonders hohem Alter, denn es wurde erst etwa um die Mitte des sechzehnten Jahrhunderts von einem der Radjas von Ramnad begonnen und vor ca. 200 Jahren vollendet, aber es gilt den Hindus als eine ihrer heiligsten Kultusstätten und als die letzte Station der im Nordwesten des Reiches mit dem Tempel des Devi in Hinglai beginnenden Pilgerfahrt. Von Hinglai führt dieselbe nach Jwala Mukhi, einer Ortschaft in der Nähe von Lahore, von dort nach Haridwar und, dem Laufe des Ganges folgend, nach Orissa, um endlich in Rameswaram ihren Abschluß zu finden. Der Tempel und die am Westeingange desselben stehende hundert Fuß hohe Pagode oder „Gopura“ sind durchweg aus Sandstein und Granitblöcken erbaut. Die äußeren Maße des Tempels werden auf 657 von Norden nach Süden und 1000 Fuß von Osten nach Westen angegeben. Mr. Fergusson bemerkt in seiner „History of Architekture“: „Würde jemandem die Aufgabe gestellt, einen Tempel auszuwählen, der alle Schönheiten des dravidischen Baustils in höchster Vollkommenheit und gleichzeitig alle charakteristischen Fehler desselben in sich vereinigt, die Wahl müßte unbedingt auf den Tempel von Rameswaram fallen.“ Da sich die Opferspenden, welche die Pilger im Tempel niederzulegen pflegen, oft an einem einzigen Tage auf viele tausend Rupien belaufen, so müßten sich im Laufe der Jahrhunderte hier ganz ungeheure Reichtümer angesammelt haben. Zum Glück sorgen aber die den Lebensfreuden nichts weniger als abgeneigten Priester dafür, daß nicht alle diese Schätze für immer in dem Tempel begraben bleiben, sondern daß ein nicht unbeträchtlicher Teil derselben durch gütige Vermittelung der bekannten Firma Amor, Bacchus u. Co. dem Verkehr wieder zurückgegeben wird.

Im Norden Ceylons.

Der Norden Ceylons weicht in geologischer und klimatischer Beschaffenheit, in Bezug auf seine Vegetation und seine Bewohner so sehr von dem südlichen Teile der Insel ab, daß ein unvermittelt aus Colombo nach Jaffna, der Hauptstadt der Nordprovinz, versetzter Reisender darauf schwören würde, sich in einem anderen Lande zu befinden. Im Süden eine stets mit Feuchtigkeit gesättigte Luft, bewaldete Berge, rauschende Wasserfälle, Thee-, Kaffee-, Zimmet- und Kakao-Plantagen, an der Küste wogende Kokos-Haine und massenhaft blühende Städte und Dörfer, deren Hauptbevölkerung aus den Eingeborenen des Landes, den Singhalesen, besteht; im Norden dagegen sandiges Flachland, aus dem überall die zwar schlank gewachsene, aber mit ihrem kohlschwarzen Stamm und ihren vom Winde zerzausten, struppigen Blattkronen an eine abgenutzte Malquaste erinnernde Palmyra-Palme aufragt, ausgedehnte Waldungen, in denen die letzten Überreste der Urbevölkerung Ceylons, die Veddahs, hausen, ärmliche Dorfschaften, ausschließlich von aus dem Süden Indiens stammenden Tamilen bewohnt, teils solchen, die in friedlicher Absicht neu eingewandert sind, teils den Nachkommen der hier vor Jahrtausenden als Eroberer eingedrungenen Heeresmassen; dazu ein Klima, welches in seiner Trockenheit fast an dasjenige Unter-Ägyptens erinnert. Größere Gegensätze lassen sich nicht denken und wer, wie das die meisten Reisenden zu thun pflegen, nur den Süden der Insel besucht und nach den dort empfangenen Eindrücken Ceylon schildert, der entwirft von der Insel ein Bild wie von einer Münze, deren Kehrseite er nicht gesehen hat.

Unter einer besseren und angenehmeren Führung als derjenigen des liebenswürdigen Regierungsagenten der Nordprovinz, Mr. Twynam, hätte ich unmöglich meine Reise nach Jaffna antreten können. Wir hatten uns auf dem zu Ehren des Gouverneurs auf der Insel Rameswaram gegebenen Feste kennen gelernt und Freundschaft geschlossen und saßen nun gemeinsam auf einem von der Regierung gecharterten Schoner, der ca. 300 Tons haltenden „Rangasamy Perawy“, die für gewöhnlich dem Ein- und Auswanderer-Verkehr zwischen Ceylon und Südindien dient, jetzt aber gänzlich zu unserer Verfügung gestellt worden war.

Bei gutem Winde sollte die Fahrt nach Mannar, von wo aus wir uns des flachen Wassers wegen eines kleinen Bootes zu bedienen hatten, nur wenige Stunden dauern. Da aber dieser gute Wind nicht zu blasen beliebte, vielmehr vier Tage und Nächte hindurch eine solche Windstille herrschte, wie sie die ältesten Leute, darunter auch Mr. Twynam, noch nicht erlebt hatten, so lagen wir selbst am Morgen des fünften Tages noch kaum zehn Seemeilen von Rameswaram und zogen sogar, unserer stark erschöpften

Proviantvorräte wegen, den Gedanken einer Umkehr ernsthaft in Erwägung, als der vielgeschmähte Herr Äolus sich den Schlaf aus den Augen rieb und mit seinem Atemzuge die tiefblaue Wasserfläche leicht zu kräuseln begann, um allmählich stärker und stärker zu blasen und uns gegen Abend glücklich vor Mannar zu landen. Wenn ich hier von einem vielgeschmähten Äolus spreche, so muß ich bekennen, daß ich für meine Person mich nicht unter den Schmähern befand, so lange sich noch andere Getränke als lauwarmes Tonnenwasser an Bord befanden; denn Zeit spielte für mich keine Rolle, und ich gab mich mit voller Seele einem dolce far niente hin, wie es angenehmer nicht gedacht werden konnte, beobachtete das Thun und Treiben unserer aus Tamilen römisch-katholischen Glaubens bestehenden Bootsmannschaft, welches in der Hauptsache in dem Zerreiben der Curry-Ingredienzien auf flachen Steinen mit Hilfe einer Steinwelle, in Reiskochen, sowie Essen und Trinken bestand, stürzte mich dreimal am Tage in die verführerisch blauen Fluten der Bucht und vergnügte mich im übrigen damit, karpfenartige, circa 1½ Fuß lange Fische mit Hilfe einer Angel an Deck zu holen. Ich fing ausschließlich zwei Arten, den einem Perlhuhn ähnlich gefärbten Kuruwalli, der, bevor er seinen Geist aufgiebt, einem Chamäleon gleich, nach einander die verschiedensten Farben, vom intensivsten Violett bis zum Malachitgrün, durchmacht, um im Tode schließlich zebraartig grau und schwarz gestreift zu erscheinen, sowie den Willamin, einen Fisch von prächtig hellgrüner Farbe mit himmelblauen Flecken. Gegen kleine Geschenke produzierten sich einige Leute unsrer Mannschaft als Taucher und holten allerhand Muscheln, Korallen und Seepflanzen vom Meeresboden herauf.

Wir befanden uns hier in nächster Nähe der seit undenklichen Zeiten berühmten Perlausternbänke Ceylons, und Mr. Twynam, der nahezu vierzig Jahre die Oberaufsicht über dieselben führt und die Perlfischerei leitet, gab mir in bereitwilligster Weise über alle Einzelheiten Auskunft. Nur während der stillsten Zeit des Nordost-Monsums, nämlich vom Februar bis zum April, ist die Befischung der Bänke möglich, aber nicht in jedem Jahre wird dieselbe von der Regierung freigegeben, sondern nur dann, wenn nach Aussage Sachverständiger voll entwickelte Austern in genügender Menge vorhanden sind. Erst mit dem fünften Jahre ist die Perlauster (Avicula fucata) ausgewachsen, und von diesem Jahre an bis zu ihrem, meist im siebenten Jahre erfolgenden Absterben enthält sie die besten Perlen. Nach ihrem Tode öffnen sich die Schalen und die Perlen fallen aus, sodaß sich Millionen derselben unterhalb der Bänke auf dem Meeresboden angesammelt haben müssen. Die besten Austern finden sich in einer Tiefe von 30—60 Fuß unter dem Meeresspiegel und werden von dort durch Taucher, meist mohamedanische Inder oder auch Araber — Singhalesen findet man fast nie unter ihnen — ohne Apparat heraufgeholt.

Zur festgesetzten Zeit versammelt sich vor Silavatturai, etwas südlich von Mannar, eine große Flottille von Fischerbooten mit je 7—15 Mann Besatzung. Dieselbe wird von dem die Oberaufsicht führenden Regierungsbeamten in zwei durch rote und blaue Flaggen gekennzeichnete Hälften geteilt, die abwechselnd einen Tag um den andern fischen. Am Ufer entsteht in wenigen Tagen eine Stadt aus leicht gebauten Hütten, denn mehr als 20000 Menschen, Fischer und Händler aller Art, strömen hier, wo sonst keine menschliche Heimstätte existiert, zur Zeit des Fanges zusammen. In der Frühe des Morgens fahren die Boote zu den etwa 10 Seemeilen vom Ufer gelegenen, durch Bojen kenntlich gemachten Bänken hinaus und gehen über denselben vor Anker. Vom Boote aus läßt sich der Taucher an einem mit ca. 40 Pfund wiegendem Stein beschwerten Seil, die Füße auf den Stein stellend, mit der Rechten das Seil ergreifend und mit der Linken ein zweites, mit einem Netze versehenes Seil haltend, in die Tiefe gleiten. Unten angelangt, rafft er eiligst so viele Austern wie möglich zusammen, wirft sie in das Netz und zeigt durch einen Ruck am Seile an, daß dasselbe hinaufgezogen werden soll, während er selber gleichzeitig zur Oberfläche emporsteigt. Die meisten Taucher bleiben nur etwa 40 Sekunden unter Wasser, wenige über eine Minute, und die höchste bisher bekannt gewordene Leistung betrug 1 Minute 49 Sekunden. Die Anzahl der in jedem einzelnen Falle gesammelten Austern schwankt, je nach der Geschicklichkeit und dem Glücke des Tauchers, zwischen 5 und 100 Stück. Nachmittags, mit aufspringender Brise, kehren die beladenen Boote zurück. Die Austern werden von den Bootsleuten ans Land gebracht und hier, für jedes Boot getrennt, in aus Palmblattflechtwerk hergestellten Verschlägen, sogenannten Kottus, in drei Teile geteilt, auf Matten geschüttet. Der Regierungsbeamte wählt, als Abgabe an die Regierung, zwei dieser Haufen, die in einen besonderen Schuppen gebracht werden, um dort ohne Verzug meistbietend versteigert zu werden, wohingegen es der Bootsmannschaft freisteht, ihren Teil ebenfalls sofort zur Auktion zu bringen oder zur Gewinnung der Perlen für sich zu behalten. Zu letzterem Zwecke läßt man die Austern, je nach der Witterung, 3 bis

10 Tage faulen, um sie dann in Kanus mit Wasser zu waschen. Die Schalen und der Schmutz werden entfernt, die zu Boden gefallenen Perlen gesammelt und meist direkt von den aus Bombay und Calcutta, den Hauptmärkten für Perlen und Edelsteine, herbeigekommenen Händlern angekauft. Im Jahre 1891 wurden gegen 40 Millionen Austern gefischt, von denen das Tausend in der Auktion mit durchschnittlich 45 Mark bezahlt wurde. Die Regierung erzielte aus der Perlfischerei im genannten Jahre einen Gewinn von 1300000 Mark. Die Preise sind übrigens je nach Angebot und Nachfrage beträchtlichen Schwankungen unterworfen; so wurden im Jahre 1860, wie mir Mr. Twynam erzählte, 1000 Austern bis zu 450 Mark gesteigert. In gleichem Maße schwanken die Preise für die Perlen selbst, für deren größte und schönste zuweilen Summen bis zu 4000 Mark per Stück angelegt werden. Kleinere Perlen werden in den Austern gar häufig gefunden, Mr. Twynam zählte einmal deren über 90 in einer einzigen Muschel, aber ihr Wert ist meist ein sehr geringer. Sie werden in der Regel an indische Fürsten verkauft, die aus ihnen den Kalk brennen lassen, den sie zum „pan supari" gebrauchen, jenem Gemisch von Betelblättern, Arekanüssen, Pfeffer, Tabak und Kalk, welches gekaut wird. Daß bei der Austernwäscherei Diebstähle keine Seltenheit sind und Dutzende der kostbarsten Perlen trotz aller Aufsicht von den Wäschern verschluckt werden, bedarf kaum besonderer Erwähnung. Auf meine Frage, ob man nicht besser daran thäte, die Taucher nach europäischem Muster mit Apparaten mit Luftzuführung zu versehen und ihnen so ein längeres Verweilen unter Wasser zu ermöglichen, wurde mir bedeutet, daß man mehrfach Versuche nicht nur mit solchen Appara-

ten, sondern auch mit geübten europäischen Tauchern gemacht und es sich dabei herausgestellt habe, daß der nackte Taucher 50 Prozent mehr Austern förderte, als sein bekleideter Kollege. Der Hauptfeind der Perlauster ist ein Rochen, der im ausgewachsenen Zustand eine Länge von 14 Fuß und eine Dicke von 3 Fuß erreichen soll. Er zermalmt die jüngeren Austern mit seinem scharfen Gebiß. Da aber auch eine Menge Austernschalen gefunden werden, die gerade an derjenigen Stelle ein Loch aufweisen, an welcher der Schließmuskel der Auster anliegt, nimmt man an, daß ein Tier existiert, welches die Schalen an dieser Stelle anfrißt, um sich so in den Besitz des dann wehrlos gewordenen Tieres zu setzen. Diese beiden Feinde der Avicula fucata richten unter den jüngeren Beständen einen derartigen Schaden an, daß kaum ein Zehntel derselben die volle Reife, also das fünfte Lebensjahr erreicht.

Etwa eine Stunde nach Sonnenaufgang landeten wir in Mannar, einem unbedeutenden Städtchen mit guterhaltenem, heute als Gefängnis dienendem, aus dem vorigen Jahrhundert stammendem holländischen Fort. In dem ebenfalls noch aus der Zeit der Holländer erhaltenen Rasthaus nahmen wir das Nachtmahl ein und setzten, nachdem wir uns mit Getränken und Nahrungsmitteln neu verproviantiert hatten, in einem kleinen Segelboote unsre Reise nach Jaffna fort. Der hintere Teil des Bootes war durch ein gewölbtes Dach aus zusammengeflochtenen Streifen von Palmyrablättern zu einer kleinen Kajüte hergerichtet, in der man, wenn auch nicht stehen, so doch bequem liegen und aufrecht sitzen konnte. Wir machten es uns mit Hilfe von Matratzen und Kissen möglichst behaglich und würden wahrscheinlich auch wunderbar geschlafen haben, hätte uns unsere aus sechs Tamilen bestehende Bootsmannschaft nicht durch ihr ununterbrochenes Singen wach gehalten. Ich unterschätze keineswegs die einschläfernde Wirkung gewisser Lieder, aber die endlose Wiederholung der Worte: „O Radja Kumalé“ und „O jelly, jelly jeling“ in den höchsten Fisteltönen brachten mich schier zur Verzweiflung. Jeden Augenblick hoffte ich, meinem Leidensgefährten, dem nahezu siebzigjährigen Mr. Twynam, würde die Geduld reißen, aber ich hoffte vergebens — der alte Herr lag da und lächelte so zufrieden wie gewöhnlich. Als ich ihn bat, den Leuten Schweigen zu gebieten, meinte er, wenn wir überhaupt vorwärts kommen wollten, müßten wir auch den Gesang mit in den Kauf nehmen; denn nicht wir allein würden mit Aufhören der entsetzlichen Musik einschlafen, sondern auch die Ruderer, die einmal daran gewöhnt seien, bei jeder Arbeit einen solch schauderhaften Spektakel zu vollführen. Ab und zu übermannte mich trotzdem die Müdigkeit und ich entschlummerte auf einige Minuten, um aber immer und immer wieder von dem entsetzlichen „O jelly, jelly, jeling!“ welches mir noch heute zuweilen im Traum in die Ohren klingt, von neuem aus dem Schlaf gerissen zu werden. Mr. Twynam ist einer jener Menschen, die nie ihren Humor, nie ihren Appetit verlieren und scheinbar auch keines Schlafes bedürfen. Mitten in der Nacht, gegen drei Uhr, befahl er plötzlich seinem Koch, Schinken und Eier zu backen und ihm Whisky und Sodawasser zu bringen. Selbstverständlich wollte ich mich von dem alten Herrn nicht beschämen lassen, gab endgiltig jede Hoffnung auf weitere Schlaferfolge auf und beteiligte mich an der nächtlichen Schlemmerei so lange, bis auch ich anfing, mit in den Gesang der Ruderer einzustimmen.

Die Nacht entwich. Phöbus erschien mit seinem Sonnenwagen am Horizont und verwandelte mit seinen sengenden Strahlen bald unsre enge Kabine in einen Backofen, während unser kleines Fahrzeug, mit langen Stangen vorwärts gestoßen, langsam über herrlich aus der Tiefe leuchtenden Korallengärten, durch die perlmutterfarbig glänzenden spiegelglatten Fluten der Palks Bey dahinglitt. Hie und da schnellte sich ein Fisch mehrere Fuß hoch aus dem Wasser empor, an besonders seichten Stellen stolzierten rosenrote Flamingos einher, und auf kleinen Inselchen, Steinen und Sandbänken sonnten sich Hunderte von Pelikanen. Erst gegen Mittag sprang eine leichte Brise auf, die unsern unverdrossen stakenden oder rudernden und ebenso unverdrossen singenden Leuten gestattete, das Segel aufzuziehen und sich selber zur Ruhe zu legen. Damit begann für mich der eigentliche Genuß der Fahrt, denn nach wenigen Minuten lag alles, mit Ausnahme von mir, des Mannes am Steuer und eines zweiten, der das Segel überwachte, im tiefsten Schlummer.

Etwa zwei Stunden mochten so verstrichen sein, als es unter dem Boden unseres Fahrzeuges erst leise, dann lauter und lauter zu kratzen anfing, und mit einem Male, während das Boot sich auf die Seite neigte, jede Bewegung aufhörte. Wir waren auf eine Korallenbank aufgefahren, eine alles andere als erfreuliche Entdeckung, da das Wasser erst kurz zuvor zu ebben angefangen hatte und wir daher, wenn es uns nicht gelang, schleunigst wieder flott zu werden, die beste Aussicht hatten, hier bis zum nächsten Hochwasser liegen zu bleiben. Im Nu war das Segel eingeholt, fünf unserer schwarzhäutigen Gesellen sprangen über Bord und versuchten dann schiebend das Boot abzubringen, derweil Mr. Twynam und ich sie mit Hülfe langer Stangen vom Boot aus unterstützten. Nach mehr denn halbstündigem heißen Bemühen in tollster Sonnenglut sahen wir unsre Arbeit von Erfolg gekrönt und konnten die Fahrt wieder aufnehmen. Noch dreimal hatten wir das Vergnügen in ähnlicher Weise festzufahren, bevor wir gegen Mitternacht endlich an der Landungsbrücke Jaffnas lagen. Wir begaben uns von hier aus direkt zu Mr. Twynams palastartigem, in wohlgepflegtem Park gelegenem Bungalow, und eine Stunde später konnte ich meine müden Glieder mit schönster Aussicht auf einen eben so tiefen wie langen Schlaf in einem der bequemsten Betten dehnen, die ich im Laufe meiner Reise in Indien kennen gelernt hatte.

Der folgende Vormittag galt einer Besichtigung des Parks, der Menagerie und aller sonstigen Sehenswürdigkeiten meines Wirtes, sowie einer Rundfahrt durch die Stadt, die ich mir zwar von allen Städten Ceylons am letzten als ständigen Wohnsitz wählen würde, die aber trotzdem mit ihren schattigen Alleen von Mahagonibäumen und ihren vielen alten, aus der holländischen Zeit stammenden Häusern, deren grüngestrichene Fensterläden mich wunderbar anheimelten, einen nicht üblen Eindruck macht.

Jaffna zählt etwa 4000 Einwohner, meist Tamilen, von denen über die Hälfte sich zum Christentum bekennt. Für diese 2000 Christen nun sind in Jaffna nicht weniger als neun katholische und fünf protestantische, also im ganzen vierzehn Kirchen vorhanden, d. h. je eine Kirche für 143 Einwohner, so daß für das Seelenheil unserer schwarzen Brüder in Jesu mehr als ausreichend gesorgt ist. Jaffna ist außerdem der Sitz eines römisch-katholischen Bischofs.

Neben dem im alten holländischen Fort gelegenen, vortrefflich gehaltenen Gefängnisse, in dem von besonders talentierten Sträflingen auffallend hübsche Bildhauerarbeiten aus Korallenstein hergestellt werden, während das Gros der Gefangenen mit der langweiligen Arbeit des Klopfens von Kokosfasern beschäftigt wird, erhebt sich die ehemalige stolze Residenz des holländischen Admirals, das jetzige Queens House. Dasselbe dient heute dem Gouverneur von Ceylon, wenn derselbe sich einmal nach Jaffna verirrt, als Absteigequartier. Es ist ein stattliches Gebäude mit erstaunlich dicken Mauern, prächtigen, herrlich kühlen Räumen und sehr schönen, alten Thüren aus Satinholz. Von der unmittelbar neben dem Queens House sich ausdehnenden Terrasse, auf der sich eine uralte ficus religiosa mit ihren Luftwurzeln breit macht, blickt man hinunter in den von Krokodilen bevölkerten Festungsgraben. Wenige Schritte entfernt steht eine aus dem siebzehnten Jahrhundert stammende, stark verfallene, turmlose Kirche mit kreuzförmigem Fundament. Im Innern derselben befinden sich eine Menge steinerne Grabplatten mit Wappen der niederländischen Familien de Voß, de Jongh, von Straaten, Baron de Redern 2c., alles Namen, deren Träger als Offiziere oder Beamte hier im siebzehnten und achtzehnten Jahrhundert ihrem Vaterland gedient haben.

Die Bewohner Jaffnas, wie überhaupt des nördlichen Teiles Ceylons, sind größtenteils Ackerbauer. In der Hauptsache werden Tabak und Reis angebaut und letzterer bildet mit Fischen und einer aus dem Fleisch der Palmyrafrucht bereiteten Marmelade das Hauptnahrungsmittel der hier lebenden Bevölkerung. Kein Baum spielt bei irgend einem Volke der Erde eine ähnliche Rolle, wie die Palmyrapalme bei den Tamilen. Ihr in Bezug auf Härte dem Ebenholz gleichwertiges Holz dient ihnen zum Bau ihrer Häuser und zur Anfertigung aller möglichen Haus- und Feldgeräte, aus ihren Blättern verfertigen sie Hüte, Körbe, Wassergefäße, Fächer, Kinderspielzeuge, Matten und Hausdächer, aus ihrem Safte bereiten sie Zucker und Arrack, aus ihrem Fruchtfleisch die schon erwähnte, wohlschmeckende, nahrhafte, süßsäuerliche Marmelade, kurzum, sie dient den Tamilen zu allem Möglichen und ihre Dichter besingen die Palmyrapalme als zu 800 Zwecken verwendbar.

Eisenbahnen sind im Norden Ceylons bis heute unbekannt, und da ich die Absicht hatte, von Jaffna über die Ruinenstadt Anuradhapura und dem an der Ostküste der Insel gelegenen Hafenplatz Trincomalee auf dem Landwege nach Colombo zurückzukehren, so hatte ich mich für längere Zeit der Royal Mail Coach anzuvertrauen. Kurz nach Mittag fuhr die königliche Postkutsche bei Twynam vor, um mich an Bord zu nehmen, ein klapperiges Gefährt mit noch klapperigeren Gäulen bespannt. Um einen besseren Überblick über die Landschaft zu haben, setzte ich mich neben den halbnackten, schwarzhäutigen Kutscher, mein Gepäck wurde verladen, ich nahm nochmals mit herzlichem Händedruck von meinem liebenswürdigen Wirte Abschied, der Kutscher knallte mit der Peitsche, riß aus Leibeskräften an der Fahrleine und begann dann unbarmherzig auf die alten Mähren loszuschlagen. Diese rührten sich nicht vom Fleck, zeigten höchstens einmal durch ein indigniertes Zurückwerfen der Köpfe an, daß sie zwar wußten, um was es sich handelte, aber keinerlei Absicht hegten, der Aufforderung zum Tanze nachzukommen. Erst als ihnen von dem umstehenden Publikum mit aller Gewalt der Wagen auf die Hacken geschoben wurde, setzten sie sich in Bewegung und fort ging's nun in wüstem Galopp, unter unausgesetztem Schreien des Kutschers, unter Peitschenhieben und Steinwürfen, zu welchem Zweck sich der Gehilfe des Kutschers mit einem ganzen Vorrat von Wurfgeschossen schon vor der Abfahrt versehen hatte. Auf diese Weise flog unser Gefährt über Stock und Stein etwa eine Viertelstunde lang, dann versagte den Pferden der Atem, und sie blieben wie angewurzelt stehen. Kein Zureden, kein Prügeln, kein Steinwurf half, sie setzten sich nicht eher wieder in Bewegung, als bis aus einem benachbarten Dorfe die nötigen Menschen herbeigeholt waren, die ihnen den Wagen wieder auf die Fersen schoben. Den Leuten schien diese Beförderung der königlichen Postkutsche, auf der obendrein die englische Wappendevise: „Honny soit qui mal y pense" prangt, großes Vergnügen zu machen, denn sie halfen uns nicht nur überall bereitwilligst, sondern begleiteten uns zuweilen noch eine halbe Meile weit im tollsten Laufe, um uns nötigenfalls noch einmal ihre Dienste zu leihen. Etwa alle Stunden wurden die Pferde gewechselt, aber ein Paar war immer noch unbrauchbarer als das andere, was schließlich kein Wunder ist, da keiner der Kutscher auch nur die geringste Kenntnis vom Fahren hatte. Nach sechs Stunden lebensgefährlicher Jagerei gelangten wir glücklich nach Elefant-Paß, wo ich auf der Veranda des freundlich an einer Lagune im ehemaligen holländischen Fort gelegenen Rasthauses ein mir von meinem Diener bereitetes Abendessen einnahm, um dann die Fahrt wieder aufzunehmen.

Die Pferdeschinderei hatte mit Elefant-Paß ihr Ende erreicht, und die Ochsenschinderei begann, denn von hier ab besteht die Royal Mail aus einem zweirädrigen, wackeligen, von zwei Buckelochsen gezogenen Karren. Mit Hilfe einiger mir von Mr. Twynam mitgegebenen Matratzen bereitete ich mir — ich war zum Glück der einzige Fahrgast — ein tadelloses Lager, und da ich mich beim Abendessen mit einer Flasche Sekt gestärkt hatte, fielen mir bald die Augenlieder zu. Erst gegen Mitternacht erwachte ich, als sich jemand an meinen Beinen zu schaffen machte. Es war der Kutscher, der abgelöst wurde und mich nun durch eine kleine Wadenmassage zu erwecken suchte, um seinen üblichen Obolus zu erhalten. Neben einer Rupie warf ich ihm zugleich einige Komplimente an den Kopf, legte mich auf die andere Seite und schlief sofort wieder ein, um die Augen erst wieder zu öffnen, als die Sonne bereits die Gipfel der Bäume eines dichten Laubwaldes, durch den unser Weg führte, beleuchtete. Gegen Mittag kamen wir an das große Dorf Varunya, dann ging es wieder durch Wald und Wildnis, bis kurz vor Sonnenuntergang das Rasthaus von Matakatchu erreicht wurde, in dem ich ein frugales Nachtmahl einnahm.

Im großen und ganzen gefiel mir die Ochsenpost weit besser, als die mit Pferden bespannte, denn die durch unartikulierte Laute und Peitschenhiebe beständig von den Treibern angefeuerten Tiere wackelten gleichmäßig dahin und verrichteten ihre Arbeit mit der allen Ochsen des Orients und Occidents eigenen Zuverlässigkeit. „Nur keine Überstürzung“, schien ihre Parole zu lauten, und langsam, aber sicher gelangten wir, zwei Stunden nach Mitternacht, an unser Ziel Anuradhapura. Ich ließ mich vor dem Hause des Regierungsagenten Mr. Ievers absetzen, da derselbe mich eingeladen hatte, sein Gast zu sein, wurde hier trotz der späten Stunde von meinem freundlichen Wirte bewillkommnet, mit Speise und Trank erquickt und dann in ein behagliches Gastzimmer geleitet.

Am folgenden Morgen trat ich unter Führung Mr. Ievers und des die Ausgrabungs- und Restaurationsarbeiten leitenden Archäologen Mr. Bell eine Rundfahrt im Ochsenkarren durch die etwa eine deutsche Quadratmeile bedeckenden Ruinenfelder der in alten indischen Schriften schon im sechsten Jahrhundert vor Chr. Geburt erwähnten ehemaligen Hauptstadt Ceylons an. Die Hauptstadt soll nicht weniger als 16 deutsche Quadratmeilen umschlossen haben, und Anuradhapura muß bis zu seiner in das dreizehnte Jahrhundert fallenden Zerstörung durch die Tamilen eine der reichsten und blühendsten Städte Asiens gewesen sein. Nach dieser Zeit versank sie gänzlich in Vergessenheit und wurde erst im siebzehnten Jahrhundert von Robert Knox, dem Sohne des Kommandanten einer Fregatte der Ostindischen Compagnie, die nach einem heftigen Sturm den in der Nähe von Trincomalee gelegenen Hafen von Cotiar angelaufen hatte und deren Besatzung von einem eingeborenen Häuptling gefangen genommen worden war, auf der Flucht aus der Gefangenschaft entdeckt. Seit einigen Jahrzehnten hat die Regierung Ceylons die Freilegung der außerordentlich interessanten Überreste der ehemaligen Hauptstadt energisch in Angriff genommen und die nötigen Mittel zu deren Erhaltung, resp. Restaurierung, bewilligt. Es würde mich zu weit führen, wollte ich mich mit einer genauen Schilderung der einzelnen freigelegten Bauüberreste befassen, und außerdem wäre eine solche Schilderung eine Aufgabe, der ich, als Nicht-Archäologe, keineswegs gewachsen sein würde. Ich begnüge mich daher damit, einige der Hauptsehenswürdigkeiten des bis heute vom Dschungel befreiten alten Anuradhapura aufzuführen.

Die geheiligte Stätte ist hier der „Jaya-Sri-matra-

Bodin-wahari", der große, berühmte, alles überragende Feigenbaum, von dem behauptet wird, daß er aus einem Schößling desselben Baumes, unter dem Gautama die Erleuchtung eines Buddhas gekommen war, emporgewachsen und gegen 200 Jahre alt sei. Ich habe nicht das geringste Interesse daran, die Wahrheit dieser Behauptung zu bestreiten, und noch weniger Veranlassung, sie in Zweifel zu ziehen. Ein Baum ist da, eine ficus religiosa, und alt ist er auch, ob Jahrhunderte oder Jahrtausende, ist mir gleichgültig. Er befindet sich in einer geräumigen Steinumwallung auf einer von vier gemauerten Terrassen eingefaßten Bodenerhebung. Daß er heilig gehalten wird, davon haben mich die ihn stets in Scharen umlagernden Pilger nicht nur buddhistischen, sondern auch brahminischen Glaubens überzeugt. Unweit dieses berühmten Baumes stehen die Ruinen eines ehemaligen Mönchsklosters, welches in neun Stockwerken über tausend Wohnungen enthalten haben und mit einem goldenen Dache versehen gewesen sein soll. Von all jener Herrlichkeit stehen heute noch mehrere Hundert vierkantig behauener, wohlerhaltener Steinpfeiler, zwischen denen haushohes Gras emporsprießt. Ein eigenartiger Zauber schwebt über dieser mitten in der Wildnis gelegenen Stätte, über diesen Trümmern einer glänzenden Vergangenheit, zwischen denen der Vorzeit Schauer uns umwehen. O welch ein edles Volk ward hier zerstört, ein Volk, dessen Bauwerke, sowohl was die künstlerische Behandlung des verwendeten Materials, als auch die Großartigkeit der Architektur selbst betrifft, würdig denen des klassischen Altertums zur Seite gestellt werden können. Das „Kuttam pokuna" genannte, aus zwei neben einander liegenden, etwa 30 Fuß tiefen Bassins bestehende, wahrscheinlich einst königliche Bad, welches eine Fläche von

132 Fuß Länge und 50 Fuß Breite bedeckt, gehört mit seinen imposanten Treppen, seinen herrlichen Steinbalustraden und sonstigen Bildhauerarbeiten zu dem Schönsten und Vornehmsten, was man in diesem Genre überhaupt sehen kann.

In nächster Nachbarschaft der Kuttam pokuna erhebt sich die Jetawanarama Dagoba, ein enormer, 360 Fuß hoher Steinbau in der bekannten Glockenform, wie sie alle Dagoben und Pagoden aufweisen, von dessen Höhe man einen prächtigen Rundblick über die Trümmerstadt und ihre Umgebung genießt. Der Riesenbau enthält nicht weniger als 20 Millionen Kubikfuß Ziegelstein-Mauerwerk, und man hat berechnet, daß selbst heutigen Tags unter Zuhilfenahme aller den Bau erleichternden maschinellen Einrichtungen derselbe nicht ohne einen Kostenaufwand von mindestens 25 Millionen Mark aufgeführt werden könnte. Das Ziegelsteinmaterial dieser einen Pagode würde zur Erbauung von 8000 Häusern mit je 20 Fuß Front oder eines 5 deutsche Meilen langen Eisenbahntunnels ausreichen.

Bewundernswert großartige Anlagen sind außerdem die hauptsächlich zu Berieselungszwecken erbauten, von mächtigen Deichen eingefaßten Wasserbassins, die um Anuradhapura verstreut liegen. Der größte dieser Behälter bedeckt eine halbe Quadratmeile Grundfläche, andere weisen eine solche von 1200 bis 1800 Hektar auf. Auch innerhalb der 16 Meilen langen Stadtmauer befindet sich ein solches, heute gleich den meisten dieser Anlagen im Interesse der neu sich ansiedelnden Tamilen von den Engländern wieder völlig restauriertes Bassin. Die Mauer umschloß nämlich nicht nur die eigentliche Stadt, sondern auch genügend Land, um im Falle einer Belagerung ein Aushungern der Belagerten unmöglich zu machen. Zu den größten Merkwürdigkeiten

Anuradhapuras gehören mehrere riesenhafte, aus behauenen Felsblöcken zusammengefügte Tröge in Form der Kanus der Eingeborenen. Die Archäologen zerbrechen sich die Köpfe darüber, welchem Zwecke dieselben gedient haben, ob als Futtertröge für Elefanten, ob zum Waschen von Opferblumen oder zur Aufnahme der Speisevorräte für die Mönche.

Wochenlang könnte man hier zwischen den Trümmern ehemaliger Paläste und den Ruinen uralter Pagoden umherstreifen und würde selbst als Laie dabei seine Rechnung finden. Wenn ich trotzdem schon nach zweitägigem Aufenthalt Anuradhapura den Rücken kehrte, so geschah dies lediglich, weil ich von einem leichten Fieber heimgesucht war und in der ungesunden Umgebung, in der ich mich befand, eine Verschlimmerung meines Zustandes mit Sicherheit erwarten durfte. Kurz vor meiner Abfahrt stattete ich noch einer aus dem dritten Jahrhundert vor Christi Geburt stammenden Pagode und dem von der Regierung unterhaltenen, kümmerlichen botanischen Garten einen Besuch ab. Die jetzt auf Kosten Seiner Majestät des Königs von Siam, der ein gar frommer Buddhist ist, restaurierte Pagode macht in dem Zustande, in welchem ich sie sah, d. h. nachdem sie zu etwa ein Drittel ihrer Höhe wieder hergestellt war, ganz den Eindruck eines häßlichen Panoramagebäudes. Kurz nach 8 Uhr abends lag ich wieder im Ochsenkarren und fuhr bei sternenklarem Himmel hinaus in die Nacht. Die Straße führte fast ohne Unterbrechung durch dichten Wald. Gegen Morgen sahen wir einige wilde Elefanten über den Weg wechseln und überholten später einen langen Zug aus Indien kommender, neu eingewanderter Tamilen, die in die südlicher gelegenen Thee- und Kaffeedistrikte, in denen sie Kulidienste angenommen hatten, zogen. Nach elfstündigem Rütteln und Schütteln hielten wir vor dem hübschen Rasthaus in Dambulla, dessen dunkelhäutiger Wächter mich unterthänigst willkommen hieß, mich mit Thee und Gebäck bewirtete und ein leidliches Bett für mich herrichtete, in dem ich bald nachholte, was ich über Nacht versäumt hatte.

Nachmittags kletterte ich zu den neben der kleinen Ortschaft Dambulla gelegenen berühmten Felsentempeln empor, eine Arbeit, die mir in meinem fiebergeschwächten Zustande nichts weniger als leicht wurde, sich aber in jeder Hinsicht lohnte. Der Blick von der vor den Tempeln sich ausdehnenden weiten Terrasse über hintereinander sich auftürmende Bergketten, über teils dicht bewaldete, teils wohlbebaute grünende Thäler, zwischen deren Reisfeldern die aus grauer Vorzeit stammenden, wohlgefüllten Wasserbassins mit den in launischen Windungen sich ihren Weg zum Meer bahnenden Flüssen und Bächen um die Wette blinken, ist von hervorragender Schönheit. Die aneinander grenzenden Tempel liegen in natürlichen, hier und da künstlich erweiterten Felshöhlen. Die erste und berühmteste derselben, der Maha Dewa Dewale, d. h. der Tempel des großen Gottes, stammt aus der Zeit des Königs Walagam Bahu, der im ersten Jahrhundert v. Ch. Geb. das Scepter schwang. Im Innern des Tempels befindet sich als pièce de résistance eine aus dem Gneisfelsen ausgehauene, gelb übertünchte, 47 Fuß lange Statue Gautamas, welche den Heiligen liegend, das Haupt auf die rechte Hand gestützt, darstellt. Auf den Fußsohlen finden sich Ornamente in Gestalt von Lotosblumen. Neben diesem Riesen-Buddha steht ein kleineres, hölzernes Bildnis der brahminischen Gottheit Vischnu, die so liebenswürdig gewesen sein soll, den buddhistischen Bildhauern beim Aushauen Gautamas Hülfe zu leisten.

Der zweite, 160 Fuß lange, 50 Fuß tiefe und 23 Fuß hohe Tempel enthält 50 im Halbkreis sitzende, gelb angestrichene steinerne Buddha-Bilder. Die gewölbte Decke ist mit Fresken, Scenen aus dem Leben Gautamas darstellend, bemalt, an den Wänden prangen die Bilder verschiedener brahminischer Gottheiten zwischen allen möglichen Prozessionen, Kampfscenen u. s. w. In der Mitte des Raumes steht auf einer Untermauerung ein Messingkessel zum Auffangen des beständig durch das Gestein sickernden und von der Decke herabtropfenden Wassers, welches an Heiligkeit und sonstigen guten Eigenschaften dem Ganges-Wasser in keiner Weise nachstehen soll:

Der mir als Führer dienende Mönch erbot sich, mir gegen Zahlung einer Rupie Gelegenheit zu geben, die Flüssigkeit, die sonst nur zu Tempelzwecken Verwendung findet, zu kosten. Ich lehnte jedoch mit dem Bemerken, daß ich mein Geld lieber für stärkere Getränke ausgäbe, dieses uneigennützige Anerbieten dankend ab, reichte ihm das zukommende Trinkgeld und verließ den wohlthuend kühlen Raum, um draußen sofort einem anderen Mönche in die Arme zu laufen, der, mit einem Schlüsselbunde rasselnd, mir zu verstehen gab, daß er der Beschließer des Tempels Nr. 3 sei.

Im allgemeinen bin ich kein Freund von Tempelbesichtigungen en masse, denn meist hat man von einem einzigen auf volle acht Tage genug, aber mein Mönch mit dem Schlüsselbunde machte ein so trinkgeldlüsternes Gesicht, daß ich es nicht übers Herz brachte, ihm eine Enttäuschung zu bereiten. Ich hätte mich aus diesem Dilemma ja in der einfachsten Weise herausziehen können, indem ich dem Manne seinen Backschisch einhändigte und auf den Tempelbesuch verzichtet hätte. Aber was der Deutsche bezahlt, das besieht er auch, und so folgte ich, ergeben in mein Schicksal, meinem Führer in seine Höhle, in der sich außer einigen Wandmalereien ein eben solcher Buddha befand wie im ersten Tempel, nur daß er 17 Fuß kürzer war, so daß ich zu längerem Verweilen glücklicherweise keine Veranlassung fand. Als ich draußen angekommen, wiederum von einem Mönche mit einem Schlüssel begrüßt wurde und einen zweiten vor dem Eingange eines fünften Tempels gewahrte, da sagte ich: „Alle guten Dinge sind drei", unterdrückte jede edlere Regung gewaltsam, wandte den enttäuschten Mönchen und ihren Tempeln den Rücken und kehrte heim nach Dambulla.

Hier waren inzwischen zwei äußerst vergnügte englische Offiziere eingetroffen, die in den Wäldern von Dambulla gejagt hatten und jetzt bei einer Flasche Sekt einen Elefanten leben ließen, dem sie im Laufe des Vormittags das Lebenslicht ausgeblasen hatten. „Ich sei, gewährt mir die Bitte, in eurem Bunde der Dritte", mit diesem ins Englische übersetzten geflügelten Worte begrüßte ich die zechenden Schützen und saß im nächsten Augenblicke mit ihnen vor einer zweiten Flasche, die ebenfalls in kürzester Zeit geleert war. Damit hatte aber, in Ermangelung weiteren Stoffes, die Sektherrlichkeit auch ihr Ende erreicht, und Whisky und Soda mußte zur weiteren Befeuchtung unserer trockenen Kehlen dienen. Mit Sonnenuntergang wurde ich in den königlichen Postochsenkarren gepackt, wir schüttelten uns die Hände und mit einem „Good bye, good bye, I hope we shall meet again", nahmen wir Abschied.

Bald lag ich auf meiner oder vielmehr Mr. Twynams Matratze, die ich ihm verabredetermaßen erst nach beendeter Expedition zurückschicken sollte, trotz allen Rüttelns des

Karrens, trotz quietschender Räder und eines schreienden, juchzenden und gelegentlich gleich einem Hunde bellenden Treibers, im tiefsten Schlafe, aus dem ich erst erwachte, als mein Kutscher mich mit seinem Peitschenstiel bearbeitete, um mich auf diese zarte Weise dazu zu bewegen, mich zu erheben und mir ein am Wege stehendes Rudel Hirsche anzusehen. Selbstverständlich kam ich seinem Verlangen nach, ergötzte mich an dem Anblicke der schönen, ohne die geringste Scheu stehen bleibenden Tiere und atmete mit Wonne die erfrischend kühle Morgenluft, während wir noch stundenlang durch unbewohnte Wildnis fuhren. In dem idyllisch gelegenen Rasthäuschen von Kantalay, auf einer Veranda, die über einem seegleichen, mehrere Hundert Hektar bedeckenden Wasserbassin hinausgebaut ist, nahm ich das Frühstück ein, und dann ging es, jetzt wieder in einem von Pferden gezogenen Wagen, der Royal Mail Coach (honny soit, qui mal y pense), in sausender Karriere gen Trincomalee, bis plötzlich die Stränge des einen Kleppers rissen und wir, da der Kutscher den Kopf verlor, sicher in einen Graben geraten wären, hätte ich ihm nicht die Zügel aus der Hand genommen und die Tiere zum Stehen gebracht. Weit schwieriger war es, sie, nachdem die Stränge notdürftig geflickt waren, wieder in Bewegung zu bringen; denn hilfsbereite Wagenschieber waren, so weit das Auge reichte, nicht zu sehen, und ohne deren Hilfe scheinen sich in Ceylon königliche Postpferde nun einmal nicht vom Fleck zu rühren. Da mir von meiner Reise nach Kaschmir erinnerlich war, daß die Kutscher in ähnlichen Fällen den Pferden Bremsen auf die Nasen setzten und sie durch Andrehen derselben so lange peinigten, bis sie sich bewegten, ließ auch ich dieses Mittel, so grausam es ist, von unsern beiden Fuhrleuten in Anwendung bringen, während ich selber Zügel und Peitsche führte. Der Erfolg war der erwünschte, und in tollster Fahrt jagten wir weiter, bis die Stränge zum zweiten Mal rissen und sich die gleiche Scene nochmals abspielte. Herzlich froh war ich, als wir nach vierstündiger Raserei und Pferdeschinderei vor dem auf steiler Höhe an herrlicher Meeresbucht gelegenen Bungalow des Regierungsagenten Mr. Nevill hielten. Ich war eingeladen worden, im Hause Mr. Nevills abzusteigen, und war daher nicht eben angenehm überrascht, von den herbeieilenden Dienern zu hören, daß mein mir bis dahin unbekannter Wirt, von dessen Lebhaftigkeit und Liebenswürdigkeit ich schon viel vernommen hatte, nicht zu meiner Begrüßung erscheinen könne, da er verwundet sei. Ich fand ihn denn auch bandagiert wie eine ägyptische Mumie, einem geschundenen Raubritter gleich auf die Postille gebückt, wenn auch nicht zur Seite des wärmenden Ofens, so doch zur Seite einer innerlich wärmenden Flasche, an einem nach dem Meere zu gelegenen Fenster sitzend. Er teilte mir mit, er sei am Morgen, als er einige Cholerakranke mit Gewalt aus ihren Behausungen ins Hospital schaffen lassen wollte, von der erregten Bevölkerung gesteinigt worden und jetzt kaum in der Lage ein Glied zu rühren. Die einzigen Organe, die gänzlich unversehrt geblieben zu sein schienen, waren die Sprachwerkzeuge des im übrigen recht übel zugerichteten Regierungsagenten, so daß Mr. Nevill, der zu unserm beiderseitigen Bedauern sich leider außer stande sah, mir die Herrlichkeiten Trincomalees selbst zu zeigen, mir wenigstens lehrreiche Vorträge über Land und Leute halten konnte.

Unter Führung eines seiner Assistenten besuchte ich alle sehenswerten Plätze der wirklich ganz reizend gelegenen Stadt und ihrer näheren Umgebung, verlebte eine recht angenehme Stunde in der Offiziersmesse des von den Engländern modernisierten ehemaligen holländischen Forts Fredrik und unternahm gegen Abend eine Rundfahrt im Hafen, der als einer der schönsten der Welt gilt. Von der Stadt aus erinnert die Hafenbucht, deren Einfahrt von hier aus nicht zu sehen ist, mit ihren bewaldeten Ufern, ihren malerischen Inseln beinahe an einen der vielbesungenen oberitalienischen Seen, um so mehr, als der Charakter der Vegetation nichts weniger als tropisch ist. Ich stehe nicht an, Trincomalee für den lieblichst gelegenen Punkt Ceylons und als denjenigen Platz zu bezeichnen, dem ich von all den vielen schönen Plätzen der Insel für einen längeren Aufenthalt den Vorzug geben würde. Für den Fischer und Jäger ist Trincomalee geradezu ein Paradies, denn in den köstlich blauen Wassern der Bucht wimmelt es von den seltsamsten Fischen und Seetieren, und in den Wäldern ringsum hausen Elefanten, Bären, Leoparden und Hirsche. Ich machte die Bekanntschaft eines Beamten der englischen Marine — Trincomalee ist die Hauptstation des englischen ostindischen Geschwaders, für dessen Admiral hier sogar ein allerliebstes Absteigequartier erbaut ist — der in zwei Jahren über zehn Elefanten erlegt hatte, deren Ohren und mit Reishülsen ausgestopfte Rüssel gar sonderbare Dekorationsgegenstände in seinem hart am Wasser gelegenen Bungalow bildeten. Heute ist in Ceylon die Elefantenjagd dadurch erschwert, daß die Regierung auf jeden erlegten Elefanten eine Schußprämie von, wenn ich nicht irre, 500 Rupien gesetzt hat, d. h. eine Prämie, die nicht von der Regierung an den glücklichen Schützen, sondern umgekehrt von diesem an die Regierung zu zahlen ist. Trincomalee selbst ist ein interessantes Städtchen von 12000 Einwohnern, meist Tamilen, die sich mit Tabakbau beschäftigen. Da während der Dauer meiner Abwesenheit von diesen 12000 Menschen täglich ca. 10 an der Cholera starben und ich keine Lust verspürte, persönlich an mir die Bekanntschaft des Kommabazillus zu machen, so schnürte ich nach zwei genußreichen Tagen mein Bündel und schied, Dank im Herzen für Mr. Nevill und all die lieben Menschen, die mir den Aufenthalt so angenehm gemacht hatten, meinem geschundenen Wirt baldige Genesung wünschend, von dem lieblich gelegenen Orte, um mit der Post nach Dambulla zurück und dann von dort weiter nach Matale zu fahren, von wo mich die Eisenbahn, die hier vorläufig nach Norden ihren Abschluß findet, wieder nach Colombo bringen sollte.

Nach vierundzwanzigstündiger, ununterbrochener Fahrt traf ich in dem freundlichen Gebirgsstädtchen Matale ein, wo ich im Rasthause Wohnung nahm, da ich einen Tag hier zu bleiben beschlossen hatte, um die Gelegenheit wahrzunehmen, eine der im Matale-Distrikt gelegenen Kakaopflanzungen in Augenschein zu nehmen. Über den Anbau von Thee, Kaffee, Cinchona, Zimmet und Kardamom hatte ich in der Umgegend von Kandy schon Gelegenheit gehabt mich eingehend zu unterrichten, eine Kakaoplantage aber war mir bisher noch nicht in den Weg gekommen und so galt es jetzt, bevor ich Ceylon verließ, noch eine wesentliche Lücke in meiner Bildung auszufüllen.

Warriapolla wurde mir von dem Wirt des Rasthauses als die beste und nächstgelegene Pflanzung bezeichnet. Ich sandte daher meinen Diener mit einem Schreiben, in dem ich um die Erlaubnis bat, die Plantage besichtigen zu dürfen, an den Besitzer derselben, Mr. Dickensen, und erhielt nach etwa einer Stunde die Antwort, daß ich jederzeit herzlich willkommen sei und man mich bäte, unverweilt nach Warrlapolla überzusiedeln. Das that ich nun freilich nicht, da ich am folgenden Tag in Colombo erwartet wurde, aber ich machte mich, sobald ich mich durch ein Bad erfrischt hatte, auf den Weg und erreichte nach einem sehr hübschen Spaziergang das auf bewaldeter Anhöhe gelegene Haus Mr. Dickensons. Unter Führung meines Wirtes trat ich dann eine Wanderung durch die Pflanzungen und die Faktorei an.

Die Kakaokultur ist in Ceylon noch verhältnismäßig jung und datiert erst aus dem Anfang der siebziger Jahre, als der größte Teil der Kaffeepflanzungen durch den Hemileia vastatrix genannten Pilz vernichtet worden war.

Trotzdem man mit dem Kakao, der nur an ganz geschützten Plätzen und auf sehr gutem Boden gedeiht, weit weniger günstige Erfahrungen gemacht hat, als beispielsweise mit dem Theestrauch, konnten dennoch im Jahr 1886 bereits 13056 Zentner Kakao zum Versand kommen. Die für dieselben in London erzielten Preise stellten sich um etwa ein Drittel höher, als die für westindische Ware gezahlten und hielten sich auf gleicher Höhe mit demjenigen für beste Ware aus Java. Seit jener Zeit dürfte sich die Kakaoproduktion Ceylons aber verdoppelt haben und die mit Kakaobäumen bepflanzte Fläche gegen 4000 Hektar betragen.

Die erste Kakaosaat wurde aus Caracas in Ceylon eingeführt. Die Samen werden in kleine mit Erde gefüllte Bambuskörbchen gelegt und die jungen Pflänzlinge im Alter von 3—5 Monaten mitsamt den Körbchen ins freie Land verpflanzt. In jungfräulichem, kräftigem Boden kann man schon im dritten Jahre auf eine schwache Ernte rechnen, unter weniger günstigen Umständen ist eine solche jedoch nicht vor dem fünften Jahre zu erwarten. Außerordentlich empfindlich in der Jugend bedarf der Kakaobaum, der etwa eine Höhe von 12 Meter erreicht, später verhältnismäßig geringer Pflege und bleibt fünfzig bis sechzig Jahre lang ertragsfähig. Die melonenförmige, 3—5 Zoll lange dunkelrote Frucht enthält in einem süßlichen, farblosen Mus 20—30 mandelgroße, nach Art des Mais zu einem Kolben vereinte Körner. Nachdem dieselben ausgeschält auf Haufen geworfen und mit Matten oder Bananenblättern bedeckt worden sind, läßt man sie einen dreitägigen Gährungsprozeß durchmachen, nach dessen Beendigung sie entweder in der Sonne oder in künstlich erwärmten Schuppen bei einer Temperatur von 70—80° Cels. 2—3 Tage lang getrocknet werden. Die getrockneten Kerne, in Form und Farbe den Krackmandeln ähnlich, werden dann dadurch, daß man sie in Säcken oder Körben hin- und herrollt, poliert und schließlich, in Säcke verpackt, nach London verschifft, wo der Zentner mit 100 bis 120 Mark gehandelt wird.

Nach Einnahme einiger Erfrischungen verließ ich das mit Recht eine Musterpflanzung genannte Warriapolla in Gesellschaft Mr. Dickensens, der mir noch längere Zeit das Geleite gab und mir mit bewundernswerter Geduld hunderterlei Fragen beantwortete. In Matale verbrachte ich die Nacht, um am nächsten Morgen mit der Eisenbahn durch die entzückendste Landschaft, die je ein Schienenstrang durchschnitt, nach Colombo zurückzukehren. Wenige Tage noch weilte ich, verschiedene Kunstplätze wie Point de Galle, Welligama und Bentotta besuchend, ein glücklicher, sorgenloser, das Leben und die Welt genießender Mensch, auf dem vielgepriesenen, meerumschlungenen Ceylon. Anfang Dezember, nach Beendigung der Regenzeit winkte ich der Perle des indischen Oceans meinen Abschiedsgruß, um mich von der „Lancashire" einem prächtigen Dampfer der Bibby-Linie, durch die tiefblauen Wogen der Bai von Bengalen nach Burma entführen zu lassen und von dort aus meinen unterbrochenen Marsch durch die Laos- und Schanstaaten nach Tongking wieder aufzunehmen.

Diesen hochinteressanten Teil meiner asiatischen Reise werde ich dem geneigten Leser, der mir auch in unwirtsamere Gegenden zu folgen entschlossen ist, in meinem demnächst erscheinenden Werke „Im Sattel durch Indo-China" zugänglich machen.